应用型本科规划教材（经管类）

U0653982

市场营销学

——理论、实务与应用

主　编　吴国庆

副主编　王杰芳、李玲、曲洪建

上海交通大学出版社

内 容 提 要

本书针对应用型本科院校作为经济管理类专业开设的市场营销学课程进行编写。全书共分 14 章，第 1 章着重阐述了市场与市场营销的基本概念，市场营销管理的过程、任务；第 2 章介绍了市场营销管理哲学，市场营销理论的产生与新发展；第 3 章阐述了市场营销环境的概念、特点、分类、微观与宏观营销环境分析的框架以及营销环境分析矩阵；第 4 章阐述了消费者市场购买行为；第 5 章介绍了组织市场购买行为分析方法；第 6 章阐述了市场营销信息系统、市场营销调研及市场预测；第 7 章阐述了市场营销战略规划含义、特征及过程；第 8 章着重介绍了市场细分、目标市场选择、市场定位；第 9 章介绍了市场竞争战略；第 10 章着重阐述了品牌策略；第 11~14 章着重对产品策略、定价策略、分销渠道策略、促销策略进行了分析；各章均附有习题和实训项目。

本书既可以作为高校经济管理类市场营销教材，也可以作为有志于掌握这门科学的各界人士的参考读物。

图书在版编目(CIP)数据

市场营销学/吴国庆主编. —上海:上海交通大学出版社,2013

ISBN 978-7-313-09858-0

Ⅰ. 市... Ⅱ. 吴... Ⅲ. 市场营销学—高等学校—教材 Ⅳ. F713.50

中国版本图书馆 CIP 数据核字(2013)第 124115 号

市场营销学

吴国庆 主编

上海交通大学出版社出版发行

(上海市番禺路 951 号 邮政编码 200030)

电话:64071208 出版人:韩建民

同济大学印刷厂 印刷 全国新华书店经销

开本:787mm×960mm 1/16 印张:23.75 字数:448 千字

2013 年 7 月第 1 版 2013 年 7 月第 1 次印刷

印数:1~3 030

ISBN 978-7-313-09858-0/F 定价:48.00 元

前　　言

　　市场营销学是研究企业经营方略和生财之道，如何在激烈的市场竞争中求生存、求发展的学问，也是研究企业如何更好地满足消费需求的学问。

　　市场营销学的性质：是一门以经济学、行为学、管理学和现代科学技术为基础，研究以满足消费需求为中心的市场营销活动及其规律的综合性应用学科。现在，越来越多的企业，非营利组织乃至政府部门，都以空前的热情，创新、开拓和深化企业营销、行业营销、城市营销以及国家营销等领域。在这个充满机会和竞争风险的时代，全面、系统地学习和掌握现代市场营销的理论、方法，对于经济和管理类专业的人来说，实在太重要了。

　　学习本课程的方法：

　　1) 认真读书，正确、完整地掌握基本理论。请大家认真阅读印刷教材和电子教材，认真领会和深入理解有关理论，这是正确掌握基本理论的前提。

　　2) 耐心细致地做好习题，以巩固所学，加深理解。每章后面的习题，是为检查学习效果、加深理解而出的，应认真做好每一道习题，以巩固和掌握所学内容。

　　3) 理论联系实际，能灵活运用所学知识分析解决实际问题。市场营销具有很强的实践性，企业的营销活动随时随地发生在日常生活中。学员应能灵活运用所学营销理论和知识，做到：

　　(1) 理解和分析一些典型营销案例特别是课堂案例讨论要高度重视，积极参与，踊跃发言。

　　(2) 对日常生活消费领域发生的营销事件具有敏感性和一定的分析、判断能力。

　　(3) 能对企业的营销决策提出咨询建议。

　　为了提高教学质量，深化教学改革，教材编写组在河南科技学院的大力支持和协助下以精品课程教材建设为目标，以重点学科(专业)培育为基础，集中优秀师资力量，编撰了市场营销精品系列教材。本书由吴国庆担任主编，由王杰芳、李玲、曲洪建担任副主编，参加编写的有吴国庆、王杰芳、李玲、王建英等。

　　本书既可以作为高校经济管理类市场营销教材，也可以作为有志于掌握这门科学的各界人士的参考读物。

目　　录

1 市场营销概述

【知识目标】

了解市场营销学的产生、发展、外延、内涵及研究方法；

把握市场营销的含义；

理解市场营销的核心概念。

【能力目标】

领会和理解与市场营销相关的一系列基本概念。

【案例导入】

把鞋卖给非洲土著人

因为要拓展非洲市场，亚洲某鞋子制造厂委派两位行销人员到非洲考察。甲君在非洲待了几天，举目所见都是赤脚的非洲人。他颇为颓丧，原因是没有人穿鞋，意味着没有市场。于是他便向总公司汇报有关情况，同时订购机票回国。而乙君到了非洲视察之后，发现大家都没有穿鞋子，认为市场潜能非常可观。他连夜致电总公司，催促加速生产，以应付未来的需求。甲乙两君同样考察非洲市场，却得到两种截然不同的信息。乙君以乐观的心境看到希望，在第一时间催促加速生产，以供应非洲市场。然而，业绩却一败涂地！

原因何在？原来，非洲人世代以来都是赤脚的，他们没有穿鞋的习惯，也不懂得穿鞋，鞋子无法激起他们的感动；再加上长期赤脚的结果，脚趾左右张开，一般中国或亚洲设计的鞋子，都不符合他们的需求。乙君对市场知其一而不知其二，最终还是一事无成，有人形容有热情，没水平。

于是，非洲卖鞋子的个案出现第三个版本。这个最新版本着重于调查研究和强劲的执行力，并考虑到消费者的需求和生活习惯。为了使鞋子能够在非洲畅销热卖，丙君进行深入的研发，掌握非洲人的脚型，量脚订制，让他们穿起鞋来感到舒适。

另一方面，丙君也非常重视行销策略，并执行到位。他选择非洲人的重要节庆，在入潮汹涌的广场竖立一大塑像，采用一块大布将塑像掩盖着，以保持神秘感。等到节庆开幕的那一天，丙君邀请非洲名人主持揭幕礼。当司仪带动高喊：三、二、一，人群中爆发"哗"的惊叹。非洲人看到自己敬佩的领袖穿着奇特的鞋子；另有穿着美丽鞋子的舞者翩翩起舞。穿鞋子于是变得非常时髦，大家有样学样，千万双鞋子很快便被抢购一空。

　　以上案例虽属虚构，但对我们却有一定的启发。甲君悲观消极，缺乏市场洞察力，被表面现象所蒙蔽，结果入宝山而空手归。我们身旁或许有不少类似甲君的例子。乙君乐观进取，阳光心态让他看到别人所看不到的情况，做出独特的判断，看准庞大市场，主动创造机会，捷足先登，无奈没有掌握市场策略，结果功亏一篑。丙君吸取他人的经验，在调研和执行力方面下足工夫，结果生意滔滔，财源滚滚。

　　(资料来源：崔利群，苏巧娜. 推销实务[M]. 北京：高等教育出版社，2002)

　　市场营销与推销不同，推销是以企业自身生产为出发点，通过促销宣传影响消费者，让消费者购买其产品；而营销则是以消费者的需求为生产经营的出发点，满足消费者的需求，综合运用各种科学的市场经营手段，把商品和劳务整体地销售给消费者，以促进并引导企业不断发展。本案例从 3 个业务员身上表现出的职业素质，实质上反映了他们不同的营销理念。

　　美国著名的营销学权威学者菲利普·科特勒在其巨著《营销管理》第 9 版中指出："在 70 年代，美国最强大的企业包括通用汽车公司、西尔斯百货公司、美国无线电公司和美国国际商用机器公司……它们之中每一个公司都未能了解变化着的市场和顾客，以及提供有竞争价值的需求。通用汽车仍在不停地探索为什么在世界的大多数地区德国和日本汽车领先于通用汽车。巨大的西尔斯在选择时髦百货公司和时装店还是大众折扣商店两者之间举棋不定。美国无线电公司，虽然发明了许多新的专利，却从未掌握过营销的艺术，现在只能大量进口来自日本和韩国的产品，然后再挂上它的品牌。国际商用机器公司——世界上最大的计算机销售机构，1992 年首次亏损达 49.6 亿美元，因为它继续把重点集中于计算机主机销售上，而市场已无情地转向新的需要，例如微机、计算机网络和计算机工作站。"

　　类似情况在我国也屡见不鲜。社会主义市场经济体制的建立，把企业推向了市场，成为市场经济活动的主体。加上市场供需态势发生剧变，市场供应日益丰富，供方市场竞争激烈。为此，相当多的企业不适应新的市场格局，陷入了困境。

　　所有这一切的教训，使企业认识到：任何一个企业都不能忽视顾客、不能忽视市场、不能忽视市场竞争。现在，越来越多的企业开始研究如何以市场需求为导向，指导企业的生产和经营活动，组织有系统的市场营销。通用汽车公司、西尔斯公司、美国无线电公司和 IBM 公司先后对经营战略和策略进行了调整，创造出一整套营销策略和技术。海尔公司、联想集团、宝钢集团亦在市场营销方面创造了骄人的业绩。可以这样说，市场营销在帮助这些企业取得竞争优势上起着关键性的作用。

1.1　市场营销的基本概念

1.1.1　市场的概念

市场是社会分工和商品经济发展到一定程度的产物,随着社会生产力的发展,社会分工的细分,商品交换日益丰富,交换形式复杂化,人们对市场的认识日益深入。传统的观念认为市场指的是商品交换的场所,如商店、集市、商场、批发站、交易所等,这是市场的最一般、最容易被人们理解的概念,所有商品都可以从市场流进流出,实现了商品由卖方向买方转换。

但是,随着商品经济的飞速发展和繁荣,商品交换过程和机制日益复杂起来,狭隘的传统市场概念已远远不能概括全部商品经济的交换过程,也反映不了商品和服务交换中所有的供给和需求关系,因此,市场这个概念已不再局限于原有的空间范围,而演变为一种范围更广、含义更深的市场概念。

广义的市场是由那些具有特定需要或欲望,愿意并能够通过交换来满足这种需要或欲望的全部顾客所构成的。这种市场范围,既可以指一定的区域,如国际市场、国内市场、城市市场、农村市场;也可以指一定的商品,如食品市场、家电市场、劳动力市场等,甚至还可指某一类经营方式,如超级市场、百货市场、专业市场、集贸市场等。

从广义的市场概念可以看到,市场的大小并不取决于商品交换场所的大小,而是取决于那些有某种需要,并拥有使别人感兴趣的资源,而愿意以这种资源来换取其需要东西的主体数量。具体来说,市场由购买者、购买力和购买愿望等三要素组成。只有当三要素同时具备时,企业才拥有市场,即:

市场={购买者+购买力+购买欲望}

从经营者的角度来看,人们常常把卖方称之为行业,而将买方称之为市场,它们的关系如图 1.1 所示。

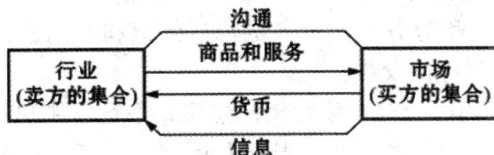

图 1.1　市场与行业的关系

这里买方与卖方之间有四种流动相连,卖方把商品或服务送到市场,并与市场取得沟通，买方把金钱和信息送至行业，在图 1.1 中，内环表示钱物交换，外环表示信息交换。

从宏观角度来看，市场是所有交换关系活动的总和，其交换内容可以是有形的，如商品市场、金融市场、生产要素市场等，也可以是无形的，如服务市场，这些由交换过程连接而形成的复杂市场就构成了一个整体市场，如图 1.2 所示。

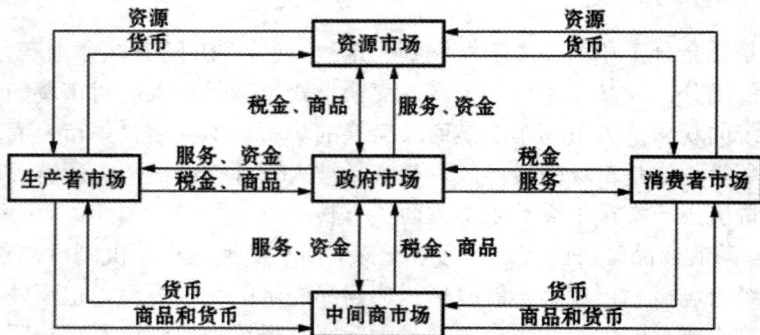

图 1.2 整体市场的流程结构

在整体市场中，生产者主要从资源市场(工业品市场)购买资源，生产出商品或服务卖给中间商，中间商再出售给消费者，消费者则从出卖劳动力所得到的报酬来购买其所需的商品和服务；政府则是另一种市场，它为公众需要提供服务，对各市场征税，同时也从资源市场、生产者市场和中间商市场采购商品与服务。

1.1.2 市场营销的含义

市场营销是一个复杂而混合的概念，对其理解可谓仁者见仁，智者见智，各执所见，认识不一，其定义有上百种。美国学者基恩·凯洛斯(1975)曾将各种市场营销定义分为三类：一是将市场营销视为一种消费者服务的理论；二是强调市场营销是对社会现象的一种认识；三是突出市场营销是通过销售活动及渠道把企业与市场联系起来的过程。

1985 年，美国市场营销协会对市场营销的定义：市场营销是个人和组织对思想(主意、计策)、货物和劳务的构想、定价、促销和分销的计划和执行过程，以创造达到个人和组织目标的交换。

1990 年，日本营销协会对市场营销的定义：市场营销包括教育机构、医疗机构、行政管理机构在内的各种组织，基于与顾客、委托人、业务伙伴、个人、当地居民、雇员及有关各方达成的相互理解，经过对社会、文化、自然环境等领域的细致观察，而对组织内外部调研、产品价格、促销、分销、顾客关系、环境适应等进行整合、集成和协调的各种活动。

美国学者黑斯对市场营销的定义：市场营销就是确定市场需求，并使企业提供的产品和服务能满足这种需求。

本书采用的是世界营销权威学者菲利普·科特勒对市场营销的定义：市场营销是个人和群体通过创造并同他人交换产品和价值以满足需求和欲望的一种社会和管理过程。

市场营销的终极目标是满足需求和欲望，将社会或私人的需求变成有利可图的商机。

交换是市场营销的核心，交换过程是一个主动、积极寻找机会满足交换双方需求和欲望的社会过程和管理过程。

交换能否顺利进行，取决于营销者创造的产品及服务的价值能否满足消费者需求及其满足程度，也取决于营销者在交换过程中的管理水平和营销能力。

1.1.3　市场营销的基本概念

要对市场营销进行深入细致的研究，首先应该掌握它的一些基本的核心概念。它们包括了需要、欲望和需求，商品与服务，价值和满足，交换和交易，市场和营销者，如图 1.3 所示。

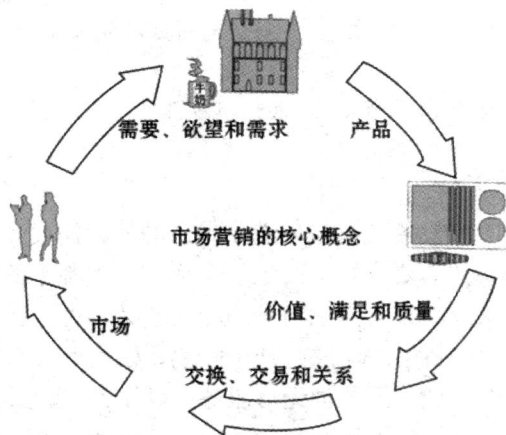

图 1.3　市场营销的核心概念

1.1.3.1　需要、欲望和需求

1) 需要。构成市场营销基础的最基本的概念就是人类需要这个概念。它是指人们没有得到某些满足的感受状态，人们在生活中需要空气、食品、衣服、住所、

安全、感情以及其他一些东西，这些需要都不是社会和企业所能创造的，而是人类自身本能的基本组成部分。

2) 欲望。它是指人们想得到这些基本需要的具体满足物或方式的愿望。欲望是指人类需要经由文化和个性塑造后所采取的形式；欲望是人们对具体事物的渴望；欲望是人们想得到这些基本需要的具体满足物的愿望。如一个人需要食品，想要得到一个面包；需要被人尊重，想要得到一辆豪华小汽车。

3) 需求。它是指人们有能力购买并且愿意购买某种商品或服务的欲望。人们的欲望几乎没有止境，但资源却是有限的。需求是指建立在购买力基础上的欲望；需求=欲望+购买力。市场营销工作的重点是了解并弄清顾客的需要、欲望和需求。因此，人们想用有限的金钱选择那些价值和满意程度最大的商品或服务，当有购买力作后盾时，欲望就变成了需求。

【小案例】

需要的不是钻头，需要的是一个"洞"

一个消费者在市场上寻找钻头时，人们一般以为这个人的"需要"似乎就是钻头。其实，这个人的需要是打一个"洞"，他是为了满足打洞的需要才购买钻头的。作为企业，如持有前者看法充其量只能在提供更多更好的钻头上去动脑筋，这样并不能保证企业在市场上占有绝对的竞争优势，而持有后者看法的企业，也许能创造出一种比钻头更好、更便宜的打洞工具，从而有可能使企业在市场上占据更有利的竞争地位。总之，消费者购买的是对某种需要、欲望和需求的"满足"而不仅仅是产品。

(杨洪涛. 现代市场营销学[M]. 北京：机械工业出版社，2009)

1.1.3.2　商品与服务

人们在日常生活中需要各种商品来满足自己的各种需要和欲望。从广义上来说，任何能满足人们某种需要或欲望而进行交换的东西都是商品。用以满足人们需要和欲望的工具、媒介，有关需求问题的全面或某一方面的"解决方案"。

商品这个词在人们心目中的印象是一个实物，如汽车、手表、面包等。但是，诸如咨询、培训、运输、理发等各种无形服务也属于商品范畴。一般用商品和服务这两个词来区分实体商品和无形商品。在考虑实体商品时，其重要性不仅在于拥有它们，更在于使用它们来满足人们的欲望。人们购买汽车并不是为了观赏，而是因为它可以提供一种被称为交通的服务，所以，实体商品实际上是向人们传送服务的工具。

当购买者购买商品时，实际上是购买该商品所提供的利益和满意程度。例如，在具有相同的报时功能的手表中，为什么有的消费者偏爱价格高昂的劳力士手表？原因在于它除了基本的报时功能外，还是消费者成功身份的象征。这种由产品和特定图像、符号组合起来表达的承诺，能够帮助消费者对有形产品和无形产品做出购买判断。在很多情况下，符号和无形的产品让消费者感到更有形、更真实。由于人们不是为了商品的实体而买商品，商品的实体是利益的外壳，因此，企业的任务是推销商品实体中所包含的内核——利益或服务，而不能仅限于描述商品的形貌，否则，目光就太短浅了。

1.1.3.3 效用、费用和满足

效用：由产品提供的各种功能，是消费者对产品满足其需要的整体能力的评价。经济学对效用提出了边际递减原理；营销学则提出效用与消费者的价值判断有关。

费用：得到产品效用所需要的成本付出。(含购买成本、使用成本和机会成本)

满足：消费者通过使用产品对其效用和费用的综合评价而形成的一种心理状态。(与消费者的期望值有关)

【小案例】

望远镜实例分析

英国查尔斯王子和戴安娜公主举行结婚庆典之日(耗资 1 亿英镑)。早 8:00 人群已聚集在车队必经之路的两边，据说有数十万人。这时，有一些小贩身背挎包，推销一种东西(望远镜)，边走边吆喝：用望远镜观看结婚庆典，1 英镑 1 只。到 10:00 庆典结束时，共销售出十几万只，净赚 10 万英镑。

分析：此实例成功的原因？

1.1.3.4 交换与交易

需要和欲望只是市场营销活动的序幕，只有通过交换，营销活动才真正发生。交换是提供某种东西作为回报而与他人换取所需东西的行为。

如果存在上述条件，交换就有可能，市场营销的中心任务就是促成交换。交换的最后一个条件是非常重要的，它是现代市场营销的一种境界，即通过创造性的市场营销，使交换双方都达到双赢。

交易是交换的基本单元，是当事人双方的价值交换。或有说，如果交换成功，就有了交易。怎样达成交易是营销界长期关注的焦点，各种各样的营销课题理论实际上都可还原为对这一问题的不同看法。

获得产品的四种途径：

(1) 自行生产。

(2) 强行取得。

(3) 乞讨。

(4) 交换：通过提供某种东西给别人，同时作为回报，从别人那里取得所需东西的过程。

交换发生的条件：

(1) 至少要有两方。

(2) 每一方都有被对方认为有价值的东西。

(3) 每一方都能沟通信息和传送货物。

(4) 每一方都可以自由接受或拒绝对方的产品。

(5) 每一方都认为与另一方进行交易是适当的或称心如意的。

1.1.3.5　营销者

市场营销就是以满足人们各种需要和欲望为目的，通过市场变潜在交换为现实交换的活动。毫无疑问，这种活动是指与市场有关的人类活动。在这种交换活动中，对交换双方来说，如果一方比另一方更积极主动地寻求交换，则前者称为营销者，后者称为潜在顾客。具体来说，营销者就是指希望从他人那里得到资源，并愿以某种有价值的东西作为交换的人。很明显，营销者可以是一个卖主，也可以是一个买方。假如有几个人同时想买某幢漂亮的房子，每个想成为房子主人的人都力图使自己被卖方选中，这些购买者就都在进行营销活动，也都是营销者。

1.2　市场营销学的研究和发展

1.2.1　市场营销学的研究内容及框架

市场营销学是一门以经济科学、行为科学和现代管理理论为基础，研究以满足消费者需求为中心的企业市场营销活动及其规律的综合性应用科学。研究企业如何通过提供一系列有效的经营活动，满足顾客和社会对某种有形和无形商品的需求，实现企业赢利的目的。研究买方市场条件下企业的市场营销管理问题，即在激烈和多变的市场环境中，如何识别、分析、评价、选择和利用市场机会，如何满足目标客户的需求，最终提高企业的市场占有率和经济效益。

宏观市场营销学从社会总体交换层面研究营销问题，即以社会整体利益为目标，研究营销系统的社会功能与效用，并通过这些系统引导产品和服务从生产进入消费，以满足社会需要。强调从整体经济、社会道德与法律的角度把握营销活动，以及由社会(政府、消费者组织等)控制和影响营销过程，求得社会生产与社会需要之间的平衡，保证社会整体经济的持续、健康发展和保护消费者利益。

微观市场营销学从个体(个人和组织)交换层面研究营销问题，即个人和组织为实现其目标，围绕产品或价值的交换而对营销活动进行决策与管理的过程。当代市场营销研究的主流仍然是微观市场营销学。

市场营销学的研究内容及框架如图 1.4 所示。

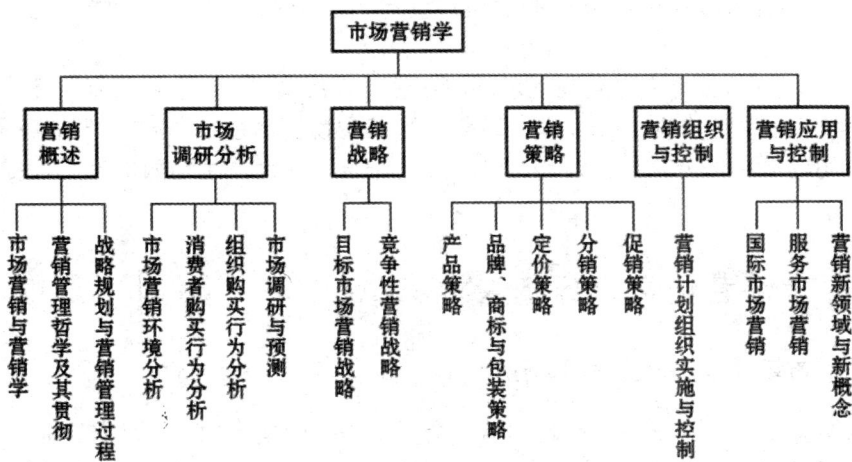

图 1.4　市场营销框架

1.2.2　市场营销学的研究方法

近百年来，人们从不同的需要出发，对企业市场营销活动进行多角度、多侧面、多层次的研究，形成了产品、机构、职能、管理、历史、系统 6 种研究方法。

1) 产品研究法。即对产品(商品)如农产品、机电产品、化工产品等分门别类进行研究的方法，其优点是可以详细分析研究各类或各种产品市场营销中遇到的具体问题，针对性强。但由于市场上产品类型繁多，不可能逐一进行分析，并且难以避免会出现重复研究的情况。

2) 机构研究法。它是对渠道系统中的各个环节(机构)，如生产者、代理商、批发商、零售商的营销问题进行研究的方法。目前国内外大学中高级营销学课程(如批发学、零售学等)中常采用机构研究法。

3) 职能研究法。即通过详细分析各种市场营销职能(如购买、销售、仓储等)和执行各种营销职能中所遇到的问题来研究市场营销的方法。以上三种方法在市场营销学初创时期颇为流行。

4) 管理研究法。又称决策研究法，是从决策管理的角度来研究市场营销的问题。即依目标市场的需要，分析研究外部环境因素，同时考虑企业自身的资源条件及营销目标，选择最佳的市场营销组合以满足目标市场的需要，提高市场占有率，增加盈利。当前，西方市场营销学主要是运用这种管理决策法进行研究。

5) 历史研究法。即从事物发展变化或演变的角度来分析研究和阐述市场营销问题。例如，分析阐述市场营销这一概念及含义的发展变化、企业经营思想的演变、零售机构的生命周期的发展演变等，从中找出它们的发展变化或演变的原因。

6) 系统研究法。它是企业管理部门在做营销决策时，把企业的有关环境和市场营销活动过程看作是一个系统，统筹兼顾其市场营销系统中的各个相互影响、相互作用的组成部分，做到协同行动、密切结合，从而产生增效的作用，提高营销绩效。

1.2.3 市场营销学的研究意义

1.2.3.1 市场营销对企业发展的作用

从微观角度看，市场营销是联结社会需求与企业反应的中间环节，是企业用来把消费者需求和市场机会变成有利可图的公司机会的一种行之有效的方法，亦是企业战胜竞争者、谋求发展的重要手段与方法。

1) 发现和了解消费者的需求。企业只有通过满足消费者的需求，才可能实现企业的目标，因此，发现和了解消费者的需求是市场营销的首要功能。

2) 指导企业决策。企业决策正确与否是企业成败的关键。企业通过市场营销活动，分析外部环境的动向，了解消费者的需求和欲望，了解竞争者的现状和发展趋势，结合自身的资源条件，指导企业在产品、定价、分销、促销和服务等方面做出相应的、科学的决策。

3) 开拓市场。企业市场营销活动的另一个作用就是通过对消费者现在需求和潜在需求的调查、了解与分析，充分把握和捕捉市场机会，积极开发产品，建立更多的分销渠道及采用更多的促销形式，开拓市场，增加销售。

4) 满足消费者的需要。企业通过市场营销活动，从消费者的需求出发，并根据不同目标市场的顾客，采取不同的市场营销策略，合理地组织企业的人力、财力、物力等资源，为消费者提供适销对路的产品，搞好销售后的各种服务，让消费者满意。

1.2.3.2 市场营销学对社会发展的意义

从宏观角度看，一方面，市场营销学强调适时、适地、以适当价格把产品从生产者传递到消费者手中，求得生产与消费在时间、地区的平衡，从而促进社会总供需平衡；另一方面，市场营销学通过指导社会营销活动，引导生产与消费，满足整个社会的需求，对实现我国现代化建设，发展我国各领域的经济起着巨大的作用。主要体现在以下几个方面：

1) 促进产品的适销对路，提高社会经济效益。成功的市场营销可减少滞销产品的生产，使产品适销对路，从而加快产品的周转和销售，减少产品的积压，减少资金的占用，节约有效劳动，大大提高社会的经济效益。

2) 引导消费者的需求，提高人民生活水平。有效的市场营销不仅能成功地销售产品，并且能在产品的宣传过程中传播新观念。当人们接受了新的流行时，一种新的价值观往往在他们身上潜移默化地起着作用，使原有的习俗、价值观念和社会规范发生一定变化，并直接影响到艺术、文化、政治等社会生活的各个方面，从而提高人民的生活水平，推动社会发展。

3) 发展市场营销，加强第三产业的发展。第三产业在社会主义经济的发展中起着重要的作用，没有第三产业的发展，整个经济就不可能得到健康的发展。而市场营销尤其是服务市场营销是第三产业得以发展的重要条件与内容。树立市场营销的观念，努力提高服务质量和顾客满意度，我们的服务市场才会不断地壮大发展，社会主义经济才会健康稳定协调地发展。

4) 创造国际市场营销环境，促进我国经济发展。现代市场具有国际化和全性化的特点，任何一个国家的经济发展都离不开国际市场。搞好市场营销有利于吸引外商来我国进行贸易与投资，也有利于我国企业进入国际市场，参与国际市场竞争，加速我国经济发展。

【小案例】

“嫦娥”桂花月饼的畅销

“嫦娥饼屋”是广西桂林市的一家民营小型食品企业。该企业的月饼每年都有一定的销量。但随着每年的“月饼大战”，销售越来越困难。眼见又到中秋节了，企业的王老板非常着急，于是请某高校的营销专家出主意。该专家组织队伍进行了调查分析，建议“嫦娥饼屋”避开高档和低档两种产品市场的竞争，选择中档及旅游市场，产品配以桂花馅和桂花酒，包装上还有风景名胜的宣传，既有了中秋节日的气氛，又突出了桂林的特点。产品推出后大受欢迎，不但市民喜欢(桂花是该市的“市花”，当地民俗有“中秋团圆食月饼，饮酒观月赏桂花”)，外地游客也以为当地一绝，纷纷购买品尝，甚至购买带走作为礼物送给亲朋好友。结果不但"桂花月饼"大为畅销，"嫦娥饼屋"也打出了企业品牌。

(梅清豪，林新法，陈洁光. 市场营销学原理[M]. 北京：电子工业出版社，2002)

1.2.4　市场营销学的发展

市场营销学是在经济学、行为科学等学科基础上发展起来的，正如营销大师菲利普·科特勒在 1987 年美国市场营销协会(AMA)成立 50 周年纪念大会上所言：营销学之父为经济学，其母为行为学，哲学和数学为其祖父、祖母。

1.2.4.1　市场营销学的萌芽

尽管商品交换古已有之，但真正意义上的市场营销活动却是商品经济发展到一定程度的产物。彼得·德鲁克认为，市场营销活动最早起源于 17 世纪中叶的日本。他指出，市场营销活动是由日本三井家族的一位成员首先应用的。作为商人，他于 1850 年在东京定居下来，开办了世界上第一家具有现代意义的百货商店，并为该店提出了一系列经营原则，主要内容包括了：公司充当顾客的采购员；为顾客设计和生产适合需要的产品；把花色品种规格齐全、丰富多彩的商品供应给顾客；保证顾客满意，否则原款奉还。250 年后，当今世界上最大的百货公司——西尔斯·罗巴克(sears、roebuck)才提出了类似的原则。

彼得·德鲁克还指出，直到 19 世纪中叶，市场营销才在美国国际收割机公司(International Harvester Company)产生。第一个把市场营销当作企业独特的中心职能，并把满足顾客需求作为管理的特殊任务的是麦克密克(Cyrus H. McCormick)。在历史书籍中只提到他是收割机的发明者，然而他还创造了现代市场营销的基本工具：市场调查与市场分析、市场定位观念、定价政策、向顾客提供各种零部件和各种服务、实行分期付款等。

随着资本主义经济的发展，到了 20 世纪初，各主要资本主义国家经过了工业革命，生产迅速发展，生产能力的增长速度超过了市场增长速度。在这种情况下，少数有远见的企业开始设立市场营销研究部门，重视在企业的经营管理过程研究如何推销商品和刺激需求，探索推销方法与广告方法。1911 年，柯蒂斯出版公司(Curtis Publishing Company)率先设置了市场营销研究部门(当时称作"商品研究"的部门)。

1.2.4.2　市场营销学的创立与发展

市场营销进入美国的学术界，成为一个专门的理论领域的研究则始于 20 世纪初期。从总体上来看，市场营销学理论的发展经历了以下四个阶段：

1) 初创阶段(1900～1920 年)。早在 19 世纪末期，美国一些学者就陆续发表了一些有关推销、广告、定价、产品设计、品牌业务、包装、实体分配等方面的论著。但是，直到 20 世纪初期，美国的一些学者才试图将上述有关方面综合起来，建成一门专门的学科。尽管当时还没有使用"市场营销"这个名称，但它已经成为一门新学科的雏形出现在大学课堂上。1904 年，克鲁希(W. E. Kreus)在宾州大学讲授了名为产品市场营销的课程，1910 年，巴特勒(K. S. Butler)在威斯康星大学讲授了名为市场营销方法的课程，1912 年赫杰特齐(J. E. Hegertg)出版了第一本名为市场营销学的教科书，全面论述了有关推销、分销、广告等方面的问题。它标志着市场营销学作为一门独立学科的产生。但是，应该看到，这一时期的市场营销学研究内容仅限于商品销售和广告业务方面的问题，实际影响不大，尚未引起社会的广泛关注，市场营销的完整体系远未完成。

2) 功能研究阶段(1921～1945 年)。从 20 世纪 20 年代到第二次世界大战结束的这段时期内，随着科学技术的进步，美国等西方国家的社会政治经济情况不断发展变化，特别是 1929～1933 年资本主义国家爆发了严重生产过剩的经济大危机，震撼了各主要资本主义国家。由于严重的生产过剩，商品销售困难，工商企业纷纷倒闭。这时企业面临的首要问题不是怎样扩大生产和降低成本，而是如何把产品卖出去。为了争夺市场，解决产品销售问题。企业开始实施市场销售活动，使市场营销学的研究也大规模开展起来，市场营销学逐渐成为指导市场营销实践活动的一门实用性学科。

在这一时期，美国的高等院校和工商企业建立各种市场营销的研究机构，有力地推动了市场营销学的研究和普及。例如，1926 年，美国在"全美广告协会"的基础上成立了"全美市场营销学和广告学教师协会"；1937 年，全美各种市场研究机构联合组成了"全美市场营销学会"(America Marketing Association，AMA)，不仅有工商企业人士和经济学家、管理学家参加，而且吸收了市场行情、广告、销售、信托等方面的专家入会。目前，该学会的成员遍及世界各地，实际上已成为国际性的组织，该学会的现任主席为美国西北大学教授菲利普·科特勒。这一时期的研究以营销功能为最突出的特点，主要包括交换功能、实体分配和辅助功能，这些功能构成了当时市场营销体系的主体。然而，从总体上来看，这一阶段的研究还是将市场营销等同于销售或推销，研究范围局限于流通领域。

3) 发展与传播阶段(1945～1980 年)。第二次世界大战以后，特别是 20 世纪 50 年代以来，随着国际政治环境的相对稳定以及第三次科技革命的展开，资本主义国家的社会生产力得到了较快的发展，产品产量剧增，花色品种日新月异，社会消费能力也有了较大增长，人们的消费需求和消费欲望不断加深，市场竞争日益激烈，政府对经济的干预明显增强，营销环境复杂多变。在这种情况下，企业要想求得生存与发展，就必须从总体上进行规划，不能在产品生产出来后，而是要在产品生产之前就考虑市场问题，要按照市场需求安排生产，组织营销活动；企业不能仅考虑当前的盈利，还要考虑到未来的长远发展；企业的市场营销不应局限于产品推销问题，应该包括企业与市场以及整个营销环境保持衔接关系的整体性经营活动。在这种情况下，市场营销的理论研究从对产品生产出来以后的流通过程的研究，发展到从生产前的市场调研和产品创意开始，到销售后的顾客服务和信息反馈为止的营销过程的研究；从对营销实施的研究，发展到对市场营销问题的分析、计划、实施、控制等营销管理过程的研究。市场营销学逐步从经济学中独立出来，吸收了行为科学、心理学、社会学、管理学等学科的若干理论，形成了自身的完整理论体系。

与此同时，市场营销学也开始广为传播。一方面，在应用领域上，市场营销学理论不仅广泛应用于以营利为目标的企业运作上，而且还逐渐应用到行政机构以及其他非营利组织，涉及社会经济生活的各个方面，如军队、法院、宗教团体、慈善机构和学校都公开或非公开地引进了营销观念和方法。另一方面，在应用区域上，市场营销学不断从起源国——美国向其他国家传播。20 世纪 50 年代以来，美国的市场营销学先后传入了日本、西欧、中国台湾以及东欧和前苏联等国家和地区，20 世纪 70 年代末开始传入中国内地。一般说来，商品经济愈发达的地方，市场营销学也愈盛行。

4) 拓展与创新阶段(1980 年以后)。随着经济全球化趋势的加强，参与国际竞争的国家和企业急剧增加，市场竞争的范围不断扩大，程度不断加剧。在 20 世纪 80 年代中期，科特勒进一步发展了市场营销理论，提出了大市场营销的观念，突破了传统营销理论中阐明的企业可控制的市场营销组合因素与外界不可控的环境因素之间简单相适应的观点，把企业市场营销组合所包括的 4P'S 策略扩大到 6P'S 策略，即产品、价格、分销、促销、政治权力和公共关系等六大策略。这一思想对跨国企业开展国际营销活动具有重要的指导意义。

进入 20 世纪 90 年代以来，市场营销理论的研究不断向新的领域拓展，出现了定制营销、营销网络、纯粹营销、政治营销、绿色营销、营销决策支持系统、整合营销等新的理论领域，并打破了美国营销管理学派一统天下的局面，对传统营销理论提出了质疑，形成了不同的营销学派。

1.3　市场营销管理和创新

随着营销思想的发展，一系列营销新观念也在不断涌现，并为社会各界所接受。其中，代表性的观念见表 1.1。

表 1.1 市场营销概念的演变和发展

年代	新概念	提出者
20 世纪 50 年代	市场营销组合 产品生命周期 品牌形象 市场细分 市场营销概念 营销审计	尼尔·鲍顿 乔尔·迪安 西德尼·莱维 温德尔·史密斯 约翰·麦克金特里克 艾贝·肖克曼
20 世纪 60 年代	"4 P"营销组合 营销近视 生活方式 买方行为理论 扩大营销	杰罗姆·麦克锡 西奥多·莱维特 威廉·莱泽 约翰·霍华德等 菲利普·科特勒等
20 世纪 70 年代	社会营销 低营销 市场定位 战略营销 服务营销	杰拉尔德·泽尔曼等 西德尼·莱维等 阿尔·赖斯 波士顿咨询公司 林恩·休斯塔克
20 世纪 80 年代	营销战 大市场营销 内部营销 全球营销 关系营销	雷维·辛格 菲利普·科特勒 克里斯琴·格罗路斯 西德尼·莱维 巴巴拉·本德·杰克
20 世纪 90 年代	网络营销 差异化营销 绿色营销 5R 营销	葛斯·哈伯 唐·E·舒尔茨

1.3.1 关系营销

关系营销突破了传统营销理论的局限，是对传统营销理论的延伸和创新。了解"关系营销"含义，要把握以下要点：

1) 关系营销的核心是顾客满意(CS)。市场营销的根本在于满足顾客需要，市场竞争的实质就是争取顾客的竞争。美国哈佛商业杂志的一份研究报告指出，重复购买的顾客可以为公司带来 25%～85%的利润，固定客户数每增长 5%，企业利润则增加 25%。另外，1 位满意的顾客引发 8 笔潜在的生意，其中至少一笔成交；1 位不满意的顾客会影响 25 个人购买欲望。越来越多的企业已经认识到，发展与顾客长期友好关系，并把这种关系当作企业宝贵的资产，已成为当今市场营销的重要趋势。

2) 关系营销的关键是建立并发展与相关组织和个人的良好关系。关系营销注重消除企业和相关组织和个人之间为了各自目标和利益而产生的对立性关系，促使双方为共同的利益和目标而相互支持、相互配合、相互合作，力求建立双边和多边的协同合作关系。营销者应与顾客、分销商、供应商、合作伙伴以及政府等建立和谐的关系。

3) 关系营销的重要特征是双向沟通。关系营销强调双向沟通，不仅仅是企业向社会简单地传递信息，还要收集来自顾客及相关组织的反馈信息，通过双向交流促进信息的扩张和情感的发展(见表 1.2)。

表 1.2　关系营销与传统营销的比较

	传统营销	关系营销
时间跨度	短期导向	长期导向
决策因素	经济变量为主	经济变量、非经济变量并重
营销目标	销售	关系/销售
双方目标	不同	一致
成交含义	完成交易	建立、发展关系
产品策略	产品	产品/关系
促销策略	产品/企业	强调双方满意
分销策略	至少不亏本	双赢
定价策略	竞争/成本	顾客满意/企业利益
资源投入	看成成本	看成投资
质量、服务	符合顾客要求	关系营销关键因素之一

1.3.2　绿色营销

绿色营销的主要内容是：

1) 开发绿色产品。绿色产品开发必须遵循以下原则：节省原料和能源；减少非再生资源的消耗；容易回收、分解；低污染或者没有污染；不对使用者身心健康造成损害；产品包装符合国家有关规定。

2) 绿色促销策略。"绿色"已成为企业促销热门主题之一，绿色形象构成了企业形象和产品形象的不可缺少的内容。为此，一些企业积极参与环保事业，采取绿色策略，大打"绿色营销"招牌。

3) 绿色分销策略。减少运输过程中的包装物使用，更换运输中易对环境造成污染的包装物；优化分销渠道，降低分销中运输、存储等的能源消耗；做好废旧部件和包装物的回收和循环使用。

值得指出的是，人们往往以为实行绿色营销会加大企业成本，如对环境进行检测、治理、保护等均需要大投入，因而对绿色营销抱消极的态度。其实，一方面，由于消费者愿意使用绿色产品，"绿色企业"往往能树立形象，扩大销售领域，增加销售量，形成一定的经济规模来获得更多的利润。据美国农业部对 62 种绿色产品调查，1991 年这些厂家产量增长了 17.1%，产值增长 24%，利润增长了 80% 以上。另一方面，"绿色营销"又是一个巨大的商机，善于把握这一时机的企业，可以获得更多市场机会。

1.3.3　服务营销

对服务营销，不能仅仅解释为"服务业的营销"，事实上，服务营销理论可以应用于各行各业。一个企业对市场的供应通常包含某些服务在内，这种服务成分可能是全部供应中的一小部分，也可能是占很大部分。据这种解释，服务供应可分为以下 5 种类型：

(1) 纯有形商品。它主要是有形物品，如盐、毛巾、牙刷等，这些有形产品的营销没有伴随明显的服务。

(2) 伴随服务的有形产品。它是伴随着能提高顾客购买率的服务，尤其是技术复杂的高科技产品，在营销中更强调服务的重要性，如果没有服务，其销售就会萎缩。

(3) 混合物。它是有形物品和无形服务相互掺半的供应物。如快餐店不仅提供汉堡包，还提供一流的环境和服务。

(4) 伴随有形物品的服务。指人们在享用服务的同时还会接受某些附加的辅助物品，如乘客在航空旅行中，航空公司还会提供一些简便的食品与饮料。

(5) 纯无形服务，如心理咨询等。

为了搞好服务营销，必须注意以下几个原则：

(1) 服务营销中的差别性策略。在竞争激烈的市场中，如果没有服务差异，企业将无法脱离低层次的价格竞争模式。仅靠价格竞争，企业也无法树立良好的企业形象和独特的品牌，也不会有对企业长久忠诚的顾客。

服务营销中实施差别性策略，就要发展差别供应、差别交付和差别形象。差别供应就是开发特色产品、开展特色服务，从而使自己提供的服务有别于他人。差别交付指在服务交付质量的能力和培育可信赖的顾客方面的差异化。差别形象指企业通过标志和品牌来建立差别形象，如当人们一看到"√"标志就会联想到"耐克"品牌，它集中地表达了国际一流体育用品的质量、形象和实力，给人以安全感。

(2) 服务营销中的服务质量策略。在激烈的市场竞争中，企业要超过竞争对手，除了服务差异外，还必须有高于对手的服务质量。企业服务质量的优劣要由顾客和社会来评价。

影响服务质量有五大因素：人(服务人员素质)、设施(现代化的设施设备)、材料(包括有形物质材料和信息等无形材料)、时间(服务规范经受时间的考验)、环境。

(3) 服务营销中的服务生产率策略。服务成本的飞速增长给企业造成巨大的压力，要求企业提高服务生产率，其基本途径是：提高服务人员的技能并培养其积极的工作态度；在某种程度下可适当降低服务标准来增加服务数量；通过增加设备和标准化生产来实现；服务工业化(如麦当劳的快餐装配线)；采用更有效的服务方式代替原来的生产效率很低的服务方式；鼓励顾客自助；利用技术的力量。

1.3.4　整合营销

整合营销概念首先由美国著名学者舒尔兹在20世纪90年代初提出，它运用系统论与权变论解释营销学，提出了系统化的动态营销概念。所谓系统化就是把企业、顾客、环境作为一个和谐的整体来考虑，它们之间互相联系、互相适应。所谓动态，就是一切产品和服务要紧跟顾客需求的变化而灵活应变，不应有固定模式。

整合营销的主要内容有：

1) 企业整合营销理论打破了传统营销只作为企业经营管理一项功能的这一框架，而强调企业所有活动都应该整合和协调起来，共同努力为顾客服务，营销要成为各部门的工作。

2) 整合营销强调运用更科学的方法研究消费需求，建立完善的消费者资料库，把握消费需求，建立和消费者更为牢固和密切的关系。为此，整合营销提出了"4C"理论：

(1) 需求和欲望。消费者饥不择食的年代已经过去了，消费者比过去更加挑剔，企业应把自己产品原有优点暂时搁到一边，重点研究消费者的需求与欲望。

(2) 成本。企业对固有的定价策略、价格竞争应以一种新的视角去重新考虑。真正重要的是要研究消费者为了满足需求与欲望，肯出多少成本价格。

(3) 便利。尽最大努力为消费者提供方便，而不仅仅是强调企业自己制定出来的繁复程序和规定。

(4) 沟通。在激烈竞争的市场上，唯有好的商品、好的服务、好的品牌的价值存在于消费者心中，这才是真正的企业价值。而要做到这一点，沟通至关重要。

3) 改变从静态角度分析市场的做法，强调从动态观念主动迎接市场挑战，把握市场发展规律和方向，发现新的潜在市场，努力创造新的市场。

1.3.5　网络营销

与传统营销相比，网络营销有其不可取代的优势：

1) 网络营销全新时空优势，克服了产销"时间矛盾"、"空间矛盾"。网络营销的范围大大突破了传统营销的销售范围和消费群体，也冲破了原定的销售半径。产品订货会没有了地点和时间的概念，取而代之的是一个网址和客户所希望的任何时间。

2) 网络营销全方位展示商品，互动式信息供需模式，大大优于传统营销单向式介绍信息的模式。在一些经济发达国家，越来越多消费者乐于进入因特网浏览自己所需要的信息。同时，个性化需求变得越来越明显，消费者可以从网络空间搜集出他们感兴趣的任何东西。并且，企业可以全方位、低成本地展示商品，消费者也能在最大范围内对商品性能、价格进行比较，大大节约了商品搜寻成本，进而降低成本提高利润。

3) 网络营销的直接交易减少了分销环节。网络营销被称之为"直接经济"，生产商和消费者可以通过网络直接进行商品交易，使产需更加直接、面对面和自由化。消费者可以直接对商品款式、价格、功能等提出要求，他们直接参与了生产和流通，减少了市场不确定因素，生产商也更容易掌握市场需求。

4) 网络营销低成本运作模式。网上交易避开了建立有形网点的征地费、动迁费等巨大开支；信息制作、发布、更新、传送的低成本；实现无纸化贸易，减少商务活动中的材料消耗；配送实物可以通过优化运输，减少费用。对于数字化商品，如信息、资料查询、视听产品、联机服务(网上预订服务等)可以直接通过网络传送。

【思考与练习】

1) 名词解释：

市场　市场营销　需求　商品　服务　顾客满意　顾客价值　交易　营销者

2) 思考与讨论：

(1) 需求与需要有何不同？企业若把两者混淆将会产生什么不良的后果？

(2) 请辨析市场营销与销售的区别与联系。

(3) 市场营销学的结构包括哪些？

【实训项目】

1) 实训名称：认识营销相关概念、常用营销网站及营销信息传递特征。

2) 实验课程时间安排：学习完本章之后。

3) 实验条件：电脑接入国际互联网，可以正常使用国内外主要搜索引擎、电子邮箱、浏览网页。

4) 实验目的：在营销网站上浏览企业营销案例，了解营销理论和发展趋势。了解用户通过企业网站、搜索引擎、电子邮件等常用营销工具获取商品/服务信息的特征，认识营销相关概念、营销信息传递的特点，为接下来的课程学习增加感性认识。

5) 实验内容和步骤：

(1) 在营销网站上浏览企业营销案例，了解营销理论和发展趋势，企业营销4P、4C要素运用。

(2) 从备选商品/服务名称中选择一种，假设你希望购买这种产品/服务，或者希望了解更多相关信息。

(3) 利用该关键词分别在3~5个常用搜索引擎进行检索，观察检索结果第一页的信息差异情况。

(4) 从检索结果中选择一个你感兴趣的网页，点击进入该网站。

(5) 对比该网页在搜索引擎检索结果中的信息，是否可以在网站上立即发现这些相关信息更为详细的内容。

(6) 思考这个实验过程中的一些相关问题：

① 通过浏览企业营销案例，加深对市场营销定义的理解，了解4P、4C、4R、网络营销、绿色营销、关系营销、整合营销相关信息。

② 搜索引擎检索结果中的信息为什么吸引你的注意并促使点击进入网页？在你选择进入的网站中，是否能获得你期望的信息和服务？

Newspaper:中国经营报；经济日报；中国商报；国际商报等。

中国营销传播网　http://www.emkt.com.cn/

中国总经理网　http://www.cnceo.com/

中华企管网　http://www.wiseman.com.cn/

博锐管理沙龙　http://www.boraid.com

中国企业管理网　http://www.ccm.org.cn/

中国管理传播网　http://www.hailang.org/

中国经理网　http://www.chinamanagers.com/

中国经理人在线　http://www.51cxo.com

营销与市场　http://www.oursmarket.com/bbs/prg/index.asp

中国市场营销网(中国市场学会)　http://www.ecm.com.cn/

6) 实验报告要求：

(1) 实验报告以书面形式提交，字数：1500 字左右。

(2) 实验报告主要内容：根据实验获得的体验及对实验问题的思考，以个人的观点分析

(3) 营销相关概念，企业营销 4P、4C 要素运用，营销未来趋势。

(4) 通过企业网站获取信息并且分析企业网站营销信息方面的特征。

2 市场营销管理及哲学

【知识目标】

了解市场营销管理的内涵、市场营销管理哲学的演变进程；

明确市场营销管理的任务；

掌握现代营销观念的精髓。

【能力目标】

具备市场营销管理哲学定位的能力；

能运用营销管理过程分析营销的各种不同的阶段。

【案例导入】

坐困愁城的发明家

能源危机引起了各种各样严肃而又有趣的发明，这些发明都是为了节省矿物燃料或开辟新的能源。比如用廉价原料玉米制成液化气、利用太阳能和风能，或采用可使用多种能源的机器以提高原料的利用率等等。有位发明家研制了一种同时兼备上述三种特点的小汽车，他将汽油箱改为一个高效能的快速甲烷发生器，该发生器可把有机物如杂草等随时转化为燃料；汽车棚顶上装有太阳能电池板，当甲烷用完时可由电池驱动，而在平时电池板给蓄电池充电；另外车上还装有一对风翼，以便在风向和风速适宜的条件下使用。这种汽车采用最先进的设计、材料和工艺技术，不仅重量轻，而且装有十分理想的气动装置。这位发明家认定这是一个成功的创造，因此便回到老家——墨西哥的一处深山里。他自信世界上所有的厂商都会蜂拥而至，坐等在家也会有人踏出一条通向他家的路来，可最后什么人也没等到，那项杰出的发明放在那里生了锈布满了尘埃。

为什么没人来买这位发明家的小汽车呢？就是因为没有进行营销，他没让需要购买汽车的顾客知道他的产品，也没有把这种汽车的优点告诉顾客，即使有人远道而来购买汽车，恐怕这位发明家也不知道给汽车定多高的价格。这位发明家没有对其产品进行分配，没有进行广告宣传和定位，最糟的是他没有考虑市场，更没有考虑到影响市场的环境。首先，由于近年来墨西哥发现了大量的油田和天然气，不存在能源危机问题，以致对他那种汽车的需求量不大；其次，这种车最多只能乘坐四个人，而墨西哥人的家庭往往人口较多；另外，他也没有考虑到环境保护者的干预，因为甲烷发生器会产生污染。他认为这种汽车在美国会有可观的市场，因为那里汽油短缺且价格高，可他没料到墨西哥政府和某些官员会反对向美国出口这种汽车，因为向美国出口这种汽车，会减少美国对墨西哥石油的潜在需求量。这样，由于没做任何营销方面的工作，没有国内市场，又遇到环境困难，发明家这种"奇妙"的小汽车没能给他带来一个比索。

(资料来源：崔利群，苏巧娜. 推销实务[M]. 北京：高等教育出版社，2002)

思考：

1) 发明家研制的小汽车为何无人问津？他犯了哪几个错误？
2) 你认为这个发明家应如何做才能使他的发明成功走向市场？
3) 这个案例给我们什么启示？

2.1 市场营销管理

2.1.1 市场营销管理的内涵

市场营销管理是指为了实现企业目标，创造、建立和保持与目标市场之间的互利交换和关系，而对设计方案的分析、计划、执行和控制。市场营销管理的实质是需求管理。企业在开展市场营销的过程中，一般要设定一个在目标市场上预期要实现的交易水平，然而，实际需求水平可能低于、等于或高于这个预期的需求水平。换而言之，在目标市场上，可能没有需求、需求很小或超量需求。市场营销管理就是要针对这些不同的需求情况采取不同的营销对策。

在不同的需求状况下，市场营销管理的任务有所不同。

1) 负需求。负需求是指绝大多数人对某种产品感到厌恶，甚至愿意出钱回避它的一种需求状况。在负需求情况下，市场营销管理的任务是改变市场营销，即分析市场为什么不喜欢这种产品以及是否可以通过产品重新设计、降低价格和积极促销的营销方案，来改变市场的信念和态度，将负需求转变为正需求。

2) 无需求。无需求是指目标市场对产品毫无兴趣或漠不关心的一种需求状况。通常情况下，市场对下列产品无需求：

(1) 人们一般认为无价值的废旧物资。

(2) 人们一般认为有价值，但在特定环境下无价值的东西。

(3) 新产品或消费者平常不熟悉的物品等。

在无需求情况下，市场营销管理的任务是刺激市场营销，即通过大力促销及其他市场营销措施，努力将产品所能提供的利益与人的自然需要和兴趣联系起来。

3) 潜伏需求。潜伏需求是指相当一部分消费者对某种物品有强烈的需求，而现有产品或服务又无法使之满足的一种需求状况。在潜伏需求情况下，市场营销管理的任务是开发市场营销，即开展市场营销研究和潜在市场范围的测量，进而开发有效的物品和服务来满足这些需求，将潜伏需求变为现实需求。

4) 下降需求。下降需求是指市场对一个或几个产品的需求呈下降趋势的一种需求状况。

5) 不规则需求。不规则需求是指某些物品或服务的市场需求在一年不同季节，或一周不同日子，甚至一天不同时间上下波动很大的一种需求状况。

6) 充分需求。充分需求是指某种物品或服务目前的需求水平和时间等于预期的需求水平和时间的一种需求状况。

7) 过量需求。过量需求是指某种物品或服务的市场需求超过了企业所能供给或所愿供给的水平的一种需求状况。在过量需求情况下，市场营销管理的任务是降低市场营销，即通过提高价格，合理分销产品，减少服务和促销等措施。

8) 有害需求。有害需求是指市场对某些有害物品或服务的需求。对于有害需求，市场营销管理的任务是反市场营销。降低市场营销与反市场营销的区别在于：前者是采取措施减少需求，后者是采取措施消灭需求。

根据不同的需求状况，需要确定相应的需求管理目标及管理任务，如表 2.1 所示。

表 2.1　根据需求状况确定管理目标及管理任务

	需求状况	需求管理目标	市场营销管理任务
1	负需求	正需求	转变性市场营销
2	无需求	有需求	刺激性市场营销
3	潜伏需求	现实需求	开发性市场营销
4	下降需求	上升需求	重振性市场营销
5	不规则需求	有规则需求	协调性市场营销
6	充分需求	持续需求	维持性市场营销
7	过度需求	适度需求	限制性市场营销
8	有害需求	无或负需求	抵制性或反市场营销

2.1.2　市场营销管理的过程

市场营销管理过程，就是企业为实现其任务和目标而发现、分析、选择和利用市场机会的管理过程。包括分析市场机会、确定目标市场、设计市场营销组合、管理市场营销活动四个阶段。

1) 分析市场机会。寻找和分析、评价市场机会的主要方法有：

(1) 收集市场信息。营销人员可通过经常阅读报纸、参加展销会、研究竞争者的产品、召开献计献策会、调查研究消费者的需要等来寻找、发现、识别未满足的需要和新的市场机会。

(2) 分析产品/市场发展矩阵。市场渗透、市场开发、产品开发、多元化经营。

(3) 进行市场细分。营销人员还可以通过市场细分来寻找、发现最好的市场机会，拾遗补阙。

2) 选择目标市场。市场细分、选择目标市场、市场定位构成了目标市场营销的全过程。其特点是市场集中化、选择专业化、产品专业化(企业同时向几个子市场销售一种产品)、市场专业化(企业集中力量满足某一特定顾客群的各种需要)、市场全面化。

3) 设计市场营销组合。市场营销组合是企业市场营销战略的一个重要组成部分。市场营销组合中所包含的可控制的变量很多，可以概括为四个基本变量，即产品(Product)、价格(Price)、地点(Place)和促销(Promotion)，由于这四个名词的英文字头都是 P，所以市场营销组合又称为 4P 组合。

市场营销组合的构成包括产品质量、外观、式样、品牌名称、包装、尺码或型号、服务、保证、退货等。

市场营销组合的特点是：① 市场营销组合因素对企业来说都是可控因素。② 市场营销组合是一个复合结构。四个 P 之中又各自包含若干小的因素，形成各个 P 的亚组合，因此，市场营销组合是至少包括两个层次的复合结构。③ 市场营销组合又是一个动态组合。④ 市场营销组合要受企业市场定位战略的制约，即根据市场定位战略设计、安排相应的市场营销组合。

菲利普·科特勒在 1984 年提出了一个新的理论，他认为企业能够影响自己所处的市场营销环境，而不应该单纯地顺从和适应环境。因此，市场营销组合的 4P 之外，还应该再加上两个 P，即权力(Power)与公共关系(Public Relations)，成为 6P。大市场营销的特点是：① 大市场营销的目的是打开市场之门，进入市场；② 大市场营销的涉及面比较广泛；③ 大市场营销的手段较为复杂；④ 大市场营销采用积极的诱导方式；⑤ 大市场营销投入的资本、人力、时间较多。

4) 管理市场营销活动。市场营销计划、组织、执行和控制。

2.2　市场营销观念及其演变

市场营销观念(营销哲学或理念)是指企业从事营销活动的基本指导思想、行为准则和伦理道德标准的总称。它是一种信念、一种态度、一种思维方式，任何一个企业都是在特定的思想或观念指导下进行工作的，不同观念必然产生不同的行为，不同的行为必然产生不同的结果。确立正确的营销观念，对企业生死存亡、成败荣辱具有决定性作用。

市场营销观念的核心是如何正确处理企业、顾客和社会三者之间的利益关系。它们既是相互矛盾，也是相辅相成的，其基本轨迹是由企业利益导向转变为顾客利益导向，再发展到社会利益导向。如图 2.1 所示。

市场营销观念是企业开展市场营销工作的指导思想或者说企业的经营思想。它集中反映了企业以什么态度和思想方法去看待和处理组织、顾客和社会三者之间的利益关系。市场营销工作的指导思想正确与否对企业经营的成败兴衰具有决定性的意义。

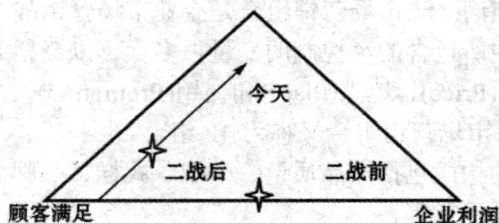

图 2.1　企业营销观念变化趋势

企业市场营销的指导思想是在一定的社会经济环境下形成的，并随着这种环境的变化而变化。其营销思想的演变见表 2.2。

表 2.2　营销思想的演变

	生产观念	产品观念	推销观念	市场营销观念	社会市场营销观念
产生环境	市场严重供不应求；成本过高	市场供求状况缓和	市场由供不应求向供过于求过渡	市场供过于求	消费环境的恶化
具体表现	重生产，轻营销，以产定销	营销近视症	推销现有产品，忽视买方实际需求；重视成交率，忽视长期关系	基本思想：组织目标实现有赖于对目标市场的需求和欲望的正确判断，并能以比竞争对手更有效的方式去满足消费者的需求(顾客中心论)	核心思想：企业在满足消费者需求并追求经济利益的同时能够最大限度地兼顾社会总体利益(社会中心论)
营销重点	增加产量、降低成本(企业中心论)	生产高质量、多功能和具有某种特色的产品	积极推销和大力促销		

当然，指导思想的变化会促使企业的组织结构以及业务经营程序和方法的调

整和改变。1个世纪以来，西方企业的市场营销观念经历了一个漫长的演变过程，可分为：生产观念、产品观念、推销观念、营销观念和社会营销观念等 5 种不同的观念，如图 2.2 所示。

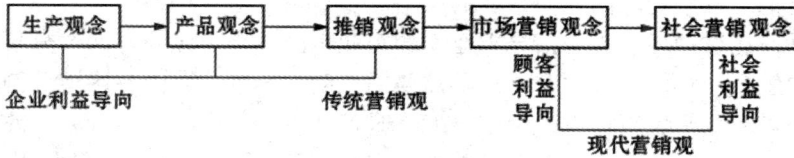

```
┌────────┐   ┌────────┐   ┌────────┐   ┌──────────┐   ┌──────────┐
│生产观念│→ │产品观念│→ │推销观念│→ │市场营销观念│→ │社会营销观念│
└────────┘   └────────┘   └────────┘   └──────────┘   └──────────┘
                                          顾客              社会
                                          利益              利益
                                          导向              导向
企业利益导向              传统营销观
                                              现代营销观
```

图 2.2   营销观念的演进

2.2.1   生产观念

生产观念也称为生产中心论，它是一种最古老的经营思想。这种指导思想认为，消费者或用户欢迎的是那些买得到而且买得起的产品。因此，企业应组织自身所有资源、集中一切力量提高生产效率和分销效率，扩大生产，降低成本以拓展市场。显然，生产观念是一种重生产、轻市场营销的企业经营思想。

生产观念的产生背景是 20 世纪 20 年代以前，整个西方国家的国民收入还很低，生产落后，许多商品的供应还不能充分满足需要，生产企业在市场中占主导地位的卖方市场状态。

20 世纪初，亨利·福特(Hennery Ford)在开发汽车市场时所创立的"扩大生产、降低价格"的经营思想，就是一种生产观念。福特汽车公司从 1914 年开始生产 T 型汽车，福特将其全部精力与才华都用于改进大规模汽车生产线，使 T 型车的产量达到非常理想的规模，大幅度地降低了成本，使更多的美国人买得起 T 型汽车。他不注重汽车的外观，曾开玩笑地说，福特公司可供应消费者任何颜色的汽车，只要他要的是黑色汽车。这种只求产品价廉而不讲究花色式样的经营方式无疑是生产观念的典型表现。

中国改革开放前，由于产品供不应求，生产观念在企业中盛行，主要表现是生产部门埋头生产，不问市场，商业企业将主要力量集中在抓货源上，工业部门生产什么，商品部门就收购什么，根本不问及消费者的需要。

生产观念是一种"以产定销"的经营指导思想，它在以下两种情况下仍显得有效：

第一，市场商品需求超过供给，卖方竞争较弱，买方争购，选择余地不大。

第二，产品成本和售价太高，只要提高效率，降低成本，从而降低售价，才能扩大销路。

正因为如此，时至今日，一些现代公司也时而奉行这种观念，如美国德州仪器公司(Texas Instruments)一个时期以来为扩大市场，就一直尽其全力扩大产量、改进技术以降低成本，然后利用它的低成本优势来降低售价，扩大市场规模。该公司以这种经营思想赢得了美国便携式计算器市场的主要份额。今天的许多日本企业也是把这种市场取向作为重要的策略。

但是，在这种经营思想指导下运作的企业也面临一大风险，即过分狭隘地注重自己的生产经营，忽视顾客真正所需要的东西，会使公司面临困境。例如，德州仪器公司在电子表市场也采用这一战略时，便遭到了失败。尽管公司的电子表定价很低，但对顾客并没有多少吸引力。在其不顾一切降低价格的冲动中，该公司忽视了顾客想要的其他一些东西，即不仅仅要价廉，而且还要物美。

【小案例】

福特的经营理念

我们的政策就是降低价格，改进工艺，完善产品。你会发现，降价总是第一步。我们坚信成本可以改变。当我们认为必须降低价格才能增加销量时，我们自然会调整价格。

成本的问题从来没有困扰过我们，新的价格必定会拉低成本。当然，更常见的方式是先算出成本，再进行定价。从狭义上来说，这可能是科学的，从广义上来看，这是不科学的，当你算出的成本显示出，如果照此生产，产品的价格不会被市场接受，那么这种成本计算又有什么意义呢？

(朱金生. 国际市场营销学[M]. 武汉: 华中科技大学出版社，2008)

2.2.2　产品观念

产品观念认为，消费者会欢迎质量最优、性能最好、特点最多的产品，因此，企业应把精力集中在创造最优良的产品上，并不断精益求精。

产品观念是在这样的背景产生的，相比于上一阶段，社会生活水平已有了较大幅度地提高，消费者已不再仅仅满足于产品的基本功能，而是开始追求产品在功能、质量和特点等方面的差异性。因此，如何比其他竞争对手在上述方面为消费者提供更优质的产品就成了企业的当务之急。在产品供给不太紧张或稍微宽裕的情况下，这种观念常常成为一些企业经营的指导思想。在 20 世纪 30 年代以前，不少西方企业广泛奉行这一观念。

传统上我国有不少企业奉行产品理念，"酒好不怕巷子深"、"一招鲜，吃遍天"等都是产品观念的反映。目前，我国还有很多企业不同程度地奉行产品观念，它们把提高产品功能与质量作为企业首要任务，提出了"企业竞争就是质量竞争"、"质量是企业的生命线"等口号，这无疑有助于推动我国企业产品的升级换代，缩短与国外同类产品的差距，一些企业也由此取得了较好的经济效益。

然而，这种观念也容易导致公司在设计产品时过分相信自己的工程师知道怎样设计和改进产品，它们很少深入市场研究，不了解顾客的需求意愿，不考察竞争者的产品情况。他们假设购买者会喜欢精心制作的产品，能够鉴别产品的质量和功能，并且愿意付出更多的钱来购买质量上乘的产品。正如科特勒所言：某些企业的管理者深深迷恋上了自己的产品，以至于没有意识到其市场上可能并不那么迎合时尚，甚至市场正朝着不同的方向发展。企业抱怨自己的服装、洗衣机或其他高级家用电器本来是质量最好的，但奇怪的是，市场为何并不欣赏。某一办公室文件柜制造商总是认为他的产品一定好销，因为它们是世界上最好的。他说："这文件柜从四层楼扔下去仍能完好无损。"不过令人遗憾的是，没有人会在购买文件柜后，先把文件柜从四楼上扔下去再开始使用。而为了保证这种过分的产品坚固性，必然会增加产品的成本，消费者也不愿意为这些额外又无多大意义的品质付更多的钱。

【小案例】

公文柜的产品观念

有一家办公用公文柜的生产商，过分迷恋自己的产品质量与追求精美。生产经理认为，他们生产的公文柜是全世界质量最好的，从四楼上扔下来都不会损坏。当产品拿到展销会上推销时却遇到了强大的销售阻力，这使得生产经理难以理解，他觉得产品质量好的公文柜理应获得顾客的青睐。销售经理告诉他，顾客需要的适合他们工作环境和条件的产品，没有哪一位顾客打算把他的公文柜从四楼扔下来。

自 1864 年创立以来，爱尔琴手表公司一直享有全美国最佳手表制造商的声誉。爱尔琴公司一直把重点放在保持其优质产品的形象，并通过由首饰店和百货公司组成的巨大分销网进行推销，销售量持续上升，但是到 1958 年以后，其销售量和市场份额开始走下坡路。是什么原因使得爱尔琴公司的优势地位受到损害呢？

根本原因是，爱尔琴公司的管理当局太醉心于优质而式样陈旧的手表，以至于根本没有注意到手表消费市场上所发生的重大变化。许多消费者对手表必须走时十分精确、必须是名牌、必须保用一辈子的观念正在失去兴趣。他们期望的手表是走时准确、造型优美、价格适中。越来越多的消费者追求方便性(各种自动手表)、耐用性(防水防震手表)和经济性(刻度指针表)。从销售渠道的结构来看，大量的手表通过大众化分销点和折扣商店出售。不少美国人都想避开当地珠宝店的高赢利，而且，在看见便宜表时常会发生冲动性购买。从竞争者这方面说，许多同行都在生产线中增设了低价手表，并开始通过大众化分销渠道出售手表。爱尔琴公司的毛病就出在它把全部注意力都集中在产品身上，而忽视了随时掌握变化着的需求并对此做出相应的反应。

（万后芬. 市场营销教程(第二版)[M]. 北京：高等教育出版社，2007）

这种产品观念还会引起美国营销学专家西奥多·李维特(Theodore Leavitt)教授所讲的"营销近视症"(Market Myopia)的现象。即不适当地把注意力放在产品上，而不放在需要上。铁路管理部门认为用户需要的是火车本身，而不是为了解决交通运输，于是忽略了飞机、公共汽车、货车和小汽车日益增长的竞争；计算尺制造商认为工程师需要的是计算尺本身而不是计算能力，以致忽略了袖珍计算器的挑战。

2.2.3　推销观念

这是一种以推销为中心内容的经营指导思想。它强调企业要将主要精力用于抓推销工作，企业只要努力推销，消费者或用户就会更多地购买。这一观念认为，消费者通常表现出一种购买惰性或者抵触心理，故需用好话去劝说他们多买一些，企业可以利用一系列有效的推销和促销工具去刺激他们大量购买。在这种观念指导下，企业十分注重运用推销术和广告术，大量雇佣推销人员，向现实和潜在买主大肆兜售产品，以期压倒竞争者，提高市场占有率，取得更多的利润。

推销观念产生于从卖方市场向买方市场转变的时期。从 1920 年到 1945 年，西方国家社会从生产不足开始进入了生产过剩，企业之间的竞争日益激烈。特别是 1929 年所爆发的严重经济危机，大量商品卖不出去，许多工商企业和银行倒闭，大量工人失业，市场萧条。残酷的事实使许多企业家认为即使物美价廉的产品，也未必能卖出去，必须重视和加强商品销售工作。

自从产品供过于求、卖方市场转变为买方市场以后，推销观念就被企业普遍采用，尤其是生产能力过剩和产品大量积压时期，企业常常本能地采纳这种理念。前些年，在我国几乎被奉为成功之路的"全员推销"典型地代表了这种理念。

应当说，推销观念有其合理性的地方，一般而言，消费者购买是有惰性的，尤其是当产品丰富和销售网点健全的情况下，人们已不再需要像战时状态那样储存大量产品，也没有必要担心商品涨价。买商品只求"够用就行"已成为主导性的消费观念，另外，在买方市场条件下，过多的产品追逐过少的消费者也是事实。因此，加强推销工作以扩大本企业的产品信息，劝说消费者选择购买本企业产品，都是非常必要的。

然而，推销观念注重的仍然是企业的产品和利润，不注重市场需求的研究和满足，不注重消费者利益和社会利益。强行推销不仅会引起消费者的反感，而且还可能使消费者在不自愿的情况下购买了不需要的商品，严重损害了消费者利益，这样，反过来又给企业造成不良的后果。正如科特勒教授所指出，感到不满意的顾客不会再次购买该产品，更糟糕的情况是，感到满意的普通顾客仅会告诉其他三个人有关其美好的购物经历，而感到不满意的普通顾客会将其糟糕的经历告诉其他十个人。

【小案例】

雪佛莱和奥兹莫比尔的买一送一

美国的雪佛莱和奥兹莫比尔汽车厂的生意面临巨大的难题。它积压了一批"托罗纳多"牌轿车，型号是 1986 年的，由于未能及时脱手，导致资金不能回笼。仓租利息负担沉重，使工厂面临要倒闭的局面。

该厂的总裁对本厂经营和生产进行了反思，总结出自己企业经营失败的原因是推销方式不灵活，他针对全企业存在的问题，对竞争者及其他商品的推销术进行了认真的比较，最后设计了一种大胆的推销方式"买一送一"。决定在全国主要报刊刊登特别广告：谁买一辆"托罗纳多"牌轿车，就可以免费获得一辆"南方"牌轿车。

买一送一的做法由来已久。但一般的做法是免费赠送一些小额的商品。如买录像机，送一盒录像带等，这种施以顾客一点小恩惠的推销方式开始还起到很大的促销作用，但后来慢慢不大起作用了。在美国这个社会，商业广告充斥每个角落，报纸、书刊、电视、电台、橱窗、路边、房顶等地五花八门的广告比比皆是。推销商品方法之多，范围之广，已使人有点视而不见，麻木不仁了。

雪佛莱和奥兹莫比尔汽车以买一辆汽车赠送一辆汽车的超群出众的方法，一鸣惊人，使许多对广告习以为常的人也刮目相看，并相互转告。许多人看了广告以后，不辞远途而来看个究竟。该厂的经销部原来是门可罗雀，一下子变得门庭若市了。

一些无人问津的积压轿车果真以 15 000 美元一辆被人买走，该厂也一一兑现广告的承诺。凡是购买一辆"托罗纳多"牌轿车者，则免费赠送一辆崭新的"南方"牌轿车。如买主不要赠送的轿车，可给 4 000 美元的回扣。

雪佛莱和奥兹莫比尔汽车厂实施的这一招，虽然致使每辆轿车少收入约 5 000 美元，但却使积压的轿车一售而空。事实上，这些轿车如果积压一年卖不出去，每辆轿车损失的利息和仓租、保养费也接近这个数了。

更应该看到，这一举动给工厂带来了由于源源不断的生意，它不但使"托罗纳多"牌轿车提高了知名度，增加了市场占有率，同时也推出了一个新牌子——南方牌。这种低档轿车开始以"赠品"作为托罗纳多牌轿车的陪嫁，随着赠送的增多，它慢慢也有名气了。许多低收入阶层的人前来购买它。这样，雪佛莱和奥兹莫比尔汽车厂起死回生了。

(王槐林. 市场营销原理[M]. 武汉: 湖北科学技术出版社，2008)

2.2.4　市场营销观念

市场营销观念也称为需求中心论，它与推销观念及其他传统的经营思想存在着根本的不同。这一观念认为，实现企业营销目标的关键在于正确地掌握市场的需求，然后调整整体市场营销组织，使公司能比竞争者更有效地满足消费者的需求。这种营销观念的具体表现是顾客需要什么，就卖什么，而不是企业自己能制造什么，就卖什么。

20 世纪 50 年代以后，资本主义发达国家的市场已经变成名副其实的供过于求，卖主间竞争激烈，买主处于主导地位的买方市场。同时，科学技术发展，社会生产力得到了迅速的提高，人们的收入水平和物质文化生活水平也在不断提高，消费者的需求向多样化发展并且变化频繁。在这种背景下，企业意识到传统的经营观念已不能有效地指导新的形势下的企业营销管理工作，于是市场营销观念形成了。

在这种观念的指导下，"顾客至上"、"顾客是上帝"、"顾客永远是正确的"、"爱你的顾客而非产品"，"顾客才是企业的真正主人"等成为企业家的口号和座右铭。营销观念的形成，不仅从形式上，更从本质上改变了企业营销活动的指导原则，使企业经营指导思想从以产定销转变为以销定产，第一次摆正了企业与顾客的位置，所以是市场观念的一次重大革命，其意义可与工业革命相提并论。图2.3 表示了营销观念与推销观念的本质区别。

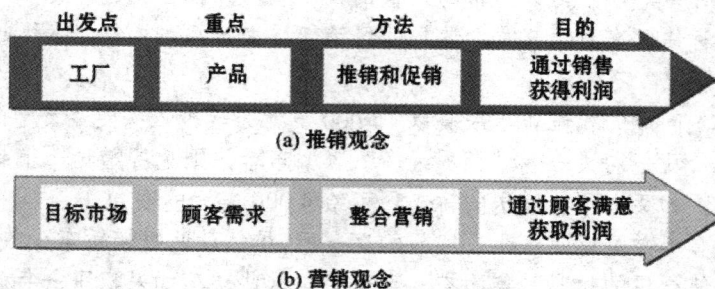

图 2.3　营销观念与推销观念的区别

市场营销观念的意义具体可以体现为：

1) 企业的市场营销工作由以生产者为中心转向了以目标市场的顾客需要为中心，促进了"顾客至上"思想的实现。

2) 改变了企业的组织结构，提高了市场营销部门在企业中的地位，建立了以市场营销为中心的新的管理体制。

3) 改变了企业的经营程序和方法，企业的市场营销转化为整体性的营销活动过程，营销管理工作占据了重要的地位。

4) 销售工作由过去的高压或"硬卖"转变为诱导式的"软卖"，通过满足顾客的需求来获取利润。

由于市场营销观念符合"生产是为了消费"的基本原理，既能较好地满足市场需要，同时也提高了企业的环境适应能力和生存发展能力，因而自从被提出后便引起了广泛的注意，为众多企业所追捧，并成为当代市场营销学研究的主体。

【课堂研讨】

1) 您如何看待软包装饮料行业的营销？

2) 从社会营销观念角度分析，您如何看待正在我国蓬勃兴起的家用汽车工业？您怎样思考汽车业未来的发展？

【营销备忘】

1) 没有顾客的存在，公司的财产就没有什么价值。

2) 公司的中心任务是创造和抓住顾客。

3) 顾客由于优质的产品和需求的满足而被吸引。

4) 营销的任务就是向顾客提供优质产品和保证顾客满意。

5) 顾客满意实际上受到其他部门业绩的影响。

6) 要使顾客满意，营销者需要对其他部门合作施加影响。

【小案例】

比恩公司的顾客满意

美国的比恩公司是最成功的邮购商之一，它专门从事供应中下层的服装和日常用品。比恩公司仔细把它的外部和内部营销计划结合起来，它对顾客提供下列服务：百分之百的保证。

所有的产品我们保证在各方面给予 100%的满意。向我们购买的任何东西如果证实不好，随时可以退回，只有你愿意，我们可以替换或退回你购买的价钱，或将退款计入你的信用卡的贷方。我们不希望你从比恩公司购买的任何东西是不完全满意的。

为激励员工很好地为顾客服务，在公司办公室周围贴上醒目的标语：什么是顾客？

顾客是本办公室的最重要的人——不论是亲临或邮购。

不是顾客依靠我们……而是我们依靠顾客。

(杨洪涛. 现代市场营销学[M]. 北京：机械工业出版社，2009)

2.2.5　社会营销观念

社会营销观念也称为社会中心论，它是用来修正或取代市场营销观念的。这种观念认为，企业的任务是确定目标市场的需要、欲望和利益。并且在保持或增进消费者和社会福利的情况下，比竞争者更有效地满足目标市场消费者的需求。

社会营销观念产生于20世纪70年代。进入20世纪60年代以后，市场营销理念在美国等西方国家受到质疑。

首先，不少企业为了最大程度地获取利润，迎合消费者，采用各种方式扩大生产和经营，而不顾对消费者以及社会整体利益的损害。只顾生产而忽视环境保护，促使环境恶化、资源短缺等问题变得相当突出。如清洁剂工业满足了人们洗涤衣服的需要，但同时却严重污染了江河，大量杀伤鱼类，危机生态平衡。

其次，某些标榜自己奉行市场营销理念的企业以次充好、大搞虚假广告、牟取暴利，损害了消费者的权益。

第三，某些企业只注重消费者眼前需要，而不考虑长远需要。如化妆品，虽然短期内能美容，但有害元素含量过高；汉堡包、炸鸡等快餐食品虽然快捷、方便、可口，但由于脂肪与食糖含量过高而不利于顾客的长期健康。

这些质疑导致了人们从不同角度对市场营销理念进行补充，如理智消费者的营销观念、生态营销观念、人道营销观念等均属于社会营销观念之列。

社会市场营销观念要求企业在确定营销决策时要权衡三方面的利益：即企业利润、消费者需要的满足和社会利益。具体来说，社会市场营销观念希望摆正企业、顾客和社会三者之间的利益关系，使企业既发挥特长，在满足消费者需求的基础上获取经济效益，又能符合社会利益，从而使企业具有强大的生命力。许多公司通过采用和实践社会营销观念，已获得了引人注目的销售业绩，如美国的安利、强生等大公司就是其中的例子。

【小案例】

罗迪克美容院的业务

在1976年，安妮塔·罗迪克在英国的布赖顿开设了一家化妆品专卖店，名为美容院，现在发展到41个国家，共有700多家分店。美容院每年的销售成长率在60%至100%，在1991年达到1.96亿美元，税前利润3 400万美元。她的公司只生产和销售天然配料为基础的化妆品并且包装是可回收利用的，该配料以植物为基础并经常来自发展中国家，以帮助他们的经济发展，所有产品的配方均非采用动物试验。她公司每年将一定比例的利润捐给动物保护组织、无家可归者、保护雨林组织和其他社会事业。由于公司的社会观念，使许多顾客乐以光顾，她的雇员和专营者还献身于社会事业。罗迪克曾经这样评价道：我认为最重要的是，我们的业务不仅是头发和皮肤的保养，而且还应包括社会、环境和除化妆品以外的更广大的外部世界。

(江林，张险峰，任锡源. 现代市场营销管理[M]. 北京：电子工业出版社，2002)

应当说，社会市场营销观念只是市场营销的进一步扩展，在本质上并没有多大的突破。但是，许多企业主动采纳它，主要原因是把它看作为改善企业名声、提升品牌知名度、增加顾客忠诚度、提高企业产品销售额以及增加新闻报道的一个机会。它们认为，随着环境与资源保护、健康意识的深入人心，顾客将逐渐地寻找在提供理性和情感利益上具有良好形象的企业。

【课堂研讨】

下列广告语分别反映了什么样的市场营销观念：

1) 铁城领导钟表新潮流，石英技术誉满全球。
2) 本产品誉满全球，畅销欧美。
3) 燕舞，燕舞，一片歌来一片情。
4) 孔府家酒 ，叫人想家 。
5) 其实男人更需要关怀(丽珠得乐)
6) 别让地球上最后一滴水成为人类的眼泪。

2.3 顾客让渡价值

多年前，现代管理学大师彼得·德鲁克(Peter Drucker)就洞察到一个公司的首要任务是创造顾客。但是，今天的顾客面临着纷繁复杂的商品和品牌选择，价格和供应商的选择，这就带来了一个问题：顾客是如何做出选择的？

我们相信顾客是按所提供的最大价值进行估价的。在搜寻成本和有限的知识、流动性和收入等限制范围内，顾客是价值最大化者，他们形成一种价值期望并照此行事。然后他们将得知某项供给是否符合他们的价值期望，这就将影响他们的满意，并将影响再购买的可能性。

2.3.1 顾客让渡价值

顾客的购买，是一个产品的选购过程；在这个过程中，顾客运用他的知识、经验、努力和收入等等，按照"价值最大化"的原则，从众多的品牌和供应商中选择自己需要的产品。其中，"价值最大化"是顾客每次交易力争实现的目标，也是其评判交易成功与否的标准。所以，顾客在选择与其进行交易的营销者时，会事先形成一种价值期望，期望价值与获得的实际价值比较，是顾客衡量是否得到了"最大价值"的现实评判方法。

著名营销专家菲利浦科特勒以"顾客让渡价值"概念，把顾客购买过程高度程式化，并使之成为营销学的基础理论。他指出"顾客让渡价值"是顾客获得的总价值与顾客获得这些总价值支付的总成本差额。简言之，顾客让渡价值是指顾客总价值与顾客总成本的差额。

顾客让渡价值的构成要素如图 2.4 所示。

我们可以用案例来解释顾客让渡价值。

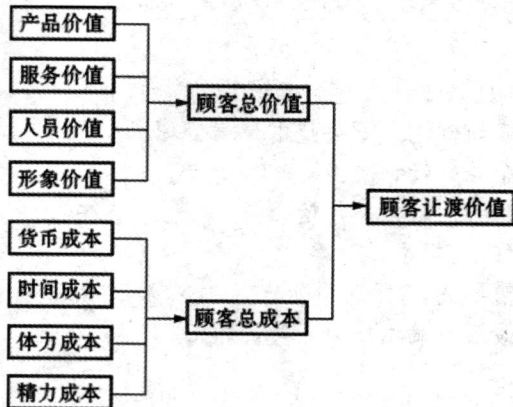

图 2.4　顾客让渡价值的构成要素

【小案例】

麦当劳的顾客让渡价值理论

1955 年，雷·克洛克凭借敏锐的市场触觉，在美国伊利诺依州创立了第一家麦当劳餐厅。现在，麦当劳共开设了 25000 多家餐厅，覆盖 115 个国家和地区，平均每 5 小时便有一家新店投入服务，每天为 4000 多万顾客提供新鲜的美食和优质的服务，成为全球规模庞大的快餐集团。

麦当劳正是深谙顾客让渡价值理论的艺术，以适宜的顾客让渡价值而达到顾客满意的。麦当劳的产品价值、服务价值、人员价值和形象价值共同构成了麦当劳的整体顾客价值。

(1) 麦当劳的产品价值：① 麦当劳产品的原料、用量、过程都有严格的标准。麦当劳在《操作规程》中对速食品和提供的服务的标准都有具体的规定；② 食品有严格的时间限制。超过 10 分钟的汉堡、7 分钟的法式炸薯条，都不再出售；③ 麦当劳根据各地顾客的需求不同，提供具有不同特色的产品。

(2) 不落俗套的麦当劳服务价值。麦当劳没有自动电唱机服务来吸引十几岁的孩子，也没有香烟和自动售报机来消遣成年顾客，而各地顾客还是慕名而来。麦当劳的服务价值是：① 服务中抓住儿童的心。迎合儿童心理的服务才是小顾客们真正需要的；② 高标准的"微笑服务"；③ 名副其实的"快"餐店；④ 针对特殊的市场，麦当劳给予特殊的服务。

(3) 麦当劳的人员价值。麦当劳的员工分为两类：经理和员工。经理分为餐厅经理、第一副经理、第二副经理和见习经理；员工分为员工组长、训练员、员工和见习生。麦当劳员工流动性极大，美国约为 125%。经理拿月薪，员工则是按小时计酬。麦当劳的人员价值在外，功夫在内。

(4) 麦当劳的形象价值。企业的形象价值其实是在产品价值、人员价值、服务价值基础上的一种综合价值。一般而言，形象价值来源于四个方面：MI(理念识别)、BI(行为识别)、VI(视觉识别)、OI(企业讯息传达系统识别)。其中，MI 是指企业的经营理念和价值观，这是企业的灵魂，也是企业形象的基础，BI 是指企业运行的全部规程策略；VI 是企业在 MI、Ⅲ的基础上，所设计的向外界传达的全部视觉形象的总和；OI 是指如何利用各种讯息传达系统来向公众传递企业的形象价值。麦当劳的企业形象价值来自于如下四个部分：① QSCV，即质量(Q)、服务(S)、清洁(C)、价值(V)。传递着麦当劳的经营理念。这简明扼要的四个词贯穿于麦当劳的整个生产、服务过程当中；② 麦当劳有一套准则来保证员工行为规范：OTM(营业训练手册)、SOC(岗位检查表)、QG(品质导正手册)、MDT(管理人员训练)，小到洗手消毒有程序，大到管理有手册，以保证 QSCV 的贯彻；③ 麦当劳的视觉形象识别是有口皆碑的；④ 麦当劳在各个报刊、杂志上频频亮相，并多次受奖，名声大振。

麦当劳的整体顾客价值相对提高，也就是整体顾客成本相对降低。

(阿尔文·C·伯恩斯和罗纳德·F·布什. 营销调研(中译本). 北京：中国人民大学出版社，2001)

【课堂研讨】

试列举出您所知道的提高顾客让渡价值的具体方法。

2.3.2　顾客总价值

顾客总价值是指顾客从购买的特定产品和服务中所期望得到的所有利益。顾客总价值一般由如下几部分构成：

1) 产品价值。即顾客购买产品或服务时，可得到的产品所具有的功能、可靠性、耐用性等。

2) 服务价值。顾客可能得到的使用产品的培训、安装、维修等。

3) 人员价值。顾客通过与公司中的训练有素的营销人员建立相互帮助的伙伴关系，或者能及时得到企业营销人员的帮助。

4) 形象价值。顾客通过购买产品与服务，使自己成为一个特定企业的顾客，如果企业具有良好的形象与声誉的话，顾客可能受到他人赞誉，或者与这样的企业发生联系而体现出一定的社会地位。

2.3.3 顾客总成本

顾客在获得上述这一系列价值的时候，顾客都不会是无偿的，这体现的是顾客总成本。顾客总成本是指顾客为购买某一产品所耗费的时间、精力、体力以及所支付的货币资金。

顾客总成本一般包括四种成本：

1) 货币成本。顾客购买一个产品或服务，首先就要支付货币，或者不能得到免费维修调试等支出的服务价格。

2) 时间成本。顾客在选择产品的时候，学习使用，等待需要的服务等等所需付出的成本或损失。

3) 精力成本。顾客为了学会使用保养产品，为了联络营销企业的人员，或者为安全使用产品所付出的担心等等。

4) 体力成本。顾客为了使用产品，保养维修产品等方面付出的体力。总的顾客价值越大，总的顾客成本越低，顾客让渡价值越大。

2.3.4 顾客让渡价值提升(增值)

顾客让渡价值包含的思想与传统观念有根本的不同：顾客购买产品所获得的不仅仅是产品具有的那些功能和质量；同样，顾客购买产品所付出的，也不仅仅是购买价款。让渡价值可以看成是顾客购买所获得的利润。现在我们知道，如同任何厂家希望通过销售产品获得尽可能高的利润一样，顾客的购买也是按照"利润最大化"的原则进行选择的。

需要说明，限于不同顾客具有的知识，经验差异，一个特定的顾客争取得到最大顾客让渡价值的过程是一个"试错"过程，是逐渐逼近最大让渡价值的过程。就是说，我们在观察一个特定顾客的某次购买的时候，也许他并没有实现让渡价值最大。但是，在这位顾客重新购买的时候，会通过积累的经验和知识，来增加其获得的让渡价值的。只有那些能够提供比竞争对手的顾客让渡价值更大的企业，才能争取与保持顾客。

提高顾客让渡价值是增加顾客满意程度、吸引购买、扩大销售、提高经济效益、增强企业竞争力的重要途径，提高顾客让渡价值，有两个途径三种组合：或者尽力提高顾客价值，或者尽力减少顾客成本，或者在提高顾客价值和减少顾客成本两个方向上都做出营销努力。

具体而言，提高顾客让渡价值的途径有：

1) 在不改变整体顾客成本的条件下，通过改进产品、改善服务、提高人员素质、提升企业形象来提高整体顾客价值。

2) 在不改变整体顾客价值的条件下，通过降低价格或减少顾客购买公司产品所花费的时间、精力、体力来降低整体顾客成本。

3) 在提高整体顾客价值的同时，提高了整体顾客成本，但要使两者的差值增大，从而使顾客让渡价值增加。

可见，顾客让渡价值的大小决定于顾客总价值和顾客总成本，而这两类因素又由若干个具体因素构成。顾客总价值的构成因素有产品价值、服务价值、人员价值和形象价值等，其中任何一项价值因素的变化都会引起顾客总价值的变化顾客总成本的构成因素有货币成本、时间成本、精神成本和体力成本，其中任何一项成本因素的变化都会引起顾客总成本的变化。任何一项价值因素或成本因素的变化都不是孤立的，而是相互联系、相互作用的，会直接或间接引起其他价值因素或成本因素的增减变化，进而引起顾客让渡价值的增减变化。

2.4 顾客满意

顾客让渡价值，很好地说明了顾客的购买选择与行为取向。但顾客的让渡价值，仅仅是他选择购买哪个厂家产品时的一种价值判断。购买以后，顾客对于购买成功与否的评价，还要取决于是否满意。

2.4.1 顾客满意

顾客满意是指顾客通过对一个产品的可感知绩效(感知价值)与他的预期绩效(期望价值)比较后所形成的感觉状态。

在这个概念中，使用了可感知价值与预期价值的概念。顾客的可感知价值是指购买和使用产品以后可以得到的好处，实现的利益，获得享受，被提高的个人生活价值。顾客的预期价值指顾客在购买产品之前，对于产品具有的可能给自己带来的好处或利益，是对产品或服务提高其生活质量方面的期望。

在很大程度上，他人的评价、介绍、厂家许诺等等，对形成顾客的期望价值有很大的影响。显然，顾客的满意是两者的函数。如图 2.5 所示。

$$顾客满意=f(感知价值,期望价值)\begin{cases}感知价值>期望价值——很满意\\感知价值=期望价值——满意\\感知价值<期望价值——不满意\end{cases}$$

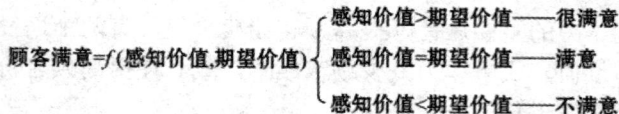

图 2.5   顾客满意的形成过程

对于奉行营销观念的企业，顾客满意是最高目标；对于企图争取更多的顾客并保持已有的顾客的企业，最主要的努力方向就是使顾客能具有满意感。因此，从顾客满意的概念和形成机制中可知，企业可以在降低预期价值、提高可感知价值方面分别或综合性地做出营销努力，来提高顾客的满意度。

【营销备忘】

顾客满意的好处：

1) 较长期地忠诚于公司。

2) 购买公司更多的新产品和提高购买产品的等级。

3) 为公司和它的产品说好话。

4) 忽视竞争品牌和广告，对价格不敏感。

5) 向公司提出产品或服务建议。

6) 由于交易惯例化而比用于新顾客的服务成本低。

【小案例】

春兰"大服务"正让消费者满意

几年前，中国家电业开始盛行一种"质量不够、服务来凑"的"售后服务至上"风，这种做法让消费者吃尽了苦头。例如有一位消费者，购买了当时把自己的服务宣传得最好的一家企业的空调，结果空调却连续修了五次才勉强运行，尽管这位消费者承认受到了前所未有的热忱服务，但他却在数次不胜其扰的"服务"中对这台空调乃至这家企业的所有产品彻底灰了心。这样的事例在当时并不鲜见。

就在此时，中国空调业的巨擘春兰，不失时机地在业界举起"大服务"的旗帜，强调真正的服务应贯穿于产品设计、制造、管理以及销售过程的始终，而不是大家通常认为的仅仅停留在售前、售中、售后等少数几个环节上。简而言之，服务应该从市场调研、产品设计开始，为用户提供真正符合他们需求的产品；并由细节做起，追求产品的零缺陷和生产成本的最低化，为用户提供价廉物美、物超所值的产品；还要完善售后服务体系，为用户提供及时、周到、优质的售后服务，直到用户完全满意为止。春兰人把它归纳为：

从设计开始；由细节做起；到满意为止。

2.4.2 顾客满意与价值链

了解了顾客价值与满意的重要性后，接下来的问题是，营销者是如何为顾客生产价值与如何向顾客转让价值的呢?这里涉及价值链与价值转让系统的概念。

2.4.2.1 价值链

价值链是由市场竞争研究专家麦克尔·波特(Michael E Porter)提出的一个重要概念。

价值链是指最终形成顾客提供价值活动各个相互关联的活动，这些活动的直接目标不同，但是最终都对形成顾客价值起作用。

价值链的概念说明的是，在营销者向市场提供产品或服务的时候，需要进行一系列的活动，这些活动，无论是在组织内进行，还是在组织外进行的，都是按分工要求划分开的。因此，不同的活动与参与机构，具有不同的活动目标，但它们都是形成顾客价值中的组成部分。这些活动的参与机构，在形成顾客价值中被联系起来。比如，企业内部有产品设计、生产、销售、送货、顾客服务等一系列活动，它们是形成顾客价值链条上的一个个环节。价值链也被使用在对整个营销行为的总体分析上。波特指出的是，价值链将某个行业中创造价值和产生成本的诸活动分解为战略上相互关联的 9 项活动。这 9 项活动分为 5 项基础活动和 4 项支持性活动。如图 2.6 所示。

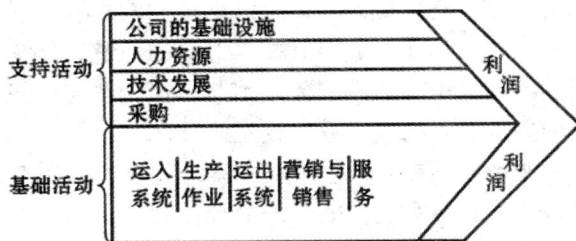

图 2.6　企业价值链

价值链概念再次表明，企业的营销活动需要建立起高度协调的内、外部系统。因为对于提供给顾客的最终价值大小来说，不取决于某个局部的工作的质量和效率如何，而要取决于价值链整体上能否形成最大的顾客价值。比如，生产环节如果仅仅考虑设计与生产功能最齐、质量最好的产品，这样的产品需要高昂的制造成本，使产品的销售价格大大超出目标顾客购买的能力，它将使整个价值链提供的顾客价值降为零。所以，如果要提高顾客价值，整体的努力比单独某一部分追求最佳的努力更重要。

在企业的价值链上，应强调对核心业务过程的管理。企业的主要核心业务有：

1) 新产品的实现过程：在快速、高质和按目标成本更新产品中涉及的所有活动，包括识别需要、研究，开发和成功推出新产品。

2) 存货管理过程：在原材料、中间产品和在制品的存货管理中所涉及的全部活动，需要避免因库存过多而导致的成本增加，同时还要保证有足够的供货。

3) 订单–付款过程：从接受订货，按时送货到收取货款过程中所涉及的全部活动。

4) 顾客服务过程：在为顾客提供的各种便利过程中涉及的所有活动，包括帮助顾客快速寻找到能解决问题的企业人员，获得快速而满意的服务、答复和解决问题的方法。

2.4.2.2 价值让渡系统

企业仅靠自己的价值链，还无法将为顾客生产和创造的价值传送出去。企业需要从供应商那里得到需要的价值，需将产品交给分销商，并自己或依靠代理服务商提供顾客需要的服务，将这些不同机构的价值链组合起来，将为顾客创造的价值最终传送到顾客那里，就是价值转让系统。

价值让渡系统就是由市场卖方机构的价值链组成的，用来与顾客的价值配合，向顾客传送价值的合成系统。

价值让渡系统概念的提出，表明这样的含义，即在营销活动中，生产制造企业是不能单独完成为顾客提供价值的，需要外部机构的配合。其中不同的机构，将成为顾客价值让渡系统上的相互影响又相互协作的环节。传统的观点认为，生产制造商要雇佣代理商、经销商为其服务。因此，在处理与这些外部机构关系的时候，将针对相互的要价进行谈判，并且发生矛盾。

有了顾客价值让渡系统的概念后，就可以知道，营销中所有的价值链上的机构，因为都属于顾客价值让渡系统中的组成部分，因此，如果这些机构中的任何一个不能将为顾客创造的价值顺利转让出去的话，则在这个让渡系统中的所有成员都没有得到收益的可能。

图 2.7 表示的是一个计算机产品的顾客价值让渡系统。其中，整机制造商从零部件制造商那里购买整机制造需要的零部件，显然，如果零部件的质量不好，价格高，将影响整机的质量与价格。同时，制造商还需要从软件开发商那里购买用户需要的软件，在整机出售时，安装进计算机，交给顾客成为一个可以实际使用的产品；代理服务商承担维修和用户技术支持上的服务。如果用户的计算机出现故障得不到及时修理检查，一有机会，用户将不再选购这样的产品。对于经销商来说，需要接受用户的订货，处理订货手续，为用户备货，提供销售服务，并

帮助用户联系维修服务商或整机制造商。在这个顾客价值让渡系统中，顾客价值是顾客价值让渡链上每个环节共同参加创造的。生产制造企业生产出产品，仅仅是创造这个价值链中应该创造的顾客总价值的一部分，只有将整个价值让渡系统的绩效加以改善，才能最终提高顾客价值。

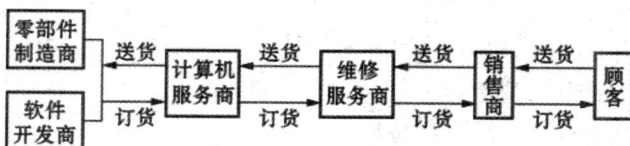

图 2.7　一个计算机产品的价值让渡系统

顾客价值让渡系统理论说明，营销不只是生产制造企业中营销或销售部门的事，也不只是生产制造企业的事，营销是负责制定和管理一个卓有成效的价值让渡系统，以最小的耗费将顾客价值从卖方传送到顾客手中。就生产制造企业来说，也就不能再将自己的活动看成是营销中唯一的和主要的，应该力争建立一个效率极高的顾客价值让渡系统。为此，需要创造两个条件：一个是建立和发展出一个能够充分协调配合的价值让渡系统，这要求企业不断改善价值链上的合作伙伴关系；另一个是采用各种可能的创新方法提高这个系统的效率，而不是其中一个环节或一个机构的效率。这要通过企业将营销观念和统一的营销目标贯穿到价值让渡系统中的每个环节上来实现。

顾客价值让渡系统的理论还说明，如果这个系统能够根据顾客的要求来安排产品与服务供应，即由顾客首先提出订货，再由销售商接受后，向代理或维修服务商发出技术支持要求，向生产制造商发出订货要求，使代理服务商开始为顾客建立维修记录档案，生产制造商开始向生产线上做生产安排，及时向零部件生产商发出零部件送货要求。这样，根据顾客的订货要求，是否生产和怎样生产的指令是从消费端向价值让渡系统传送的，那么，就不是原来的根据事前估计的数量安排生产，任何生产出来的产品，都是按准确的市场信息提供的，都是已经"销售"的产品。这样就消除了任何因数量估计不准确产生的浪费，也使营销风险减少到最低限度。这样的价值让渡系统被称之为营销的快速反应系统。目前，计算机及其网络在营销和商务活动中的运用，为这样的价值让渡系统的建立提供了前所未有的技术基础，使之成为可能。并且已有企业在这样做，取得了很大的效益。在这样的快速反应系统中，生产者大大减少了无谓的浪费，顾客得到"定制产品"，满意度大大提高。如世界著名的牛仔服制造商李维·施特劳斯公司、计算机制造商美国的 Dell 公司、运动鞋和体育用品制造商 Nike 公司，现在都在这样做，并取得了很大的成功。

【营销备忘】

实现顾客满意的准则：

1) 整个企业以顾客为关注中心。

2) 倾听顾客意见。

3) 界定和培育有特色的竞争力。

4) 把市场营销视为市场的智慧所在。

5) 仔细瞄准物色消费者。

6) 管理为的是效益而不是销售额。

7) 以消费者的价值为行动指南。

8) 让消费者来界定质量。

9) 估计和把握消费者的期待。

10) 建立顾客关系，培育忠诚。

11) 任何业务都具有服务性。

12) 承诺不断地完善和创新。

13) 按企业的战略和结构来培育企业文化。

14) 与合作伙伴和同盟者共同成长。

15) 杜绝市场营销中的官僚主义。

(乔尔·埃文斯，巴里·伯曼. 市场营销教程(上). 北京：华夏出版社，2001. P11)

【思考与练习】

1) 名词解释：

顾客让渡价值   顾客总价值   顾客总成本   顾客满意   营销者
生产观念   产品观念   推销观念   营销观念   社会营销观念

2) 思考与讨论：

(1) 如何正确理解顾客让渡价值理论及其意义？

(2) 企业要想提高顾客让渡价值，可以从哪些方面入手？

(3) 顾客满意是公司的目标，还是公司的手段？

(4) 生产观念与产品观念有何不同？

(5) 企业采用社会营销观念指导市场营销活动，将对企业运作产生什么样影响？

(6) 营销观念是否意味着企业就应当把自己局限于消费者想要满足的那些欲望和需求中来开展营销活动？

【应用分析】

把梳子卖给和尚

某公司创业之初，为了选拔真正有效能的人才，要求每位应聘者必须经过一道测试：以比赛的方式推销 100 把奇妙聪明梳，并且把它们卖给一个特别指定的人群：和尚。

几乎所有的人都表示怀疑：把梳子卖给和尚？这怎么可能呢？搞错没有？许多人都打了退堂鼓，但还是有甲、乙、丙三个人勇敢地接受了挑战……

一个星期的期限到了，三人回公司汇报各自销售实践成果，甲先生仅仅只卖出 1 把，乙先生卖出 10 把，丙先生居然卖出了 1 000 把。同样的条件，为什么结果会有这么大的差异呢？公司请他们谈谈各自的销售经过。甲先生说，他跑了 3 座寺院，受到了无数次和尚的臭骂和追打，但仍然不屈不挠，终于感动了 1 个小和尚，买了 1 把梳子。乙先生去了 1 座名山古寺，由于山高风大，把前来进香的善男信女的头发都吹乱了。乙先生找到住持，说："蓬头垢面对佛是不敬的，应在每座香案前放把木梳，供善男信女梳头。"住持认为有理。那庙共有 10 座香案，于是买下 10 把梳子。丙先生来到一座颇负盛名、香火极旺的深山宝刹，对方丈说："凡来进香者，多有一颗虔诚之心，宝刹应有回赠，保佑平安吉祥，鼓励多行善事。我有一批梳子，您的书法超群，可刻上'积善梳'三字，然后作为赠品。"方丈听罢大喜，立刻买下 1 000 把梳子。公司认为，三个应考者代表着营销工作中三种类型的人员，各有特点。甲先生是一位执著型推销人员，有吃苦耐劳、锲而不舍、真诚感人的优点；乙先生具有善于观察事物和推理判断的能力，能够大胆设想、因势利导地实现销售；丙先生呢，他通过对目标人群的分析研究，大胆创意，有效策划，开发了一种新的市场需求。由于丙先生过人的智慧，公司决定聘请他为市场部主管。更令人振奋的是，丙先生的"积善梳"一出，一传十，十传百，朝拜者更多，香火更旺。于是，方丈再次向丙先生订货。这样，丙先生不但一次卖出 1 000 把梳子，而且获得长期订货。

案例讨论题：

1) 甲、乙、丙 3 个人分别秉承的营销观念是什么？

2) 你认为丙先生成功的原因有哪些？

◆ 相关知识链接——把冰卖给艾斯基么人，把刮胡刀卖给女人。

【实训项目】

1) 实训目的：通过实训帮助学生了解市场营销的核心观念和市场营销管理的任务。

2) 实训组织和要求：将班级同学划分为若干项目小组，小组规模一般是 3～5 人，每小组选举小组长以协调小组的各项工作。辅导老师应及时检查学生对各项任务的完成情况，并组织各组进行经验交流。

3) 实训内容：以小组为单位，选择大学生熟悉的校园市场，各组选定一种产品，如饮料、手机或运动服饰等，通过此实训任务，让学生了解该产品在校园市场中的营销需求，了解该产品如果需要进入校园市场，作为营销者应采取哪些营销决策。

(1) 针对各组选定的产品确定该产品市场的需求。

(2) 讨论如果该产品需进入校园市场，作为营销者应针对产品采取哪些营销决策。

3 市场营销环境分析

【知识目标】

理解市场营销环境的含义及特点；

掌握市场环境分析及对策；

了解市场营销环境对市场营销活动的重要影响；

掌握宏微观市场营销环境的构成。

【能力目标】

能够运用有关环境分析方法对企业经营的宏观和微观环境进行全面、准确的分析；

能应用分析、评价市场机会与环境威胁的基本方法，分析企业面对市场营销环境变化所采取的对策。

【案例导入】

海尔国内市场和国际市场的开拓

一个企业的发展必须面对国际和国内两个市场。海尔洗衣机能取得销量增长的业绩，在于他们善于开拓和协调两个市场，"墙内墙外都开花"。

面对当前风云变幻的市场环境，海尔白色家电在国内市场紧紧抓住拉动内需的政策机遇。针对国内市场，在国家扩大内需的政策环境，尤其是家电下乡政策的实施的支持下，海尔抓住这一市场机遇，大力发展家电下乡活动，更快的拓展了国内市场。根据农民生活的需要，海尔洗衣机专门设计生产了适合农村的产品。过去海尔洗衣机就专门为洗衣机装配过"防鼠板"，方便农村使用。农民使用的自来水没有城市的压力大，海尔就专门设计生产了"零水压"全自动洗衣机。海尔洗衣机的家电下乡产品，还在每个插头上都安装了防磁内胆，保证使用的安全性。有了好产品，还要有畅通的渠道，才可以把产品送到农民家里。拓展农村市场，一直是海尔洗衣机拓展市场的重要方面。这些年来，他们已经在全国建立了 3 万多个乡镇一级的销售和服务网点。家电下乡政策的实施，大大加快了海尔洗衣机农村网络建设的速度。目前，海尔洗衣机已经建设了 1 万多个乡村服务站点。另外，海尔还把在一级市场深受欢迎的双动力洗衣机、滚筒洗衣机带入了农村市场，让这些"时尚"元素得到更为广泛的传播。走进乡村，走近农民，海尔洗衣机赢得了农民的欢迎。

在海外市场充分发挥全球化的网络优势，通过分布在全球的 61 个营销中心和

29 个制造基地为用户提供服务,在为全球用户创造美好体验的同时,实现了持续、高速发展。2010 年 12 月 9 日,世界权威市场调查机构欧睿国际发布最新的全球家用电器市场调查结果显示:海尔品牌在大型白色家用电器市场占有率为 6.1%,再次蝉联全球第一。其中,海尔在冰箱、洗衣机、酒柜三个产品的市场占有率排名中继续蝉联全球第一。按冰箱的品牌份额统计,海尔牌冰箱以 10.8% 的品牌市场占有率第三次蝉联世界第一,领先第二名 5 个百分点;按制造商排名,海尔冰箱公司以 12.6% 的市场份额第二次蝉联世界第一,继续领先。海尔牌洗衣机以 9.1% 的市场份额第二次蝉联世界第一;海尔酒柜制造商与品牌零售量占全球市场的 14.8%,首次登顶世界第一。

从 26 年前踏上塑造中国家电中国名牌的道路,到 1998 年开始实施流程再造,直至今天在全球市场上从不停歇地创新,海尔用持续创新和对市场的不懈地探索,实践着中国企业长久以来孜孜以求的梦想:改变中国制造的命运,打造一个属于中国人的世界品牌,以及一个能带领中国企业走向世界的商业模式,一个让中国企业能够"基业常青"的商业模式。

(经济日报,2010 年 01 月 20 日)

思考:

1) 海尔集团在国内和国际市场上成功的因素主要有哪些?
2) 市场营销环境对海尔开拓市场有哪些影响?

3.1　市场营销环境的含义和特征

企业的营销活动是在一定的环境下进行的,都要受到各种环境因素的影响。任何企业都是在不断变化的社会环境中运行,都是在于其他企业、目标客户和社会公众的相互关联中(合作、竞争、服务、监督等)开展市场营销活动的。因此,全面、准确认识市场环境,把握各种环境力量的变化,对企业审时度势、趋利避害地开展营销活动具有重要意义。

3.1.1　市场营销环境的定义

所谓营销环境,是指与企业营销活动有关的所有力量和影响因素的集合。市场营销环境是指存在于企业营销系统外部的不可控制或难以控制的因素和力量,这些因素和力量是影响企业营销活动及其目标实现的外部条件。这里所说的外部条件,不是指企业整个的外界事物,而是指那些与企业营销活动有关联的因素的集合,可分为宏观市场营销环境和微观市场营销环境。营销环境是企业营销活动的约束力量，其影响主要表现在两个方面：一是为企业营销提供机会；二是对企业营销造成障碍和威胁。因此，企业应通过对营销环境深入持续的研究，自觉地识别和利用市场机会，规避环境威胁，充分发挥自身的优势，克服劣势，制定正确的营销决策，以实现营销目标。

3.1.2　市场营销环境的分类

市场营销环境分析的内容比较广泛，可依据不同标准进行分类。

1) 按对企业营销活动影响因素的范围分类(见图3.1)。

(1) 微观环境。指与企业紧密相联，直接影响企业营销能力的各种参与者，包括企业本身、市场营销渠道企业、顾客、竞争者以及社会公众。微观环境直接影响与制约企业的营销活动，多半与企业具有或多或少的经济联系，也称直接营销环境，又称作业环境。

(2) 宏观环境。指影响营销环境的一系列巨大的社会力量，主要是人口、经济、政治法律、科学技术、社会文化及自然生态等因素。宏观环境一般以微观环境为媒介去影响和制约企业的营销活动，在特定场合，也可直接影响企业的营销活动。宏观环境被称作间接营销环境。

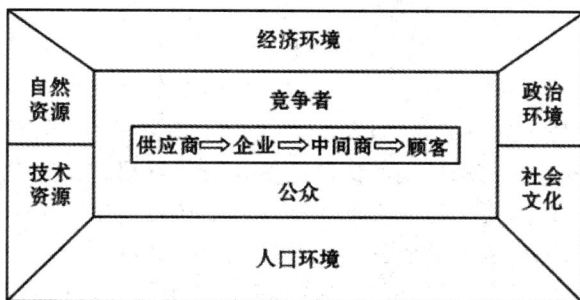

图 3.1　市场营销环境的构成图

2) 按可控的难易程度分类。

(1) 可控环境因素。指的是对企业的营销活动乃至整个企业的应变能力、竞争能力发生影响的、企业可以控制的各种内部环境因素。包括最高管理部门可支配的因素：如产业方向、总目标、公司营销部门的作用、市场营销机构的类型、市场营销计划、市场营销控制等。

(2) 不可控因素。指的是对企业的营销活动发生影响的企业难以控制和改变的各种外部环境因素。包括消费者、竞争、政府、经济、技术和独立媒体等。

3) 按对企业营销活动影响时间的长短分类。

(1) 长期环境。对企业的市场营销活动影响的持续时间较长。

(2) 短期环境。对企业的市场营销活动影响的持续时间较短。

3.1.3　市场营销环境的特征

市场营销环境的特征是：

1) 客观性和差异性。企业总是在一定的社会经济和外界环境条件下生存和发展的，这种环境并不以营销者的意志为转移。也就是说，企业营销管理者虽然能分析认识营销环境，但无法摆脱环境的约束。市场营销环境也具有一定的差异性，差异性不仅表现在不同的企业受不同环境的影响，而且同样一种环境因素的变化对不同企业的影响也不相同。因此企业必须采取不同的营销策略才能应付和适应这种环境。

2) 多样性和复杂性。营销环境的构成要素多，涉及范围广，构成营销环境的各种因素和力量是相互联系、相互依赖、相互影响，并且经常存在着矛盾关系。环境因素的相互关系，有的能够评价，有的却难以估计和预测，因而十分复杂。如对于烟草企业来说，必须在遵守《烟草专卖法》和政府制定的各项法律法规的条件下，在消费者利益和企业利益之间做出选择，既要利用现有资源创造企业的经济效益，又要使企业行为与政府和公众的要求相符合。

3) 动态性和多变性。随着社会经济和技术的发展，营销环境始终处于一个不稳定的状态中，不断地发展着变化着。尽管各种环境因素变化的速度和程度不同，如市场竞争状态的变化可能瞬息万变，而社会环境的变化一般较慢，但变化是绝对的，而且从总体上说营销环境的变化速度正在呈现出加快的趋势。因此，企业营销活动必须与营销环境保持动态的平衡，一旦环境发生变化，打破了平衡，企业营销就必须积极地反应和适应变化。有的企业虽然规模巨大，条件优良，但由于在一个时期内不能对变化了的环境做出创造性的反应来迎接挑战，也难免遭到被市场淘汰的厄运。如曾经是美国第五大富豪、几乎可与爱迪生齐名的王安和他的电脑公司，就是因为没能跟上办公电脑小型化的市场更新步伐，产品不能兼容而败下阵来，最终未能摆脱破产的厄运。

4) 不可控性和可影响性。一般说来，宏观营销环境是企业无法控制的，因为企业不能改变人口因素、政治经济制度、社会文化因素等等。因此，企业应该努力去适应营销环境的要求以求得生存与发展。应指出，尽管宏观营销环境是不可控的，但并不意味着只能被动地适应环境，企业可以通过改善自身的条件、调整经营策略，对营销环境施加一定的影响，积极促进某些营销环境朝着有利于企业营销的方向转化。

【小案例】

通用汽车公司的策略

20 世纪 70 年代初，第一次石油危机迫使美国许多汽车公司开发和生产节油的小型轿车。1974 年危机结束后，随着市场对大型车需求的恢复，许多厂商又开始生产油耗高的大型轿车。但通用公司则汲取教训，认真地分析研究营销环境的变化趋势，并据以开发研制出一种车身矮小运用前轮驱动油耗量很低的小型轿车，结果，70 年代末发生第二次石油危机时，油耗高的大型轿车滞销，使许多厂商陷入极度困境，通用公司的小型轿车却为企业带来了巨大的利润。

(资料来源：王槐林. 市场营销原理[M]. 武汉：湖北科学技术出版社，2008)

3.1.4　市场营销环境分析的重要性及意义

市场营销环境分析的重要性具体表现在以下几个方面：

1) 市场营销环境分析是企业市场营销活动的立足点和根本前提。环境分析是市场营销活动的基础性工作之一。开展市场营销活动的目的一方面是为了更好地满足人们不断增长的物质和文化生活需要，同时也是为了使企业获得最好的经济效益和社会效益。企业营销活动要受营销环境的约束，营销成败的关键就在于企业能否适应不断变化的营销环境。为了要实现上述目标，其立足点和根本前提就是要进行市场营销环境分析。只有深入细致地对企业市场营销环境进行调查研究和分析，才能准确而及时地把握消费者需求，才能认清本企业所处环境中的优势和劣势，扬长补短。否则，企业便不可能很好地实现其满足社会需求和创造好的经济效益和社会效益的目的，甚至陷入困境，被兼并或被淘汰。许多企业的实践都充分证明，市场营销环境分析是企业市场营销活动的立足点和根本前提，成功的企业无一不是十分重视市场营销环境分析的。

2) 市场营销环境分析是企业经营决策的基础，为科学决策提供了保证。企业经营决策的前提是市场调查，市场调查的主要内容是要对企业的市场营销环境进行调查分析。因此，环境分析是营销决策的基础和前提，它可以帮助企业对营销环境做出客观的判断，对其自身条件做出正确的分析，明确自身的优势和劣势，使企业的内部条件、营销目标与营销环境实现动态的平衡，为提高企业营销效果创造有利的条件。因此，市场营销环境分析的正确与否，直接关系到企业决策层对企业投资方向、投资规模、技术改造、产品组合、广告策略、公共关系等一系列生产经营活动的成败。

3) 市场营销环境分析有利于企业发现新的市场机会，及时采取措施，科学把握未来。新的经营机会可以使企业取得竞争优势和差别利益或扭转所处的不利地位。当然，现实生活中，往往是机会与威胁并存，且可能相互转化。好的机会如没有把握住，优势就可能变成包袱、变成劣势，而威胁既是不利因素也可能转化为有利因素，从而使企业获得新生。这里，关键在于要善于细致地分析市场营销环境，善于抓住机会，化解威胁，使企业在竞争中求生存、在变化中谋稳定、在经营中创效益，充分把握未来。

3.2　微观市场营销环境

企业的微观营销环境是指对企业服务其目标市场的营销能力构成直接影响的各种因素的集合。包括企业内部环境、顾客、供应商、营销中介、竞争者和社会公众等与企业具体营销业务密切相关的各种组织与个人(见图 3.2)。

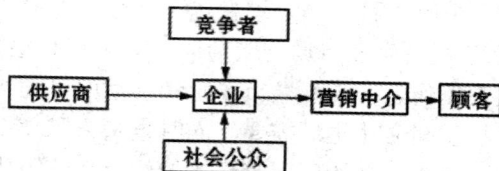

图 3.2　企业微观环境的主要因素示意图

3.2.1　企业

微观环境中的第一力量是企业内部的环境力量。良好的企业内部环境是企业营销工作得以顺利开展的重要条件。内部环境由企业高层管理和企业内部各种组织构成。企业为开展营销活动，必须设立某种形式的营销部门，而且营销部门不是孤立存在的，它还面对着财务、采购、制造、研究与开发等一系列职能部门。市场营销部门与这些部门在最高管理层的领导下，为实现企业目标共同努力着。另一方面，营销部门工作的成败与企业领导及其各部门的支持有很大关系。企业市场营销部门与这些部门之间既有多方面的合作，也存在争取资源方面的矛盾。因此这些部门的业务状况如何，它们与营销部门的合作以及它们之间是否协调发展，对营销决策的制定与实施影响极大。营销部门在制定和实施营销目标与计划时，要充分考虑企业内部环境力量，争取高层管理部门和其他职能部门的理解和支持。

3.2.2　供应商

所谓供应商是泛指组织活动所需各类资源和服务的供应者，可以是企业，也可以是个人。供应者对企业营销活动有重要影响,其所供应的原材料数量和质量将直接影响企业产品的数量和质量,所供应原材料的价格会直接影响产品的成本、利润和价格。特别是在现代化生产方式下,企业的许多成品、半成品都是由许多企业合作生产的。企业与供应商的关系,既是一种合作关系,也是一种竞争关系。竞争关系主要表现在交易条件方面的竞争。如供应商得利多了,企业得利就少了。在这种竞争关系中,谁处于优势,谁处于劣势,不同的企业、不同的供应商是不同的。企业要搞好市场营销就必须要慎重选择供应商,并尽可能多地做到多渠道供应,以确保企业生产活动顺利进行。同时企业应尽可能地从多方面获得供应,而不可依赖于单一供应者。

3.2.3　营销中介

营销中介是指协助企业促销、销售和经销其产品给最终购买者的机构。包括营销实销实体分配机构(批发零售环节的运输企业、仓储企业等)、营销服务机构(广告公司、咨询公司等)和金融中介(银行、信托公司、保险公司等)。这些都是市场营销中不可缺少的中间环节。大多数企业的营销活动都需要他们的协助才能顺利进行。商品经济越发达,社会分工越细,中介机构的作用愈大。如随着生产规模的增加,降低产品的配送成本就显得越来越重要。于是适应这种需求的生产性服务行业就得到了发展。企业在营销过程中,必须处理好同这些中介机构的合作关系。

3.2.4　顾客(目标市场)

微观环境的第四种力量就是顾客,即目标市场,这是企业服务的对象,是产品销售的市场和企业利润的来源,也是营销活动的出发点和归宿,是企业的"上帝"。理所当然是营销活动的极其重要的营销环境。企业需要仔细了解自己的顾客市场。企业应按照顾客及其购买目的的不同来细分目标市场。要投入很多的精力去研究顾客的真实需求情况,要时刻关注顾客的需求变化、购买欲望、购买力和顾客行为的变化。在产品营销的方方面面都要充分考虑到他们的要求,并尽可能去满足他们的需求。任何企业的产品和服务,只有得到顾客的认可,才能赢得市场。现代营销强调把顾客的需求作为企业营销管理的核心。

【知识拓展】

聚划算 2012 年成交 207.5 亿元,将启动 C2B 战略推出聚定制

2012 年聚划算团购数据显示,其全年交易额达到了 207.5 亿元,是 2011 年的 2.03 倍,依然占据团购行业半壁江山。进入 21 世纪之后,随着产品市场的日益饱和,消费者的需求也逐渐的多样化和个性化,因此出现了很多量身定制的产品。

根据消费者的特点和市场的环境，2013 年 1 月 5 日消息，阿里巴巴集团聚划算事业群在杭州举行的"C2B 定制研讨峰会"上对外宣布，启动 C2B(消费者驱动)战略，推出大规模定制产品平台——聚定制，将在家电、家居、旅游、电信等行业发力，未来通过聚定制平台将更有效聚合需求，消费者将能购买到个性化的高性价比商品。阿里巴巴也推出了自己的定制产品。聚划算事业群总裁张宇表示，预计在 2013 年实现 50 亿定制商品，他认为 C2B 并不排斥共性需求，而且相当一部分产品还会以标准化的形态流转，需求以集中采购的方式呈现。根据聚定制规则，其应用场景主要是品牌商品预售和新品定制。品牌商品预售，通过前期数据分析或调研，提前定制成品或半成品来销售，根据订单安排生产和发货，通过降低库存，让消费者拿到更高性价比的东西；而新品定制，提供模块化的纬度供销费者选择，满足个性化需求，然后根据成本安排生产，满足消费者需求。

与传统工业"蒙眼式设计，赌博式生产，压货于渠道"的低效率的产销互动模式相比，聚定制模式，库存和价格更低。通过接触到的 100 万个用户，来参与产品的定义、设计，由此挖掘出 10 万用户有一个基本的共性需求，然后为这些用户生产 10 万件产品。从用户的角度来说，产品已经是个性化了，而对厂家而言，生产的却仍然是相对标准化的产品。

(http://finance.chinanews.com/it/2013/01-05/4460285. 中国新闻网.2013-01-05)

3.2.5 竞争者

每个企业的产品在市场上都存在数量不等的业内产品竞争者。企业的营销活动时刻处于业内竞争者的干扰和影响的环境之下。因此，任何企业在市场竞争中，主要是研究如何加强对竞争对手的辨认与抗争，采取适当而高明的战略与策略谋取胜利，以不断巩固和扩大市场。产品在市场上大致有四个层面的争夺：

1) 品牌竞争。这是最直接而明显的竞争者。产品的档次和价位基本相同，只是生产厂家不同，如"中华""红塔山""利群""芙蓉王"等都属于高档名牌香烟，消费者选购上却存在品牌偏好。各生产厂家和营销单位通过在消费者中培植品牌偏好展开竞争。

2) 品种竞争。产品功能基本相同，但规格或档次不同，其产品结构组合的状态也影响营销水平。比如企业的赢利是主要靠"薄利多销"的产品结构，还是靠"厚利少销"的结构，是企业竞争中作的文章。

3) 品类竞争。产品的门类不同，但所满足的消费需要基本相同，如汽车与摩托车都能满足代步的交通需要，消费者会在其中做出选择。目前香烟制品所具有的提神醒脑的功能作用尚无其他产品可以取代,将来一旦生产出同类功效的产品,将会形成较大范围的品类竞争。

4) 潜在需求竞争者。潜伏层最深的竞争者往往应看做是最具市场发展前景的产品种类。目前中国卷烟市场上占绝对优势的是"烤烟型"卷烟，但它并不意味着这是"日不落"的产品种类。随着中国加入 WTO(世界贸易组织)，外国"混合型"卷烟扩大对中国市场的投放，难说不会出现如"可口可乐"那样逐步改变中国人消费习惯的局面。对中国卷烟市场而言，"混合型"逐步扩大市场占有的趋势就是业内最重要的市场"潜在竞争者"。

在上述四个层次的竞争对手中，品牌竞争者是最常见、最外在的，其他层次的则相对比较隐蔽、深刻。正因为如此，在许多行业里，企业的注意力总是集中在品牌竞争因素上，而对如何抓住机会扩大整个市场、开拓新的市场领域，或者说起码不让市场萎缩，经常被忽略不顾。所以，有远见的企业不会仅仅满足于品牌层次的竞争，关注市场发展趋势、维护和扩大基本需求优势更加重要。

3.2.6 社会公众

公众企业微观环境中的第六种力量是影响企业达到预期目标能力的公众。如图 3.3 所示，企业所面临的公众主要有 6 类：

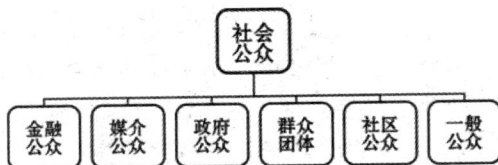

图 3.3 微观环境中的公众构成

1) 金融公众。指关心并可能影响企业获得资金能力的银行、保险公司、投资公司、证券公司等。

2) 媒介公众。指报社、电台、电视台等大众传播媒介。这些团体对企业的声誉的正反面宣传有着举足轻重的作用。

3) 政府公众。指有关政府部门。企业营销在制订发展计划时，必须考虑政府的发展政策。

4) 群众团体。如消费者组织、劳动权益保护组织、未成年人保护组织及倡导"吸烟有害健康"的群众团体等。他们是企业必须重视的力量，需要重视他们的社会影响力，关注并尊重他们的活动。

5) 社区公众。指企业所在地附近的居民和社区组织。企业在营销活动中要避免同周围的公众利益发生冲突，应指派专人负责处理社区部门关系，并努力为公益事业做出贡献。

　　6) 一般公众。企业的"公众形象"即一个企业在一般公众心目中的形象,它对企业的经营发展是至关重要的。企业需要了解一般公众对它的产品和活动的态度,争取在公众心目中建立良好的企业形象。

　　现代企业是一个开放的系统,上述六种力量既构成了企业营销的微观环境,这些公众都与企业的营销活动有着直接或间接的关系,也是一个企业的市场经营系统。疏通、理顺这个系统,是企业非常重要的经常性的任务。

【小案例】

浅议烟草公益活动

　　对于烟草行业而言,如何做好公益活动是很值得探索的问题,如果能够探讨出一种适合自己,也符合社会道德标准的公益模式。不仅仅是烟草行业本身之幸,更是中国慈善公益事业的一种进步。有益于公众的活动,范围很广,事项很多。多年来,不少烟草企业不仅通过广告树立产品形象,而且特别注重通过有益的社会赞助活动加深一般公众的认知程度。据中国控制吸烟协会去年发布的对烟草企业公益活动和文体赛事捐赠活动监测显示:2009 年 9 月至 12 月,共有 52 家烟草企业捐赠公益及文体活动 79 起。其中公益捐赠 63 起,覆盖 15 个省份的 40 个市县;文体赛事捐赠 8 起。有 8 家烟草企业因其公益捐赠活动受到当地政府有关部门的直接表彰。调查发现,烟草企业从事的慈善活动是精心策划,其中捐资助学是烟草企业的首选,在 63 起公益捐赠中,捐资助学达 35 起,占 55.6%;慈善募捐 9 起,占 14.3%;扶助贫困村庄 9 起,占 14.3%;向灾区捐款 6 起,占 9.5%;捐赠残疾人及老年人 4 起,占 6.3%。烟草企业借捐赠机会大力进行品牌和产品宣传。而都是企业培养良好公众形象的高明而又崇高之举。

　　(梅清豪,林新法,陈洁光. 市场营销学原理[M]. 北京:电子工业出版社,2002)

3.3　宏观市场营销环境

　　宏观营销环境也称简介营销环境,是指既能影响企业的营销活动,同时又能够对微观环境产生重要影响的几大社会力量形成,包括:人口、政治法律、文化、经济、技术等环境。他们共同作用构成了一个影响企业营销活动的系统。

3.3.1　人口环境

　　人口是构成宏观市场环境的第一位因素。因为人口的多少直接决定市场的潜在容量,人口越多,市场规模就越大。而人口的其他指标,如年龄结构、地理分布、婚姻状况、出生率、死亡率、人口密度、人口流动性及其文化教育等，都会影响企业的市场营销活动。

3.3.1.1　人口规模及增长率

人口规模是决定市场规模和潜量的一个基本要素，因此，按人口规模可大略推算出市场规模。如果收入水平不变，人口越多，对食物、衣着、日用品等的需求也就越多，市场也就越大。根据 2011 年，中国第 6 次人口普查结果显示，中国人口总数为 1370536875。而据美国发布的报告，2011 年，世界人口总数突破 70 亿，且增长主要来自发展中国家。根据印度《经济时报》和英国《每日电讯报》消息，根据美国人口普查局日前发布的最新数据，2025 年世界人口将突破 80 亿，2050 年将达到 94 亿。未来 40 年，亚洲、非洲的人口增速将继续加快，作为世界人口大国的中国、印度，2050 年的人口数量仍将位居世界前列。我国人口的迅速增长和人口存量，形成了一个庞大的市场，纷纷吸引了跨国公司来中国投资，毫不夸张地说，中国将是世界上最大的市场。人口多，表明我国市场发展潜力大，企业的营销机会更多。

【知识拓展】

中国古代人口数字

中国在较长的历史时期中，由于战争、疾病等原因，人口增长缓慢。人口从 0.1355 增长到 5.9 亿经历了 4053 年的时间。新中国成立后，人口增长基本上呈直线上升，从 1953 年的 5.9 亿增长到 1968 年的 8.1 亿仅用了 15 年的时间，20 世纪 70 年代后，我国人口出生率有所下降，但由于人口基数大，人口增长仍很迅速。20 世纪 80 年代以后，为了使人口数量的增长，同社会经济和资源环境条件相适应，我国政府把计划生育作为一项基本国策，使得人口增长率有所降低。但目前中国的人口增长模式从过去高生育率、低死亡率、高增长率的"高、低、高"的模式，很快过渡到目前的低生育率、低死亡率、低增长率的"低、低、低"的模式。从 21 世纪以来的十几年间，我国人口出生率是 12‰多一点，死亡率是 7‰左右，人口自然增长率为 5‰稍微多一点。在这样的"低、低、低"的模式下，中国人口总量的增长速度放缓，老龄人口比重增加，少儿的比重在缩小。因此对于人口和计划生育政策：一是计划生育工作取得了举世瞩目的成就，在经济还不发达的情况下，有效控制了人口的过快增长；二是要重视我国人口发展出现的一些新情况、新变化，坚持计划生育的基本国策，稳定适度低生育的水平，同时在这个基础上兼顾当前和长远，科学研究、认真评估，慎重地、逐步地完善人口计划生育政策。

(中国新闻网.http://news.hexun.com/2010-12-15/126207003.html.2010-12-15)

3.3.1.2 人口结构

人口结构主要包括:

1) 年龄结构。不同年龄的消费者对商品的需求不一样。老年人、中年人、青年人与儿童等的需要是大不相同的。随着人们生活水平的提高和医疗卫生条件的改善,人均寿命在迅速增加,人口年龄结构发生一些变化,我国人口老龄化现象逐渐突出,这样,诸如保健用品、营养品、老年人生活必需品等市场将会兴旺。另一方面,我国正处于生育的高峰期,因此婴幼儿及少年儿童的绝对数也很高。因此上述情况给企业的营销活动带来了一定的影响。企业应了解不同年龄结构的需求特点,从而决定企业产品投向,寻找目标市场。

2) 性别结构。人口性别结构的差异意味着他们在购买偏好、购买习惯上会有明显的不同。反映到市场上就会出现男性用品市场和女性用品市场。男性与女性在消费心理与行为、购买商品类别、购买决策等方面有很大的不同。例如我国市场上,妇女通常购买自己的用品、杂货、衣服,男子购买大件物品等。企业应针对不同性别的不同需求,生产适销对路的产品,制定有效的营销策略,开发更大的市场。

3) 家庭结构。家庭是购买、消费的基本单位。家庭的数量直接影响到以家庭为基本消费单位的商品的数量,如住房、家用电器、汽车等。目前世界各国家庭规模普遍缩小。而对于我国来说,受生育水平不断下降、迁移流动人口增加、年轻人婚后独立居住等因素的影响,家庭户规模也在逐渐缩小。根据人民网 2011 年公布的数据,我国 31 个省、自治区、直辖市共有家庭户 40152 万户,家庭户人口 124461 万人,平均每个家庭户的人口为 3.10 人,比 2000 年人口普查的 3.44 人减少 0.34 人。家庭数量的增加必然会引起对炊具、家具、家电和住房等需求的迅速增加。

4) 社会结构。我国的人口绝大部分在农村,农村人口约占总人口的 80%。这一社会结构的客观因素决定了企业在国内市场中,应当以农民为主要营销对象,市场开拓的重点也应放在农村。尤其是一些中小企业,更应注意开发价廉物美的商品以满足农民的需要。人口流动性大,大量农村人口流入城市。意味着城市市场保持快速增长态势。同时随着交通运输的大大改善,城市人口迁居郊区的增加,城市周边住宅区的现代消费需求会大大增加。

3.3.2 经济环境

经济环境是指影响企业市场营销方式与规模的经济因素。市场中人们的购买力往往受宏观经济环境的制约,取决于经济发展水平、现有的收入、储蓄及借贷、税率情况等。企业的各项营销活动的开展要以经济环境为背景进行市场决策。

3.3.2.1　经济发展水平

经济发展水平是国民生产总值、工农业生产总值、国民收入、发展速度、基建规模、主要产品产量等因素。经济发展水平高，人均收入高，社会购买力就大，市场营销的机会就多；反之，经济衰退，市场就会萎缩，对企业的营销活动就会造成威胁。美国经济学家罗斯托(Walt Rostow)认为，世界各国的经济发展要经历六个阶段，如表 3.1 所示。这六个阶段具有不同的特征。经济发展阶段不同，营销活动不同。以消费品为例：经济发展水平高，侧重产品的款式、性能和特色，非价格竞争重于价格竞争；经济发展水平低，侧重实用性。

表 3.1　经济成长阶段特征比较

阶段	阶段特征
传统社会阶段	农业是主导产业；家族和氏族关系起主要作用
经济起飞前准备阶段	投资率提高，超过人口增长率水平；农业和开采业得到足够发展
经济起飞阶段	积累在国民收入比例提高 10% 以上；制造业成为主导部门；制度改革推动经济起飞
趋向成熟阶段	现代技术广泛运用；有效使用各类资源；农业人口减至 20%～40%
高度消费阶段	耐用消费品产业成为主导产业；高度发达的工业化社会形成
追求生活质量阶段	服务业成为主导产业；政府致力于解决环境问题

3.3.2.2　消费者收入水平

消费者收入指的是消费者从各种来源所得到的货币收入，通常包括人们的工资、奖金、退休金、红利、利息、租金和馈赠等。消费者的收入水平直接影响市场容量和消费者的支出模式，从而决定社会购买力水平。消费者收入可分为个人收入和个人可支配收入，其中个人可支配收入是个人税后收入，是影响消费者的购买力的决定性因素，也是影响消费需求构成最活跃的因素。这部分收入的数额越大，人们的消费水平就越高，企业的营销机会就越多。因此，企业的营销人员不仅要分析研究消费者的平均收入，而且还要注意，不同时期、不同地区、不同阶层的消费者收入是有差异性的。了解这些方面的现状、发展趋势和影响，对企业确定生产经营方向，选择目标市场，有针对性的展开营销是非常重要的。

3.3.2.3　消费者支出模式和消费结构

消费者支出模式指的是消费者个人或者家庭的总消费支出中各种消费支出的

比例关系，也就是消费结构。影响消费支出的因素有：

　　1) 消费者的个人收入。消费者的个人收入是直接影响其支出变化的决定性因素，随着消费者收入的变化，消费者指出模式就会发生相应变化。

　　2) 家庭生命周期。家庭生命周期是关于一般家庭从建立、成长到完结的阶段划分。家庭处于生命周期的不同阶段，消费需求与偏好存在明显的差别。

　　3) 消费者家庭所处位置。 家庭所在地也会造成家庭支出模式的差异，居住在农村与居住在城市的家庭，其各自用于住房、交通、娱乐以及食品等方面的支出情况也存在不同。

【知识拓展】

恩 格 尔 定 律

　　研究消费者支出模式变化的经济学理论就是著名的"恩格尔定律"。恩格尔(1821～1896)是德国统计学家，他在1875年研究劳工家庭支出构成时指出：当家庭收入增加时，多种消费的比例会相应增加；但用于食物支出的比例将会下降，而用于服装、交通、保健、文娱、教育的支出比例将会上升。

　　恩格尔系数的计算公式如下：

$$恩格尔系数=食物支出变动的百分比/收入变动的百分比$$

　　恩格尔系数越小，表明生活越富裕、购买力越大；恩格尔系数越大，则生活水平越低、购买力越小。它是衡量一个国家、地区、城市、家庭生活水平高低的重要参数。联合国规定的衡量世界各国富裕程度的指标为：恩格尔系数59%以上，是绝对贫困；50%～59%为勉强度日；40%～50%为小康水平；20%～40%为富裕；20%以下为最富裕。

(王槐林. 市场营销原理[M]. 武汉:湖北科学技术出版社，2008)

3.3.2.4　消费者储蓄与信贷

　　在消费者收入既定的情况下，储蓄越多，购买力和显示消费量就越小；反之，储蓄越少，购买力和显示消费量就越大。如日本人收入的13.1%用于储蓄，美国的消费者储蓄率为4.7%,日本的银行比美国的银行有更多的钱和更低的利息贷款给企业，使其有较便宜的资本以快速发展。影响消费者储蓄的因素除了消费者的收入水平，还有利率、对市场物价的预测、市场商品供给状况、消费者对未来消费和当前消费的偏好程度等。企业在调查和分析消费者储蓄目的的基础上制订营销计划，才能为消费者提供有效的产品和服务。消费者信贷是指消费者以个人信用为保证先取得产品和服务的使用权，然后分期归还贷款的购买行为。消费者信贷分为短期赊销、分期付款、消费信贷、信用卡信贷等类型。在现实经济生活中，从事房地产营销、汽车营销的企业掌握这一特点，大力开发房地产、经销各种套房，出售各种型号、各种颜色、各种价格的汽车来满足消费者，实现企业的目的。

3.3.3 自然资源

一个国家、一个地区的自然地理环境包括该地的自然资源、地形地貌和气候条件，这些因素都会不同程度地影响企业的营销活动，有时这种影响对企业的生存和发展起决定的作用。企业要避免由自然地理环境带来的威胁，最大限度利用环境变化可能带来的市场营销机会，就应不断地分析和认识自然地理环境变化的趋势，根据不同的环境情况来设计、生产和销售产品。

3.3.3.1 物质自然环境

物质自然资料是指自然界提供给人类各种形式的物质财富，如矿产资源、森林资源、土地资源、水力资源等。自然资源是进行商品生产和实现经济繁荣的基础，和人类社会的经济活动息息相关。由于自然资源的分布具有地理的偶然性，分布很不均衡。因此，企业到某地投资或从事营销必须了解该地的自然资源情况。如果该地对本企业产品需求大，但缺乏必要的生产资源，那么，企业就适宜向该地销售产品。但是如果该地有丰富的生产资源，企业就可以在该地投资建厂，当地生产，就地销售。可见，一个地区的自然资源状况往往是吸引外地企业前来投资建厂的重要因素。此外，自然环境对企业营销的影响表现在两个方面：一是自然资源短缺的影响。随着工业的发展，自然资源逐渐短缺，使得一些企业陷入困境，但又促使企业寻找替代品，降低原材料消耗。二是环境的污染与保护。各个国家(包括我国)政府都采取了一系列措施，对环境污染问题进行控制。这样，一方面限制了某些行业的发展，另一方面也为企业造成了两种营销机会：一是为治理污染的技术和设备提供了一个大市场；二是为不破坏生态环境的新的生产技术和包装方法，创造了营销机会。因此，企业经营者要了解政府对资源使用的限制和对污染治理的措施，力争做到既能减少环境污染，又能保证企业发展，提高经济效益。

3.3.3.2 地理环境

一个国家或地区的地形地貌和气候，是企业开展市场营销所必须考虑的地理环境因素，这些地理特征对市场营销有一系列影响。例如，气候(温度、湿度等)与地形地貌(山地、丘陵等)特点，都会影响产品和设备的性能和使用。在沿海地区运转良好的设备到了内陆沙漠地区就有可能发生性能的急剧变化。有些国家地域辽阔、南北跨度大，各种地形地貌复杂，气候多变，企业必须根据各地的自然地理条件生产与之相适应的产品，才能适应市场的需要。因此，企业开展营销活动，必须考虑当地的气候与地形地貌，使其营销策略能适应当地的地理环境。

3.3.4　科技环境

进入 20 世纪以来，科学技术日新月异，第二次世界大战以后，新科技革命蓬勃兴起，形成了科学-技术-生产体系，科学技术在现代生产中起着领头和主导作用。工业发达国家科技进步因素在国民生产总值中所占比重已从 20 世纪初的 5%～20%，提高到现在的 80%以上。我国目前这一比重仅占 30%左右，说明我国的科技水平还比较落后。科学技术的发展对于社会的进步、经济的增长和人类社会生活方式的变革都起着巨大的推动作用。现代科学技术是社会生产力中最活跃的和决定性因素，它作为重要的营销环境因素，不仅直接影响企业内部的生产和经营，而且还同时与其他环境因素相互依赖、相互作用，影响企业的营销活动。具体体现在以下几个方面：

1) 科学技术的发展直接影响企业的经济活动。在现代，生产率水平的提高，主要依靠设备的技术开发(包括原有设备的革新，改装以及设计、研制效率更高的现代化设备)，创造新的生产工艺、新的生产流程。同时，技术开发也扩大和提高了劳动对象的利用广度和深度，不断创造新的原材料和能源。这些不可避免地影响到企业的管理程序和市场营销活动。科学技术既为市场营销提供了科学理论和方法，又为市场营销提供了物质手段。

2) 科学技术的发展和应用影响企业的营销决策。科学技术的发展，使得每天都有新品种、新款式、新功能、新材料的商品在市场上推出。因此，科学技术进步所产生的效果，往往借助消费者和市场环境的变化而间接影响企业市场营销活动的组织。营销人员在进行决策时，必须考虑科技环境带来的影响。

3) 科学技术的发明和应用，可以造就一些新的行业、新的市场，同时又使一些旧的行业与市场走向衰落。例如，太阳能、核能等技术的发现应用，使得传统的水力和火力发电受到冲击。太阳能、核能行业的兴起，必然给掌握这些技术的企业带来新的机会，又给水力、火力发电行业带来较大的威胁。再如，晶体管取代电子管，后又被集成电路所取代；复印机工业打击复写纸工业；电视业打击电影业等等。这一切无不说明，伴随着科学技术的进步，新行业替代、排挤旧行业，这对新行业技术拥有者是机会，但对旧行业却是威胁。

4) 科学技术的发展，使得产品更新换代速度加快，产品的市场寿命缩短。今天，科学技术突飞猛进，新原理、新工艺、新材料等不断涌现，使得刚刚炙手可热的技术和产品转瞬间成了明日黄花。这种情况，要求企业不断地进行技术革新，赶上技术进步的浪潮。否则，企业的产品跟不上更新换代的步伐，跟不上技术发展和消费需求的变化，就会被市场无情地淘汰。

5) 科学技术的进步，将会使人们的生活方式、消费模式和消费需求结构发生深刻的变化。一种新技术的应用，必然导致新的产业部门和新的市场出现，使消费对象的品种不断增加，范围不断扩大，消费结构发生变化。例如，在美国，由于汽车工业的迅速发展，使美国成了一个"装在车轮上的国家"，现代美国人的生活方式，无时无刻不依赖于汽车。这些生活方式的变革，如果能被企业深刻认识到，主动采取与之相适应的营销策略，就能获得成功。所以，企业在组织市场营销时，必须深刻认识和把握由于科学技术发展而引起的社会生活和消费的变化，看准营销机会，积极采取行动，并且要尽量避免科技发展给企业造成的威胁。

6) 科学技术的发展为提高营销效率提供了更新更好的物质条件。首先，科学技术的发展，为企业提高营销效率提供了物质条件。例如，现代商业中自动售货、邮购、电话订货、电视购物等方式的发展，既满足了消费者的要求，又使企业的营销效率更高。其次，科学技术的发展，可使促销措施更有效。例如，广播、电视、传真技术等现代信息传媒的发展，可使企业的商品和劳务信息及时准确地传送到全国乃至世界各地，这将大大有利于本国和世界各国消费者了解这方面的信息，并起到刺激消费、促进销售的作用。第三，现代计算技术和手段的发明运用，可使企业及时对消费者的消费需求及动向进行有效的了解，从而使企业营销活动更加切合消费者需求的实际情况。科学技术的发展，推动了消费者需求向高档次、多样化方向的变化，消费者消费的内容更加纷繁复杂。因此，生产什么商品，生产多少商品去满足消费者需要的问题，还得依靠调查研究和综合分析来解决。这种情况，完全依赖传统的计算和分析手段是无能为力的，而现代计算和分析手段的发明运用，提供了解决这些问题的武器。

总之，科学技术的进步和发展，必将给社会经济、政治、军事以及社会生活等各个方面带来深刻的变化，这些变化也必将深刻地影响企业的营销活动，给企业造成有利或不利的影响，甚至关系到企业的生存和发展。因此，企业应特别重视科学技术这一重要的环境因素对企业营销活动的影响，以使企业能够抓住机会，避免风险，求得生存和发展。

3.3.5 政治法律环境

经济是基础,政治和法律作为上层建筑,是经济的集中表现。所谓政法环境(政治环境和法律环境的总称) 是指企业市场营销活动的外部政治形势和状况、法规、条例给市场营销活动带来的或可能带来的影响。企业的一切市场营销活动都必须遵守党和国家的方针、政策和法令，不允许有丝毫的背离。当国家在一定时期内调整或改变某项政策法令时，企业要相应地调整经营目标和策略。这就要求企业经营管理人员对政策法令的内容、含义及其对市场营销的影响要有明确的了解。

3.3.5.1　国家政治体制和经济管理体制

国家政治体制建立在经济基础之上，并为经济基础服务。但是随着经济基础的发展，政治体制有时也会对经济起束缚作用，如政府机构臃肿，政企不分等。这些都需要政治体制和经济管理体制的进一步改革。企业应充分利用各种体制赋予自己的市场营销权利，使市场营销活动和社会商品经济协调发展。

3.3.5.2　政府方针政策

政府的方针政策是具有较大的灵活性和可变性，它随着政治经济的变化而变化。如国民经济和社会发展计划都指明了在一定时期内国民经济建设和投资重点，规划了改善人民生活水平的目标，确立了经济发展规模和速度。还有如产业政策、税收政策和金融政策等等，都会对企业的市场营销活动产生直接或间接的重大影响。企业应密切注意政府颁布的一系列新政策，相应地调整其市场营销组合策略和生产经营方向，使企业更好地占领、转移和开拓新的市场，在竞争中占据主动。

3.3.5.3　法令、法规

与市场营销有关的法律主要是针对消费者和企业的，为了保护人民健康，防止环境污染，我国制定了如《中华人民共和国消费者权益保护法》、《中华人民共和国食品卫生法》等。同时为了防止企业间的非法竞争，危害消费者的利益也规定了诸条法律法规，如《商标法》、《广告法》、《大气污染防治法》。为了适应对外开放的需要，近几年来我国还制定和颁布了一大批经济法律法规，如《中华人民共和国外贸法》、《中华人民共和国外汇管理暂行条例》、《中外合资经营企业法》、《进出口货物许可制度暂行条例》、《中华人民共和国进出口关税条例》。总之，市场营销中加强政法环境的研究，具有十分重要的意义。

以上分析表明，企业为了取得营销的成功，必须重视政治环境、法律环境的约束和影响，根据政治法律环境的变化及时调整自己的市场营销组合和策略。

3.3.6　社会文化环境

社会文化环境是指由价值观念、生活方式、宗教信仰、职业与教育程度、相关群体、风俗习惯、社会道德风尚等因素构成的环境。社会文化是人类在创造物质财富过程中所积累的精神财富的总和。它体现着一个国家或地区的社会文明程度。这种环境不像其他营销环境那样显而易见和易于理解，但对消费者的市场需求和购买行为会产生强烈而持续的影响，如，同时不同的文化环境会直接或间接地影响产品的设计、包装、信息的传递方法、产品被接受的程度、分销和推广措施等，进而影响到企业的市场营销活动。因此，企业在从事市场营销活动时，应重视对社会文化的调查研究，并做出适宜的营销决策。社会文化环境所蕴涵的这些因素在不同的地区、不同的社会是有所不同的，具体反映在以下几个方面。

1) 风俗习惯。消费习俗是指人们在长期经济与社会生活中所形成的一种消费方式和习惯。世界范围内的不同国家或国家内的不同民族在居住、饮食、服饰、礼仪、婚丧等物质文化生活方面各有特点，从而形成风俗习惯的差别。不同的消费习俗，具有不同的商品需要，研究消费习俗，不但有利于组织好消费用品的生产和销售，而且有利于正确、主动地引导健康的消费。了解目标市场消费者的禁忌、习俗、避讳、信仰、伦理等，是企业进行市场营销的重要前提。

2) 宗教信仰。宗教是影响人们消费行为的重要因素之一，不同的宗教在思想观念、生活方式、宗教活动、禁忌等方面各有其特殊的传统，这将直接影响其消费习惯和消费需求。如某些国家和地区的宗教组织甚至在教徒购买决策中有决定性的影响。企业可以把影响大的宗教组织作为自己的重要公共关系对象，恰当地处理好宗教信仰与产品的关系，会对产品的销售起到一定的特殊的推广作用。

3) 价值观念。价值观念是指人们对于事物的评价标准和崇尚风气，其涉及面较广，对企业营销影响深刻。它可以反映在不同的方面，如阶层观念、财富观念、创新观念、时间观念等，这些观念方面的差异无疑造成了企业不同的营销环境。因此，对不同价值观念的消费者，营销人员必须采取不同的营销策略，如对富有创新冒险精神的消费者应着重强调产品的新颖和奇特；对传统保守的消费者应与目标市场的文化传统相结合。

4) 教育程度和语言。消费者在教育程度方面的差异，也会导致消费者在生活方式、消费行为与消费需求上的差异。教育水平的高低对企业的营销调研、目标市场选择和分销等营销活动都会产生极大的影响。不同教育程度地区的消费者对商品的需求也会有所不同，通常文化素质高的国家或地区的消费者要求商品包装典雅高贵，对附加功能也有一定要求。语言是文化的主要载体，对市场营销活动有直接的影响。

除此之外，社会文化环境还包含了社会结构、社会道德风尚等多方面的因素。值得指出的是，社会文化环境虽具有强烈独特的民族性、区域性，是民族历史文化的延续和发展，但也不可否认，随着经济生活的国际化、世界文化交流的加深和不同民族、地区文化的相互渗透，企业所面临的社会文化环境也在不断发生变化，企业应善于及时把握时机，制定相应的营销决策。

【小案例】

王麻子剪刀：老字号申请破产

在得知王麻子剪刀向法院提出破产申请时，人民日报的记者在报道中写道：迄今已有 352 年历史的著名老字号王麻子剪刀厂，难道会就此终结？"北有王麻子，南有张小泉。"在中国刀剪行业中，王麻子剪刀厂声名远播。历史悠久的王麻子剪刀，早在(清) 顺治八年(1651 年) 就在京城菜市口成立，是著名的中华老字号。数百年来，王麻子刀剪产品以刃口锋利、经久耐用而享誉民间。即使新中国成立后，"王麻子"刀剪仍很"火"，在生意最好的 80 年代末，"王麻子" 1 个月曾创造过卖 7 万把菜刀、40 万把剪子的最高纪录。但从 1995 年开始，王麻子好日子一去不复返，陷入连年亏损地步，甚至落魄到借钱发工资的境地。审计资料显示，截至 2002 年 5 月 31 日，北京王麻子剪刀厂资产总额 1283 万元，负债总额 2779 万元，资产负债率高达 216.6%，积重难返的王麻子，只有向法院申请破产。曾经是领导品牌的王麻子为什么会走到破产的境地呢？作为国有企业王麻子沿袭计划经济体制下的管理模式，缺乏市场竞争思想和创新意识，是其破产的根本原因。长期以来，王麻子剪刀厂的主要产品一直延续传统的铁夹钢工艺，尽管它比不锈钢刀要耐磨好用，但因为工艺复杂，容易生锈外观档次低，产品渐渐失去了竞争优势。而王麻子剪刀却没能做出措施，及时引进新设备、新工艺。

数十年来王麻子剪刀的外形，设置也没有任何变化。故步自封、安于现状，王麻子剪刀终于被消费者抛弃。

(王艳. 市场营销学[M]. 武汉：武汉理工大学出版社，2012)

3.4　环境评价与对策

复杂多变的营销环境对企业来说，既隐伏着不利于企业发展，甚至可以置企业于死地的环境危险，又蕴含着有利于企业发展的市场机会。营销活动的一个重要内容就是要分清营销环境的发展变化对企业有利的和不利的影响，并在此基础上争取避开威胁，掌握住机会，化不利为有利。

3.4.1　SWOT 分析法概述

SWOT 分析法依据企业的目标，将对企业的经营活动及发展有重大影响的内部战略要素及外部环境因素列在一张表中，并且根据所确定的标准对这些因素进行评价，从中判别出企业的优势、劣势、机会与威胁，并选择相应的战略。通过

SWOT 分析和战略地位评估，企业可以了解内部条件和外部环境的共同作用，明确自身的战略地位，并初步选定企业可能采取的竞争战略类型。

3.4.1.1　企业优势

企业优势是指企业相对于竞争对手而言所具有的优势人力资源、技术、产品以及其他特殊实力。充足的资金来源、高超的经营技巧、良好的企业形象、完善的服务体系、先进的工艺设备、与买方和供应商长期稳定的合作关系、融洽的雇员关系、成本优势等等，都可以形成企业优势。

3.4.1.2　企业劣势

企业劣势是指影响企业经营效率和效果的不利因素和特征，它们使企业在竞争中处于劣势地位。一个企业潜在的弱点主要表现在以下几方面：缺乏明确的战略导向、设备陈旧、盈利较少甚至亏损、缺乏管理和知识、缺少某些关键的技能、内部管理混乱、研究和开发工作落后、企业形象较差、销售渠道不畅、营销工作不得力、产品质量不高、成本过高等等。

3.4.1.3　市场机会

市场机会是指对企业营销活动富有吸引力的领域，在这些领域，企业拥有竞争优势。为了更好地认识和识别市场机会，我们对市场机会可分为五类：

1) 整体市场机会与局部市场机会。整体市场机会是指在大范围里出现的市场机会；局部市场机会则是指在一特定的区域或特定领域中出现的市场机会。

2) 环境市场机会与企业市场机会。在环境变化中会有大量的需求产生。在环境变化中产生的需求，可以被称为环境市场机会。只有那些符合企业目标与能力，有利于发挥企业优势的环境市场机会，才是真正的企业市场机会。

3) 边缘市场机会与行业市场机会。每个企业都有其特定的经营领域。因此，我们把出现在本企业经营领域内的市场机会称之为该企业的"行业市场机会"。把不同行业之间交叉的结合部出现的市场机会称为"边缘市场机会"。

4) 表面市场机会与潜在市场机会。那些由于环境变化在市场上出现和形成的市场需求和那些明显未被满足的市场需求，一般被称为表面市场机会。对于那些隐藏在现在某种需求之后的未被满足的市场需求，一般可以称为潜在市场机会。

5) 目前市场机会与未来市场机会。对于现代企业来说，除了要捕捉目前的市场机会之外，还应树立一种面对未来的思想意识，去自觉捕捉那些未来市场机会。即捕捉那些在目前市场上未表现为大量需求，但通过市场研究和预测分析，它将来在某一时期内称为现实会场机会的某些机会。

3.4.1.4　市场威胁

市场威胁即企业所面对的挑战或威胁。企业的机会与威胁均存在于市场环境中，因此，机会与威胁分析实质上就是对企业外部环境因素变化的分析。市场环境的变化或给企业带来机会或给企业造成威胁。环境因素的变化对某一企业是不可多得的机会，但对另外一家企业则可能意味着灭顶之灾。环境提供的机会能否被企业利用，同时，环境变化产生的威胁能否有效化解，取决于企业对市场变化反映的灵敏程度和实力。市场机会为企业带来收益的多寡，不利因素给企业造成的负面影响的程度，一方面取决于这一环境因素本身性质，另一方面取决于企业优势与劣势的结合状况。最理想的市场机会是那些与企业优势达到高度匹配的机会，而恰好与企业弱点结合的不利因素将不可避免地消耗企业大量资源。

3.4.2　市场机会与威胁分析

企业的市场营销环境是不断变化的，这种变化一方面会给企业的市场营销活动造成有利的机遇，即市场机会，另一方面也可能企业带来不利的影响，即环境威胁。每一个企业都面临着许多市场机会或环境威胁。企业要设立环境预警系统，通过市场营销信息系统来严密监测环境中的微观和宏观因素，加强对环境因素变化趋势的分析和研究，及时地发现和预测其能给企业带来的市场机会或环境威胁。企业一旦获得某种因素已经发生或可能将要发生的变化和变化动向时，要首先判断这种变化或变化动向对企业来说是环境威胁还是市场机会，然后再做进一步的分析和评价。在某一段时期，企业可能同时面临着多个环境威胁因素，或市场机会因素。但是请注意，并不是所有的环境威胁都一样大，也不是所有的市场机会都有同样的吸引力，这些因素需要结合有关情况和企业的优势、劣势做一番深入的辨析，以确定哪些是需要企业马上采取对策的真正的机会或威胁，哪些是暂时不必考虑或虽然暂时不用考虑但应当给予适当关注的"假的"机会或威胁。

3.4.2.1　机会分析

分析评价环境机会主要从两个方面考虑：一是考虑机会给企业带来的潜在利益的大小；二是考虑成功可能性的大小。如图3.4所示，横坐标代表成功的可能性，纵坐标代表市场机会潜在的吸引力大小。

图3.4中矩阵Ⅰ表示成功的可能性和潜在的吸引力都大；Ⅱ表示潜在的吸引力大，而成功的可能性较小；Ⅲ表示成功的可能性较大而潜在的吸引力小；Ⅳ表示成功的可能性和潜在的吸引力都较小。对所有的市场机会因素，企业都从成功概率和

潜在吸引力这两个方面进行分析和评价，并将结果填入矩阵图中，看某一市场机会因素落入哪一矩阵区域。显然，区域Ⅰ中的机会是真正的机会，有极大可能为企业带来巨额利润，企业应把握机会，全力发展。区域Ⅳ中的机会，不仅潜在利益小，成功的可能性也很低，企业应改善自身条件，注意机会的发展变化，适时开展营销活动。Ⅱ和Ⅲ两种机会的出现最多，企业应认真分析情况，不断使自身条件与之相协调，以有效地利用这些机会。

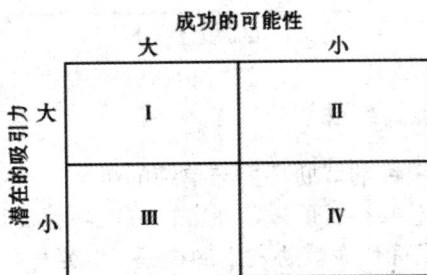

成功的可能性

	大	小
潜在的吸引力 大	Ⅰ	Ⅱ
小	Ⅲ	Ⅳ

图 3.4　机会分析矩阵图

3.4.2.2　威胁分析

　　营销者对环境威胁的分析也主要从两方面来分析，并将两方面结合企业：一是分析环境威胁对企业的影响程度；二是分析环境威胁出现的可能性。如图 3.5所示，横坐标代表威胁发生的概率，纵坐标代表威胁的严重性。图 3.5 中矩阵Ⅰ表示发生概率和严重性都较大；Ⅱ表示发生概率小而潜在严重性大；Ⅲ表示出现威胁的可能性大而潜在的严重性较小；Ⅳ表示出现威胁的可能性和潜在严重性都较小。显然，区域Ⅰ中的威胁是关键性的，因为它们会严重地危害企业利润，甚至危害企业的持续经营，并且出现的可能性也最大，属于真正的威胁。公司需要为每一个这样的威胁准备一个应变计划，这些计划将预先阐明在威胁出现之前，或者当威胁出现时，公司将做哪些改变，以对付这种威胁。一般说来，对付威胁，企业有三种可以选择的对策反抗：

　　1) 试图限制或扭转不利因素的发展。

　　2) 减轻，即通过调整企业的市场营销战略和策略来适应环境的变化，以减轻环境威胁的严重性。

　　3) 转移，即决定转移到其他盈利更多的行业或市场。

　　区域Ⅳ中的威胁比较微弱，企业不必过于担心，但要经常注意其发展变化；区域Ⅱ和Ⅲ中的威胁，或者影响程度大，或者出现的概率高，不需要制订应变计划，但是需要密切加以注视，因为随着环境的变化，它们可能发展成严重威胁。

出现的概率

	大	小
大	Ⅰ	Ⅱ
小	Ⅲ	Ⅳ

（纵轴：影响的程度）

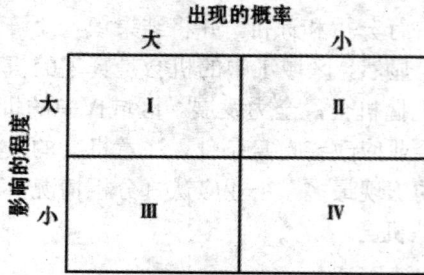

图 3.5　威胁分析矩阵图

3.4.2.3　机会/威胁分析综合分析

　　在实际的环境中，单纯的威胁环境与单纯的机会环境很少，通常来说，机会与威胁同在，风险与利益共存。所以，企业面临的环境往往是综合的环境。

　　如图 3.6 所示，横坐标代表威胁发生的概率，纵坐标代表机会的大小。图 3.6 中矩阵Ⅰ表示机会和威胁水平都大；Ⅱ表示存在的机会大，而威胁水平小；Ⅲ表示出现威胁的可能性大，而潜在的机会小；Ⅳ表示出现威胁的可能性小，同时潜在的机会也小。企业处于Ⅰ区的为风险业务，机会多、威胁多。企业应在调查研究的基础上勇于冒风险，限制、减轻或者转移威胁因素或威胁水平，使企业善于在风险中求生存发展。处于Ⅱ区的为理想业务，机会多、威胁少，企业应抓住机会，充分发挥企业优势，密切注意威胁因素的变动情况。处于Ⅲ区的为困境业务，企业应当因势利导，发挥主观能动性，"反抗"和扭转对企业不利的威胁因素，或者实行"撤退"和"转移"，调整目标市场，经营对企业有利，威胁程度低的产品。处于Ⅳ区的为成熟业务，机会少，威胁少，企业应当居安思危。发掘对企业有利的市场环境因素，提高企业经营的机会水平。

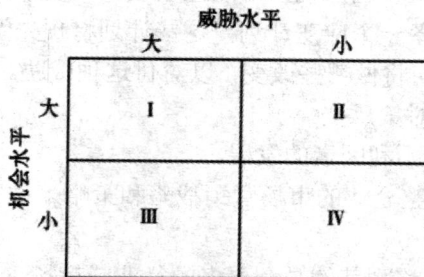

威胁水平

	大	小
大	Ⅰ	Ⅱ
小	Ⅲ	Ⅳ

（纵轴：机会水平）

图 3.6　机会/威胁分析矩阵

3.4.3 企业如何分析、评价市场机会和环境威胁的应用

日本丰田汽车公司在开拓美国市场时，首次推向美国市场的车牌"丰田宝贝"仅售出228辆，出师不利，增加了丰田汽车以后进入美国市场的难度。丰田公司面临着足以影响其成败的营销环境变化：

1) 美国几家汽车公司名声显赫，实力雄厚，在技术、资金方面有着别人无法比拟的优势。

2) 美国汽车公司的经营思想是：汽车应该是豪华的。它们忙于比豪华，因而其汽车体积大，耗油多。

3) 竞争对手除了美国几家大型汽车公司外，较大的还有已经领先进入美国市场的日本大众汽车公司，该公司已在东海岸和中部地区站稳了脚跟。该公司成功的原因主要有：以小型汽车为主，汽车性能好，定价低；有一个良好的服务系统，维修服务很方便，成功地打消了美国消费者对外国车"买得起，用不起，坏了找不到零配件"的顾虑。

4) 大众汽车公司忽视了美国人的一些喜好，许多地方还是按照日本人的习惯设计的。

5) 日美之间不断增长的贸易摩擦，使美国消费者对日本产品有一种本能的排斥和敌意。

6) 美国人的消费观念正在转变，他们将汽车作为地位、身份象征的传统观念逐步减弱，开始转向实用化。他们喜欢腿部空间大、容易行驶且平稳的美国车，但又希望大幅度减少用于汽车的消耗，比较倾向于购买费用低、耗油少、耐用、维修方便的汽车。

7) 消费者已意识到交通拥挤状况的日益恶化和环境污染问题，乘公共汽车的人和骑自行车的人逐渐增多。

8) 在美国，核心家庭大量出现，家庭规模正在变小。

任何企业往往都面临着若干环境威胁和市场机会。然而，并不是所有的环境威胁都有一样的严重性，也不是所有的市场机会都有同样的吸引力。企业可以利用"环境威胁矩阵图"和"市场机会矩阵图"来加以分析、评价。

分析环境威胁和市场机会，需要结合企业自身的情况和特点来进行。当时丰田公司的显著特点是：在小型汽车的生产、经营、技术、管理经验等方面有明显的优势。因此，上述1)、3)、5)、7)条动向给丰田公司造成环境威胁，2)、4)、6)、8)条动向则给丰田公司带来市场机会，使丰田公司可能享有"差别利益"。

图3.7的横轴代表"出现威胁的可能性"，纵轴代表"潜在的影响程度"，表示企业面临的困境。在丰田公司进入美国时，在"环境威胁矩阵图"中有4个环

境威胁[1)、3)、5)、7)条动向]，企业威胁3)、威胁5)都是"潜在的严重性"大，"出现威胁的可能性"也大，所以，这两个环境威胁是主要威胁。"潜在的严重性"大，但"出现威胁的可能性"小(即发生机会低)，当然不如"潜在的严重性"小，但"出现威胁的可能性"大那样引人注意。因此，威胁1)也是丰田公司的主要威胁。至于威胁7)，尽管"潜在的严重性"大，但"出现威胁的可能性"小，它不是主要威胁。因为威胁7)对整个汽车行业都是个威胁，人们的运输工具的倾向转移，其背后的原因之一是觉得交通拥挤，而仔细分析，人们不会完全放弃汽车，汽车毕竟比公共汽车方便，只不过想得到"理想"的汽车，因而停靠方便，转弯灵活的小汽车仍会有较大需求。

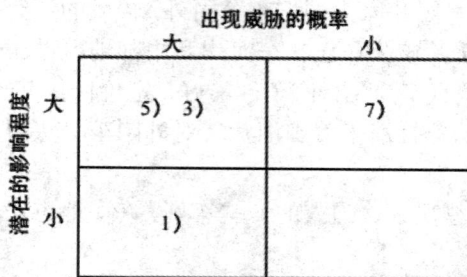

图 3.7 环境威胁矩阵图

图 3.8 的横轴代表"成功的可能性"，纵轴代表"潜在的吸引力"，表示拓展市场的潜在能力。上例中的丰田公司，在"市场机会矩阵图"中有四个"市场机会"[2)、4)、6)、8)条动向]，其中最好的市场机会是 2)、6)、8)，其"潜在的吸引力"和"成功的可能性"都大。当然，4)尽管"潜在的吸引力"小，但"成功的可能性"大，因此，也是一个极好的市场机会。

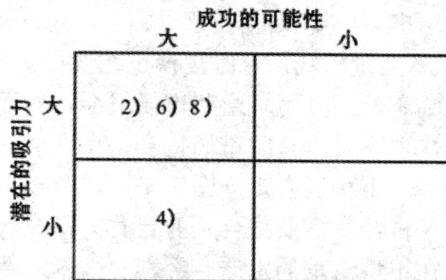

图 3.8 市场机会矩阵图

从上面的分析和评价可以看出，丰田汽车公司当时共有三个威胁[即 1)、3)、5)]和三个最好的机会[2)、6)、8)]。这就是说，丰田公司是一个冒险的企业，即处于高机会和高风险的状态。

这样，用上述方法来分析和评价，可能会出现四种不同的结果(见图 3.9)：① 理想的企业，即企业处于理想的经营状况，即高机会低威胁；② 冒险的企业，即企业处于高机会和高威胁的状态；③ 成熟的企业，企业处于成熟状态，即低机会和低威胁；④ 困难的企业，处于困难状态，即低机会和高威胁。

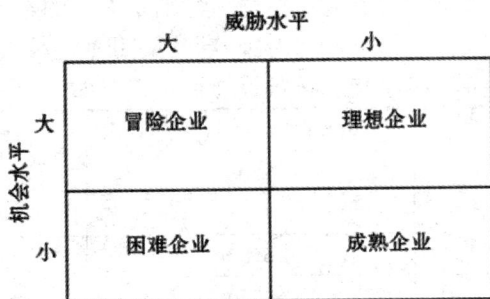

威胁水平

	大	小
大	冒险企业	理想企业
小	困难企业	成熟企业

机会水平

图 3.9　机会/威胁分析矩阵

一般说来，企业不会只面临机会而没有威胁，否则所有的企业都会一夜暴富；也不会只有威胁而没有机会，否则企业也生存不下去。按照威胁——机会分析图，评价企业市场营销环境的状况时，可根据威胁——机会水平和影响程度，区分四种典型的情况：首先，理想的企业应当抓住机会，"扬长避短"，注意不能忽视威胁的存在和变化。其次，冒险的企业应当抓住机会，勇于冒险，"扬长补短"，而对"高威胁"，要冷静分析。① 高威胁有无"恶化"的危险？"恶化"程度如何？速度多快？② 企业能承受多大"威胁"？承受多久？哪些因素代表恶化？然后因"病"施治，努力通过自我素质的提高，最大限度地克服和减少"环境威胁"的消极影响，尽可能地化不利因素为有利因素。再次，成熟的企业应认识到低机会限制了企业的发展。低机会带来的成熟并不表示企业的经营状况良好，企业应当勇于进取，创造新的机会。最后，困难的企业最困难。因为低机会限制了企业的发展，高威胁又使企业陷于困境，企业既要减轻、摆脱威胁，又要发现机会，确实麻烦很大。

【思考与练习】

1) 名词解释：

宏观环境　　微观环境　　环境威胁　　市场营销机会　　恩格尔系数

2) 简答题：

(1) 企业在进行经济环境分析时，主要考虑哪些经济因素？

(2) 企业对其所面临的环境威胁可能采取的对策有哪些？

(3) 试述社会文化环境对市场营销的影响。

(4) 步入 21 世纪后，人口老龄化问题在大中城市日益突出，请列举出这变化所带来的三个方面的市场机会。

(5) 试述市场营销活动与市场营销环境的关系。

【应用分析】

某沿海城市近年来经济发展突飞猛进，特别是人才的聚集和高新技术的发展的趋势给这个城市注入更大的发展动力。香港某集团通过对该城市进行调查分析，决定在该城市投资旅游、房地产、娱乐等项目。资料如下：

时间	人均收入水平/(元/年)	恩格尔系数/%
1980 年前	2500	76.9
1980～1990 年	4950	59.6
1990～2000 年	6580	45.4
2000 年后	9060	40.5

运用本章所学知识，分析以下问题：

(1) 恩格尔系数的变化说明了什么问题？

(2) 香港财团为什么决定在该沿海城市进行投资？

【实训项目】

实验课程时间安排：学习完本章之后。

实验条件：电脑接入国际互联网，可以正常使用国内外主要搜索引擎、电子邮箱、浏览网页。

1) 实训目的：通过实训，实现理论知识向实践技能的转化，使学生能够运用所学知识分析企业的市场营销环境，并针对性地给出相应策略。

2) 实训内容：以学校周边某一企业为背景，结合其实际，为该企业设计一套可行的营销策略方案。

3) 实训步骤：

(1) 以 6～8 个人为单位组成一个团队。

(2) 由团队成员共同讨论确定选题。

(3) 通过文献调查、深度访谈、企业调研等方式，了解该企业所处的市场环境、企业状况和竞争者等。

(4) 根据环境分析的结果，为该企业设计一套可行的营销方案。

(5) 各团队派代表展示其成果。

(6) 考核实训成果，评定实训成绩。

4) 实训要求：

(1) 考虑到课堂时间有限，项目实施可采取"课外+课内"的方式进行，即团队组成、分工、讨论和方案形成在课外完成，成果展示安排在课内。

(2) 每组提交的方案中，必须详细说明团队的分工情况，以及每个成员的完成情况。

(3) 每个团队方案展示时间为 10 分钟，老师和学生提问时间为 5 分钟。

5) 实验报告要求：

(1) 实验报告以书面形式提交，字数：3000 字左右。

(2) 实验报告主要内容：根据自己所调研的结果和网上所搜集的资料以及个人所掌握的相关知识，加以综合运用，为所调研企业写一份营销方案。

4　消费者市场分析

【知识目标】

　　理解消费者市场的特点及购买行为；

　　了解消费者市场上购买决策的参与者及消费者购买行为的类型；

　　掌握消费者购买决策的过程以及不同阶段应采取的营销措施。

【能力目标】

　　能够运用所学知识对消费者市场的购买行为进行基本分析；

　　能够运用所学知识分析消费者的购买类型与购买过程的主要影响因素。

【案例导入】

雷利自行车公司的衰落

　　英国雷利自行车公司是成立于 1887 年的世界老字号自行车生产商,自成立以来,由于生产的自行车质量好而享誉世界。往日的人们若能有幸拥有一辆雷利自行车,就如获至宝,引以为豪。不少买了雷利自行车的顾客,即使使用了六七十年,车子仍十分灵巧。因此,雷利自行车成为高质量的代名词,它行销世界各地,尤其在欧美更是抢手货。

　　然而,随着时间的推移,市场需求却在悄悄地变化,而此时的雷利公司仍固守原来的经营理念,没有什么创新。到了 20 世纪六七十年代,比自行车更理想的交通工具——轿车,在一些经济发达国家开始普及。自行车与轿车相比,就显得速度慢、活动半径小。所以消费者纷纷选购轿车作为自己便利的交通工具,自行车消费陷入低潮,雷利自行车也难逃此运。另一方面,在新技术的冲击下,发达国家里自行车主要消费者青少年的消费偏好也发生了很大变化。以往,16 岁以下青少年购买雷利自行车的,约占英国国内自行车消费量的 70%。而现在,青少年感兴趣的已是电子游戏机了。青少年消费偏好的这一变化,给雷利自行车带来了很大的打击。

　　面对着变化了的市场,许多精明的企业家或进行多角化经营,分散经营风险;或根据市场的新情况研制、开发新产品,增强企业的生存能力与发展能力。在自行车行业,一些富有开拓精神的企业家,很快设计生产出新型的自行车,使它集游玩、体育锻炼、比赛于一体。这样一来,自行车又很快成为盈利丰厚的"黄金商品"。然而,雷利公司却一直坚持"坚固实用"的生产经营理念。直到 1977 年,实在很难再维持下去,它才投资筹建成千上万自行车比赛队,想让雷利自行车在体育用品市场上大显身手。1980 年，雷利自行车终于成为自行车大赛的冠军车，雷利自行车因此名声大振。雷利公司尝到甜头后，便集中力量发展作为体育运动器械用的自行车，想借此重振雄风。谁料天公不作美。1986 年夏天，北欧各国一直是阴雨绵绵、寒冷潮湿的气候，使自行车运动无法进行，购买自行车的人锐减，造成雷利自行车积压严重，公司周转资金严重不足。

亚洲一些国家和地区的自行车业的崛起和低价销售，也使雷利自行车不得不退出传统而利润丰厚的美国等市场，从而加快了它衰落的步伐。雷利自行车原来有 30% 是出口外销的。其出口目标主要是欧美国家。但 80 年代以后，亚洲一些国家、地区的厂商以低廉的价格和灵活多样的行销方式，相继夺走了雷利自行车在欧美的市场份额。雷利自行车公司不仅失去了欧美的自行车市场，而且也失去了第三世界的自行车市场。以往，尼日利亚年平均进口雷利自行车都达数万辆。1986 年以后，英国与尼日利亚两国关系日渐恶化，尼日利亚政府对英国设置贸易壁垒，从而使雷利自行车无法进入这一市场。祸不单行，两伊战争爆发，昔日雷利自行车的另一大买主——伊朗，出于战争需要，几乎全部停止了雷利自行车的进口。此外，往日的财政困难、产品积压、人员过剩等一系列问题更日趋严重，使得雷利自行车出口日趋困难。

(赵文明等. 世界经典管理败鉴 48 例[M]. 中国物资出版社，2009)

4.1　消费者市场及其特点

在市场经济社会中，人们的消费需求都依赖于市场，都要通过具有支付能力的特定购买行为得到满足，所以消费者是市场的主任，市场营销的核心就是满足消费者的需求。企业只有分析和研究消费者的需求及其影响因素，研究消费者的购买行为及其自身特有的规律，才能有效地开展市场营销活动，实现其营销目标。

4.1.1　消费者市场概念

消费者市场又称最终消费者市场、消费品市场或生活资料市场，是指个人或家庭为满足生活需求而购买或租用商品的市场，它是市场体系的基础，是起决定作用的市场。消费者市场是现代市场营销理论研究的主要对象。成功的市场营销者是那些能够有效地发展对消费者有价值的产品，并运用富有吸引力和说服力的方法将产品有效地呈现给消费者的企业和个人。因而，研究影响消费者购买行为的主要因素及其购买决策过程，对于开展有效的市场营销活动至关重要。

4.1.2 消费者市场的特点

由于多种主客观因素的影响，消费者需求是复杂多样的。但从总体上看，各种需求之间存在某些共性，这就是消费者市场需求的特点。

1) 需求的复杂多变性。消费者人数众多，差异性很大，不同年龄、不同性别、不同习惯的消费者，由于各种因素的影响，对不同商品或同类商品的不同品种、规格、性能、式样、服务、价格等方面都有多种多样的需求。而且，随着生产的发展、消费水平的提高和社会习俗的变化，消费者需求在总量、结构和层次上也将不断发展，日益多样化。消费者需求的这种多样化特征，要求企业在对消费者市场进行细分的基础上，根据自身条件准确地选择目标市场。

2) 市场范围广阔，人多面广，购买的流动性大。消费者市场的概念涵盖了我们生活中的每一个人，而消费品是用于生活消费的，直接用来满足消费者的衣、食、住、行的需要，每个人都是消费者。由于普通消费者的购买力相对有限，消费者对需要的满足及满足需要的产品必然慎重选择，导致购买力经常在不同产品、不同品牌和不同企业之间流动。

3) 市场购买的分散性。消费者人数众多，分布面广，每次购买量较少而购买频率很高。针对这一特点，营销者应采取灵活多样的售货方式和服务方式，不断提高服务质量。

4) 市场需求的可诱导性。消费者需求的产生，有些是本能的，生而有之的，但大部分是与外界的刺激诱导有关的。经济政策的变动，生产、流通、服务部门营销活动的影响，社会交际启示，广告宣传的诱导等等，都会使消费者的需求发生变化或转移：潜在的需求可以变为现实的需求；微弱的欲望可以变成强烈的购买欲望。可见，消费者需求是可诱导和调节的，具有较大弹性。消费者需求的这一特征，要求市场营销者不仅要适应和满足消费者的需求，而且应该通过各种促销途径正确地影响和引导消费。

5) 非专家购买型。需求的复杂性导致了产品的多样化，使得人们在购买时经常显得缺乏专门的、甚至必需的商品知识、价格知识和市场知识。对产品性能和使用、保管、维修方法，除非有过该领域工作的经历或经验，大多数人都显得外行、陌生。因此，消费者相对容易接受促销影响，产生冲动性购买。

【知识拓展】

中国消费者市场的南北差异

由于我们中国地大物博，而且不同地域和不同的风俗、文化存在差异，因此，带来了饮食习惯的地域性，大致表现为"南甜、北咸、东辣、西酸"，产品消费结构也因此而存在南北差异。北方的豪情、成都的柔眉、广东浓郁的商业气息、北京的京畿意识和上海的都市心态等等，都是各个市场独特的个性。

从日化来看，北京由于天气较为干燥，风尘相对南方较大，润肤/护肤品可能更普遍地被使用。至于沐浴露的情况，广州的城市发展指数比京沪明显高出一大截。而且发展指数高达近 180，说明该类产品在广州的发展现状比在京沪两地的更具优势。

从内衣来看，东北地区对暖色调内衣的需求就显得很明显，一般女款内衣红色的销售量最大，其次是枣红和橙红。北方多风沙，白色的衣物很容易弄脏，白色的女款内衣在北国则不受欢迎。黑色能给女性带来更多的神秘感和吸取更多的热量，也受到了普遍的欢迎。而在南方，因为南方冬天天气较暖和，所以到了冬天的南方人依然喜欢素雅，这也是化妆品企业为何在南方的彩妆销量比北方销得少的原因。内衣品牌的发展也有明显的区别，爱慕是先在北方做成绝对的强势，再慢慢入侵南方市场；而曼妮芬则是先霸占了南方市场，再挥师北上。

从营销风格来看，北派营销更注重稳扎稳打，大巧若拙，积淀出来的往往是一种持久的品牌生命力；南派营销更看重快速制胜，鬼斧神工。

从管理咨询公司来看，南方的本土咨询公司的优势主要体现在：咨询人员的实践能力更强，在咨询过程中，强调策略的针对性和问题的解决。北方的本土咨询公司的优势主要体现在两个方面：一是咨询人员的理论功底比较深厚，对问题的演绎、论证的理论性很强；二是公关能力较强。

因为不同区域文化、风俗等的差异，还存在着消费文化的不同。在南方用来"下火"的王老吉最初进入北方的时候，被大家当作了饮料来喝，因为北方人没有"上火"的这个概念。以京、沪、穗三大经济轴心为例，北京大而化之，上海精明细腻，广州享乐主义；北京人偏爱国产，上海人更喜欢进口的东西，广州人信任港台等等，消费习惯呈现非常明显的差异性。

(人民网财经频道http://www.022net.com/2009/8-13/501837232998728.html 2009-8-13)

4.1.3　消费者市场的分类

1) 从商品的形态和耐用程度的角度来分类，消费品可以分为：

(1) 耐用消费品。长时间内多次使用的消费品，如电视机、空调、家具等。

(2) 易耗消费品。消费者在生活消费中只能使用一次或几次的消费品，如食品、纸张、肥皂、牙膏等。

(3) 劳务。消费者为了获得利益或满足而需要的服务，如家电安装、技术指导、维修、家政服务等。

2) 从消费者的消费行为角度进行分类，消费品可以分为：

(1) 日用消费品。生活中日常必需、售价低廉、经常并随时可买到的商品，如食品、香烟、牙膏、肥皂等。由于大多数日用品体积小、单价低，消费者一般希望很方便就能买到，不作过多的挑选和比较。因此，对这类商品应尽量扩大销售覆盖面。比如，销售点应尽量接近住宅区、车站和码头等人群密集区。同时要力求包装美观，方便携带。

(2) 选购买消费品。价格较高，使用时间比较长，购买过程中往往要花些时间进行挑选、比较的商品。比如，时装、皮鞋、家具等。由于选购买消费品价格较高，消费者对质量、价格和式样有一定要求，因此，生产选购买产品的企业，一般应选择在地理位置上易于消费者巡回选购的商店作为自己的经销店。企业在增加新的选购品品种时，营销人员应主动向消费者介绍商品特点，帮助消费者选择，以增加成交的机会。

(3) 特殊消费品。价格高、使用时间长、购买过程中要花费很多时间才能买到的商品。比如，电视机、汽车、录像机、空调等。特殊消费品价格高、使用时间长，消费者对某些品牌和商标有一定的选择偏好和忠实性，愿意多花时间与精力去购买这些品牌的产品，而不愿意接受其他替代品。针对特殊消费品的特点，企业应采取更集中的经营方式经销，比如，通过专营商店或直接与零售商建立联系等方式来扩大产品的销售。

(4) 奢侈品。不直接为人们生活所必需，而主要用于观赏或讲排场的一类商品。比如，名贵花卉、字画、盆景等。相对其他几类消费品，奢侈品的需求量较小。随着人们购买力的增加，这类商品的需求量也在扩大。

消费品的以上分类具有相对的意义，在不同的国家和地区，或者在不同的时期或针对不同的消费者，以上某些商品所属类别是变化的。对于低收入阶层来说属于特殊品或奢侈品，而对于高收入阶层则可能是日用品或选购品，因而消费者的购买行为类别会随着时间的推移和经济条件的变化而变化。

4.2 消费者需要及其购买行为模式

4.2.1 消费者需要概述

4.2.1.1 需要与消费者需要

需要是和人的活动紧密联系在一起的。人们购买产品，接受服务，都是为了满足一定的需要。一种需要满足后,又会产生新的需要。因此,人的需要绝不会有被完全满足和终结的时候。正是需要的无限发展性,决定了人类活动的长久性和永恒性。需要虽然是人类活动的原动力,但它并不总是处于唤醒状态。只有当消费者的匮乏感达到了某种迫切程度,需要才会被激发,并促动消费者有所行动。比如,我国绝大多数消费者可能都有住上更宽敞住宅的需要,但由于受经济条件和其他客观因素制约,这种需要大都只是潜伏在消费者心底,没有被唤醒,或没有被充分意识到。此时,这种潜在的需要或非主导的需要对消费者行为的影响力自然就比较微弱。

需要一经唤醒,可以促使消费者为消除匮乏感和不平衡状态采取行动,但它并不具有对具体行为的定向作用。在需要和行为之间还存在着动机、驱动力、诱因等中间变量。比如,当饥饿的时候,消费者会为寻找食物而活动,但面对面包、馒头、饼干、面条等众多选择物,到底以何种食品充饥,则并不完全由需要本身所决定。换句话说,需要只是对应于大类备选产品,它并不为人们为什么购买某种特定产品、服务或某种特定牌号的产品、服务提供充分解答。

消费者需要是指消费者生理和心理上的匮乏状态,即感到缺少些什么,从而想获得它们的状态。个体在其生存和发展过程中会有各种各样的需要,如饿的时候有进食的需要,渴的时候有喝水的需要,在与他人交往中有获得友爱、被人尊重的需要等等。

4.2.1.2 消费者需要在购买活动中的表现

心理需要推动着消费者去进行必要的活动。消费者的心理需要,必然直接或间接地表现在购买活动之中,影响其购买行为。消费者在购买活动中,其心理需要主要有如下一些表现:

1) 习俗心理需要。由于地理、气候的不同,人种、民族的不同,宗教、信仰的不同,历史、文化的不同,传统、观念的不同,都会引起消费者不同的习俗心理需要。拿洗脸来说,我国北方人和南方人洗脸方式往往不同。大多数北方人洗脸时,先将双手浸入水中,把脸抹湿,再抹上肥皂,然后用手捧水把脸洗净,最后用毛巾把脸擦干。南方人则喜欢先把毛巾在水里浸湿,绞干之后再擦脸。两种不同的洗脸方式,使南方人和北方人各自对毛巾的厚薄、柔软程度、吸水性能等产生不同的要求。北方人要求毛巾厚实、吸水性能好,南方人则讲究毛巾要质感柔软,大小适中,便于绞干。以上案例只是一般归纳,目的在于说明营销厂家应该根据不同销售地区,消费者的不同消费习俗和不同需求,组织生产、销售不同的商品。

2) 同步心理需要。人是在社会中生活的,人与人互相接触,互相比较是难免的。邻居间、同事间、亲友间，有意无意地产生一定的攀比现象，这种心理不一定健康合理，但这是一种客观存在的事实。在消费者中，通常会产生欲求迎合某种流行风气或与群体中大部分成员保持一致的心理，这在消费行为中称之为同步心理需求。总之，一定时期的消费潮流、风气、消费习惯和心理以及消费者之间的互相仿效是产生此种心理的原因。

3) 优越心理需要。由于希望别人对自己的支付能力、审美能力、挑选能力的赞美与尊重，因而在购买活动中，往往会产生不甘落后，争强好胜，显示其超过常人的购买条件与能力的优越心理需要。如在中国，无论城市或乡村都存在结婚费用大的问题，而且有不顾"国情"、"家情"盲目攀比，图一时的气派。现仍有不断上升趋势。据调查，这笔费用，除男女双方婚前积蓄外，超支部分来源于父母辛苦积攒起来的钱和借款。"如此消费不是我个人的心愿"、"迫于社会舆论的压力，怕人家笑话，只好随大流"，这是不少青年人的心里话。这种心理，一方面是文化落后的表现，另一方面也反映了青年消费中优越心理的一面。

4) 趋美心理需要。对商品美感的追求，是自古以来就普遍存在的消费需求。随着社会生产的不断发展，消费者对商品美感的渴求之心也愈来愈盛。据对青海省玛多县牧民的调查看，不少牧民仍住在透风漏雨的帐篷、吃糌粑，却舍得花 1 千～2 千元购买獭皮、玛瑙、珊瑚等贵重物品装点服饰。由此看来，美是人们追求的，但对这类不尽合理的消费习惯应努力引导。

5) 便利心理需要。在购买日用消费品时，消费者普遍都希望能获得方便、快捷的服务，还要求商品携带方便、使用方便、维修方便等。生产出给消费者提供方便的产品，无疑是时代发展的要求。如今商品设计越来越多地转向为消费者带来方便、省事，如有人嫌打领带费事，便有了"一拉得"、"一挂得"；有人不愿记光圈、速度的要诀，便有了"傻瓜"照相机；电视可以使人坐在家中，眼观全世界，已经够"方便"的了，可连替你换频道这样的举手之劳也有人想到，于是发明了遥控器。实践证明，企业只有打开"方便"之门，才能既拥有目前市场，又能把握未来市场。

6) 选价心理需要。城镇居民(消费者)的收入，一般主要是依靠货币工资收入，他们的消费品全靠购买。对每个家庭和个人的消费结构来说，影响最大的是收入水平，生产部门提供的产品能否成为家庭和个人的消费内容，主要取决于消费者的收入。商品价格是消费者购买活动中最重要、最敏感的因素，消费者购买活动的心理活动与价格相关。消费者总希望付出较少的货币，获得较大的物质利益，即通常对商品所要求的物美价廉，经济实惠。

7) 惠顾心理需要。某些消费者由于长期使用的习惯或对某个商店、某个商品产生特殊的好感，在购买和消费时往往不假思索地、习惯地选择某个产地、某个商标、某个牌子的商品，或长期到某个值得信赖的商店购买。这是出于感情上与理智上的惠顾心理需要。

8) 新奇心理需要。有些消费者对构造先进、奇特，式样、装潢新颖，或富有科学趣味、别开生面的商品，都自然产生一种新奇的感觉，希望能亲自试用，满足对消费品求新求异的欲望，以此增添生活的情趣。

9) 偏好心理需要。有些消费者由于受习惯爱好、学识修养、职业特点、生活环境等因素影响，会对某类商品稳定、持续地追求与偏爱。如有人对集邮、收藏、钓鱼等特别爱好，就会经常关注、反复购买此类商品。

10) 求名心理需要。名牌商品是知名度高、信誉好的商品，是通过市场检验、消费者认可的商品。对名牌商品的信任与追求，对著名商标的忠实感，是不少消费者存在的一种心理需要。

上述心理需要，构成消费者的不同购买动机。消费者的心理需要错综复杂地交织在一起，可能几种心理需要兼而有之，也可能主次不同。

需要是决定销售和消费的力量。熟悉和掌握消费者的心理需要，对于了解社会消费现象，预测消费趋向，以便在商品生产和商品经营中，进行精心的商品设计和周到的销售服务，对于促进营销活动的作用是不可低估的。位于上海南京东路上的"华联商厦"，在二楼服装商场内专门开辟了一个面积为 108 平方米的展销厅。在这个展销厅内，一周一换的展销服装，一般都是提早一季的时装产品，投石问路，试试消费者的喜好和需要，等到旺季到来，便能有的放矢地组织货源、做足生意。这个服装商场正是靠这种消费趋势预测，使它的服装年销售额突破了 1 亿元的大关。

另外，人的需要心理活动是永远不会停止的，因而需要也是永远不会得到满足的。认识到这一点对于市场营销十分重要，因为消费者的需要不满足的状态是经常存在的，而且从市场学的角度看，消费者的需要不满足，正是市场策略的第一步。

【知识拓展】

马斯诺的需求层次理论

美国社会心理学家马斯洛把人的需要从低到高分为五个层次：① 生理需要。基本的生理需要的满足，包括食物、饮水、住所、睡眠、氧气和性交，即通常所谓的衣食住行。这些生理性的需要在人的所有需要中是占绝对优势。② 安全需要。具体包括安全，稳定，依赖，免受恐惧、焦躁与混乱的折磨，对体制、法律、秩序、界限的依赖等。③ 社交需要。人是社会性的，因此在人与人交往过程中渴望在团体和家庭中有自己的位置，渴望归属感，爱与被爱的感觉。这就是人得社交需要。④ 尊重的需要。包括外界对自我的尊重和自己对自我的尊重，相对来说，自己对自我的尊重更重要一些。自己对自我的尊重即自尊,自尊需要的满足是指由于实力、成就、适 当、优势、用途等自身内在因素而形成的个人面对世界时的自信、独立。外界对自己的尊重的满足,则是地位、声望、荣誉、威信等外界较高评价的获得。自尊的需要的满足可以获得一种自信的情感,使人们觉得自己在世上有价值,自己是必不可少的,能为别人所需要。⑤ 自我实现的需要。"自我实现",也就是一个人使自己的潜力发挥的倾向,成为自己所能够成为的那种最独特的个体,使自己成为自己想成为的那种人。一个人在其他基本需要得到满足以后,自我实现的需要便开始突出。

马斯洛认为每个人同时都有许多需求;这些需求的重要性不同,可按阶梯排列;人总是先满足最重要的需求;人的需求从低级到高级具有不同的层次,只有当低一级的需求得到基本满足时,才会产生高一级需求。一般说来,需求强度的大小和需求层次的高低成反比,即需求的层次越低,其强度越大人的需求在同一时间不可能得到满足,马斯洛通过研究发现,一般人只要在生理需求方面能获得80%的需求便感到满足,安全需求得到 70%,社会需求得到 50%,自尊需求得到40%,自我实现的需求得到 30%便感到满足。马斯洛还认为:一种没有得到满足的需求,便成为消费者购买行为的推动力。需求未得到满足前,人们都有一种紧张、恐惧、不安的表现,需求满足后,也就减少了对行为的刺激作用。

(J.史蒂文·奥特. 组织行为学经典文献(第三版)[M]. 上海: 上海财经大学出版社,2009)

4.2.1.3　影响消费者需要的因素

消费者的需要受到许多因素的影响,除了消费者自身的因素之外,还有许多客观因素,这些主客观因素综合地影响着消费者在购买活动中的需求心理。这里先做简单地分析,在以后的有关章节里,还将详细的阐述。

1) 消费者个体因素:

(1) 年龄因素。年龄因素对消费需求的影响很大,婴幼儿、青少年、中年和老年对消费品均有不同的需要和指向。

(2) 性别因素。消费者性别差异也会带来需要的不同。男女消费者对某些商品的需求是有区别的,由于妇女的特殊需要,很多地方设立了妇女用品专卖商店或柜台;男性消费者对某些商品的需求,妇女就没有。

(3) 文化和职业因素。不同的文化水平,在购买中表现出不同的情趣和审美标准;不同职业的消费者,由于教育程度、生活与工作条件不同,对商品的式样、设计、包装、质量、数量等需要也不尽相同。

(4) 个人经济因素。个人收入多少也是影响消费者需要的重要因素。在商品经济条件下，实现消费需要是以购买能力为基础的，一个低收入的消费者对于高级昂贵的消费品是不敢问津的。在我国，一部分先富起来的消费者，已经产生对摩托车、小汽车、高级住宅的消费需要。更令人惊奇的是，农民买钢琴的也不少，年轻一代农民也想欣赏肖邦和李斯特。钢琴早已有之，但以前谁敢想象钢琴在农村竟有市场，只有当农民的经济收入和文化水平提高以后，消费钢琴的需要才有可能实现。

(5) 个性心理因素。消费者的气质、性格和能力等个性心理特征，则是消费者需求差别的主要心理基础。

2) 客观外界因素：

(1) 社会因素。消费者需要的内容和满足需要的方式，都受到当时的社会生产力水平和生活条件的制约。制约可以表现在：其一，只有当生产出某种产品，消费者消费该产品时，消费者的消费需要才能逐步产生；没有某种消费品，就没有相应的消费需求。这也是前面所讲的生产决定消费。其二，不同的生产力水平形成不同的产品门类、品种、数量和质量，人们的消费需要也不断变化。以我国人民的世纪服装为例，从 20 世纪 60 年代的清一色到 80 年代的五颜六色，穿衣要穿得时髦，穿出个性。党的十一届三中全会以来，我国农村实行各种形式的生产责任制后，农民对各类小型农具的需求猛增。这些都说明，人类的需要是历史的产物。

(2) 地区因素。我国人多地广，各个地区特定的自然条件、生产力水平、历史文化传统等因素形成了许多不同的消费习惯，构成了许多不同的消费需求。如广州人讲究吃的消费习惯使广东的名菜、美点都集中在广州。各酒家的烹调工艺精美，采用的原料、辅料考究，什么飞禽、走兽、鱼虾，经大师制作，皆成美味佳肴。再有菜楼、酒家、小食店，网点密、品种多，十分方便。因此，也就有了"吃在广州"的美名。又如，上海是全国服装总汇，以服装的款式多变、色泽协调，做工精细引导着全国服装潮流。大多数上海人比较注重"穿"，可以说宁愿在吃的、用的方面节俭一些，也不肯在穿的方面马虎。因此也就有了"上海人喜欢穿，穿在上海"的说法。

(3) 人际因素。任何消费者都不可能孤立地存在，都会或深或浅地与他人发生联系，产生交流，互相影响。表现在消费需要上也是这样，当他觉得别人的消费习惯、方式比自己先进、优越时，就可能吸收和采纳，逐步变成自己的消费需要。一个消费者如果他的同事和邻居都装上了空调，这一事实本身就会刺激他对空调的需要。这种影响可以发生在各个个人、各个家庭、各个民族、甚至各个国家之间。如在少数民族与汉族杂居地区，很多少数民族长期以来受汉族影响，消费习惯、消费方式已逐步向汉族靠拢，连衣服都普遍穿汉族服装，妇女、小孩有一套民族服装，只是需要时才穿。

(4) 宗教因素。由于宗教信仰和所属民族不同，消费者的需要在婚丧、服饰、饮食、居住、节日、礼仪等物质和文化生活上各有自己的特点，这些都影响着他们消费需求的形成。据统计，在世界上约有 60%的人信仰宗教，我国信仰宗教的人数在总人口中比例不高，但绝对数却比较大。由于宗教的教义、宗教的节日有种种规定，极大地制约着教徒的消费心理和习惯。还有些不信教的人，生活在教徒周围，也会受到一些感染。据说，中国的豆制品、面筋制品及素食烹调技术的发展与佛教徒主张吃素的饮食习惯有关。

(5) 家庭因素。家庭是一个消费单位。中国的家庭里，家庭成员之间尊老爱幼、团结和睦，在平等关系的基础上养育子女和侍奉双亲。家庭主持人购买消费品考虑全家成员的需要，家庭各成员之间在生活消费上相互依存的关系比较明显。由于这些原因，家庭的经济状况及家庭人口的多少都直接制约着消费者的需求水平和需求结构。刚刚结婚的两口之家和正在抚育婴儿的家庭，对商品的需求就可能很不一样，前者可能在文化娱乐、家用电器等方面消费多一些，后者对婴儿食品、婴儿服装等方面需要大一些。

【小案例】

肯德基儿童游乐场设备引发的营销思考

在肯德基店里，顾客都会发现，大多都设有的儿童游乐专区，很多小孩在游乐场设备上高兴地爬上爬下，玩得很开心。他们的爷爷奶奶，或爸爸妈妈就在一旁，边吃食物边看小孩玩。如果你再留意一下，会发现他们面前的桌子上，食物都特别多。

在肯德基里开设儿童游乐专区的营销意图在于：留住小孩，让大人多消费。更深一层的营销意图在于：让小孩从小就接受肯德基文化，从而使得他们成为肯德基忠实的顾客。一个小小的游乐场设备的设置，就可以看出肯德基多么会做营销。

很多场所都借鉴了这一招。你会在很多的餐厅、俱乐部、超市、品牌店，都看到相类似的儿童游乐场。这都是为了增加顾客更多的消费。

我们再延伸一下：在一些大型购物中心，专为男人设置了休息场所，比如书吧，烟吧，棋吧，咖啡吧，茶吧，影吧。因为女人喜欢带着男人一起去逛街购物，而男人大多对逛街不怎么感兴趣，所以在女人逛街的时候，男人找个休息娱乐的地方，这样女人会延长购物的时间，无形中又增加了消费。

现在我们总结一下：无论是肯德基，还是其他消费场所，设置附加场所，都是为了延长顾客的停留时间，从而增加顾客的消费。肯德基可以吸引很多小孩顾客，因为肯德基里面有儿童游乐场设备。那么您所经营的行业有什么可以让客户流连忘返的呢？

(中山阳光游乐设备有限公司. http://www.ygyoule.com/news/153.html. 2013- 03-15)

4.2.2 消费者购买行为

4.2.2.1 消费者购买行为定义

消费者购买行为是指消费者为满足其个人或家庭生活而发生的购买商品的决策过程。消费者购买行为是复杂的，其购买行为的产生是受到其内在因素和外在因素的相互促进交互影响的。企业营销通过对消费者购买的研究，来掌握其购买行为的规律，从而制定有效的市场营销策略，实现企业营销目标。

4.2.2.2 消费者购买行为的主要特征

企业要在市场竞争中能够适应市场、驾驭市场，必须掌握消费者购买的基本特征。

1) 购买者多而分散。消费购买涉及每一个人和每个家庭，购买者多而分散。为此，消费者市场是一个人数众多、幅员广阔的市场。由于消费者所处的地理位置各不相同，闲暇时间不一致，造成购买地点和购买时间的分散性。

2) 购买量少，多次购买。消费者购买是以个人和家庭为购买和消费单位的，由于受到消费人数、需要量、购买力、储藏地点、商品保质期等诸多因素的影响，消费者为了保证自身的消费需要，往往购买批量小、批次多，购买频繁。

3) 购买的差异性大。消费者购买因受年龄、性别、职业、收入、文化程度、民族、宗教等影响，其需求有很大的差异性，对商品的要求也各不相同，而且随着社会经济的发展，消费者消费习惯、消费观念、消费心理不断发生变化，从而导致消费者购买差异性大。

4) 大多属于非专家购买。绝大多数消费者购买缺乏相应的专业知识、价格知识和市场知识，尤其是对某些技术性较强、操作比较复杂的商品，更显得知识缺乏。在多数情况下消费者购买时往往受感情的影响较大。因此，消费者很容易受广告宣传、商品包装、装潢以及其他促销方式的影响，产生购买冲动。

5) 购买的流动性大。消费者购买必然慎重选择，加之在市场经济比较发达的今天，人口在地区间的流动性较大，因而导致消费购买的流动性很大，消费者购买经常在不同产品、不同地区及不同企业之间流动。

6) 购买的周期性。有些商品消费者需要常年购买、均衡消费，如食品、副食品、牛奶、蔬菜等生活必需商品；有些商品消费者需要季节购买或节日购买，如一些时令服装、节日消费品；有些商品消费者需要等商品的使用价值基本消费完毕才重新购买，如电话机与家用电器。这就表现出消费者购买有一定的周期性可循。

7) 购买的时代特征。消费者购买常常受到时代精神、社会风俗习俗的导向，从而使人们对消费购买产生一些新的需要。如 APEC 会议以后，唐装成为时代的风尚，随之流行起来；又如社会对知识的重视，对人才的需求量增加，从而使人们对书籍、文化用品的需要明显增加。这些显示出消费购买的时代特征。

8) 购买的发展性。随着社会的发展和人民消费水平、生活质量的提高，消费需求也在不断向前推进。过去只要能买到商品就行了，现在追求名牌；过去不敢问津的高档商品如汽车等，现在有人消费了；过去自己承担的劳务现在由劳务从业人员承担了等等。这种新的需要不断产生，而且是永无止境的，使消费者购买具有发展性特点。

认清消费者购买的特点意义是十分重大，它有助于企业根据消费者购买特征来制定营销策略，规划企业经营活动，为市场提供消费者满意的商品或劳务，更好地开展市场营销活动。

4.2.2.3 消费者购买的类型

不同消费者购买决策过程的复杂程度不同，究其原因，是受诸多因素影响，其中最主要的是参与程度和品牌差异大小。同类产品不同品牌之间的差异越大，产品价格越昂贵，消费者越是缺乏产品知识和购买经验，感受到的风险越大，购买过程就越复杂。比如，牙膏、火柴与计算机、轿车之间的购买复杂程度显然是不同的。

1) 阿萨尔(Assael)根据购买者的参与程度和产品品牌差异程度区分出四种购买类型。

(1) 复杂的购买行为。如果消费者属于高度参与，并且了解现有各品牌、品种和规格之间具有显著差异，则会产生复杂的购买行为。复杂的购买行为指消费者需要经历大量的信息收集、全面的产品评估、慎重的购买决策和认真的购后评价等各个阶段。比如，家用计算机价格昂贵，不同品牌之间差异大，某人想购买家用计算机，但又不知硬盘、内存、主板、中央处理器、分辨率、Windows 等为何物，对于不同品牌之间的性能、质量、价格等无法判断，贸然购买有极大的风险。因此他要广泛收集资料，弄清很多问题，逐步建立对此产品的信念，然后转变成态度，最后才会做出谨慎的购买决定。

对于复杂的购买行为，营销者应制定策略帮助购买者掌握产品知识，运用印刷媒体、电波媒体和销售人员宣传本品牌的优点，发动商店营业员和购买者的亲友影响最终购买决定，简化购买过程。

(2) 习惯性购买行为。对于价格低廉的、经常性购买的商品，消费者的购买行为是最简单的。这类商品中，各品牌的差别极小，消费者对此也十分熟悉，不需要花时间进行选择，一般随买随取就行了。例如，买油、盐之类的商品就是这样。这种简单的购买行为不经过搜集信息、评价产品特点、最后做出重大决定这种复杂的过程。

对习惯性购买行为的主要营销策略是：① 利用价格与销售促进吸引消费者试用。由于产品本身与同类其他品牌相比难以找出独特优点以引起顾客的兴趣，就只能依靠合理价格与优惠、展销、示范、赠送、有奖销售等销售促进手段吸引顾客试用。一旦顾客了解和熟悉了某产品，就可能经常购买以致形成购买习惯。② 开展大量重复性广告加深消费者印象。在低度参与和品牌差异小的情况下，消费者并不主动收集品牌信息，也不评估品牌，只是被动地接受包括广告在内的各种途径传播的信息，根据这些信息所造成的对不同品牌的熟悉程度来选择。消费者选购某种品牌不一定是被广告所打动或对该品牌有忠诚的态度，只是熟悉而已。购买之后甚至不去评估它，因为并不介意它。购买过程是：由被动的学习形成品牌信念，然后是购买行为，接着可能有也可能没有评估过程。因此，企业必须通过大量广告使顾客被动地接受广告信息而产生对品牌的熟悉。

为了提高效果，广告信息应简短有力且不断重复，只强调少数几个重要论点，突出视觉符号与视觉形象。根据古典控制理论，不断重复代表某产品的符号，购买者就能从众多的同类产品中认出该产品。

(3) 增加购买参与程度和品牌差异。在习惯性购买行为中，消费者只购买自己熟悉的品牌而较少考虑品牌转换，如果竞争者通过技术进步和产品更新将低度参与的产品转换为高度参与并扩大与同类产品的差距，将促使消费者改变原先的习惯性购买行为，寻求新的品牌。提高参与程度的主要途径是在不重要的产品中增加较为重要的功能和用途，并在价格和档次上与同类产品拉开差距。

比如，洗发水若仅仅有去除头发污渍的作用，则属于低度参与产品，与同类产品也没有什么差别，只能以低价展开竞争；若增加去除头皮屑的功能，则参与程度提高，提高价格也能吸引购买，扩大销售；若再增加营养头发的功能，则参与程度和品牌差异都能进一步提高。

(4) 寻求多样化的购买行为。有些商品牌子之间有明显差别，但消费者并不愿在上面多花时间，而是不断变化他们所购商品的牌子。如在购买点心之类的商品时，消费者往往不花长时间来选择和估价，下次买时再换一种新花样。这样做往往不是因为对产品不满意，而是为了寻求多样化。比如购买饼干，他们上次购买的是巧克力夹心，下次购买的是奶油夹心。这种品种的更换并非对上次购买的饼干不满意，而是想换换口味。

对于寻求多样化的购买行为，市场领导者和挑战者的营销策略是不同的。市场领导者力图通过占有货架、避免脱销和提醒购买的广告来鼓励消费者形成习惯性购买行为。而挑战者则以较低的价格、折扣、赠券、免费赠送样品和强调试用新品牌的广告来鼓励消费者改变原习惯性购买行为。

(5) 化解不协调的购买行为。有些选购品，牌子之间区别不大，而消费者又不经常购买，购买时有一定的风险性。对这类商品，消费者一般先转几家商店看看有什么货，进行一番比较，而后，不花多长时间就买回来，这是因为各种牌子之间没有什么明显的差别。一般如果价格合理，购买方便，机会合适，消费者就会决定购买。如购买沙发，虽然也要看它的款式、颜色，但一般差别不太大，有合适的就会买回来。购买以后，消费者也许会感到有些不协调或不够满意，也许商品的某个地方不够称心，或者听到别人称赞其他种类的商品。在使用期间，消费者会了解更多情况，并寻求种种理由来减轻、化解这种不协调，以证明自己的购买决策是正确的。

对于这类购买行为，营销者要提供完善的售后服务，通过各种途径经常提供有利于本企业和产品的信息，使顾客相信自己的购买决定是正确的。

2) 根据消费者的购买目标划分的购买类型。

(1) 全确定型。指消费者在购买商品以前，已经有明确的购买目标，对商品的名称、型号、规格、颜色、式样、商标以至价格的幅度都有明确的要求。这类消费者进入商店以后，一般都是有目的地选择，主动地提出所要购买的商品，并对所要购买的商品提出具体要求，当商品能满足其需要时，则会毫不犹豫地买下商品。

(2) 半确定型。指消费者在购买商品以前，已有大致的购买目标，但具体要求还不够明确，最后购买需经过选择比较才完成的。如购买空调是原先计划好的，但购买什么牌子、规格、型号、式样等心中无数。这类消费者进入商店以后，一般要经过较长时间的分析、比较才能完成其购买行为。

(3) 不确定型。指消费者在购买商品以前，没有明确的或既定的购买目标。这类消费者进入商店主要是参观游览、休闲，漫无目标地观看商品或随便了解一些商品的销售情况，有时感到有兴趣或合适的商品偶尔购买，有时则观后离开。

3) 根据消费者的购买态度划分的购买类型。

(1) 习惯型。指消费者由于对某种商品或某家商店的信赖、偏爱而产生的经常、反复的购买。由于经常购买和使用，他们对这些商品十分熟悉，体验较深，再次购买时往往不再花费时间进行比较选择，注意力稳定、集中。

(2) 理智型。指消费者在每次购买前对所购的商品，要进行较为仔细研究比较。购买感情色彩较少，头脑冷静，行为慎重，主观性较强，不轻易相信广告、宣传、承诺、促销方式以及售货员的介绍，主要靠商品质量、款式。

(3) 经济型。指消费者购买时特别重视价格，对于价格的反应特别灵敏。购买无论是选择高档商品，还是中低档商品，首选的是价格，他们对"大甩卖"、"清仓"、"血本销售"等低价促销最感兴趣。一般来说，这类消费者与自身的经济状况有关。

(4) 冲动型。指消费者容易受商品的外观、包装、商标或其他促销努力的刺激而产生的购买行为。购买一般都是以直观感觉为主，从个人的兴趣或情绪出发，喜欢新奇、新颖、时尚的产品，购买时不愿做反复的选择比较。

(5) 疑虑型。指消费者具有内倾性的心理特征，购买时小心谨慎和疑虑重重。购买一般缓慢、费时多。常常是"三思而后行"，常常会犹豫不决而中断购买，购买后还会疑心是否上当受骗。

(6) 情感型。这类消费者的购买多属情感反应，往往以丰富的联想力衡量商品的意义，购买时注意力容易转移，兴趣容易变换，对商品的外表、造型、颜色和命名都较重视，以是否符合自己的想象作为购买的主要依据。

(7) 不定型。这类消费者的购买多属尝试性，其心理尺度尚未稳定，购买时没有固定的偏爱，在上述五种类型之间游移，这种类型的购买者多数是独立生活不久的青年人。

4.2.3　消费者购买行为模式

市场营销学研究消费者市场，核心内容是研究消费者的购买行为。消费者购买行为的模式，实际上就是用来描述消费者的外界刺激与消费者反应之间关系的模型。

4.2.3.1　"刺激—反应"模式

经济学家对消费者购买行为进行分析，往往把消费者看成"经济人"，把他们的行为看成完全理性的购买。但随着市场经济的发展，消费者收入大幅增加，市场上商品和服务日益增多，消费者的选择越来越多，此时，仅仅用经济因素已经很难解释消费者需求选的多样化了。事实上，人的行为是受心理活动支配的，那么，心理活动是如何起作用的？为了研究消费者的购买行为，专家们建立了一个"刺激—反应"模型来说明外界营销环境刺激与消费者反应之间的关系，如图4.1所示。从图4.1可以看到，所有外界刺激经过购买者的黑箱便产生了一系列可以观察到的购买者反应。购买者的外界刺激可以看做是一种输入，它涉及两个基本方面：一类是工商企业所安排的市场营销刺激，另一类是其他环境因素的刺激。购买者反应可以看做是一种输出。购买者黑箱是连接输入与输出的中间环节，为一信息处理中心，它包括两个部分：一是购买者特性，它决定着购买者如何理解他所面对的需求问题、购买问题以及外界刺激,影响着购买者如何对外界刺激做出反应;二是购买者的购买决策过程,它直接导致购买者的最终选择。这一模式进一步表明,对企业来说着重要研究的是消费者特性因素和消费者的购买决策过程。

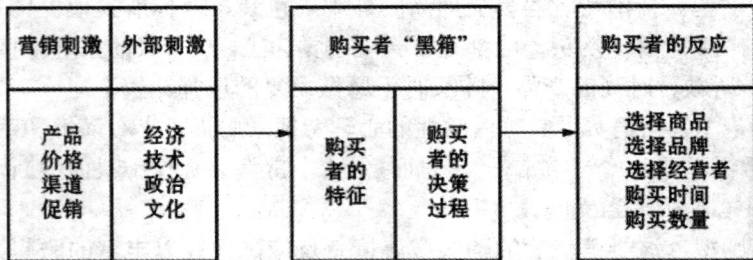

图 4.1　消费者购买行为模式

需要指出的是,支配和影响消费者购买行为的消费者特性因素中有些是企业难以控制和施加影响的,如消费者的年龄、性别、职业、个性、经济状况、生活方式、民族等,但了解这些因素可以为企业进行市场细分、选择目标市场提供必要的线索,有助于企业采取适应性的营造措施;有些消费者特性因素是易于受到企业营销活动影响的,如消费者的购买动机、认识、学习信念等,在了解这些因素的基础上企业可以制定相应的营销对策,以便在一定程度上诱导师消费者的购买行为。

一些西方学者在深入研究的基础上,揭示了消费者购买行为中的某些共性或规律性,并以模式的方式加以总结描述。其中尤以恩格尔—科拉特—布莱克威尔模式(Engel—Kollat—Blackwell,EKB 模式)和霍华德—谢思模式(Howard—Sheth)最为著名。

4.2.3.2　恩格尔—科拉特—布莱克威尔模式

EKB 模式强调了购买者进行购买决策的过程。这一过程始于问题的确定,终于问题的解决。在这个模式里,消费者心理成为"中央控制器",外部刺激信息(包括产品的物理特征和诸如社会压力等无形因素)输进"中央控制器";在"控制器"中,输入内容与"插入变量"(态度、经验及个性等)相结合,便得出了"中央控制器"的输出结果—购买决定,由此完成一次购买行为。

4.2.3.3　霍华德—谢思模式

霍华德和谢恩认为,影响消费者决策程序的主要因素有:输入变量、知觉过程、学习过程、输出变量、外因性变量等。模式中的输入变量(刺激因素),包括刺激、象征性刺激和社会刺激。刺激是指物品、商标本身产生的刺激；象征性刺激是指由推销员、广告媒介、商标目录等传播的语言、文字、图片等产生的刺激；社会刺激是指消费者在同他人的交往中生的刺激，这种刺激一般与提供有关的购买信息相联。消费者对这些刺激因素有选择地加以接受和反应。

　　霍华德—谢思模式与前面阐述的 EKB 模式有许多相似之处，但也有诸多不同点。两个模式的主要差异在于强调的重点不同。EKB 模式强调的是态度的形成与产生购买意向之间的过程，认为信息的收集与评价是非常重要的方面；而霍华德—谢思模式更加强调购买过程的早期情况：知觉过程、学习过程及态度的形成。同时，也指出了影响消费者购买行为的各种因素之间的联系错综复杂，只有把握多种因素之间的相互关系及联结方式，才能揭示出消费者购买行为的一般规律。

4.3　影响消费者购买行为的主要因素

　　影响消费者购买行为的因素有很多，主要有个人因素、心理因素和社会因素。

4.3.1　个人因素的影响

4.3.1.1　稳定因素

　　这主要是指个人某些特征，诸如年龄、性别、种族、民族、收入、家庭、生活周期、职业等。稳定因素不仅能影响参与家庭决策者，而且影响人们决策过程的速度。在决策过程的某一特殊阶段，购买行为也部分地决定于稳定因素。例如，在收集信息阶段，一个人的年龄和收入就会影响信息来源的数量和类型以及用来征集信息所花费的时间。稳定性因素也能够影响消费者对某产品的使用范围。例如：假定一个大学教授每年的收入和一个行政官员一样多，然而这些收入的分配却有很大的差别，这是因为两种职业的不同引起的，他们在工作中之所需和使用的生活用品都会有明显区别。

4.3.1.2　随机因素

　　随机因素是指消费者进行购买决策时所处的特定场合和具备的一系列条件。有时，消费者购买决策是在未预料的情况下做出的，例如，某人也许要购买一张机票去与弥留之际的亲戚一起度过其最后几天。或者某种情况的出现将延迟或缩短人们的决策过程，例如，一个正在考虑购买计算机的消费者可能会在评价与选择上耽搁，这种耽搁肯定会减慢决策过程或者会导致他放弃这种购买。但是，假如此人在另一种不同的环境下，譬如工资上涨 20%，购买决策过程可能会比工资不上涨完成得快得多。而且，随机因素对消费者行为的影响，往往还是多方面的。

4.3.2 心理因素的影响

4.3.2.1 感觉

不同的人用不同的方法同时看到同一事物的结论是不一样的。同样，同一个人在不同的时间用不同的方式看同一事物，结论自然也不同。感觉是为了获得结果对输入的信息进行识别，分析和选择的过程。人们通过感官：看、听、闻、尝和摸等接受并获取信息。输入信息就是我们通过各种感官获得的。我们听到一个广告，看到一个朋友，闻到污染的空气和水，摸到一种产品的时候，我们获得了信息。虽然我们立即获得了大量的零碎的信息，但只有一部分成为知觉。我们选择一些信息同时放弃其他大量的信息，这是因为我们无法在同一时间里去注意所有的信息。这种现象有时候我们称为选择保留。因为我们选择输入的信息是那些保留于我们思路之外的。假如肯德基使用一系列的广告牌，已被人所知觉。即使一些司机可能不停下来，这儿也有一个机会至少让他们注意到这些商店。假如这些信息能满足眼前的需要，人们也可能让这些信息上升为意识。例如，你饿的时候，你便可能去注意食品。相反，假如刚吃过了，这种广告不被意识到的可能性更大。最后，假的信息输入的强度急剧变化，意识的可能性越大。一个商店的处理降价幅度较小时，也许未加以注意。这是因为其变化太小，但是如果商店降价一半，我们注意到这种削价的可能性就大得多。

4.3.2.2 动机

动机是激励一个人的行动朝一定目标迈进的一种内部运力。在任何时候一个购买者受多种动机影响而不是仅受一个动机影响，而某一时点一些动机比另一些动机强，但这种强烈的动机在不同的时点是不同的。动机能降低或增大压力。当动机驱使我们朝向一些目标迈进时，他们减弱压力。但是，假如一些动机迫使我们向着一个目标，另一些又把我们拖向另一目标时，压力可能会增加，这是因为我们一个目标也达不到。许多不同动机能立即影响购买行为。例如一个想买沙发的人可能被这种沙发的特性所吸引，诸如耐久性、经济性、式样等。假如一个市场营销者通过强调仅有的一个有吸引力的特性去吸引顾客，也许这种努力不能得到一个满意的销售。

动机研究能帮助市场营销者分析那些去买或不买他们产品的消费者的主要动

机。动机常常处于潜意识状态，是很难加以衡量的，人们通常不知道怎样激发动机。所以市场营销者不能简单地去询问他们的动机是什么，许多动机研究依靠交谈和推测技术。

4.3.2.3 经验

经验包括由于信息和经历所引起的个人行为的变化。一些生理条件，如饥饿、劳累、身体成长变化、衰老、退休而引起的行为变化，不列入经验考虑范围。个人行为的结果强烈地影响着经验积累过程。如果个人的活动带来了满意的结果，那么他在以后相同的情况下，会重复以前的做法。如果行为没有带来满意的结果，那么将来他可能采取完全不同的做法。例如，一个消费者购买了某种牌子的香烟而且很喜欢，那么他以后还一直购买同样牌子的香烟，直到这个牌子不再使他满意为止。

一个公司要成功地推销产品，它就要帮助消费者了解产品。消费者可以通过直接经验了解产品，许多营销者都设法在消费者购买产品前向他们提供直接经验。通过推销人员和广告作用，营销者在消费者购买前就要向其提供信息以影响消费者经验，从而使消费者对产品的态度有利于销售产品。

4.3.2.4 态度

态度由知识和对目标的积极和消极的情感构成。我们有时说一个人有"积极的态度"，但这种表述不完整。只有知道了与这种态度相联系的目标时，这种表述才有意义。人们所持态度针对的目标可能是有形的或无形的，有生命的或无生命的。例如，我们有针对性别、信仰、政治等事物的态度；也有对花和啤酒的态度。然而，个人的态度基本上是保持稳定的，不会时刻变化。同样，任何时候，个人的态度产生的影响都是不同的，有的强、有的弱。消费者对公司和产品的态度，对公司营销战略的成功或失败至关重要。当消费者对公司营销实践的一个或几个方面持否定的态度时，不仅他们自己会停止使用公司的产品，他们还会要求亲戚和朋友也这样。营销者应该估计消费者对价格、包装设计、品牌名称、广告、推销人员、维修服务、商店布局、现存和未来产品的特点等各方面所持的态度，营销者有几种办法来估量消费者的态度，最简单的一种方法就是直接向人们提问题，动机调查中的推测技术也可以用来估计态度。

4.3.2.5 个性

有的个性不一定引人注目，但每个人都有这种个性。个性是和人们的经验与行为联系在一起的内在本质特征。源于不同的遗传和经历，每个人的内心世界、知识结构、成长过程都不同。个性比较典型地表现为以下一种或几种特征，如冲动、野心、灵活、死板、独裁、内向、外向、积极进取和富有竞争心。营销者要试图发现这些特点和购买行为之间的关系，相信人的个性对所购商品的品牌和类型会有影响。例如，人们所购买的服装、首饰、汽车等类型也反映了一种或几种个性特征。通常，营销者把广告宣传瞄准在某些一般人都有的个性特点上，通过运用那些积极的有价值的个性特征来进行促销。能够通过这种方法促销的产品主要包括啤酒、软饮料、香烟及一些服装。

4.3.3　社会影响

4.3.3.1　角色和家庭

我们每个人都在一定的组织、机关和团体中占有一定位置，和每个位置相联系的就是角色。由于人们占据多种位子，他们同时扮演多种角色。例如一个男子不仅扮演父亲和丈夫的角色，而且还可能是公司主管、学会理事、体育教练、或者大学夜校的学生，这样对一个人的行为就有多种期望。个人角色不仅影响一般行为，而且还影响购买行为。个人的多种角色需求可能不一致，为了说明这一点，假定上面提到过的男子打算买一辆车，他的妻子希望他买一辆广州本田车，他的儿子要买上海别克，他的同事却建议买进口宝马，因为那个牌子知名度更高，因而个人的购买行为部分地受到其他人意见的影响。在家庭扮演的角色直接和购买决策联系在一起。家庭中的男主人可能主要是烟酒这些商品的购买者，而许多家庭用品的购买决策，包括像保健品、洗漱用品、纸类产品和食品主要由妻子决定。丈夫和妻子、子女共同参与的购买决策，主要是耐用商品。当两个或两个以上的家庭成员参与购买时，他们就要进行分工，每个人都要完成一定的任务。

4.3.3.2　相关群体

相关群体是指个人对群体的认可，并采纳和接受群体成员的价值观念，态度和行为。有的群体对个人来说可能是消极的相关群体，有些人在一定的时候是某个群体的，但后来却拒绝这个群体的价值观念而不成为其中的一员。同样，一个人可以采取特殊的行动避开某一个特殊群体。然而，我们这里讨论的是那种对个人有积极影响的相关群体。相关群体对个人来说可以起到参照物和信息来源的作用，顾客的行为可以变得和群体成员的行为和信念一致。例如，一个人由于受相关群体成员的影响停止使用某一种牌子的食品而使用另一种。相关群体对购买决策的影响程度依赖于个人对相关群体影响的敏感性和个人与相关群体结合的强度。营销者有时要努力使用相关群体在广告中的影响，宣传每个群体中的人购买某种产品并获得高度的满足。通过这种呼吁的方式，广告商希望有大量的人会把推荐的那个群体作为相关群体，他们将会购买(做出更积极的反映)这种产品。这种广告宣传的成功要取决于广告在传递信息方面的效果，产品的类型和个人对相关群体影响的敏感性。

4.3.3.3 社会阶层

社会阶层是具有相似社会地位的人的一个开放的群体。开放指的是个人可以自由地进入和离开。主要因素包括：职业、教育、收入、健康、地区、种族、伦理、信仰和财富。把某人归入某一阶层，不需要考虑所有的社会标准。所选择的标准的数量及其重要性取决于所划入阶层的特点以及个人在阶层内的价值大小。在一定程度上，某个阶层内的成员采取的行为模式差不多，他们具有相似的态度、价值观念、语言方式和财富。社会阶层对我们生活许多方面都有影响。例如，可以影响我们的职业、信仰、小孩培养和教育娱乐。由于社会阶层对人的生活的许多方面都有影响，同样可以影响购买决策。

4.3.3.4 文化

文化是指人类所创造的物质财富与精神财富的总和，是人类劳动的结晶，包括有形的东西：如食物、家具、建筑、服装和工具；无形的概念：如教育、福利和法律。文化同样也包括整个社会所能接受的价值和各种行为。构成文化的观念、价值和行为，是一代接一代地学习和传授的。

文化对购买行为有广泛的影响，因为它渗透在我们的日常生活中。文化决定我们的吃、穿、住和行。文化对我们如何购买和使用产品有影响，而且还影响我们从中得到的满足。由于文化在某种程度上决定了购买和使用产品的方式，从而影响到产品的开发、促销、分销和定价。例如食品营销者，在他们营销过程中要做出多种变化。20多年前，我们的许多家庭几乎天天在一起吃饭，母亲一天要花4～6个小时来为此作准备，而现在60%以上的25～40岁年龄段就职于公司的人员基本上在外就餐。

当营销者在其他国家推销商品时，他们常看到文化对产品的购买和使用的强烈冲击。国际营销者发现世界其他地区的人具有不同的态度、价值观念和需求，从而要求运用不同的营销方法及不同的营销组合。一些国际营销者之所以失败是因为他们没有或者不能根据文化的不同而对营销观念组合进行调整。

【小思考】

王女士在某政府机关任职，一天在回家的路上，她路过时装店时进去随便看了一下，本未打算买衣服的她，在销售人员的极力游说下买了一件价格不菲的时装，心情不错。王女士回到家后，房间里烟雾缭绕，刚刚大学毕业参加工作不久的儿子，与做工程师的爸爸谈论着有关吸什么档次烟的问题。儿子认为，抽烟很大程度上是为满足心理的需要，抽低档烟有失身份，所以应抽中高档烟，至于经济承受能力，则以现在和将来的收入为前提。但父亲却认为，抽烟主要是为满足生理上的需要，不存在什么"身份高低之说"，应按照承受能力，以过去和现在的收入为前提，量入为出，要留有余地，因为将来是不确定的。王女士听到这话后，立刻提议：既然大家都知道抽烟有害健康，不如就都戒了吧，有钱还不如买件衣服穿呢。但这提议立刻遭到父子俩的一直否决，他们均称这是妇人之见。

思考：

(1) 本案中影响消费者行为的主要外部因素有哪些？

(2) 哪些为可控因素？哪些为不可控因素？

4.4 消费者购买决策过程

4.4.1 消费者购买决策含义

广义的消费者购买决策是指消费者为了满足某种需求，在一定的购买动机的支配下，在可供选择的两个或者两个以上的购买方案中，经过分析、评价、选择并且实施最佳的购买方案，以及购后评价的活动过程。它是一个系统的决策活动过程，包括需求的确定、购买动机的形成、购买方案的抉择和实施、购后评价等环节。

4.4.2 消费者购买决策的特点

1) 目的性。消费者进行决策，就是要促进一个或若干个消费目标的实现，这本身就带有目的性。在决策过程中，要围绕目标进行筹划、选择、安排，就是实现活动的目的性。

2) 过程性。消费者购买决策是指消费者在受到内、外部因素刺激，产生需求，形成购买动机，抉择和实施购买方案，购后经验又会反馈回去影响下一次的消费者购买决策，从而形成一个完整的循环过程。

3) 需求个性。由于购买商品行为是消费者主观需求、意愿的外在体现，受许多客观因素的影响。除集体消费之外，个体消费者的购买决策一般都是由消费者个人单独进行的。随着消费者支付水平的提高，购买行为中独立决策特点将越来越明显。

4) 复杂性。心理活动和购买决策过程的复杂性。决策是人大脑复杂思维活动的产物。消费者在做决策时不仅要开展感觉、知觉、注意、记忆等一系列心理活动，还必须进行分析、推理、判断等一系列思维活动，并且要计算费用支出与可能带来的各种利益。因此，消费者的购买决策过程一般是比较复杂的。

(1) 决策内容的复杂性。消费者通过分析，确定在何时、何地、以何种方式、何种价格购买何种品牌商品等一系列复杂的购买决策内容。

(2) 购买决策影响因素的复杂性。消费者的购买决策受到多方面因素的影响和制约，具体包括消费者个人的性格、气质、兴趣、生活习惯与收入水平等主体相关因素；消费者所处的空间环境、社会文化环境和经济环境等各种刺激因素，如产品本身的属性、价格、企业的信誉和服务水平，以及各种促销形式等。这些因素之间存在着复杂的交互作用，它们会对消费者的决策内容、方式及结果有不确定的影响。

5) 情景性。由于影响决策的各种因素不是一成不变的，而是随着时间、地点、环境的变化不断发生变化。因此，对于同一个消费者的消费决策具有明显的情景性，其具体决策方式因所处情景不同而不同。由于不同消费者的收入水平、购买传统、消费心理、家庭环境等影响因素存在着差异性，因此，不同的消费者对于同一种商品的购买决策也可能存在着差异。

4.4.3 消费者购买决策过程及营销策略

消费者购买是较复杂的决策过程，其购买决策过程一般可分为以下五个阶段，并制定相应的营销策略。具体如图 4.2 所示。

4.4.3.1 确认需要

当消费者意识到对某种商品有需要时，购买过程就开始了。消费者需要可以由内在因素引起，也可以是由外在因素引起。此阶段企业应了解与其产品种类相关的事迹或潜在的需要，以及在不同时间这种需要的程度，这种需要会被哪些诱因所触发。这样，可以通过巧妙的设计诱因，在适当的时间、地点，以适当的方式唤起需要。

4.4.3.2 寻求信息

在多数情况下，消费者还要考虑买什么牌号的商品，花多少钱到哪里去买等问题，需要寻求信息，了解商品信息。寻求的信息一般有：产品质量、功能、价格、牌号、已经购买者的评价等。消费者的信息来源通常有以下四个方面：

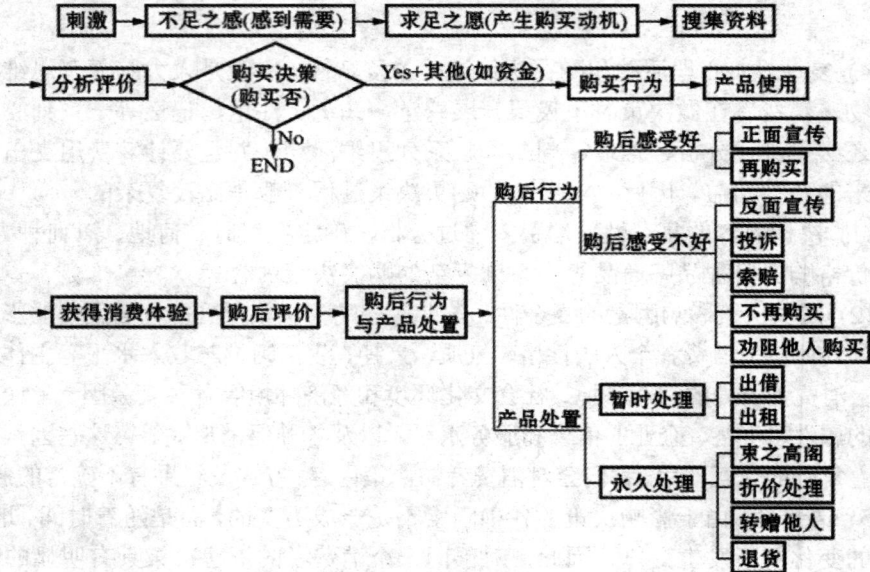

图 4.2 消费者购买决策过程

1) 个人来源。如家庭、亲友、邻居、同事等。
2) 商业来源。如广告、推销员、分销商等。
3) 公共来源。如大众传播媒体、消费者组织等。
4) 经验来源。如操作、实验和使用产品的经验等。

企业营销任务是设计适当的市场营销组合，尤其是产品品牌广告策略，宣传产品的质量、功能、价格等，以便使消费者最终选择本企业的品牌。

4.4.3.3 比较评价

消费者进行比较评价的目的是能够识别哪一种牌号、类型的商品最适合自己的需要。消费者对商品的比较评价，是根据收集的资料，对商品属性做出的价值判断。消费者对商品属性的评价因人因时因地而异，有的评价注重价格，有的注重质量，有的注重牌号或式样等。企业营销首先要注意了解并努力提高本企业产品的知名度，使其列入消费者比较评价的范围之内，才可能被选为购买目标。同时，还要调查研究人们比较评价某类商品时所考虑的主要方面，并突出进行这些方面宣传，对消费者购买选择产生最大影响。

4.4.3.4 决定购买

消费者通过对可供选择的商品进行评价，并做出选择后，就形成购买意图。

在正常情况下，消费者通常会购买他们最喜欢的品牌。但有时也会受两个因素的影响而改变购买决定：

1) 他人的态度。反对态度愈强烈，或持反对态度者与购买者关系愈密切，修改购买意图的可能性就愈大。

2) 意外的情况。如果发生了意外的情况——失业、意外急需、涨价等，则很可能改变购买意图。

消费者修改、推迟或取消某个购买决定，往往是受已察觉风险的影响。"察觉风险"的大小，由购买金额大小、产品性能优劣程度，以及购买者自信心强弱决定。企业营销应尽可能向消费者提供更多详细的产品资料，另外选择恰当的销售渠道，设法减少这种风险，以推动消费者购买。

4.4.3.5　购后评价

购后评价包括购后的满意程度和购后的活动。消费者购后的满意程度取决于消费者对产品的预期性能与产品使用中的实际性能之间的对比。购买后的满意程度决定了消费者的购后活动，决定了消费者是否重复购买该产品，决定了消费者对该品牌的态度，并且还会影响到其他消费者，形成连锁效应。企业营销须给予充分的重视，因为它关系到产品今后的市场和企业的信誉。企业营销应密切注意消费者购后感受，并采取适当措施，消除不满，提高满意度。如经常征求顾客意见，加强售后服务和保证，改进市场营销工作，力求使消费者的不满降到最低。

【思考与练习】

1) 判断题(判断下列各题是否正确。正确的在题干后的括号内打"√"，错误的打"×")：

(1) 消费品尽管种类繁多，但不同品种甚至不同品牌之间不能相互替代。(　　)

(2) 研究消费者购买行为的理论中最有代表性的是刺激—反应模式。(　　)

(3) 家庭不同成员对购买决策的影响往往由家庭特点决定。(　　)

(4) 消费者的需要与动机成正比，即需要越强烈，动机也越强烈。(　　)

(5) 消费者对其购买产品满意与否直接决定着以后的购买行为。(　　)

2) 论述题：

(1) 试述习惯性购买行为的主要营销策略。

(2) 试述消费者购买决策过程的信息收集阶段，企业需要做哪些方面的营销工作？

【实训项目】　认识消费者购买动机和购买过程

实训课程时间安排：学习完本章之后。

实训条件：电脑能够上网，浏览网页。

1) 实训目的：在学习本章内容的基础上，使学生能对网络消费者购买动机进行调研分析；使学生熟悉网络消费者购买过程。

2) 实训内容：将班级同学划分为若干项目小组，小组规模一般是 3～5 人，每小组选举小组长以协调小组的各项作。辅导老师应及时检查学生对各项任务的完成情况，并组织各组进行经验交流。

3) 实训步骤：

(1) 在网站上浏览各网络平台消费者的特点和商品特点。

(2) 从所浏览的商品中选择一种商品，作为调研分析目标。

(3) 对该商品的消费者购买心理和行为进行调研分析。

(4) 形成分析报告。

4) 实训要求：

(1) 考虑到课堂时间有限，项目实施可采取"课外+课内"的方式进行，即团队组成、分工、讨论和方案形成在课外完成，成果展示安排在课内。

(2) 每组提交的方案中，必须详细说明团队的分工情况，以及每个成员的完成情况。

(3) 每个团队方案展示时间为 10 分钟，老师和学生提问时间为 5 分钟。

5) 实验报告要求：

(1) 实验报告以书面形式提交，字数：2000 字左右。

(2) 实验报告主要内容：根据小组所调研的结果，综合运用所学知识，以小组为单位，撰写一份该产品的营销方案。

5　组织市场分析

【知识目标】

了解组织市场的主要类型和特征；

掌握生产者购买行为类型和购买决策过程，以及中间商购买决策的内容；

理解政府采购制度对企业市场营销的影响。

【能力目标】

能够分析组织市场中购买者行为模式及其影响因素，掌握购买者决策过程各阶段的特点，针对性地制定相应的营销对策。

【案例导入】

东方公司的采购决策

王宏力先生是东方公司的采购员，公司的研发部门要求其从华升公司购买100个流体驱动器。近年来，王宏力先生与华升公司的业务代表接触频繁，华升公司已经报出了该项订单的价格和交货日期等方面的数据。这样，王宏力先生只需要走走过场，标准这一项由研发部门和华升公司达成的协议即可。

王宏力先生并没有急欲与华升公司签订合同，而是借口华升公司的信息不全给研发部门打了个电话，事实上他只是为了确定一下这些驱动器是否如他所认为的一样，是其他几家知名公司同样可以制作的标准驱动器。从研发部门得到的信息肯定了王宏力先生的猜想，这些驱动器是标准部件，同时王宏力先生还了解到华升公司的代表在有关驱动器安装方面给予了研发部门大量技术上的帮助，因此研发部门的总监田忠亮先生觉得华升公司有权得到这笔订单。但是王宏力先生并没有从华升公司订货，而是询问了其他3家同样通过驱动器的公司，并要求他们给出购买100个的报价和交货日期。

恰在此时，东方公司的生产总监周童先生与王宏力先生就生产进度的问题进行了讨论。周童先生指出生产进度落后的原因是某些塑料原件迟迟未能交货，而王宏力先生当初订货是因为他认为该生产商的产品的质量较高。在这次讨论中，周童先生提到："这使我想起两年前我们从华升公司订货时碰上的麻烦，那次他们的交货日期大约迟了4个星期"。

在收到其他3家公司的报价单后，王宏力先生将他们与华升公司的报价单进行了比较(见表5.1)，并决定从华润公司订货。因为这样订货总额将在人民币50000

元之内，王宏力先生可以自己做主不必请示上级，从而无需再为他的决定准备一份特殊报告。

表 5.1　几家竞争公司的报价单

公司名称	单价(人民币：元)	交货日期(从订货之日起计)
华升公司	510.00	2 个月
龙华公司	495.00	3 个月
华润公司	480.00	10 个星期
TEC 公司	515.00	9 个星期

(梅清豪，林新法，陈洁光编.市场营销学原理[M].北京：电子工业出版社，2002)

思考：

1) 为什么决策环节不同的成员在评价供应商时使用的选择标准不同？

2) 对于本次购买决策过程，学到什么对组织购买者销售产品时有用的东西？

5.1　组织市场的类型和特点

企业的市场营销对象不仅包括广大消费者，也包括各类组织机构，这些组织机构构成了原材料、零部件、供给品和企业服务的庞大的市场。因此，研究自主市场营销具有十分重要的意义。

5.1.1　组织市场的概念

组织市场即组织机构市场，又称"非个人用户市场"、"非最终用户市场"，是与消费者市场相对应的市场体系的重要子系统。从广义的观点看，组织市场泛指一个组织向其他组织推销商品或服务的任何市场，它包括除组织同最终消费者进行交易的市场以外的所有市场。具体来说，组织市场是指为进一步生产、维持机构运作或转卖的目的而购买产品和服务的各种组织消费者。

5.1.2　组织市场的类型

基于对购买者的分析，即根据目标市场的不同，通常将组织市场进一步划分为生产者市场、中间商市场、政府市场和非营利组织市场。其中最重要的是生产者市场。具体如图 5.1 所示。

1) 生产者市场。又叫产业市场或企业市场，是指一切购买产品和服务并将

```
┌─────────────┐
│   组织市场   │
└─────────────┘
```

| 生产者市场 | 中间商市场 | 非营利组织市场 | 政府市场 |

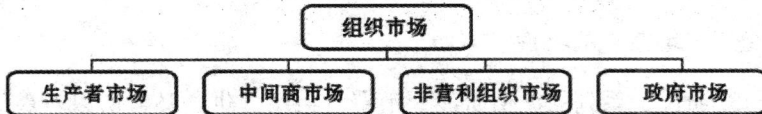

图 5.1　组织市场的类型

之用于生产其他产品或劳务，以供销售、出租或供应给他人的个人和组织。通常由以下产业所组成：农业、林业、水产业；制造业；建筑业；通讯业；公用事业；银行业、金融业和保险业；服务业等。

2) 中间商市场。指为批发商和零售商销售供转卖之用的商品和服务的市场，又称再卖者市场或转售市场。转售者就是批发商与零售商。这类市场通过购买商品和劳务以转售或出租给他人获取利润。如批发商购买商品和劳务并将之转卖给零售商和其他商人以及产业用户、公共机关用户和商业用户等，但它不把商品大量卖给最终消费者；而零售商的主要业务则是把商品或劳务直接卖给消费者。

3) 非营利组织市场。指为了维持正常运作和履行职能而购买产品和服务的各类非营利组织所组成的市场。

4) 政府市场。指那些为执行政府的主要职能而采购或租用商品的各级政府单位，也就是说，一个国家政府市场上的购买者是该国各级政府的采购机构。 由于各国政府通过税收、财政预算等，掌握了相当大一部分国民收入，所以形成了一个很大的政府市场。

5.1.3　组织市场的特点

5.1.3.1　组织市场的规模和复杂性

通常组织市场的顾客数量较消费者市场的少，并且每个顾客每次交易的规模和价值相对比较大。同时组织市场的购买者往往集中在某些区域，以至于这些区域的业务用品购买量在全国市场中占据相当的比重。显然每个顾客对于供应商都是十分重要的，如果失去任何一个顾客，这将严重的影响供应企业的销售额(和就业)。大客户一般都是很重要的，要设法与他们建立密切长期的关系，有时要有专门为大顾客服务的营销队伍，进行多次长期的访问，从而赢取并保持持续的订单。

组织市场在总交易量、每笔交易的当事人数、客户经营活动的规模和多样性、生产阶段的数量和持续时间等方面，要比消费者市场大得多、复杂得多。此外，组织市场的数量并不受其下游消费者市场数量的限制，因为有些组织不参加任何消费者市场。一些组织对消费者提供服务而不直接收取费用(如慈善机构、教堂、学会等)，另外有些组织中则根本看不到消费者这一角色的作用(如军队)。

5.1.3.2　组织市场需求的特性

　　组织市场通过一系列的增值阶段为消费者市场提供产品，所以对最终消费的需求是引发组织市场供给的最终力量。组织市场的需求是从组织市场到消费者市场间各增值阶段一系列需求的派生。例如，出版社用纸市场的需求取决于对书籍和杂志的需求。如果对于最终消费品需求疲软，那么对所有用以生产这些消费品的企业产品的需求也将下降。组织市场的供应商必须密切关注最终消费者的购买类型和影响他们的各种环境因素。组织市场对产品或服务的总需求量受价格波动影响较小。一般来说，原材料的价值越低或原材料成本在制成品成本中所占的比重越小，其需求弹性就越小。在短期内组织市场的需求特别无弹性，因为任何组织不能随时对其生产方式或运营模式做许多变动。

5.1.3.3　组织市场购买的特性

　　由于组织市场具有购买者数量较少，而其购买规模较大的特性，与消费者市场相比，通常影响组织购买决策的人较多。大多数组织有专门的采购委员会，其由技术专家、高层管理人员和一些相关人员组成。特别在购买重要商品时，决策往往是由采购委员会中成员共同做出的。供应企业的营销人员不得不雇用一些受过精良训练、有专业知识和人际交往能力的销售代表和销售队伍，与经过专业训练、具有丰富专业知识的采购人员打交道。

　　由于专业性采购，且交易涉及的金额较大，组织购买者通常直接从生产厂商那里购买产品，而不经过中间商，那些技术复杂和价格昂贵的项目更是如此。

　　许多组织购买者日益转向大设备租赁，以取代直接购买。承租人能得到一系列好处：获得更多的可用资本，得到出租人最新的产品和上乘的服务以及一些税收利益。出租人则最终将得到较多的净收益，并有机会将产品出售给那些无力支付全部贷款的顾客。

5.1.4　组织市场的购买决策

　　正如个人消费者一样，组织消费者在做出购买决策之前，也经历几个步骤，心理过程在这之中也充当了一个重要的角色。两者不同的是，组织购买更正规化、专业化、系统化。

5.1.4.1　购买行为类型

　　组织购买者行为的复杂程度和采购决策项目的多少，取决于采购业务的类型。

我们把它分为三种类型:

1) 直接再采购。指采购方按即定方案不作任何修订直接进行的采购业务。这是一种重复性的采购活动。按一定程序办理即可,基本上不用作新的决策。在这种情况下,采购人员的工作只是从以前有过购销关系的供应商中,选取那些供货能满足本企业的需要和能使本企业满意的供应商,向他们继续订货。入选的供应商应该尽最大的努力,保持产品和服务的质量,以巩固和老客户的关系,落选的供应商则应努力作一些新的工作,消除买方的不满,设法争取新的订单。

2) 修正再购买。指组织购买者对以前已采购过的产品通过修订其规格、价格、交货条件或其他事项之后的购买。这类购买较直接再购买要复杂,购销双方需要重新谈判,因而双方会有更多的人参与决策。在被选掉的"名单"中的供应商压力会很大,为了保持交易将加倍努力。而对"名单"之外的供应商来说,这是一次机会,他们将会提供更好的条件以争取新的业务。

3) 新购。指组织购买者第一次购买货品的购买行为。新购的成本费用越高。风险越大,参加决策的人数就越多,所需信息量也越多,制定决策的时间也越长久,所以对一切供货方来说都是好的机会。他们应设法接触主要的采购影响者。并向他们提供有用的信息和协助。许多公司设立专门的机构负责对新客户的营销,它们称其为"访问使用推销队伍",它由最好的推销人员组成。

在直接再采购的情况下,组织购买者所作的决策数量最少。而在新的条件下,他们所作的决策数量最多。购买者必须决定产品规格、价格限度、交货条件与时间、服务条件、支付条件、订购数量、可接受的供应商以及可供选择的供应商。不同的决策参与者会影响每一项决策,并将改变决策的顺序。

5.1.4.2 购买决策者

谁在从事为组织市场所需要的价值达数千亿美元的商品和服务的采购呢?在直接再采购时,采购代理人起的作用较大;而在新任务采购时,其他组织人员所起作用较大。我们把采购组织的决策单位叫做"采购中心"(Buying Center),并定义为:所有参与购买决策过程的个人和集体。他们具有某种共同目标并一起承担由决策所引发的各种风险。采购中心包括购买组织中的全体成员,他们在购买决策过程中可能会形成五种不同的角色:

1) 使用者:指组织中将使用产品或服务的成员。在许多场合中,使用者首先提出购买建议,并协助确定产品规格。

2) 影响者:指影响购买决策的人,他们协助确定产品规格,并提供方案评价的情报信息,作为影响者,技术人员尤为重要。

3) 决策者:指一些有权决定产品需求和供应商的人,在重要的采购活动中,有时还涉及主管部门或上级部门的批准，构成多层决策的状况。

4) 购买者：指正式有权选择供应商并安排购买条件的人购买者可以帮助制订产品规格，但主要任务是选择卖主和交易谈判。在较复杂的购买过程中，购买者中或许也包括高层管理人员一起参加交易谈判。

5) 守门者：是有权阻止销售员或信息员与采购中心成员接触的人。主要是为了控制采购组织的一些信息不外露。例如，采购代理人、接待员和电话接线员都可以阻止推销员与用户或决策者接触。

在任何组织内，采购中心会随各人不同类别产品的大小及构成发生变化。作为产品营销人只要知道的是如下内容：谁是主要决策的参与者？其影响决策的程度如何？对哪些决策他们具有影响力。摸清客户的这些情况，然后才能有针对性地采取促销措施。

5.1.4.3　购买决策过程

组织购买者做出采购决策的过程与消费者有相似之处，但又有其特殊性。当然，不是所有的组织都会做出一模一样的选择，正如没有两个消费者做出无差别的选择一样。一般认为，组织购买者的采购决策过程可分为八个购买阶段：

1) 提出需要。当公司中有人认识到了某个问题或某种需要可以通过得到某一产品或服务得到解决时，便开始了采购过程。组织市场的供应商应主动推销，经常开展广告宣传，派人访问用户，以发掘潜在需求。

2) 确定总体需要。提出了某种需要之后，采购者便着手确定所需项目的总特征和需要的数量。如果是简单的采购任务，由采购人员直接决定。而对复杂的任务而言，采购人员要会同其他部门人员，共同来决定所需项目的总特征，并按照产品的可靠性、耐用性，价格及其他属性的重要程度来加以排列，在此阶段，组织营销者可通过向购买者描述产品特征的方式向他们提供某种帮助，协助他们确定其所属公司的需求。

3) 详述产品规格。采购组织按确定产品的技术规格，可能要专门组建一个产品价值分析技术组来完成这一工作。价值分析的目的在于降低成本。它主要是通过仔细研究一个部件，看是否需要重新设计，是否可以实行标准化，是否存在更廉价的生产方法。小组将重点筛查既定产品中成本较高的零部件。该小组还要检查出那些零件寿命比产品本身寿命还长的超标准设计的零部件。最后，该小组要确定最佳产品的特征，并把它写进商品说明书中，它就成为采购人员拒绝那些不合标准的商品的根据。同样，供应商通过尽早地参与产品价值分析，可以影响采购者所确定的产品规格，以获得中选的机会。

4) 寻找供应商。采购者现在要开始寻找最佳供应商。为此，他们会从多处着手，可以咨询商业指导机构；查询电脑信息；打电话给其他公司，要求推荐好的供应商；或者观看商业广告；参加展览会。供应商此时应大做广告，并到各种商业指导或指南宣传机构中登记自己的公司名字，争取在市场上树立起良好的信誉。组织购买者通常是会拒绝那些生产能力不足、声誉不好的供应商；而对合格的供应商，则会登门拜访，察看他们的生产设备，了解其人员配置。最后，采购者会归纳出一份合格供应商的名单。

5) 征求供应信息。此时采购者会邀请合格的供应商提交申请书。有些供应商只寄送一份价目表或只派一名销售代表。但是，当所需产品复杂而昂贵时，采购者就会要求待选供应商提交内容详尽的申请书。他们会再进行一轮筛选比较，选中其中最佳者，要求其提交正式的协议书。因此组织营销人员必须善于调研、写作，精于申请书的内容展示。它不仅仅是技术文件，而且也是营销文件。在口头表示意见时，要能取信于人，他们必须始终强调公司的生产能力和资源优势，以在竞争中立于不败之地。

6) 供应商选择。采购中心在做出最后选择之前，还可能与选中的供应商就价格或其他条款进行谈判。营销人员可以从好几个方面来抵制对方的压价。如当他们所能提供的服务优于竞争对手时，营销人员可以坚持目前的价格；当他们的价格高于竞争对手的价格时，则可以强调使用其产品的生命周期成本比竞争对手的产品生命周期成本低。此外，还可以举出更多的花样来抵制价格竞争。此外，采购中心还必须确定供应商的数目。许多采购者喜欢多种渠道进货，这样一方面可以避免自己过分地依赖于一个供应商，另一方面也使自己可以对各供应商的价格和业绩进行比较。当然，在一般情况下，采购者会把大部分订单集中在一家供应商身上，而把少量订单安排给其他供应商。这样，主供应商会全力以赴保证自己的地位，而次要供应商会通过多种途径来争得立足之地，再以图自身的发展。

7) 发出正式订单。采购者选定供应商之后，就会发出正式订货单，写明所需产品的规格、数目、预期交货时间退货政策、保修条件等项目。通常情况下，如果双方都有着良好信誉的话，一份长期有效合同将建立一种长期的关系，而避免重复签约的麻烦。在这种合同关系下，供应商答应在特定的时间之内根据需要按协议的价格条件继续供应产品给买方，存货由卖方保存。因此，它也被称作"无存货采购计划"。这种长期有效合同是导致买方更多地向一个来源采购，并从该来源购买更多的项目。这就使得供应商和采购者的关系十分紧密，外界的供应商就很难介入其间。

8) 绩效评估。在此阶段，采购者对各供应商的绩效进行评估。他们可以通过三种途径：直接接触最终用户，征求他们意见，或者应用不同的标准加权计算来评价供应商；或者把绩效不理想的开支加总，以修正包括价格在内的采购成本。通过绩效评价，采购者将决定延续、修正或停止向该供应商采购。供应商则应该密切关注采购者使用的相同变量，以便确信为买主提供了预期的满足。

购买阶段指的是一个组织在购买前所进行的、从组织产生需要到对即将购买的商品进行评估的一系列过程。但并非每次采购都要经过这八个阶段，这要依据采购业务的不同类型而定。

从表 5.2 中可以看出，新购最为复杂，需要经过所有八个阶段；直接再采购最简单，只需经过两个阶段；而在修正再采购或直接再采购的情况下，其中有些阶段可能被简化、浓缩或省略。例如在直接再采购的情况下，采购者可能会有一个或一批固定的供应商而很少会考虑其他供应商，而在实际购买情况中，也有可能发现这八个阶段以外的其他情况，这要求组织营销者对每一情况分别建立模型，而每一情况都包含一个具体的工作流程。这样的购买流程能为营销人员提供很多线索。

表 5.2　不同采购任务采购决策过程的比较

购买阶段	新购	修订再采购	直接再采购
提出需要	是	可能	否
确定总体需要	是	可能	否
详述产品规格	是	是	是
寻找供应商	是	可能	否
征求供应信息	是	可能	否
供应商选择	是	可能	否
发出正式订单	是	可能	否
绩效评估	是	是	是

总之，组织市场是一个富有挑战性的领域，其中最关键的问题就是要了解采购者的需要、购买参与者、购买标准以及购买步骤。了解以上各点，组织营销人员就能够因势而动，为不同的顾客设计不同的营销计划。

5.2　生产者市场和购买行为分析

在一个国家的流通领域中，不仅存在着消费资料的交换，而且存在着生产资料的交换；企业不仅把商品和老屋出售给广大的个人消费者，而且把大量的原材料、机器设备以及相应的服务提供给如企业、社会团体等用户。这些构成了总市场体系中的一个庞大的子市场，即生产者市场。

5.2.1 生产者市场及其特征

5.2.1.1 生产者市场的概念

生产者市场也称产业市场，它是由这样的个体和组织所构成。它们采购货物或劳务的目的是为了加工生产其他产品供出售或出租，以从中营利。换言之，这个市场购买者的目的是为了通过加工来营利，而不是为了个人消费。生产者市场主要由以下产业构成：① 农、林、渔、牧业；② 采矿业；③ 制造业；④ 建筑业；⑤ 运输业；⑥ 通讯业；⑦ 公用事业；⑧ 银行、金融、保险业；⑨ 服务业。所有这些产业对生产用品的需求，都属于生产者市场。

5.2.1.2 生产者市场的特点

1) 购买者的数目较小，购买的规模较大，地理比较集中。在消费者市场上，购买者是消费者个人或家庭，购买者必然为数众多，规模很小。而生产者市场上的购买者绝大多数都是企业单位，购买者的数目要少得多，购买的规模和每笔购买的数量比一般消费者要大得多。又因为各个地区的企业布局与自然资源、地理环境、交通条件等密切相关，因而不同行业(除农业外)在地理上一般比较集中。了解这些特点，生产经营者就应该使经营网点相对集中，减少推销的费用。

2) 专用性强，技术要求高。工业用品的专用性比消费品要强得多，有许多产品是不能相互替代的。并且工业用品用于生产消费，对制成品的质量、成本及劳动生产率都会产生直接影响，这就不仅要求工业用品要按时、按质、按量供应，而且对产品设计、性能、售后服务等也有较高的要求。了解这一特点，经营者为使营销取得成效，就必须重视产品质量和技术服务。

3) 多属理性化的购买。消费品市场的购买者一般都是直接消费者，大多消费者并不具备他所购买商品的专业知识，而且在购买过程中又极易受到感情因素的影响。生产者市场的购买者则不同，他们多数是懂技术的，对所需产品质量、性能、规格等都心中有数，很少受到广告宣传的影响，即属于通常所说的专家购买。这就要求生产经营者必须配备懂技术的人员从事产品的销售工作,实行专家推销。

4) 受价格影响较小，而受经济前景和科技发展影响较大。生产者市场的购买者都是生产者，他们对工业用品的需求，归根到底是从消费者对消费品的需求引申出来的，是派生性的需求。并且，工业用品专用性较强。因此价格的高低对需求量的影响不大。也正是因为工业用品需求的派生性，所以这种需求受经济前景和技术发展影响较大。

5) 愿意直接购买。一般消费者都是通过中间商购买生产者所生产的消费品，生产者市场的购买者往往喜欢绕过中间商，向生产者直接购买所需的工业用品。特别是那些单价高、有高度技术性的机器设备，购买者更希望直接向生产厂家购买或订制。这些商品大多需要繁杂的售前售后服务，也往往是中间商难以胜任的。

6) 互惠、租赁和长期交往。工业用品的交换关系，不是单纯的商品买卖关系，往往还伴随着互惠的附加条件。在发达国家，工业用品的购买者往往这样选择供应商："你买我的产品，我就买你的产品。互购有时是双方的，有时也可以是多方的。假设有 A、B、C 三家公司，A 提出这种附加条件：如果 B 公司购买 C 公司产品(因 C 公司是 A 公司的客户)，A 公司就购买 B 公司的产品。互惠的附加条件除互购外，如果保证原料、配件供应、技术咨询、安装调试和维修等都可作为互惠的附加条件。重视和满足必要的附加条件，是生产经营者实现市场营销的重要保证。

对于那些偶尔使用，或者单价过高的机器设备、车辆、飞机等产品，用户通常需要"融资"才能购买，而且战后科学技术突飞猛进，技术设备更新快，因此最近几十年来发达国家企业所需要的资本货物，有越来越大的部分，不是采取完全购买方式取得，而常常希望用租赁方式代替购买。此外，消费者购买东西，一般并不指定供应商店，可生产者市场的供求双方达到交易之后，只要供方信用可靠、服务满意，一般都愿意继续购买，成为长期业务关系户。因而工业用品销售中的厂誉比一般消费品的牌誉更为重要。

5.2.2　生产者市场购买行为类型

生产者的购买决策往往不是单一的，而是一系列。生产者要做多少购买决策以及购买决策结构的复杂性，取决于生产者购买情况的复杂性。

5.2.2.1　生产者市场购买类型

一般说来，生产者的购买情况大体有以下四种类型：

1) 直接重购。即企业的采购部门根据过去和许多供应商打交道的经验，从供应商名单中选择供货企业，并直接重新订购过去采购的同类产业用品。此时，组织购买者的购买行为是惯例化的。在这种情况下，列入供应商名单中的供应商将尽力保持产品质量和服务质量，并采取其他有效措施来提高采购者的满意程度。未列入名单内的供应商会试图提供新产品或开展某种满意的服务，以便使采购者考虑从他们那里购买产品，有时还将设法先取得一部分订货，以后逐步争取更多的订货份额。

2) 修正重购。即企业的采购经理为了更好地完成采购工作任务，适当改变要采购的某种产业用品的规格、价格等条件或供应商。这类购买者情况较复杂，因而参与购买决策的人数较多。这种情况给名单以外的供货企业提供了市场机会；并给列入名单的供货企业造成了威胁。后者要设法拉拢现有顾客，保护自己的既得市场。

3) 全新采购。即企业第一次采购某种产品。一般说来，全新采购的成本费用越高、风险越大，需要参与购买过程的人数和需要掌握的市场信息就越多。这类购买情况最复杂。因此，供货企业要派出特殊的推销小组，向其顾客提供市场信息，帮助顾客解决疑难问题。在直接重购情况下，生产者要做出的购买决策最少；而在全新采购情况下，生产者要做出的购买决策最多，通常要做出一系列的决策，即决定产品规格、价格幅度、交货条件和时间、服务条件、支付条件、订货数量和挑选可接受的供应商等。

4) 系统购买。即生产者从一个销售商那里购买一揽子解决方案。它始于政府对重要军火和通讯系统的购买。政府不是购买设备后自己组装，而是通过招标的方式，让供应商提供设备，并由供应商组装成系统。系统销售是赢取和留住客户的关键的产业营销策略。供应商已逐步认识到购买者喜欢这种方式，并渐渐将系统销售作为一个营销利器，逐步采纳。系统销售的过程分为两步：第一步，供应商卖出一组相互关联的产品，如供应商不仅销售胶水，也销售涂抹器和干燥剂；第二步，供应商提供生产、库存控制、分销和其他服务等全套系统，来满足购买者优化运行的要求。

5.2.2.2 生产者购买决策的主要阶段

生产者购买决策过程主要有八个阶段，具体如图 5.2 所示。

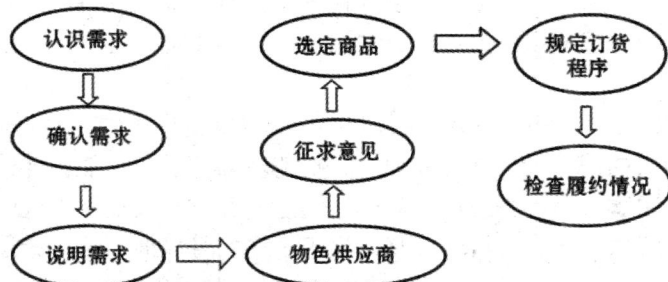

图 5.2 生产者市场购买决策过程

1) 认识需求。在新任务购买和更改续购的情况下，购买过程首先是从使用者或其他倡议者认识到需采购的某种产品，以满足企业的生产经营需要而开始的。认识需求来自于企业内部因素和外部因素的刺激。

(1) 内部刺激。内部刺激主要是企业的发展新规划、新上项目、新产品或改进老产品等因素引起的，如企业决定退出某种新产品或者新服务，因而需要新设备和各种原材料；企业原有的设备发生故障、设备报废或零部件损坏，需要更新或需要购买新的零部件；原有的供应商在产品质量、服务、送货情况或价格等方面不能让人满意，已购买的生产资料不能满足需求，生产商希望能够寻找新的供应商。

(2) 外部刺激。在企业外部，需求主要是由外部环境的改变或采购者受到的营销刺激引起的。采购人员通过参观展销会、浏览广告，或者接到某一能提供物美价廉产品或服务的销售代表的电话，便可能产生一些新的需求。

2) 确定需求。在认识需求的基础上，确定所需品种的特征和数量。 在这一阶段，营销人员应设法参与购买者的活动，帮助购买者确认需求，并提供有关产品特点的信息。由于采购任务的复杂程度不同，企业的采购决策过程也有所差异，主要考虑以下两种情况：

(1) 简单的采购任务。对于标准化程度较高的项目，当需求商品时通用的、简单的一般产品时，总特征的确定相对比较简单，可由采购人员直接确定。

(2) 复杂的采购任务。对于复杂的项目，当需求商品是技术复杂或价值较高的产品时，购买者一般要同购买中心的相关人员一起研究，征求他们的意见，共同决定所需项目的总特征，提出产品的标准和要求。此时，营销人员应抓住时机，可通过向购买者描述产品特征的方式帮助采购人员确定所需商品的特征和数量，适时对采购中心的人员施加影响。

3) 说明需求。确定需求后，再由专家小组对所需产品进行价值分析，做出详细的技术说明。这个阶段对以后的供应商的选择有着非常关键的影响。对于简单的产品，这一个阶段同上一阶段是合二为一的；对于复杂的产品，这一阶段则要做很多工作。

4) 物色供应商。写出技术说明书以后，第四步是物色最合适的供应商。特别是在新任务购买的情况下，采购复杂的、价值较高的品种，需要花较多时间慎重选择供应商。采购人员首先要将一些无法满足购买需求或信誉不好的供应商排除在外，然后进行进一步的分析和选择。对于合格的供应商，采购者还要查看他们的生产设备，了解其人员配置。最后，采购人员会归纳出一份合格供应商的名单。

5) 征求建议。企业可邀请合格的供应商提出建议，如果采购复杂的、价值高的品种，应要求每个潜在的供应商都提交详细的书面建议，通过分析比较从中挑选最合适的供应商，要求他们提出正式的建议书。这一个阶段，供应商就需抓住这一时机，提出与众不同的令采购者满意的建议，在建议书中应强调本企业的相对竞争优势，如此，才能引起采购者的注意和信任，以便在竞争中脱颖而出。

6) 选定商品。企业的"采购中心"根据供应商的产品产量、质量、报价、资信、及时交货能力和技术服务等，对供应商的建议书进行评价，选定最有力的供应商。在这一阶段，还涉及供应商树木的确定问题。比较合适的供应商数目不能太多，也不能太少。许多采购者喜欢多种渠道进货，这样，一方面可以避免自己过分依赖一个供应商，以免受制于人；另一方面也使自己可以对各供应商的价格和业绩进行比较，以达到增加供货渠道、降低产品价格和减少风险的目的，以促使供应商展开竞争。同时，采购中心在做出最后选择之前，还可能与选中的供应商就借个或其他条款进行谈判。营销人员应制定策略以应对买方压价和提出过高要求。

7) 规定订货程序。企业最后选定供应商后，可开出订货单。订货单上需列举产品品种数量、技术说明、期望交货时间等。现在西方企业较少使用"定期采购交货"，而趋于采取"一揽子合同"，与供应商建立长期供货关系，当企业需要合同中规定的品种时，通知供应商，供应商即按约定的价格和交货条件随时供货。这样，采购单位的库存量可大大减少。

8) 检查履约情况。采购者要检查到货情况，还要向使用者征求意见，检查和评价各供应商履行合同的情况，然后决定以后的购买决策。

5.2.3　生产者市场购买过程的参与者

产业用品的供货企业不仅要了解生产者市场购买特点，还要了解谁参与购买决策过程，他们在购买决策过程中担任什么角色，起到什么作用。在产业购买中，购买决策的参与者很多，特别是一些重大的采购项目更是如此。除专职的采购人员外，还有技术专家、高层领导等人参与购买决策。这些人员一起组成企业的采购中心，或者是决策单位。企业的采购中心通常包括五种成员：

1) 使用者。使用者指组织中将直接操作并具体使用欲购买的某种产业用品或劳务的人员。比如，公司要购买实验室用的电脑，其使用者是实验室的技术人员；要购买打字机，其使用者是办公室的秘书。在通常情况下，往往是由使用者最初提出购买某种产品意见和要求，他们在拟订购买产品的品种、规格和技术要求等方面起着重要的导向作用。

2) 影响者。影响者即在企业内外直接或间接影响购买决策的人员，如专业技术人员、研究规划人员等。他们通常协助企业的决策者决定购买产品的品种、规格和购买条件，提供相关的信息、建议和评价。通常，企业的技术人员是最主要的影响者。

3) 决定者。决定者即在企业中有权决定和最后批准购买方案的人。在标准品的例行采购中，采购者常常就是决定者；而在复杂的采购中，决定者往往是部门项目的负责人或公司高层领导人。

4) 采购者。采购者是购买决定的具体执行者，指被企业赋予权力进行正式采购、选择供应商、洽谈、执行采购协议、协调与供应商关系的人员。在复杂的采购工作中，采购者通常还包括参加谈判的公司高级管理人员。

5) 信息控制者。信息控制者指在企业内部和外部对有关信息进行评估、筛选、监测并控制信息流向，实施有利于购买决策成功的人员。如企业的购买代理商、技术人员等。

在通常情况下，生产者购买类型不同，购买决策的参与者也不同。直接重购时，采购部门负责人起决定作用。全新采购时，企业高层领导起决定作用；在确定产品的性能、质量、规格、服务等标准时，技术人员起决定作用；而在供应商选择方面，采购人员起决定作用。当然，并不是每一个企业在采购任何产品时都必须有上述五种人员参加决策过程。企业中采购中心的规模大小和成员多少会随着采购产品的不同有所差别。一个企业如果采购办公用的文具，可能只有采购者和使用者参与购买决策过程，而且采购者往往就是决定者。在这种情况下，采购中心的成员较少，规模较小。如果采购一台电脑，其技术性较强，单价高，购买情况复杂，参与购买决策过程的人员较多，采购中心也就成员较多，规模较大。

如果一个企业采购中心的成员较多，供货企业的市场营销人员就不可能接触所有的成员，而只能接触其中少数几位成员。在此情况下，供货企业的市场营销人员必须了解谁是主要的决策参与者(即购买中心)，其影响决策的程度究竟如何其评价标准又是怎样 只有清晰地了解这些问题，才能有针对性地采取各项营销策略。

5.2.4　影响生产者购买行为的因素

生产者在做购买决策时，通常会受到一系列因素的影响。主要包括环境因素、组织因素、人际因素和个人因素等，如图 5.3 所示。影响生产者购买行为的主要因素如下：

1) 环境因素。这是制约生产者购买行为的不可控因素。生产者需要采购的工业用品及其数量，首先要考虑当时的客观环境及将来变动的趋势。环境因素泛指影响企业开展营销活动的一切外部因素，主要包括政治法律、经济形势、文化、技术进步、市场竞争以及产品的供应条件等。在生产者市场上，购买者受当时和预期经济环境因素的影响极大，如经济前景、市场需求、技术发展变化、资金成本、社会需求水平等情况。

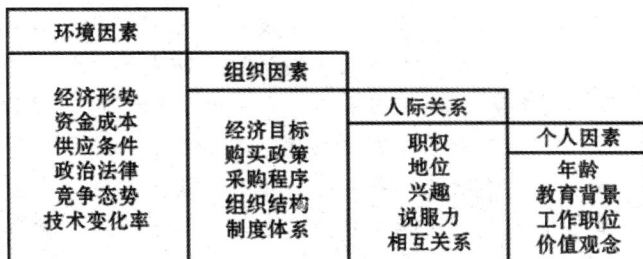

图 5.3　影响生产者购买行为的因素

2) 组织因素。组织因素指生产者企业内部的各种因素，主要包括企业的经济目标、购买政策、采购程序、组织结构、制度体系等。这些因素从组织内部的利益、营运和发展战略等方面影响生产者购买决策。供应商和生产资料营销人员应了解和把握这些组织因素、变化趋势及对企业购买可能产生的影响方向与程度，并采取适当措施，加速生产者的购买决策过程。例如，有多少人参与制定购买决策？他们的评估标准如何？企业对其采购人员的政策和限制有哪些？总而言之，组织因素在生产者购买决策中具有十分重要的作用。

3) 人际因素。所谓企业的人事关系因素对购买者行为的影响，是指采购者与上级主管之间、与相关部门之间以及其他有关人员的实际相互关系对购买行为影响。人际因素泛指企业内部的人事关系。一般说来，生产者购买活动具体由企业的采购中心执行，采购中心通常又包括使用者、影响者、采购者、决定者和信息控制者。这五种成员共同参与购买决策过程，因其在组织中的地位、职权、说服力以及他们之间的关系不同而对购买决策产生不同有时甚至是微妙的影响。设法洞悉这些敏感的人际因素，有利于营销人员了解生产者购买过程中的群体动态及其作用，并制定恰当的营销策略。

4) 个人因素。这是指采购人员的个人感情、偏好对购买行为的影响。个人因素指企业内参与生产资料购买决策的个人的年龄、工作职位、受教育程度、个性、价值观念和风险态度等。一般说来，对工业用品的采购是一种理性化采购，采购人员的个人感情和偏好对购买行为影响较小。企业生产资料的购买实质上是采购中心成员在企业内外各种因素约束下的具体购买行为，因此，这些个人因素必然对生产者的购买决策产生潜移默化的影响，即影响各参与者对要采购的生产资料和供应商的感觉、看法，进而影响其购买决策和购买行为。

【小思考】

推销员李宾销售一种安装在发电设备上的仪表，工作非常努力，不辞劳苦地四处奔波，但是收效甚微，您能从他的推销过程中找出原因吗？

1) 李宾得知某发电厂需要仪表，就找到该厂的采购部人员详细介绍产品，经常请他们共同进餐和娱乐，双方关系相当融洽，采购人员也答应购买，却总是一拖再拖，始终不见付诸行动。李宾很灰心，却不知原因何在。

2) 在一次推销中，李宾向发电厂的技术人员介绍说，这是一种新发明的先进仪表。技术人员请他提供详细技术资料并与现有同类产品做一个对比。可是他所带资料不全，只是根据记忆大致做了介绍，对现有同类产品和竞争者的情况也不太清楚。

3) 李宾向发电厂的采购部经理介绍现有的各种仪表，采购部经理认为都不太适合本厂使用，说如果能在性能方面做些小的改进就有可能购买。但是李宾反复强调本厂的仪表性能优异，认为对方提出的问题无关紧要，劝说对方立刻购买。

4) 某发电厂是李宾所在公司的长期客户，需购仪表时就直接发传真通知送货。该电厂原先由别的推销员销售业务，后来转由李宾负责。李宾接手后采用许多办法与该公司的采购人员和技术人员建立了密切关系。一次，发电厂的技术人员反映一台新购的仪表有质量问题，要求给予调换。李宾当时正在忙于同另一个重要的客户洽谈业务，拖了几天才处理这件事情，认为凭着双方的密切关系，发电厂的技术人员不会介意。可是那家发电厂以后购买仪表时，又转向了其他供应商。

5) 李宾去一家小型发电厂推销一种受到较多用户欢迎的优质高价仪表，可是，说破了嘴皮，对方依然不为所动。

6) 某发电厂同时购买了李宾公司的仪表和另一品牌的仪表，技术人员、采购人员和使用人员在使用两年后对两种品牌进行绩效评价，列举事实说明李宾公司的仪表耐用性不如那个竞争性品牌，无话可说，听凭该电厂终止了同本公司的生意关系而转向竞争者购买。

(资料来源：崔利群，苏巧娜.推销实务[M].北京：高等教育出版社，2002)

5.3　中间商市场和购买行为分析

通常来说，中间商处于流通环节，是制造商与消费者之间的桥梁，因此企业应把其视为顾客采购代理人，全心全意帮助他们为顾客提供优质服务。

5.3.1　中间商市场概述

5.3.1.1　中间商市场概念

所谓中间商市场是指由所有获得商品旨在转售或出租给他人，以获得利润的个人和组织组成的市场。它包括批发商与零售商。批发商与零售商在市场中既是商品购买者，又是商品出卖者。批发商购买商品不是转卖给最终消费者，而是转卖给其他商人。买主主要是零售商和批发、代理商以及制造商，其次是公共事业单位、服务行业等。而零售商购买商品则主要是直接卖给最终消费者。批发商、零售商购买商品主要是用于转卖，只有数量极少的商品用于本身的经营管理。

5.3.1.2　中间商市场特点

与产业市场相比，中间商市场略有一些不同，主要表现在以下几个方面：

1) 中间商的需求更为直接地反映消费者的需求。中间商市场的需求也是派生的，受最终消费者购买的影响而使其需求波动不一。但是，由于离最终消费者更近，中间商的需求更为直接地反映了消费者的需求。

2) 中间商对购买价格更为重视。中间商的职能主要是买进卖出。基本不对产品再加工，故它对购买价格更敏感，购进价的变化往往直接影响到其购买量。

3) 中间商对交货时间特别重视。中间商离市场更近，对市场变化反应更加灵敏。中间商一旦发出订单，就要求尽快到货，以抓住市场机会，满足消费者购买的需要。而对需求没有握的订货则往往推迟到最后一刻，以避免库存过多的风险。

4) 中间商需要供应商协助其做推广。由于中间商往往财力有限以及不只是销售个别厂家的产品，因此无力对各种产品进行推广，常常需要生产厂家协助其做产品推广，帮助其销售。

5) 中间商需要供应商协助其为顾客提供服务。由于中间商一般自己不制造产品，对产品技术不擅长，所以需要供应商协助其为顾客提供技术服务、产品维修服务或退货服务等。

5.3.2　中间商市场的购买类型

中间商市场的购买类型与生产者购买类型大同小异，主要包括全新购买、直接再购买和修正再购买三种类型。但就其购买行为过程而言，有以下几种较为特殊的购买类型：

1) 购买全新品种。即中间商第一次购买某种从未采购过的新品种。一般要根据市场前景的好坏、买主的需求强度和产品的获利可能性等多方面因素决定是否购买。因此，中间商的购买决策过程与具体的采购业务是最复杂的。购买决策过程的主要步骤与生产者大致相同，即由认识需求、确定需求、详述产品规格、物色供应商、征求供货信息、选择供应商、签订合同和履行合同评估等 8 个阶段构成。但是中间商的新产品采购和生产者的新购又有所不同。生产者对新产品如有需要，非买不可，只能选择供应商，主要就"向谁购买"做出决策；而中间商对新产品购进主要是在"买"与"不买"之间做出决策，然后再考虑"向谁购买"。

2) 选择最佳供应商。即中间商对将要购买的品种已经确定，但需考虑从哪家卖主进货，从众多的供应商中选择最优者。这种购买类型的发生往往与以下情况有关：

(1) 各种品牌货源充裕，但是中间商缺乏足够的经营场地，只能选择经营某些品牌。

(2) 中间商打算用自创的品牌销售产品，选择愿意为自己制造定牌产品的生产企业。如国外很多大型零售商场都有自己的品牌。

3) 改善交易条件的采购。是指中间商希望现在供应商在原交易条件上再做出一些让步，使自己得到更多的利益。面对同类产品的供应商增多或其他供应商提出了更有诱惑力的价格和供货条件，中间商就会要求现有供应商加大折扣、增加服务、给予信贷优惠等。有时，他们并不想更换供应商，但会借以作为一种施加压力的手段。想要改善交易条件，就要与供应商重新谈判。

4) 直接重购。是指中间商的采购部门按照过去的订货目录和交易条件继续向原有的供应商购买产品。在这种情况下，中间商认为的购买过程及具体的购买业务是非常简单的。中间商会对遗忘的供应商进行评估，选择满意的作为直接重购的供应商。的那个日常经营的标准产品或销路好的产品库存降到一定水平时，中间商按照原供货条件继续向原供应商发出订货单进行采购。

5.3.3　中间商购买过程的参与者

在中间商市场中，沟通制造商与中间商的桥梁是批零企业中决定购买和实际购买的人和组织，这些人和组织在很大程度上直接左右了制造商的命运。那么，在批零企业中，究竟由谁来决定购买和实际购买呢？在西方商场，不同的批零企业的采购人员多寡不一，专职程度各异。小批发和小零售企业，一般不配备专职的采购人员，商品的选择与采购，可能由店主(经理)自己负责，也可能由熟悉业务的雇员负责，但这些雇员还必须兼做其他工作。而大批发零售企业则不同，采购已是专业化的职能，采购员是一项专职工作。然而，不同的大批零企业(如百货商店、超级市场、药品批发商等)，甚至同一行业的不同批零企业(如经营百货的各个公司、商店)，他们组织采购工作的方式却有所不同。为了简便起见，下面仅以美国连锁超级市场为例，来了解中间商采购业务的基本状况。美国连锁超级市场参与购买决策的人和组织主要有：

1) 商品经理。他们是连锁超级市场公司总部的专职采购人员，分别负责各类商品的采购工作。他们的责任是听取供应商推销员对新品牌、新产品的介绍，并从中选择适合的品牌和产品。某些连锁店的商品经理在采购工作中具有很大的权力，可以自由决定接受或拒绝某一新产品。但在多数连锁店里，商品经理无权马上做出决定，只是负责审查和甄别哪些产品应该拒绝或接受，然后向公司采购委员会提出建议。

2) 采购委员会。它由公司总部的部门正副经理、商品经理等人组成。采购委员会每周召开一次会议，逐一审查各商品经理提出的关于采购新产品的建议。商品经理向采购委员会介绍货源情况，提供市场信息，然后由采购委员会最后决定采购哪些新产品。但是，这种做法与其说采购委员会具有决策的功能，倒不如说它只是在发挥平衡各方面意见的作用，真正起决策和控制作用的还是商品经理。因为商品情报是由商品经理提供的，商品经理的偏好和推荐都带有很大的倾向性，对采购委员会的决策具有显著的影响。由此可见，采购委员会实际上只是在评估新产品和购买决策方面产生一些重要的间接影响，并代替商品经理向制造商的推销人员提出拒绝购买的理由，充当商品经理与推销人员之间的调解员。了解连锁商店实际采购业务的某些"内幕"，对制造商的推销员来说是必不可少的。

3) 分店经理。他们是连锁店属下各零售店的负责人，分店实际采购什么商品是由他们决定的。据调查，在全美国连锁超级市场和独立的超级市场中，各个分店的货源有 2/3 是由分店经理自行决定采购的，只有 1/3 是由公司从上而下强行分配下来。这样，即使某种新产品被连锁店的采购委员会接受了，这种商品也不一定能被大多数分店所接受，最终的采购权还是掌握在分店经理的手上。因此，在美国市场里推销新产品的难度很大，尽管制造商每周能推出 150～250 种新产品交由超级市场推销，但商店只允许其中 10%的新产品送上货架。那么，分店经理是根据什么来采纳这 10%的新产品呢？据美国尼尔逊公司的研究，主要决定于以下三个因素：① 消费者是否愿意购买这种新产品，即这种新产品是否适销对路；② 供应商的广告宣传和促销手段能否足以打动分店经理的心；③ 供应商将给各分店怎样的折扣等优惠交易条件。供应商的推销员可以从上述各点寻求自己的最好的推销机会。

5.3.4　中间商的购买决策过程

中间商购买行为的一个重要方面是:到底应该进行哪些购买决策？是每个中间商都是必将面临的问题，研究中间商的购买决策，可以掌握他们的购买行为的特殊性和规律性。产业市场中，生产企业采购设备、原料等用于生产产品，其购买决策经历八个阶段；中间商市场中，中间商采购产品用于转售，其与生产企业一样，采购后并不用于个人消费，而是最终要满足消费者的需要。因而，中间商的购买决策过程与产业市场的购买决策过程相似，也经历八大步骤，但在具体环节上存在一些差异。

1) 提出需要。当通过市场分析和预测，发现现有产品需求量将上升，或现有产品滞销，或消费者对新产品的需求欲望加剧而使新产品的需求增加，或现有商品配货组合不尽合理时，就会产生采购欲望。可见，中间商的购买需求直接来自于消费市场中的消费需求，是一种直接性的派生需求。因此，对于中间商来说，加强消费市场的需求调查、分析与预测更为重要。

2) 确定需要。指确定采购产品组合的广度、深度与相关性(关联度)，即决策配货策略。一般而言，中间商的配货策略有四种：

(1) 独家配货。指在同类产品中只销售同一品牌或同一厂家的产品。

(2) 深度配货。即同时经销不同厂商、不同品牌、不同规格型号、花色、款式的同类产品。

(3) 广度配货。即经销某一行业的多个系列、多品种的产品，比深度配货的产品组合要宽。

(4) 综合配货。即同时经销多家厂商生产的互不相关的多种类、多规格的产品，如百货商店、超级市场、仓储式商店等都属于综合配货。与广度配货相比，它的产品组合的关联度要弱。

3) 采购需要说明。指中间商编写采购说明书，详细写明所要采购产品的品种、规格、质量、价格、数量、进货时间等。前已分析中间商对商品的需求属直接引发需求，由消费者市场需求决定，因此，中间商购买商品对时间和数量往往有相当苛刻的要求，采购活动计划性强，总希望既能及时、适时、按量满足市场需求，又能最大限度地减少库存，加速资金周转，提高资金效益。

4) 寻找供应商。采购人员根据采购说明书寻找合适的供应商。由于中间商采购计划性强，因而对供应商的选择比较慎重，品牌、声誉、价格、商品质量、品种规格、供货能力和及时性、合作诚意等是甄选供应商时需考虑的主要因素。

5) 征求供应建议。指要求合格的供应商提供供应建议书和一些相关的产品图片等，为下一步选择供应商提供参考。

6) 选择供应商。中间商采购来自于派生需求，中间商不需要对采购的商品进行加工，从事着转售经营活动，因而，其收益取决于进货价格与销售价格，而销售价格又是影响消费者购买行为的一个重要因素；同时，市场瞬息万变造成的市场风险压力迫使中间商尽可能从供应商那里获得尽量多的优惠购买条件，如价格折扣、促销津贴、广告折让、运费折让等。因此，供应商价格高低和价格折扣程度是中间商选择供应商时考虑的重要方面。此外，由于中间商市场对采购商品的时间和数量有严格要求，因而，选择时还要考虑供应商供货能力和及时性。当然，供应商的合作意愿和态度、诚信状况、促销支持、售后服务、作用条件等也是选择供应商应考虑的重要因素。

7) 签订合约。除了新购，中间商也期望与供应商建立长期友好的合作关系，这样，对中间商可以减少采购成本，稳定货源；对供应商，产品有了稳定的销路，可以稳定生产，降低市场风险。

8) 运行检查与评估。记录供应商供应状况，然后进行分析，掌握供应商履行合约的质量、信誉、合作热情与态度等状况，并据此进行评价，为是否继续交易和交易策略提供决策依据。

由此看来，中间商购买决策过程与产业市场购买决策过程相同，只是具体操作细节不同。

5.3.5 影响中间商购买行为的主要因素

中间商作为组织购买者之一，其购买行为也要受到环境因素、组织因素、集团因素和个人因素的影响。但是，中间商的营销目标、营销活动内容、购买决策及购买行为又有自己的特点，在制定购买决策、采取购买行为时，受到以下因素的制约：

1) 消费者需求。为顾客购买是中间商的一个显著特点，由此中间商有顾客采购代理人之称。中间商购买什么、购买多少、以什么价格购买，都必须考虑其购买者——消费者个人及家庭的需求和愿望，按照他们的需求和愿望制定采购决策。

2) 存货管理。储存是中间商的基本职能之一，储存什么、储存多少是影响中间商购买行为的一个重要因素。

3) 供应商策略。中间商购买商品是为了转售给他人，供应商的策略、供货条件、价格折让、运费折让、促销津贴等对其商品转售有直接关系，因而影响中间商的购买决策。

供应者的管理部门及其市场营销人员应该了解其顾客(中间商)的购买决策、购买行为的影响因素，才能有效地采取相应的措施来影响中间商的购买决策和购买行为，成功地推销自己的产品。

【小案例】

对中间商推销失败的原因分析

某推销员王军销售一种家庭用的食品加工机，努力工作却收效甚微。以下是他的一些推销经历。

(1) 王军连续数次去一家百货商场推销，采购经理每次都详细了解产品的性能、质量、价格、维修和各项保证，但是拖了月余不表态是否购买，总是说：再等等，再等等。王军认为采购经理无购买诚意，就放弃了努力。

(2) 王军经过事先调查，了解到某超级市场的购买决策者是该店的采购经理和商品经理。他先找到采购经理做工作，采购经理详细了解产品的性能、质量、价格和服务后同意购买。轻松地过了这一关，王军很高兴，又找到商品经理介绍产品。商品经理听后沉吟未决，王军为了尽快促成交易，就告诉他，采购经理已经同意购买。不料商品经理一听这话就说："既然采购经理已经同意，就不用再找我了。"这笔眼看就要成功的生意又泡了汤。

(3) 某大型商场采购部经理张先生是一位大学毕业生，从事采购工作多年，业务精通，擅长计算，头脑清楚，反应敏锐，总是从公司利益出发去考虑问题，多次受到商场领导的表扬，有望升为商场副总经理。王军通过耐心地介绍产品和谈判交易条件，终于使他成为客户，并保持了数年的关系。这数年间，王军在征得公司同意的情况下满足了张先生提出的许多要求。可是，有一天张先生突然通知王军，停止购进他的产品，因为另一家企业提供了性能更加优异的改进型的同类产品。王军听了十分生气，认为张先生一点不讲情面，办事不留余地，是个不可交的人，从此断绝了与张先生的联系，也断绝了与该商场的生意关系。

原因分析：

(1) 该商场以前未经营过这种产品，要对该产品的价格、服务、市场需求和市场风险等因素作全面分析和预测后才做出决定。王军不了解中间商对新产品的采购过程较为复杂，操之过急而丧失了机会。

(2) 推销员应当了解中间商内部参与购买过程的各种角色的职务、地位和相互关系对购买行为的影响，该店的采购经理与商品经理之间存在关系不协调现象，王军虽然通过调查探悉该店的购买决策者有哪些，但是未能进一步了解他们相互之间的关系，未能在推销过程中利用有利关系和回避不利关系，从而引起了商品经理的抵触情绪。

(3) 推销员应当注意分析采购人员的购买风格以制定有针对性的推销策略。加强感情投资最适用于"忠实的采购者"或"情感型的采购者"，而对其他类型采购者的效用则有局限性。张先生是个"最佳交易采购者"，一旦发现产品或交易条件更佳的供应商就立刻转换购买，购买行为理智性强，不太受感情因素支配。对这类采购者，供应商仅仅依靠感情投资难以奏效，必须密切关注竞争者的动向和市场需求变化，随时调整营销策略和交易条件，提供比竞争者更多的利益。王军片面地以为感情投资可以解决一切问题，忽视分析不同购买者的购买风格，忽视提高产品、服务和交易条件的竞争力，采取了意气用事的错误做法。正确的做法是继续与张先生保持良好的关系并及时向本公司反映竞争者的动向，改进产品后再重新进入该商场。

(王慧杰. 市场营销学[M]. 北京: 中国物资出版社，2011)

5.4 非营利组织市场和购买行为分析

所谓非营利组织泛指一切不从事营利性活动，即不以创造利润为根本目的的机构团体。不同的非营利组织，有其不同的工作目标和任务。在我国，习惯以"机关团体事业单位"称谓各种非营利组织。所谓非营利组织市场是指为了维持正常运作和履行职能而购买产品和服务的各类非营利组织所构成的市场。

5.4.1 非营利组织市场的类型

1) 履行国家职能的非营利组织。是指服务于国家和社会，以实现社会整体利益为目标的有关组织，这类组织通常以国家或社会整体利益为目标，服务于全社会。包括各级政府的下属各部门，保卫国家安全的军队，保障社会公共安全的警察和消防队，管制和改造罪犯的监狱等。

2) 促进群体交流的非营利组织。是指促进某群体内成员之间的交流，沟通思想和情感，宣传普及某种知识和观念，推动某项事业的发展，维护群体利益的各种组织，包括各项职业团体、业余团体、宗教组织、专业协会和行业协会等。这类组织重视内部成员利益和共同目的，看重对成员的吸引力。

3) 提供社会服务的非营利组织。是指为某些公众的特定需要提供服务的非营利组织，以满足某些公众的特定需要为目标或使命。包括学校、医院、红十字会、卫生保健组织、新闻机构、图书馆、博物馆、文艺团体、基金会、福利和慈善机构等。

5.4.2 非营利组织的购买特点和采购方式

5.4.2.1 购买特点

非营利组织的购买特点是：

1) 限定总额。非营利组织的采购经费总额是既定的，不能随意突破。

2) 价格低廉。非营利组织大多数不具有宽裕的经费，在采购中要求商品价格低廉。

3) 保证质量。非营利组织购买商品不是为了转售，也不是使成本最小化，而是维持组织运行和履行组织职能,所购商品的质量和性能必须保证实现这一目的。

4) 受到控制。为了使有限的资金发挥更大的效用,非营利组织采购人员受到较多的控制,只能按照规定的条件购买,缺乏自主性。

5) 程序复杂。非营利组织购买过程的参与者多,程序也较为复杂。

5.4.2.2 购买方式

1) 公开招标选购。是指非营利组织的采购部门通过传播媒体发布广告或发出信函,说明拟采购商品的名称、规格、数量和有关要求,邀请供应商在规定的期限内投标。有意争取业务的企业,在规定期限内填写招标书(格式通常由招标人规定),密封送交。有关部门在规定日期开标,选择报价低且符合要求的供应商成交。参与公开招标必须注意:产品能否达到招标要求,合约条件对己是否有利;报价高低——既要有利可图,又要保证夺标;能否符合买方的一些特殊需求。

2) 议价合约选购。是指非营利组织的采购部门同时和若干供应商就某一采购项目的价格和有关交易条件展开谈判,最后与符合要求的供应商签订合同,达成交易。用于复杂的工程项目,涉及重大的研究开发费用和风险。

3) 日常性采购。是指非营利组织为了维持日常办公和组织运行的需要而进行采购。金额小,交款和交货方式常为即期交付。类似于生产者市场的"直接重购";有时像中间商市场的"最佳卖主选择",或"谋求更好的交易条件"类型。

【小案例】

上海浦东新区学校计算机集中招标采购

1) 项目背景。本项目为学校计算机采购项目,于2001年8月23日下达采购中心,被列入政府采购范围。这次联合集中采购计算机为3120台,涉及120所学校。分布在浦东新区的各个地方,计算机的配置要求高,尤其是120台教师机的配置具有本次采购机型为当前最先进配置,具有权高性能价格比的高档机。学生用机的数量也具有前所未有的规模。

2) 招标准备。由于本次招标计算机数量多,所以在确定招标方式上,既考虑120所学校需要计算机时间上的急迫性,又考虑到采购程序的严密性、招标的最大范围的公开性,最终把招标方式确定为公开招标。8月24日以公开招标的方式在浦东新区政府采购网站发布招标公告,8月25日在解放日报上发布招标公告。考虑到两个因素,其一是要求制造供应商供货时间短,3000台计算机可能的话由两家供应商提供,缩短制造周期,其二是教师机要求配置高,性能稳定可靠,兼顾到中高档国内外品牌的投标、中标机会。2001年8月27日开始出售标书,共有15家公司购买了招标文件。

3) 招标过程。2001年9月6日在浦东新区政府采购中心开标,特别邀请浦东新区公证处的两位公证员开标公证,邀请浦东新区政府采购监督小组的两位监督员作为监督人,浦东新区有线电视中心等新闻媒体进行了采访,评标专家由上海市政府采购中心提供,在评标当天通知新区采购中心,保证了评标专家的保密性和公正性。9月7日评标,邀请上海市资深专家4位和1位使用单位人员组成评标小组,评标小组决定3000台学生计算机项目授予L公司,120台教师计算机项目授予T公司。

4) 合同履行情况。2001年9月10日与I公司签订合同,L公司授权,具体工作由B公司实施。2001年9月14日与T公司签订合同,T公司授权,具体工作由Q公司实施。2001年9月17~21日B公司进行用户情况调查,他们组织人员对120所学校逐一进行实地调查'邀请学校老师参加培训,调查学校计算机机房情况、电源情况等。

在学校具备安装条件的情况下,截至10月13日总共完成98所学校的安装调试。因部分学校的客观因素,其余的22所学校无法及时完成验收。

为保证该项目的顺利实施他们做好了大量的工作(事前准备、调查,事中协调、联系用户等),全心全意地为使用单位服务,最大范围内满足学校提出的要求。但由于部分学校的客观原因,也导致部分工作的重复,浪费人力、物力及时间,增加了成本。

5) 案例点评。定标与签订合同之后,采购中心的工作并未完成,监督履约和项目的验收及付款等是政府采购工作的重要环节。项目的执行责任人必须保持与供应商、买方、出资方经常的联系,了解履约中出现的问题,及时进行协调,这方面的工作今后有待加强。

本次招标项目节约资金364.8万元,节约率达21.9%,效果比较明显。使用单位在提供教师机配置时,强调了计算机的主板要求,供应商在供货时间有限的情况下,针对用户提出的配置进行性能匹配测试,结果是主板、硬盘不匹配,最后经技监部门确认,使用了同档次的机型。因此,使用单位要考虑计算机配置的合理性,避免浪费时间和资源。

对于公开招标的项目,其中要做到公正、公平的一个重要环节是评标小组的组成,使用单位往往作为评标小组的组成人员之一,在评标时,专家评委有时首先倾听他们的意见,使用单位有可能提出一些片面的带有某些导向性的意见。为了确保大批量计算机的供货质量,采购中心在签订供货合同的时候,特定增加了一条,就是在计算机送到学校后,抽查一定数量机器到技监部门做性能和防辐射检测,合格后使用。供应商在制造计算机时,势必加强对产品质量的控制,使用户感到政府采购放心满意。

(资料来源: 金永生.市场营销学通论[M].北京:北京工业大学出版社,2011)

5.4.3　政府市场和购买行为分析

5.4.3.1　政府市场及特点

政府市场又称政府机构市场，它是由那些为执行政府主要职能而采购或租用物资的各级政府机构组成。也就是说，在一个国家的政府机构市场上的购买者是这个国家各级政府的采购部门。政府部门购买几乎所有的东西，如武器、电脑、家具、电器、被服、办公用品、卫生设施、通讯设备、交通工具、能源等。

政府市场采购行为与产业市场的购买行为有相似之处，也有它自己的特点：

1) 政府市场采购具有公共性和非营利性。政府采购制度在西方200多年的实践表明：它作为国家公共财政支出普遍采用的一种手段，不仅仅是"省钱"，政府采购同时也是对支出总量进行源头控制，落实政府重大宏观调控目标的有效手段。因此，政府市场采购往往具有公共性和非营利性。

2) 政府市场的采购业务比较复杂。政府市场需求品种繁多，并在公众的监督下，其采购往往比生产者或中间商更为慎重，因而购买程序复杂。但政府为了物色供应商，除经常印发一些书面材料详细说明采购要求之外，对于采购手续也有比较细致的限制和规定。

3) 政府市场受到国家预算的控制和国家社会经济发展的影响。政府的某些采购涉及国家的方针政策和预算开支计划，因而具有较大的风险。政府市场的购买一般是先根据计划决策采购项目，然后寻求供应商。

5.4.3.2　政府购买过程的参与者

在政府采购行为中，购买决策所涉及的成员包括：

1) 采购人。是指使用财政性资金采购物资或服务的国家机关工作人员。采购人一般由政府采购机构工作人员担任。

2) 政府采购机构。是指政府设立的负责本级财政性资金的集中采购和招标组织工作的专门机构。政府财政部门是政府采购的主管部门，负责管理和监督政府采购活动。

3) 使用人。往往是国家各级政府部门。

4) 招标代理机构。是指依法取得招标代理资格，从事招标代理业务的社会中介机构。政府采购通常采用公开招标方式进行。对于招标事宜，政府采购机构有可能委托招标代理、机构进行。

5.4.3.3 政府采购方式和程序

根据《中华人民共和国政府采购法》规定，政府采购基本上采用公开招标、邀请招标、竞争性谈判、单一来源采购、询价等方式。其中公开招标是政府采购的主要方式。

1) 公开招标。公开招标采购就是不限定投标企业，按照一般的招标程序所进行的采购方式。这种采购方式对所有的投标者是一视同仁的，主要看其是否能更加符合招标项目的规定要求。但由于整个招标、评标过程会耗费大量的费用，所以公开招标一般要求采购项目的价值比较大。

公开招标的采购程序：① 进行招标前的准备，如上报采购计划，确定招标机构，制作招标文件等等；② 发布招标通告，让所有在投标人知道招标信息；③ 进行资格预审，即对于供应商的资格和能力进行事先的了解和审定；④ 发售招标文件，接受投标；⑤ 在规定时间内接受了投标之后，进行公开统一开标、评标，确定供应商；⑥ 最后同所有确定的供应商签订采购合同。

2) 邀请招标。邀请招标采购是指将投标企业限定在一定的范围内(一般必须3家以上)，主动邀请他们进行投标。邀请招标的原因一方面是由于所采购货物、工程或服务具有一定的特殊性，只能向有限范围内的供应商进行采购；另一方面是由于进行公开招标所需要费用占采购项目总价值的比例过大，即招标成本过高。所以对于采购规模较小的政府采购项目一般会采用邀请招标的方式。

邀请招标的基本程序：同公开招标差不多，只是其对于投标的供应商有一定的限制，不是采用发布招标通告，而是采取发出招标邀请书的方式进行招标的。

3) 竞争性谈判。竞争性谈判是指采购单位采用同多家供应商同时进行谈判，并从中确定最优供应商的采购方式。一般适用于在需求紧急情况之下，不可能有充裕的时间进行常规性的招标采购；或招标后没有合适的投标者；以及项目技术复杂、性质特殊无法明确招标规格等情况下，就可不采用招标方式而采用竞争性谈判的采购方式。

竞争性谈判的程序：① 询盘，即向供应方提出关于采购项目的价格及其他交易条件的询问；② 发盘，即由接到询盘的供应方发出价格或交易条件的信息，也称"报价"(但有时也可由采购方首先发盘，供应方若无条件接受、交易合同就可成立)；③ 还盘，即采购方对供应方的发盘(报价)提出一些修改意见，供应方修改后再向采购方还盘，此过程可反复进行，直至达成交易或拒绝交易；④ 接受，即采购方或供应方对于对方提出的价格和交易条件表示同意，从而双方的交易合同即可成立。竞争性谈判的这一程序是同时对各供应商开展的，由供应商进行公平竞争，采购方在同各供应商的发盘和还盘中去选择最合适的供应商。

4) 单一来源采购。即定向采购，虽然所采购的项目金额已达到必须进行政府采购的标准，但由于供应来源因资源专利、合同追加或后续维修扩充等原因只能是唯一的，就适用于采取单一来源的采购方式。

单一来源采购程序：由于没有竞争，所以不需要进行广泛的招标和竞价，但一般也要经过：提出采购要求，进行交易谈判，和签订、履行交易合同的过程。

5) 询价采购。主要是指采购单位向国内外的供应商(通常不少于 3 家) 发出询价单，让其报价，然后进行比较选择，确定供应商的采购方式。询价采购一般适应于货物规格标准统一，现货货源充足且价格变化幅度较小的政府采购项目。对于某些急需采购项目，或招标谈判成本过高的项目也可采用询价采购的方式。

询价采购程序：① 选择供应商，一般应在 3 家以上；② 发出询价单，询价单除询问价格之外还应包括其他交易条件；③ 评价和比较，由采购方对供应商报出的条件进行比较，然后做出选择；④ 签订合同、履行采购。

以上采购方式主要是指列入政府采购管理范围之内的采购项目的采购。所谓列入管理范围主要是指两方面：一是属于法定的"集中采购目录"之内的采购项目，二是达到所规定的采购金额标准以上的采购项目。规定的采购金额标准，(通常也称作"门槛价")是由政府有关部门(一般必须由财政部门参与)根据实际情况所规定的。在采购金额标准以下的采购项目，一般不受政府采购有关程序的约束，但也要求采用比价择优的方式。

实际上各种政府采购方式的基本程序还是相类似的，无非为五个基本步骤，即：确定采购项目、发出采购信息、接受供应信息、评价选择供应者和签订履行合同。所不同的只是在发出信息和接受信息的方式和对象上有所不同。

5.4.3.4　影响政府购买的因素

政府采购者与产业用户、中间商一样，其购买决策也要受到环境、组织、人际和个人因素的影响，仅在以下几个方面有所不同：

1) 要受到许多大众团体及公民的监督。尽管每个国家的政治经济制度不同，但政府机构的采购工作都要受到监督。政府采购作为经济行为，要考虑经济效益，外界公众的监督会使其购买行为趋于合理、高效。外界公众希望政府机构以最低标准的购物数量来实现政府的各项职能，要求政府的采购工作要有效率、公正，并能接受大众的监督。在这种情况下，政府机构的采购业务就必须慎之又慎，需要不厌其烦地填写许多表格，经许多人签署，层层核转，发订单时间也比较慢。

2) 要受到政治、政策变化的影响。比如：20 世纪 50 年代初的美国政府当时致力于建立和维护军事力量的优势，同时竭力应付朝鲜战争，于是吸引了许多企业家考虑政府机构市场的需求，政府也进一步提供信息、服务和优惠条件，来刺激和吸引企业界在这方面的投资；但到 60 年代初，美国政府对采购业务又采取了加强管理的政策，特别是放弃很多以"成本加成"的合约形式，迫使许多原来为国防部产销产品的供应商不得不转而寻求政府市场以外的其他市场。

3) 要考虑政府追求的其他非经济性的目标。非经济标准在政府采购中的作用日益加强。政府往往受政治、道义等因素影响，采购时更注重社会效益。譬如，为了影响企业的地区分布，就会鼓励在落后地区办厂，在那里采购货物；为了影响产业界的竞争力量对比，就会帮助中心企业和竞争力较弱的厂商，向他们采购货物；在采购时，对国有企业或经济落后地区企业给予照顾等等。

5.4.3.5　面向政府市场的营销工作

政府采购在组织方式、信息披露、招标流程和供应商资格审核等方面与常规的采购方式有很大的不同。这需要企业明确界定政府采购的采购单位、采购流程、采购方式、采购对象和有关的法律事项等信息，进行有针对性的研究和分析，选择相应目标市场，做到有的放矢。

政府部门一般在采购政策中已强调了价格标准，并会引导供应商在降低成本方面做出努力；另外.由于产品的各项特征已被严格设定，因而产品差异也不是市场营销工作的可利用因素。在公开招标的基础上，广告和人员推销对于赢得招标不可能具有很大影响，而确立适当的市场推广关系对于面向政府部门销售的企业显得非常重要。这需要企业同各级政府采购管理机构和信息披露机构保持合作，收集竞争性情报，建立较强大的信息传播网，以显示公司能力。

为指导以政府为目标的营销努力，企业应建立相应的组织方式面对政府采购。通常企业可采用两种主要方式：一是针对具体的政府采购项目，采用跨部门和跨地区的项目团队方式。例如由公关部、销售部、销售大区及其他部门联合组成项目组，各自负担一部分职能，采购任务完成后项目组即告解散。二是成立专门的政府采购部，统领企业的政府采购事务，包括政府关系处理、信息收集等。采用何种方式，视企业的性质、政府采购目标、内部组织管理方式等要素而定。

【思考与练习】

1) 名词解释：

组织市场　　政府市场

2) 论述题：

(1) 组织市场的特征是什么？

(2) 组织购买类型有哪几种？

(3) 举例说明影响组织购买行为的因素。

(4) 描述购买中心各成员的角色。找出组织中最有可能担当这些角色的人。

(5) 论述组织购买的过程。

(6) 分析影响政府购买行为的主要因素。

【实训项目】

1) 实训名称：产品或服务在组织市场的卖点分析和营销方案设计。

2) 实训目的：通过实训，实现理论知识向实践技能的转化，使学生能够运用所学知识分析组织市场的市场营销环境，并针对性地给出相应策略。

3) 实训内容：以某一产品或者服务为对象，针对某一类组织市场，为该产品或服务设计一套可行的营销策略方案。

4) 实训步骤：

(1) 以 6～8 个人为单位组成一个团队。

(2) 由团队成员共同讨论确定选择的产品或服务。

(3) 通过文献调查、深度访谈、组织调研等方式，了解该产品所对的组织市场的销售状况、产品或服务的主要卖点和竞争者等。

(4) 根据调研结果，为该产品或服务设计一套可行的营销方案。

(5) 各团队派代表展示其成果。

(6) 考核实训成果，评定实训成绩。

5) 实训要求：

(1) 考虑到课堂时间有限，项目实施可采取"课外+课内"的方式进行，即团队组成、分工、讨论和方案形成在课外完成，成果展示安排在课内。

(2) 每组提交的方案中，必须详细说明团队的分工情况，以及每个成员的完成情况。

(3) 每个团队方案展示时间为 10 分钟，老师和学生提问时间为 5 分钟。

6 市场营销调研与预测

【知识目标】

了解市场营销调研的概念、作用和分类；

熟悉市场营销调研内容，掌握各种营销调研方法；

掌握市场调研的步骤和方法。

【能力目标】

能掌握市场调研的基本程序，并学会运用其方法和技巧，掌握市场调研报告的撰写。

【案例导入】

口香糖品牌的市场调研

Juicy Fruit(黄箭牌口香糖，美国，果鲜口味)是 Wm.Wrigley Jr.公司历史最为悠久的口香糖老品牌。人口统计学的研究结果显示，青少年是消费口香糖最多的人群。就在几年前，Wrigley 公司发现，它面临着来自竞争者的巨大压力，销售额和市场份额都在逐年下降。

1) 营销(调研)问题的提出。为了保住市场地位，获得稳定的市场销售，Wrigley 公司提出了应该怎样做，才能吸引更多的青少年来嚼 Juicy Fruit 牌子的口香糖，以增加销售量？ 并希望知道 Juicy Fruit 牌子的口香糖在哪些特点上最吸引青少年？

2) Wrigley 公司的广告代理商 BBDO 公司首先邀请了 400 名酷爱嚼口香糖的青少年进行调查：对包括黄剑口香糖的各种不同口香糖品牌，按照口香糖的各种属性特点进行排名，排名的目的是筛选出最能体现该品牌口香糖特点的特性。

3) 对 Juicy Fruit 牌子的口香糖调查的结果是：受调研者反映良好的属性，集中体现在"甜味适中"、"口味自然"上。

4) BBDO 所做的另一个面上营销调研，旨在弄清楚，一般的青少年为什么喜欢嚼口香糖，以及对品牌的选择。提出的问题包括：

(1) 心理压力太大，嚼口香糖可以减缓心理压力？

(2) 上学前忘了刷牙，可以清洁牙齿？

(3) 当想吃点东西的时候，就在嘴里塞一块口香糖？(此问题可能不是营销人员首先主动想到的问题——通过其他填写项获得)

(4) 需要口香糖时，首选品牌是什么？

通过上述面上调查和专项的口香糖调查发现：

(1) 有 3/4 的被调查者在"想吃点东西的时候，就在嘴里塞一块口香糖，且首选 Juicy Fruit 牌子的口香糖"(表明能够进入青少年选择商品视野)。

(2) 青少年最关心的口香糖的属性特征是：甜味适中、口味自然(特别是 Juicy Fruit 牌子的口味) 。很显然：Wrigley 公司下一步打"广告——刺激青少年"时，应当将重点放在口香糖的甜味上——这是容易引起青少年消费者注意力，和提升青少年顾客满意度的主要产品属性。为此，BBDO 公司为 Wrigley 公司设计了 4 个以"品尝甜味"为主题的电视广告片，并邀请青少年观众对其做出评价。并在产品的生产上，提供青少年消费者所需甜度的口香糖。1998 年，在对选择的广告进行电视广告播出之后，销售额增加了 5%，而原来已经下降了 2%；市场份额也由原来的 4.9%上升到 5.3%。

(兰苓. 市场营销学[M]. 北京：机械工业出版社，2008)

6.1 市场营销调研概述

市场营销调研是指通过科学的方法系统地、客观地收集、整理和分析研究市场营销信息资料，为企业制定市场营销战略提供参考依据。市场营销调研强调系统性，对调研工作要求从整体的角度进行周密地计划和有条理地组织。市场营销调研又必须是客观的，这就是说，调研人员必须保持坦诚的态度，对所有的信息资料应客观地进行记录、整理和分析处理，尽可能减少错误和偏见。此外，通过调研所得出的结论或者建议不能代替企业领导者的决策，调研的结果只能作为决策的参考依据。企业领导者应认真研究调研中所获得的各方面的信息，并在此基础上做出自己的计划与决策，以正确地指导企业的营销活动。

6.1.1 市场营销调研的涵义及特点

6.1.1.1 市场调研的含义

美国市场营销协会(AMA)对市场调研所下的定义为：市场调研(调查)是一种通过信息将消费者、顾客和公众与营销者连接起来的职能。这些信息用于识别和确定营销机会及问题，产生、提炼和评估营销活动，监督营销绩效，改进人们对营销过程的理解。市场调研规定解决这些问题所需的信息，设计收集信息的方法，管理并实施信息收集过程，分析结果，最后要沟通所行的结论及其意义。简单地说：“市场调研是指对与营销决策相关的数据(商品交换过程中发生的信息)进行计划、收集和分析并把结果向管理者沟通的过程。”

在商品经济社会的初期，商品生产规模小，产量和品种有限，市场交易范围狭小，供求变化较稳定，竞争不很激烈，商品生产经营者较易掌握市场变化。因此，市场调研仅处在原始的、自发的、低级的状态。而在现代相对发达的市场经济条件下，商品生产的规模日益扩大，生产量巨大，品种、规格、花色繁多；消费需求不但量大，而且层次多、复杂多变，供求关系变化迅速，市场规模突破了地区甚至国家的界限，竞争日益激烈。面对如此状况，企业只有通过市场调研充分掌握市场信息，才能做出正确的经营决策，立于不败之地。

市场调查解决的主要问题是：现有顾客由哪些人或组织构成？潜在顾客由哪些人或组织构成？这些顾客需要购买哪些产品或服务？为什么购买？何时何地以及如何购买？

【小案例】

微软因何进入因特网？

微软是世界上规模最大的软件公司，面对软件行业激烈的市场竞争，为了保持企业的领先优势，开发符合潮流的产品，从 1994 年 10 月份起，每年举办一次问卷调研，采用的策略是面向 9～12 岁的儿童进行征文比赛，题目是：请描述你心中最有魅力的计算机。比赛优胜者可获得丰厚的奖品。在数不清的答卷中，很多男孩或女孩，都希望通过计算机漫游世界，通过因特网结识朋友。每一份答卷，仿佛都描绘出一幅未来计算机的发展图景。通过征文比赛得到的信息，微软公司看到因特网巨大潜力，下定了攻占因特网市场的决心。微软总裁比尔·盖茨认为，所有微软产品必须顺应因特网的潮流，成功开发“视窗95”后，他加速开发上网工具，创造新的州览器，并不断改进，让用户在使用产品观看网页时，取得最佳的视觉效果。从此之后，系列软件都是在对消费者大量信息搜集统计的基础上设计开发出来的，并都取得了非常好的市场反响。

(曹刚等. 国内外市场营销案例集[M]. 武汉：武汉大学出版社，2006)

6.1.1.2　市场调研的特点

以服务于企业预测和决策的需要为目的、系统收集和分析信息的现代市场调研是一项专业性很强的工作，从本质上看是一种市场行为的科学研究工作。现代市场调研的基本特点有：

1) 目的性。市场调研是有关部门和企业针对市场的科研活动，它有明确的目的性。这一目的性不仅是设计市场调研方案的前提，也是衡量市场调研是否有价值的基础。现代市场调研以提供有关部门和企业进行市场预测和决策的信息为目的，这种明确的目的性表现在收集、整理和分析市场信息和各个阶段都具有严密计划的特征。

2) 系统性。现代市场调研过程是一项系统工程，它有规范的运作程序。市场调研人员应全面、系统地收集有关市场信息的活动，要求做到对影响市场运行的各种经济、社会、政治、文化等因素进行理论与实践分析相结合、分门别类研究与综合分析相结合、定性分析与定量分析相结合、现状分析与趋势分析相结合的系统性综合研究。如果单纯就事论事，不考虑周围环境等相关因素的影响，就难以有效把握市场发展及变化的本质，得到准确的调研结果。

3) 真实性。现代市场调研的真实性，具体表现为两方面的要求：第一，调查资料数据必须真实地来源于客观实际，而非主观臆造。任何有意提供虚假信息的行为，从性质上说不属于市场调查行为。例如，有的国家在医疗卫生保健的调查中，有意把霍乱、禽流感等传染性疾病的发病率报得很低，生怕报高了会有损于本国的形象，吓跑了外国旅客。第二，调查结果应该具有时效性，即调研所得结论能够反映市场运行的现实状况，否则，不仅会增加费用开支，而且会使有关部门和企业的决策滞后，导致决策失败。市场调研的时效性应表现为及时捕捉和抓住市场上任何有用的信息资料，及时分析，及时反馈，为有关部门和企业的活动提供决策建议或依据。总之，现代市场调研的真实性要求从业人员提高职业道德和专业素质，充分利用现代科技手段和方法收集和分析市场信息，做到准确、高效地反映现代市场运行的状况。

【小案例】

凯斯公司倾听"消费者的呼声"

凯斯(Case)公司是一家建筑设备和农场设备的制造商。1991年和1992年的营业损失达到90万美元。1994年，公司聘用了一位新的首席执行官琼·皮埃尔·罗索(Jean Pierre Rosso)。他得知公司自80年代以来，从未将顾客意见纳入它的产品设计决策中。与之相反，产品是为适应工厂生产能力而发展起来的。这造成了产品滞销，比如一种新型拖拉机马力太低，不能满足消费者的需要。当经销商发现他们的凯斯产品积压时，交易关系恶化，这又进一步损害了公司的销售。

罗索认识到公司必须扭转营销观念，由过去的生产导向转变为市场导向。用公司营销部负责人文森特·巴拉巴的话来说，公司各部门的想法和消费者的想法应该有一个"结合"点。于是，公司多次请教消费者，将凯斯的设备与主要竞争者——约翰·迪尔和卡特皮勒的设备逐项进行比较，公司的工程师和营销人员对使用竞争者产品的客户和潜在客户进行访问，询问产品特征、优势和问题。然后，把收集的资料纳入新的产品设计。罗索的营销调研信息改善了决策的制定，致使公司的净收入1994年翻了两番，销售增长了14%。1995年，收入达到42亿美元。

1996 年上半年，凯斯的收入和利润比 1995 年均高出 20%。显然，凯斯通过营销调研来"倾听消费者的呼声"，制定、改进和评估营销活动。

(阿尔文·C·伯恩斯和罗纳德·F·布什. 营销调研(中译本). 北京：中国人民大学出版社，2001)

6.1.2　市场调研类型

6.1.2.1　根据市场营销调研的目的划分

按照市场营销调研的目的，可以将营销调研划分为预测性调研、描述性调研和解释性调研三类，这三类营销调研方法比较如表 6.1。

表 6.1　三类营销调研比较

项　目	预测性调研	描述性调研	解释性调查
调研目的	发现存在的是什么问题	明确存在的问题是什么状况	发现问题产生的原因
适用方法	观察法	询问法	实验法
适用阶段	初步调查	正式调查	追踪调查与深入调查

市场营销调研按其要完成的任务一般分为以下三种类型：

1) 描述性市场调研。这种调查的任务在于客观反映市场各个要素及其相互关系的现状。它是通过详细的调查和分析，对市场营销活动的某个方面进行客观的描述，对已经找出的问题作如实的反映和具体回答。多数的市场营销调研都为描述性调研。例如调查消费者购买力、竞争对手状况、产品市场占有率等。在调查中，搜集与市场有关的各种资料，并对这些资料进行分析研究，揭示市场发展变化的趋势，其特点是回答市场现状是什么，其意义为企业的市场营销决策提供科学的依据。

2) 解释性市场调研。解释性市场调研的目的在于检验某种理论假设，或说明解释某类客观现象，寻求现象之间关系存在的条件。由于因果关系是建立理论解释的主要方式之一，因此，解释性市场调研也常常被称为"因果性市场调研"。在市场调研中凡是要回答"为什么"的时候，都属于解释性市场调研。例如，某公司尽管调低了产品的销售价格，但产品销售量仍然下降，公司不能确定究竟是广告支出减少所致，还是大量竞争对手加入市场，或者是公司的产品质量满足不了顾客的要求。要解决这一问题，就需要进行解释性市场调研的活动。解释性市场调研的特点在于，在一定的理论指导下，全面收集有关因素的实际资料，在此基础上通过对资料的科学分析，检验原有的理论或假设，从而对客观现象给予理论解释和证明。这种调查的意义在于，调研人员可以向决策部门提供较完整的市场信息，并提出科学依据的具体建议。

3) 预测性市场调研。预测性市场调研的目的在于对市场的发展趋势及变动幅度做出科学估计。它的特征是，在科学理论的指导下，通过运用科学方法对过去、当前市场信息的综合分析研究，预测未来市场的走势，预测性市场调研是企业制定市场营销决策和方案的重要依据和基础，它对企业制定有效的营销计划，避免较大的风险和损失，有着特殊的意义。

上述三类市场调研是相互联系的。尽管在特定时期，为解决某个特定问题，会强调或突出某一种市场调研类型，但是从市场调研的基本目的看，回答市场现状"是什么"、"为什么"和"将来是什么"，是现代市场调研的基本职能和任务。

6.1.2.2　按市场营销调研的范围划分

市场营销调研按其调研的范围一般分为以下两种类型：

1) 专题性市场营销调研。是指调研主体为解决某个具体问题而进行的调查研究。

2) 综合性市场营销调研。是指市场营销的调研主体为全面了解市场营销的状况而对市场营销进行的各个方面的调研。

6.1.3　市场调研内容

6.1.3.1　宏观市场调研的内容

从现代市场基本要素构成分析上看，宏观市场调研是从整个经济社会的角度，对于社会总需求与供给的现状及其平衡关系的调研。具体内容包括：

1) 社会购买总量及其影响因素调查。社会购买力是指在一定时期内，全社会在市场上用于购买商品或服务的货币支付能力。社会购买力包括三个部分：即居民购买力、社会集团购买力和生产资料购买力。其中，居民购买力尤其是居民用于购买生活消费品的货币支付能力(即居民消费购买力)是调查的重点。

2) 社会购买力投向及其影响因素调查。主要内容是调查社会商品零售额情况，并分析其构成。这类调查还可以采用统计调查的方式，从买方角度分析购买力投向的变动。调查影响购买力投向变化因素的主要内容包括：消费品购买力水平及变动速度、消费构成变化、商品价格变动、消费心理变化和社会集团购买力控制程度变动等。

3) 消费者人口状况调查。调查的主要内容有：人口总量、人口地理分布状况、家庭总数和家庭平均人数、民族构成、年龄构成、性别构成、职业构成、教育程度等。这种调查有着长期的历史传统，在 20 世纪 50 年代中期形成的"市场细分"概念，是目前仍很流行的消费者调查参考框架之一。

以上三项可以看作是对构成市场要素之一的消费系统总体状况及变动因素的调查。

4) 市场商品供给来源及影响因素调查。对于商品供给来源的调查内容包括：国内工农业生产部门的总供给量、进口商品量、国家储备拨付量、物资回收量和期初结余量等。

5) 市场商品供应能力调查。商品供应能力调查是对工商企业的商品生产能力和商品流转能力的调查，主要内容包括：企业现有商品生产能力和结构、企业经营设施、设备的状况、科技成果转化速度、企业资金总量、企业盈利和效益情况、企业技术水平和职工素质、交通运输能力、生产力布局等。

【小案例】

高档次的私人膳宿服务

当美国绝大多数医院积极削减经营成本的时候，位于洛杉矶的世纪城市医院却开办了它的豪华世纪病房来提供高档次的私人膳宿服务。这个举动是建立在广泛市场调研的基础上，调研的方法包括分析公开出版的数据资料和举行大规模的调查活动。调研结果表明，50%的高收入的当地居民习惯于享受好的膳宿条件，而且非常看重隐私和个人空间，因此，世纪城市医院的这项决策使它获得了一个高收益的市场份额。

(王槐林.市场营销原理[M].武汉：湖北科学技术出版社，2008)

6.1.3.2 微观(企业)市场调研的内容

微观市场调研则是从微观经济实体(企业)的角度出发对市场要素进行调查分析，它是现代市场调研的主体内容。由于市场变化的因素很多，企业市场调研的内容也十分广泛，一般来说，涉及企业市场营销活动的方方面面都应调研，但主要内容如下：

1) 市场需求的调研。从市场营销的理念来说，顾客的需求和欲望是企业营销活动的中心和出发点，因此，对市场需求的调研，应成为市场调研的主要内容之一。市场需求情况的调研包括：现有顾客需求情况的调研(包括需求什么、需求多少、需求时间等)；现有顾客对本企业产品(包括服务) 满意程度的调研；现有顾客对本企业产品信赖程度的调研；对影响需求的各种因素变化情况的调研；对顾客的购买动机和购买行为的调研；对潜在顾客需求情况的调研(包括需求什么、需求多少和需求时间等)。

2) 产品的调研。产品是企业赖以生存的物质基础。一个企业要想在竞争中求得生存和发展，就必须始终如一地生产出顾客需要的产品来。产品调研的内容包括：产品设计的调研(包括功能设计、用途设计、使用方便和操作安全的设计、产品的品牌和商标设计以及产品的外观和包装设计等)；产品系列和产品组合的调研；产品生命周期的调研；对老产品改进的调研；对新产品开发的调研；对于如何做好销售技术服务的调研等。

3) 价格的调研。价格对产品的销售和企业的获利情况有着重要的影响，积极开展产品价格的调研，对于企业制定正确的价格策略有着重要的作用。价格调研的内容包括：市场供求情况及其变化趋势的调研；影响价格变化各种因素的调研；产品需求价格弹性的调研；替代产品价格的调研；新产品定价策略的调研；目标市场对本企业品牌价格水平的反应等。

4) 促销的调研。促销调研的主要内容是企业的各种促销手段、促销政策的可行性，其中一般企业较为重视的有广告和人员推销的调研。如：广告的调研(广告媒体、广告效果、广告时间、广告预算等的调研)；人员推销的调研(销售力量大小、销售人员素质、销售人员分派是否合理、销售人员报酬、有效的人员促销策略的调研)；各种营业推广的调研；公共关系与企业形象的调研。

5) 销售渠道的调研。销售渠道的选择是否合理，产品的储存和运输安排是否恰当，对于提高销售效率、缩短交货期和降低销售费用有着重要的作用。因此，销售渠道的调研也是市场调研的一项重要内容。销售渠道调研的内容包括：各类中间商(包括批发商、零售商、代理商、经销商)应如何选择的调研；仓库地址应如何选择的调研；各种运输工具应如何安排的调研；如何既满足交货期的需要，又降低销售费用的调研等。

6) 竞争的调研。竞争的存在，对于企业的市场营销有着重要的影响。因此，企业在制定各种市场营销策略之前，必须认真调研市场竞争的动向。竞争的调研包括：竞争对手的数量(包括国内外)及其分布、市场营销能力；竞争产品的特性、市场占有率、覆盖率；竞争对手的优势与劣势、长处与短处；竞争对手的市场营销组合策略；竞争对手的实力、市场营销战略及其实际效果；竞争发展的趋势等。

7) 用户的调研。用户的具体特征、经济现状以及他们的变动情况和发展趋势；不同地区、不同民族的用户，生活习惯、需求有哪些不同；用户的购买动机是什么，包括理智动机、偏好动机，以及产生这些动机的原因；用户对特定的品牌或特定的商店产生偏好的因素、条件和原因；具体分析购买的决定者、使用者和购买者是谁，以及他们之间的关系；用户喜欢在何时、何地购买，他们的购买习惯和购买方式以及对产品的要求和反应有哪些？用户对产品的使用次数和购买次数，以及每次购买的数量；新产品进入市场，哪些用户最先购买，其原因和反应是什么？

以上各项内容，是从市场调研的一般情况来讲的，各个企业市场环境不同，所遇到的问题不同，因而所要调研的问题也就不同，因此企业应根据自己的具体情况来确定调研内容。

6.1.4 市场调研的程序

现代市场调研是一种科学研究活动，在长期的实践中形成了一套严格的工作程序，保证了市场调研的质量和效率。一般来说，市场调研活动由以下九个步骤构成，如图 6.1 所示。

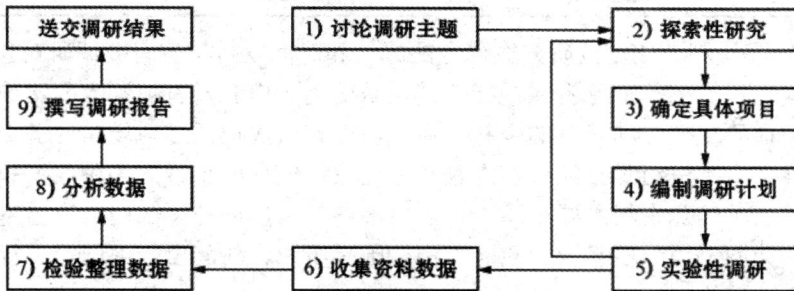

```
送交调研结果      1) 讨论调研主题  →  2) 探索性研究
                                         ↓
9) 撰写调研报告                       3) 确定具体项目
                                         ↓
8) 分析数据                          4) 编制调研计划
                                         ↓
7) 检验整理数据 ← 6) 收集资料数据 ← 5) 实验性调研
```

图 6.1 市场调研程序

1) 讨论调研主题。讨论调研主题是市场调研的第一步，在这里要明确：该调研项目属于何种性质，具体涉及哪些具体范围，要达到什么目标，工作量多大和调查人员如何配备。

2) 探索性研究。它是对承接调研项目的初步认识。该环节主要工作有四个方面：第一是查找有关文献资料，第二是访问有关方面的专家，第三是研究几个有启发性的事例，第四是调研人员开讨论会。

3) 确定调研项目。该环节的主要工作是将调研题目、范围具体化，即明确规定要调查的具体指标或因素。

4) 编制调研计划。为保证调研工作顺利进行，必须事先制定一个完善的调研计划，其内容见表 6.2。为了保证调研活动按期按质完成，还必须制订"实地调研时间进度表"，作为调研计划的执行计划，时间进度表要具体规定每项调研活动的延续时间(周期)、开始日期和结束日期，以及各项调研活动之间的相互关系。

5) 实验性调研。该环节的主要任务是在正式调研前用小样本全面检查调研方案的可行性及各种调研工具的有效性，以避免正式实施时才发现问题，造成巨大浪费和损失。

表 6.2　调研计划的内容

项 目	含 义	任 务
What	调研什么	明确调研主题
Why	调研目的(原因)	明确调研目的、意义与目标
Which	调研对象	随机抽样、非随机抽样
Who	调研主体	委托外部机构调研、自己独立调研、内外协作调研
When	调研时间	调研日程、信息时限
Where	调研范围	明确调研总体与总体单位
How to do	调研方法	询问法、观察法、实验法；原始资料，二手资料
How much	调研预算	人、财、物消耗预算

6) 收集资料。依据调研方案选定的方法和时间安排，访问被调研对象，现场收集资料，见表 6.3。原始资料是指营销调研所需的信息没有被别人收集或别人已经收集但调研单位无法获取的资料，通常需要调研人员通过现场实地调查直接收集的资料。二手资料是指经过他人收集、记录、整理所积累的各种数据和资料的总称。第二手信息资料主要来源于企业内部各部门，如档案部门、资料室等；企业外部，如图书馆、档案馆、政府机构、国际组织、新闻出版部门等；行业组织与其他企业等。

表 6.3　调研资料的收集

项目		方法	具体方法	优点	缺点
资料来源	二手资料	案头调研	内部资料查询	费用成本低、快捷方便	缺乏针对性，可靠性、准确性、客观性需进一步验证
			外部资料收集		
	原始资料	询问法	问卷调研	信息资料准确可靠，针对性、有效性强	费用成本高、周期长
			访谈调研		
			电话调研		
			会议调研		
		观察法	人工观察、机器观察		
		实验法	无控制实验、有控制实验		

7) 资料的审核整理。该项工作的目的在于鉴定收集到的资料的有效性，以及编码、登录等，最终建立数据文件库。

8) 资料的统计和分析。根据调研方案的规定，按统计清单处理数据，把复杂的原始数据变成易于理解的资料，并对其给予全面系统的统计和理论分析。市场得到的大量第一手资料是分散、零星和杂乱无章的。为了反映事物的本质，揭示隐藏在这些数据之中带有规律性的东西，必须将这些原始数据进行整理分析，使之系统化、合理化。数据资料整理就是把各种调查所得的原始资料归纳为能反映总体特征的数据的过程。数据的整理分析主要包括五个方面的工作：

(1) 分类。分类是数据资料整理的基础，也是保证资料科学性的重要事件。分类一种是事先分类，另一种是事后分类。

(2) 编校。包括检查、改错和修正三方面的工作，可以使资料更加准确。

(3) 统计。即运用统计分析方法，把资料列成图表，并进行分析和对比，必要时可使用计算机完成。

(4) 推断。推断是考察调查总体的内部结构和分析各有关因素、关系的工作，是整理分析工作的核心环节。常用的推断分析方法有相关分析、回归分析、判别分析、时间序列分析等。

(5) 鉴定。从总体中抽取样本来推断总体的调查必然带有误差。除了抽样误差以外，还有工作中差错带来的误差，这种误差称为系统误差，一般应尽量避免。为了鉴别抽取的样本是否能代表总体，可以凭个人的经验来鉴别，也可以利用适当的公式计算标准偏差和置信水平，如计算结果在规定的误差范围之内，则可认为数据是可靠的。

9) 撰写调研报告。这是市场调研的最后一个环节，是形成调研结论的环节，调研报告是整个调研工作的结晶，提交市场调研报告是完成调研的标志。调研报告是通过文字的表达形式，对调研成果的总结。它反映了调研的内容、质量，决定调研结果的有效程度。市场营销调研报告可分为专题性报告和一般性报告。专题性调研报告是供专门人员做深入研究用的；一般性调研报告是供企业领导或公众参考用的。专题性报告在撰写时应注意尽可能详细，各项数据要尽可能齐全，并以客观的立场列举事实，特别是当调查的结果对本企业无利时，也应实事求是，不得弄虚作假。

【小案例】

美国航空公司对飞机上提供电话服务的调研

美国航空公司注意探索为航空旅行者提供他们需要的新服务。一位经理提出在高空为乘客提供电话通信的想法。其他的经理们认为这是激动人心的。并同意应对此作进一步的研究。于是，提出这一建议的营销经理自愿为此作初步调查。他同一个大电信公司接触。以研究波音747飞机从东海岸到西海岸的飞行途中，电话服务在技术上是否可行。据电信公司讲，这种系统每次航行成本大约是1000美元。因此，如果每次电话收费25美元，则在每航次中至少有40人通话才能保本。于是这位经理与本公司的营销调研经理联系，请他研究旅客对这种新服务将做出何种反应。

1) 确定问题与调研目标。

(1) 航空公司的乘客在航行期间通电话的主要原因是什么?

(2) 哪些类型的乘客最喜欢在航行中打电话?

(3) 有多少乘客可能会打电话? 各种层次的价格对他们有何影响?

(4) 这一新服务会使美国航空公司增加多少乘客?

(5) 这一服务对美国航空公司的形象将会产生多少有长期意义的影响?

(6) 电话服务与其他因素诸如航班计划、食物和行李处理等相比, 其重要性将怎样?

2) 拟定调研计划。假定该公司预计不作任何市场调研而在飞机上提供电话服务, 并获得长期利润 5 万美元, 而营销经理认为调研会帮助公司改进促销计划而可获得长期利润 9 万美元。在这种情况下, 在市场调研上所花的费用最高为 4 万美元。调研计划包括: 资料来源、调研方法、调研工具、抽样计划、接触方法。

3) 收集信息。

4) 分析信息。

5) 提出结论。

(1) 使用飞机上电话服务的主要原因是: 有紧急情况, 紧迫的商业交易, 飞行时间上的混乱, 等等。用电话来消磨时间的现象是不大会发生的。绝大多数的电话是商人所打的, 并且他们要报销单。

(2) 每 200 人中, 大约有 20 位乘客愿花费 25 美元打一次电话; 而约 40 人期望每次通话费为 15 美元。因此, 每次收 15 美元(以 40 人计可收 600 美元)比收 25 美元(以 20 人计可收 500 美元)有更多的收入。然而, 这些收入都大大低于飞行通话的保本点成本 1000 美元。

(3) 推行飞行中的电话服务使美航每次航班能增加 2 个额外的乘客, 从这 2 人身上能收到 400 美元的纯收入, 然而, 这也不足以帮助抵付保本成本点。

(4) 提供飞行服务增强了美航作为创新和进步的航空公司的公众形象。

(菲利普·科特勒. 营销管理(新千年版)[M]. 北京: 中国人民大学出版社, 2001)

6.1.5　调研方法

营销调研收集原始资料的方法如图 6.2 所示, 主要有询问法、观察法与实验法三大类, 这三大类方法有缺点比较如表 6.4 所示。如前所述, 案头调研即获得二手资料的调研。二手资料的来源包括内部来源和外部来源。内部来源包括消费者、销售量、供货商及其他的公司希望跟踪的资料数据库。具体包括年度报表和股东报告、销售记录、顾客名单、销售人员报告; 代理商、经销商信函、消费者意见；以前的调研报告、审计报告。

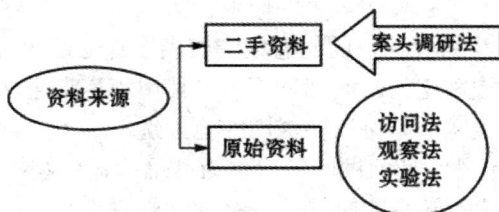

图 6.2 营销调研的资料来源

表 6.4 三类调研方法比较

项目	访问法	观察法	实验法
优点	调研方法灵活方便 调研问题全面深入	调研方法直接有效 调研结果客观准确实用	验证因果关系 发现内在规律
缺点	周期长、组织难度大	重于表象缺乏深度	时间长、费用大

外部来源是指从公司外部得到的资料，具体包括：大众传媒、图书馆、官方信息机构、民间信息机构、银行等金融机构及数据库只读光盘和因特网等。

下面将根据调研的类型介绍几种营销调研的方法，其中将重点介绍实地调研中的几种方法。

通过实地调研获得的是一手资料，也叫原始资料，是指调研人员为解决当前问题通过实地现场调查，直接向调研对象收集的信息资料。它具有更具体、针对性和适用性较强的特点，但这种收集资料的方法也有不足之处，主要表现为投入人力较多、时间较长、费用较高。实地调研的方法可分为 3 种，即访问法、观察法和实验法。

6.1.5.1 访问法

访问法是指通过询问的方式向被调查者了解市场资料的一种方法。访问既可在备有正式问卷的情况下，也可在没问卷的情况下进行。

1) 面谈调查。调查人员直接访问被调查对象，向被调查对象访有关的问题，以获取信息资料。通常，调查人员根据事先拟好的问卷或调查提纲上问题的顺序，依次进行提问；有时，亦可采用自由交谈的方式进行。使用面谈法进行调研，可以一个人面谈，也可以几个人集体面谈，分别称之为个人访问和集体访问。采用这种方法，调查人员能直接与被调查对象见面，听取其意见，观察其反应，因此，这种方法的灵活性较大，没有什么固定的格式，可以一般地谈，也可深入详细地谈，所涉及的问题范围可以很广，也可以较窄。同时，这种方式的问卷或调查表回收率较高且质量易于控制，但缺点是调查成本比较高，调查结果受调查人员业务水平和被调查者回答问题真实与否的影响很大。

2) 邮寄调查。将事先设计好的问卷或调查表，通过邮件的形式寄给被调查对象，由他们填好以后按规定的时间邮寄回来。使用邮寄调查法的最大优点是选择调查范围不受任何的限制，即可以在很广的范围选取样本；被调查者有比较充裕的时间来考虑答复的问题，使问题回答得更为准确；不受调查人员在现场的影响，得到的信息资料较为客观、真实。其缺点是邮件回收率很低，各地区寄回来的比例也不一样。因此，影响调查的代表性。也就是说，我们无法判断寄回来信件的人与不寄回来信件的人态度到底有什么区别。如果简单地用邮寄回来信件人的意见，代表全体被调查者的意见，那就会冒很大风险。

3) 电话调查。由调查人员根据抽样的要求以及预先拟定的内容，通过电话访问的形式向被调查对象访问而获取信息资料的方法。电话访问法的优点在于：可以短时期内调查较多的对象，成本也比较低，并能以统一的格式进行访问，所得信息资料便于统计处理。其缺点是：调查范围受到限制，目前我国有些地区电话的普及率不高；不易得到被调查者的合作，不能访问较复杂的问题，调查难以深入。

4) 留置调查。由调查人员将事先设计好的问卷或调查表当面交给被调查对象，并说明回答问题的要求，留给被调查对象自行填写，然后，由调查人员在规定的时间收回。这种访问的方式，其优缺点介于面谈法和邮寄访问法之间，其优点是，调查问卷回收率高，被调查者可以当面了解填写问卷的要求，避免由于误解调查内容而产生的误差。同时，采用留置调查法，被调查者的意见可以不受调查人员意见的影响，填写问卷的时间较充裕，便于思考回忆。其主要缺点是，调查地域范围有限，调查费用较高，也不利于对调查人员的活动进行有效的监督。

6.1.5.2　观察法

1) 观察法的类型。观察法是指通过跟踪、记录被调查对象的行为特征来取得第一手资料的调查方法。在观察过程中，可以通过耳听、眼看或借助于摄影设备和仪器等手段来获得某些主要信息。观察法通常有以下几种具体的形式。

(1) 实验观察和非实验观察。从调查人员是否对观察实行控制来划分，观察可分为实验观察和非实验观察。实验观察是在人为设计的环境中进行的观察。例如，如果要了解商场售货员对挑剔顾客的态度反映情况，调查人员可以以顾客的身份去购物，并有意识地做一些事或说一些话以刺激售货员，观测售货员将会做出什么样的反应，从而了解情况。非实验观察是在自然状况下进行观察，所有参与的人和物都不受控制，跟往常一样，例如，调查人员在自然状况下观察商场售货员接待顾客、提供服务的过程。

【小案例】

顾客观察类型的商业服务

在西方国家中，顾客观察法已成为企业提供的一种特殊服务，而且收费很高。美国《读者文摘》曾经报道，专门从事观察业务的商业密探在美国大行其道。帕科·安德希尔((Paco Underhill)成立了一家名为伊维德罗森希尔(Environsell)的公司，它20年来一直追踪观察购物者。其客户包括麦当劳、星巴克、雅诗兰黛和百视达。他们研究不同的零售点，并且利用独特的方法记录下购物者的行为。他们还应用剪报板、跟踪单、视像设备以及敏锐的眼睛来描述购物者行为的每个细微差别。

他们的调查结果给很多商店提出了许多实际的改进措施。例如，他们用一卷胶片拍摄了一家主要是青少年光顾的音像商店，发现这家商店把磁带放在孩子们拿不着的很高的货架上。安德希尔指出应把商品放低18英寸，结果销售量大大增加。又如一家叫伍尔沃思的公司发现商店的后半部分的销售额远远低于其他部分，安德希尔通过观察和拍摄现场解开了这个谜。在销售高峰期，现金出纳机前顾客排着长长的队伍，一直延伸到商店的另一端，这实际上妨碍了顾客从商店的前面走到后面，后来商店专门安排了结账区，结果商店后半部分的销售额增加得很快。他们还出过很多的点子。例如建议商店增加椅子，放一台电视机，让丈夫观看电视，耐心的等待妻子逛商店(仟仟百货)。又如建议减少顾客排长队的厌烦。

(连漪. 市场营销学[M]. 北京: 北京理工大学出版社，2007)

(2) 结构观察和无结构观察。根据调查人员观察方式的不同，可分为结构观察和无结构观察。结构观察是在事先根据调查的目的，对观察的内容、步骤做出规定，以此来实施观察。无结构观察通常只规定调查的目的和任务，调查人员可以按照调查目的和任务的要求确定观察的内容。采用结构观察方法，事先列出观察的内容，调查结果容易统计分析，但由于调查人员的意见有时会不知不觉的参与进去，从而不可避免地对调查结果产生影响。无结构观察一般常用在调查人员对调查对象缺乏足够了解的情况，实施观察时较为灵活，可作为进行更深一步调查的基础。

(3) 直接观察和间接观察。从调查人员对所调查情景的介入程度划分，可分为直接观察和间接观察。直接观察是调查人员直接加入到调查的情景之中进行观察。采用直接观察，调查人员可以根据调查目的的要求，对需要了解的现象进行直接观察，观察结果准确性较高。间接观察是调查人员不直接介入所调查的情况，通过观察与调查对象直接关联的事物来推断调查对象的情况。如通过观察对象的广告形式、内容、重复频率等来了解调查对象的竞争策略和产品优势。

(4) 公开观察和非公开观察。从调查人员在观察过程中是否公开身份划分，可分为公开观察和非公开观察。公开观察，在被调查者知道调查人员身份的情况下，目标要求明确，可以有针对性地为调查人员提供所需的资料。但采用公开观察，被观察者意识到自己受人观察，可能表现得不自然，或者有意识地改变自己的惯常态度和做法，这种不真实的表现往往导致观察结果失真。为了减少公开观察的偏差，调查人员可以进行非公开观察，即调查人员在观察过程不要暴露自己的身份，使被观察者不受干扰的情况下真实地表现自己，这样观察的结果会更加真实可靠。

(5) 人工观察和仪器观察。根据观察中记录的主体划分，可分为人工观察与仪器观察。人工观察是由调查人员直接在观察现场记录有关内容，由调查人员根据实际情况对观察到的现象做出合理的推断。但是，人工观察容易受调查人员自身人为因素的影响，如主观偏差、情绪反应等都会影响到调查的结果。仪器观察是随科学技术的进步，一些先进的设备和手段，如录音、摄像等进入调查领域而出现的一种新的观察方法。如通过在商场的不同部位安装摄像系统，可以较好地记录售货人员和顾客的行为表现，借助仪器设备进行现场观察记录效率较高，也比较客观。但仪器观察所记录的内容还需要调查人员作进一步的分析，这就要求调查人员应具有丰富的分析经验和较高的专业技术水平。

2) 观察法的应用。实践中，观察法运用得比较广泛，经常用来判断以下情况。

(1) 商品购买者特征的研究。主要了解各种商品的购买者的年龄、性别、外在形象、人数等。这种研究可以为市场细分、广告目标的确定提供依据。

(2) 家庭商品储存调查。通过观察消费者家庭中储存的商品品牌、数量等情况，可以了解消费者对不同品牌商品的喜好程度。

(3) 商店的人流量调查。可以了解不同时间、位置的人流分布情况，为企业调整劳动组织、合理安排营业时间、开展有针对性服务提供依据。

(4) 营业现场布局调查。通过观察营业现场商品陈列、货位分布、橱窗布置、现场广告、顾客留言等内容，可以了解判断企业的管理水平，及时提出相应修改意见。

(5) 营业人员服务水平调查。通过观察售货员接待顾客的服务方式、接待频率、成交率等，可以掌握吸引顾客的最佳服务方式。

除此之外，还可以运用观察法观察了解城市的人口流量、车辆流量，为预测地区市场发展提供依据。同时，还可以运用观察法监督、检查市场活动。

【小案例】

常馨百货公司的营销调研

日本九州大分县，有一家百货公司叫常馨百货公司，它的顾客来自全县各地，由于路途遥远，这些顾客为了不忘记需购的物品，常要把买的东西写在纸条上，用后扔掉。该公司经理指派专人收集这类丢弃的纸条，并根据这些纸条上所记的物品分析：顾客需要什么？对某类商品的需求集中在什么季节？顾客在挑选商品中是如何进行搭配的？这种变废为宝的调研策略使公司掌握了顾客的需求。此外，该公司经理常常去乘顾客专用电梯，悄悄听取顾客在闲谈中透露出的对公司经营、商品质量的意见。在经理带动下该公司职工也很注意随时了解顾客的需要，公司就此制定合理的订货计划。因此常馨公司生意一直兴旺发达。

(王海斌. 市场营销管理[M]. 武汉: 武汉理工大学出版社，2005)

6.1.5.3　实验法

实验法是指在市场调查中，通过实验对比来取得市场情况第一手资料的调查方法。它是由市场调查人员在给定的条件下，对市场经济活动的某些内容及其变化加以实际验证，以此衡量其影响效果的方法。

实验法是从自然科学中的实验求证理论移植到市场调查中来的，但是对市场上的各种发展因素进行实验，不可能像自然科学中的试验一样准确。这是因为市场上的实验对象要受到多种不可控因素的影响。例如在实验期间，新的替代产品上市、竞争对手营销策略的改变、消费者的迁移等任何因素的变化，都会不同程度地反映到市场上来，从而影响到实验的效果。尽管如此，通过实验法取得的市场情况第一手资料，对预测未来市场的发展还是有很大帮助的。例如，为了提高商品包装的经济效果，可以运用实验法，在选择的特定地区和时间内进行小规模试验性改革，试探性了解市场反应，然后根据试验的初步结果，再考虑是否需要大规模推广，或者决定推广的规模。这样做有利于提高工作的预见性，减少盲目性。同时，通过实验对比，还可以比较清楚地了解事物发展的因果联系，这是访问法和观察法不易做到的。因此，在条件允许时，采用实验法进行市场调查还是大有益处的。

采用实验法进行市场调查，可以控制地分析、观察某些市场现象的因果关系及其相互影响程度。另外，通过实验取得的数据比较客观，具有一定可信度。但是，实践中影响经济现象的因素很多，可能由于不可控制的实验因素，在一定程度上影响实验效果。而且由于实验法只适用于对当前市场现象的影响分析，对历史情况和未来变化则影响较小，这就使实验法的应用受到一定的局限。尽管如此，在实践中实验调查法的应用范围还是比较广泛的。一般来讲，改变商品品质、交换商品包装、调整商品价格、推出新产品、变动广告形式内容、变动商品陈列等，都可以采用实验法调查测试其效果。

6.2　抽样设计与问卷设计

问卷设计和抽样设计是市场调研中的两大技术。其运用的合理与否会直接影响最终调研结果的质量。

6.2.1　抽样技术

抽样设计就是指在抽样调研时采用一定的方法，抽选具有代表性的样本，以及实施各种抽样操作技巧和工作程序的总称。市场营销调研的抽样方法类型如表6.5 所示。

表 6.5　营销调研的抽样方法

项目	抽样方法		方法特征
随机抽样	简单随机	抽签法	将样本标号后随机抽取
		乱数表抽样	对总体单位编号查乱数表抽取
	机械随机抽样		按顺序排列总体单位后，等距离抽取
	分层随机抽样		按某属性将总体单位分层，然后按层抽取
	分群随机抽样		将总体分群，抽出某一群后全面调查
非随机抽样	任意抽样		在总体中任意抽取一定数量样本调研
	判断抽样		由调研员或专家依据主观判断抽样
	配额抽样		按属性将总体单位分类后分配样本数额
	固定样本连续调查		固定选定的样本，长期进行调查

6.2.1.1　随机抽样技术

随机抽样技术是对总体中每一个个体给予平等的抽样机会，排除了人的主观因素选择的抽样技术，它又可简单划分为以下四种方法：

1) 简单随机抽样。它要求在总体中不做任何有目的的选择，保证样本个体机会均等，同时样本具有代表性。常用的随机抽样方法有抽签法、乱数表抽样或随机数表。

2) 等距离随机抽样。在总体中先按一定标志顺序排列，并依据总体单位数和样本单位数计算出抽样距离(即相同的间隔)，然后按相同的距离或间隔抽取样本。

3) 分层随机抽样。是把调查总体按其属性不同分为若干层次或类型，然后在各层或各类型中随机抽取样本。

4) 分群随机抽样。又称整群抽样，是把调查总体区分为若干群体，从中抽取某些群体，对抽出来的某些群体进行全面调查。

6.2.1.2 非随机抽样技术

非随机抽样技术是指总体中每一个个体不具有被平等抽取的机会，而是根据一定的主观判断标准来抽取样本的抽样技术。非随机抽样技术一般有下列几种：

1) 任意抽样技术。为了使调研人员的工作方便，在调研对象中任意抽取一定数量的样本进行调查。

2) 判断抽样技术。由调研人员依据自己的经验抽取样本或由专家选定样本。

3) 配额抽样。由调研人员对总体中所有单位按其属性特征进行分类，然后按其属性特征分配样本数额，并在分配数额内又由调研人员任意抽取样本。

4) 固定样本连续调查技术。把选定的样本固定下来，长期进行调查。

6.2.2 问卷设计

问卷也叫调查表，它是一种以书面形式了解被调查对象的反应和看法，并以此得到资料和信息的载体。

6.2.2.1 问卷设计的步骤

问卷设计的主要步骤如下：

1) 确定调研目的与问题。

2) 收集相关资料。

3) 设计问卷初稿。

4) 试调查。

5) 确定问卷。

6) 制表、打印和印刷问卷。

6.2.2.2 问句设计的技术

1) 问句种类。不同分类如下：

(1) 按照问句内容的结构来分，可以将问句分为：① 组织化-非伪装问句：这类问句应用最为广泛。在收集数据时，按照相同的顺序向被调查者询问相同措辞的问题，典型的题型为封闭型，以保证各被调查者回答的是相同的问题，从而得到的回答可以比较；② 非组织化-非伪装问句：调查的目的比较明显，但问句的回答是开放的；③ 非组织化-伪装问句：在调查者不愿回答的情况下，掩藏调查目的，挖掘被调查者潜意识的动机和态度，该类问句经常采用联想法、完成句子法、讲述故事法等；④ 组织化-伪装问句：该类问句实践中使用较少，其特点在于：一方面，具有隐藏性，可以挖掘出被调查者潜意识的动机态度；另一方面，问句的组织化使答案便于整理分析。所谓组织化，是指有系统地询问并系列式地记录答案。伪装性即问句中试图隐藏调查目的。

(2) 按照问句要收集的资料性质来分，可以将问句分为：① 事实问句：这是指收集的资料是事实，被调查者按自己的实际情况回答问题的问句。事实问句一般较容易回答；② 意见问句：这是一类以收集被调查者的个人意见或评论性见解为目的的问句，也可以认为是一种态度调查问句；③ 解释问句：被调查者通常很艰难一下子把理由完整地表达出来，因此，采用非伪装问句比较多，也即采用将答案列出的方式。简言之，以上三类问句之间的区别是它们收集的资料分别属于"是什么"、"怎么样"和"为什么"。事实问句注重的"是什么"，意见问句注重的是"认为怎么样"，而解释问句注重的是"为什么这样"。

2) 问句设计的难点和要则。

(1) 问句中设计的难点：① 被调查者不理解或误解问句的真实含义，产生无法回答或误答；② 被调查者理解问句的含义，也愿意做出回答，但已回想不起真实情况，产生资料的误差；③ 被调查者理解问句的含义，也有所需要的资料，但不愿意回答，或者是不做真实的回答，造成资料的不正确；④ 被调查者理解问句的含义，愿意回答，也有所需的资料，但是没有能力回答。

(2) 问句设计的要则：① 要使被调查者容易并且能充分理解问句的含义；② 要使被调查者能够并且愿意回答问题；③ 要对问句确定界限，避免混淆；④ 问句要过滤样本，发掘动机；⑤ 问句要尽量获得具体或事实的答案；⑥ 问句要克服偏差，追求精确。

3) 问句设计的形式。根据具体情况，可以将问句分成以下几种主要形式：

(1) 开放式问句。又称自由式问句，是指被调查者可以自由做答，不受任何限制的问句。开放式问句的一般提问比较简单，答案是开放的，优点是被调查者可以按自己的意见进行回答，回答比较真实，调查人员可以获得足够全面的答案。缺点是但结果难以做定量分析。在对其做定量分析时，通常是将回答进行分类。另外，若是由调查人员记录的答案的话，还容易产生调查人员的理解误差，使答案与被调查者的本意出现偏差。

(2) 封闭式问句。是指已事先设计了各种可能的答案的问题，被调查者只要或只能从中选定一个或几个现成答案的提问方式。封闭式问句由于答案标准化，不仅回答方便，而且易于进行各种统计处理和分析。但缺点是回答者只能在规定的范围内被迫回答，无法反映其他各种有目的的、真实的想法。封闭式问句的具体形式又分为两项选择问句和多项选择问句。

(3) 倾向性偏差式问句。这种问句通常提出态度不同的几个答案，以测定被调查者的态度转变需要偏差到何种程度。可以采用这种问句来测定对产品(品牌)的忠诚度。

(4) 竞争选好问句。这是提出用来测定电视广告效果的一种问句，其问句设计的原理是：询问→广告等的刺激→再询问。按照以上的原理，设计一组问句来测定刺激前后，被调查者对某种事物的认识的变化状况。

(5) 态度测量问句。这是一种用来测量态度程度的问句。主要的问句形式有以下几种：① 顺位式问句：列出若干答案，由回答者根据自己的看法决定先后顺序；② 语义差别式问句：通过文字含义的不同来区分态度强度；③ 数值尺度式问句：用数值来表示态度强度；④ 对比式问句：在考虑的因素只有两种的时候，常用对比式问句来询问，简单明了。

4) 问句排列的原则：

(1) 由易到难，由简单到复杂，由浅入深。

(2) 由一个主题到另一个主题，需要有转接性的安排，保持问题的流畅，不要打断被调查者的思路。

(3) 对于过滤性问句或其他的"接问"、"跳问第几题"等都要有妥善的排列，跳跃要注意逻辑性。

(4) 一个主题或一个系列的问句要排列连贯，不能在出现隔断以后又回到主题上来，这样容易使被调查者思路紊乱。

(5) 触及私人隐秘的、可能引起对方不愉快或困惑的问句要放在后面提出，因为经过一段时间的交谈，双方有了一定的熟悉程度，这类问题就比较容易被调查者接受。

5) 问卷的结构。一份完整的调查问卷通常前言、主体、附录等三大部分：

(1) 前言。包括：① 问卷的标题：概括说明调查研究主题，使被调查者对所要回答什么方面的问题有一个大致的了解；② 问卷说明：向被调查者说明调查的目的、意义。

(2) 主体内容。包括：① 被调查者基本情况：这是指被调查者的一些主要特征，如在消费者调查中，消费者的性别、年龄、民族、家庭人口、婚姻状况、文化程度，职业、单位、收入、所在地区等；② 调查主题内容：是调查者所要了解的基本内容，也是调查问卷中最重要的部分，它主要是以提问的形式提供给被调查者，这部分内容设计的好坏直接影响整个调查的价值。

(3) 附录。包括：① 编码：是将问卷中的调查项目变成数字的工作过程，大多数市场调查问卷均需加以编码，以便分类整理，易于进行计算机处理和统计分析；② 作业证明的记载：在调查表的最后，附上调查员的姓名、访问日期、时间等，以明确调查人员完成任务的性质；③ 结束语。

6) 问卷设计应该注意的问题：

(1) 选择合适的问题回答形式。即考虑提问中是使用开放式还是封闭式的问题。开放式问题是指对所设计的问题没有提供具体的备选答案，被调查者可以完全自由地回答自己的想法。例如："您对网上购物有什么看法？""为什么您要购买长虹牌彩电？"封闭式问题是指在设计调查问题的同时设计了各种可能的答案，让被调查者从中选择自己认为合适的答案。提问方式有二项式问题、多项选择题和量表应答式问题(以量表形式设置的问题)

(2) 问题的用词。① 问题要具体明确。使被调研者清楚回答的范畴，如"您对某百货商店的印象如何"就过于笼统，很难回答。可以具体地问"您认为某百货商店商品品种是否齐全，营业时间是否恰当，服务态度如何？"等。② 用词要通俗易懂。简单通俗的字词易于不同文化背景、不同阶层的消费者理解和接受，也可以避免因理解错误而产生的回答偏差。在问题中应该尽量少用专业词汇和字母缩写，如"您认为本店的 POP 广告如何？"一般消费者不知道 POP 的意思，也就无从回答。③ 问句应该尽量简短：过长和过于复杂的句子不仅理解困难，容易出错，而且思考和作答时间也较长，容易引起回答者的反感。应该尽量避免。④ 一个提问应该只包括一个内容。如"乘坐公共汽车上班和开私家车上班，哪一个更方便和经济"这个问题就包括了方便和经济两个主题，但乘公交车上班经济但不方便，开私家车上班方便但不经济，被调查者通常不知该如何回答。应该分开提问。⑤ 避免否定式的提问。如"您不觉得洗发水的价格是您选择的一个很重要的因素吗？"这种提问方式与人们正常的习惯不相符，应改为肯定提问"洗发水的价格是您选择它的一个很重要的因素吗？"⑥ 避免诱导式提问。这种提问中暗示被调查者该如何回答的线索，或调查者自身的某种观点，带有情绪色彩的字词。如"许多人都喜欢看电视，您呢？""您不认为某品牌的家用电器质量有明显的提高吗？"⑦ 避免提敏感性问题。这种被调查者不愿让调查者知道答案的问题(如年龄、收入等)应该放到最后，并注意提问的艺术性。

(3) 问题的次序安排。过滤性问题应该放在最前面；在得到合格的应答者后以一个能引起应答者感兴趣的问题开始；首先问一般性问题，需要思考的问题放在问卷中间，有关被调查者的个人资料放在最后。

(4) 问卷的版面设计。避免版式看上去杂乱，给开放式问题足够的空间；同时，问卷中的说明应当尽量用醒目的字体。

【小案例】

某公司对某地彩电拥有量及购买意向调查表

被调查者项目	姓名：　　　　　　　　　　住址：
	邮政编码：　　　　居住面积：　　平方米　　联系电话：

调查项目	您家中是否有彩电：1. 有　　2. 无

	有彩电者请填写以下栏目	无彩电者填写以下栏目
	Ⅰ.购买时间： 1. 1994 年以前　　2. 1995 年 3. 1996 年	Ⅰ.未购买的原因： 1. 收入低　　2. 住房条件不好 3. 怕不安全　　4. 其他
	Ⅱ.类别： 1. 进口 2. 国产	Ⅱ.若您打算购买，请填写大致购买时间： 　1. 1996 年底前　　2. 1997 年 　3. 1998 年以后
	Ⅲ.您家中的彩电是： 1. 品牌： 2. 型号 　(1) 21 英寸　　(2) 25 英寸 　(3) 29 英寸　　(4) 34 英寸 　(5) 其他 3. 价格：	Ⅲ.如您购买，您喜欢 1. 类别：(1) 进口　.　(2) 国产 2. 品牌： 　(1) 松下　(2) 索尼　(3) 日立 　(4) 三星　(5) 长虹　(6) 牡丹 　(7) 熊猫　(8) 康佳　(9) 其他 3. 型号： 　(1) 21 英寸　(2) 25 英寸　(3) 29 英寸 　(4) 34 英寸　(5) 其他
	Ⅳ.您在使用时发现有哪些问题及改进意见：	Ⅳ.下列各项，您认为哪一种最重要？ 1. 品牌　　2. 型号 3. 价格　　4. 质量 5. 售后服务　　6. 其他

调查者项目	调查员：　　　　　　调查时间：

附：填表说明：在您认为合适的答案中，在相应的项目上打"√"。

6.3　调研数据的处理与调研方案

6.3.1　调研资料的处理与分析

通过调研活动收集到的原始资料，只有经过进一步的处理和分析，才能从中获得有益的信息，从而最终为调研者的决策提供有力的依据。在资料进行处理分析的过程中主要步骤有资料处理、资料的简单分析和资料的统计分析。

6.3.1.1　调研资料处理

资料的处理是将原始的调查资料转换为可供人们进行分析的资料的过程。大量的原始资料来源于被调查者，这些资料中会出现这样或那样的错误和疏漏，所以必须对原始调研资料进行验收检查和编辑，以便统计分析。一般来说，将调研资料的处理过程分为以下四个基本步骤：

1) 资料的验收。是对资料进行总体的检查，发现资料中是否出现重大问题，以确定是否采纳此份资料。如检查被调查者是否属于规定的抽样范围，所收集的资料是否真实、可信。

2) 资料的编辑。经过资料的验收，确定资料中没有重大缺陷、在总体上真实可信以后，还需对资料进行编辑，细致地检查资料中是否出现具体的错误或疏漏。如检查被调查者是否存在错误的回答、疏漏的回答、回答不充分的现象，若有，则需要进行相应的技术处理，以保证资料正确性和完整性的过程。

3) 资料的编码。就是使用一个规定的数字或字符代表一个种类回答。对资料进行编码是为了便于进行统计分析，进一步可方便计算机存储和分析。例如，我们正在进行一项消费者对某种商品评价的调查，要求被调查者回答：

——消费者的性别；

——消费者的职业。

在资料的编码过程中我们可做如下处理：

——用数字 1 代表男性，2 代表女性；

——根据分析的需要，将消费者的职业可分为工人、农民、军人、机关干部、学生、公司职员、教师和其他 8 大类，并分别用数字 1～8 代表。

通过上述简单的举例，可以看到编码工作的基础是对资料中涉及的各个问题的回答概括归纳，形成恰当合理的分类。

4) 资料的转换。是将经过编码的资料输入并存储在计算机中，建立起相应的数据库文件，以便利用计算机来处理数据。当前，企业在处理市场调研所收集来的数据时，都广泛采用计算机，因为它可大幅度地提高资料分析处理的质量和效率，并且通过运用统计分析软件，能使调查人员不必掌握复杂的计算机知识就可以进行资料的分析工作。

6.3.1.2　调研资料的统计分析

1) 定性分析法。对不能量化的市场现象进行系统化理性认识的分析，其依据是科学的哲学观点、逻辑判断及推理，其结论是对市场本质、趋势及规律方面的认识。

(1) 归纳分析法。它是对收集到的资料进行归纳，概括出一些理论观点。归纳法分为完全归纳法和不完全归纳法；后者又分为简单枚举法和科学归纳法。

完全归纳法：根据某类市场中每一个对象都具有或不具有某种属性，从而概括出该类市场的全部对象都具有或不具有这种属性的归纳方法。

简单枚举法：根据某类市场中部分对象具有或不具有某种属性，从而概括出该类市场的全部对象都具有或不具有这种属性的归纳方法。这种方法是建立在直接经验基础上的一种归纳法，结论具有一定的可靠性，并且简便易行。

科学归纳法：根据某类市场中部分对象与某种属性之间的必然联系，推论出该类市场的所有对象都具有某种属性的归纳方法。与简单枚举法相比，科学归纳法更复杂、更科学，其认识作用也更大。

例如，某个汽车市场的调查表明，所调查的 200 个汽车用户中有 120 个用户声称将来更换汽车时，很可能或绝对会购买东风汽车。根据这一发现，得出这样的结论：大部分汽车用户(60%)在更换汽车时会购买东风汽车。

(2) 演绎分析法。是把调研资料的整体分解为各个部分、方面、因素，形成分类资料，并通过对这些分类资料的研究分别把握其本质和特征，然后将这些分类研究所得的认识联结起来，形成对调研资料的整体认识。

(3) 比较分析法。是把两个或两类市场的调查资料相对比，从而确定它们之间的相同点和不同点的逻辑方法。不能孤立地认识一个市场，只有与其他市场联系起来加以考察，通过比较分析，才能在众多的属性中找出其本质属性和非本质属性。比较分析法是调研中经常运用的一种方法。

(4) 结构分析法。是指根据调查资料，分析某个市场现象的结构及其组成部分的属性，进而认识这一市场现象的本质。结构与属性是各类现象的普遍特征，因而结构分析法也是定性分析中常用的方法之一。

2) 定量分析法。是指从市场的数量特征方面入手，运用一定的数据处理技术进行数量分析，从而挖掘出数量中所包含的市场本身的特性及规律性的分析方法。常用的分析法有相关分析法、判别分析法、因子分析法、聚类分析法、回归分析法等，此处仅简单介绍前四种方法，回归分析法在下一节介绍。

(1) 相关分析法。是通过计算变量之间的相关系数，分析现象之间的相关关系和相关程度，并用适当的数学表达式表示的统计分析方法。在相关分析法中，还要分析相关关系中哪些是主要因素，哪些是次要因素，这些因素间的关系如何。

当一种市场现象的数量随另一种市场现象的数量的变动而变动，并且它们之间有确定的关系，则这两个变量之间是函数关系，如 $Y=3X+2$。当这两个变量的关系不能够完全确定，但可能在一定程度上相关时，称它们之间存在相关关系。如商品的销售额与商品价格的关系，影响商品的销售额除了商品价格这个因素以外，还受商品的质量、包装、销售地点、收入水平等其他因素的影响。

(2) 判别分析法。是判别样本所属类型的一种多变量统计分析方法。通常是在已知被研究对象已经被分为若干组的情况下，确定新的被研究对象属于已知类型的哪一类。如判别某个顾客是可能购买者还是可能非购买者，是某产品的可能使用者还是可能非使用者。

(3) 因子分析法。是将大量的变量和样本进行归类，并寻找变量之间的数据结构，构造少量的因子去解释大量的统计变量。通过研究众多变量之间的内部依赖关系，探求观测数据中的基本结构，且用少数一个"类别"变量来表示基本的数据结构。分析影响变量或支配变量的共同因子有几个、各因素的本质如何，由表及里地探索市场之间的本质联系。在市场研究中，因子分析法常用来分析消费者对各种消费品的态度，研究消费者选择消费品的因素，从而为制定营销策略和拟定广告宣传主题提供参考依据。

(4) 聚类分析法。是根据研究对象的特征而对研究对象进行分类的一种多元分析技术，把性质相近的个体归为一类，使得同一类中的个体都具有高度的同质性，不同类之间的个体具有高度的异质性。在市场研究中涉及市场细分问题时，常使用聚类分析法。

6.3.2　调研报告的撰写

调研报告是企业为制定营销策略，在对营销活动深入实际进行调查研究后所撰写的书面报告。它是市场营销调研成果的一种表现形式，主要是通过文字、数据分析、图表等形式将调查结果表现出来。

6.3.2.1　调研报告的撰写原则与要求

1) 客观的态度。撰写市场调研报告要用客观的态度反映调研过程，避免主观意识和个人偏见。坚持从客观事实出发，切忌先入为主，为事先已有的主观定论找依据。市场调研报告的内容力求客观、真实地反映实际情况，为企业管理者决策提供可靠的调研材料。

2) 鲜明的观点。撰写市场调研报告要态度明朗，对材料的判断、结论、意见和建议，一是一，二是二，不含糊。

3) 简练的语言。市场调研报告在语言表达上要力求文字简练，数字精确、图表一目了然、不说废话，要开门见山。

4) 严谨的结构。市场调研报告要突出中心，把材料和观点紧密地结合起来。提出观点要有材料分析说明，列举材料要有观点，结构严谨，遵循一定的规则。

6.3.2.2　调研报告的写作步骤及格式

1) 书面调查报告的写作步骤：

(1) 构思：收集资料——认识事物——判断推理——确立主题。

(2) 选材：数据(介绍情况——反映问题——提出建议)。

(3) 初稿：写作格式、文字数量、图表和数据。

(4) 定稿：征得各方意见进行修改、定稿。

2) 调研报告的写作格式。一份完整的调研报告要包括如下七部分：

(1) 标题页。包括的内容有报告的题目、报告的提供对象、报告的撰写者和发布(提供)日期。

(2) 目录。

(3) 摘要。是对调查活动所获得的主要结果做概括性的说明，是调查报告极其重要的一部分，它应该简明扼要地说明调查的主要结果，一般最多不要超过报告内客的10%。

(4) 调查概况。即正文，包括引言、调研方法、结论和建议。在调查概况中要交代调查背景、目标和方法。背景部分简单罗列调研委托所面临的问题；目标叙述调研目的；方法介绍资料来源和抽样程序。

(5) 调查结果。调查结果构成调研报告的主体，提供调研人员收集到的所有相关事实和观点。具体包括数据图表资料及相关文字说明、推论及对调研结果产生的原因分析。

(6) 结论建议。在这一部分，研究人员要说明调查获得哪些重要结论，根据调查的结论应该采取什么措施。有时也可以与调查结果合并到一起。

(7) 附录。通常包括的内容有：调查提纲、调查问卷和观察记录表，被访问人名单，较为复杂的抽样调查技术的说明，一些次关键数据的计算，较为复杂的统计表和参考文献等。

3) 调研报告中应该注意的问题。

(1) 篇幅不代表质量。调查报告中常见的一个错误观点是"报告越长，质量越高"，事实上，调研报告的价值不是用篇幅来衡量的，而是以质量、简洁与有效来衡量的。

(2) 解释不充分。某些调研者在调研报告中只是简单地重复一些图表中的数字，而且不进行任何解释性工作或解释得不够充分。

(3) 偏离目标或脱离现实。调研报告中常见的另一个毛病是调研结果没有达到调研目标，或者提出了不现实的调研结论。

(4) 过度使用定量技术。在调研报告中，过多使用不易理解的统计技术反而会让人反而怀疑调研报告的合理性。使用定量技术的前提和基础必须是调研目标和方法的合理性。

(5) 虚假的准确性。在一个相对小的样本中，把引用的统计数字保留到两位小数以上，常会造成对准确性的错觉。

(6) 资料解释不准确。有时尽管调研报告对结论进行了解释，但解释不够准确，也会对营销策略的正确性产生影响，因此要想准确解释问题，撰写者必须研究各种研究方法的局限性。

(7) 虚张声势的图表。过于眼花错乱的图表不仅毫无用处，而且会产生误导。

6.4 市场需求的测定与预测

6.4.1 市场需求测定

市场需求是指某一产品在某一地区和某一时期内，在一定的营销环境和营销方案的作用下，愿意购买该产品的顾客群体的总数。

市场需求测量是依据有关市场的信息、资料进行分析而做出对市场发展趋势的判断。市场需求测量的内容广泛，可以划分为产品层次、空间层次和时间层次三种类型，其中产品层次必须落实到空间层次上，而产品层次和空间层次都要受到时间层次的制约。市场需求测量结构图见图 6.3。

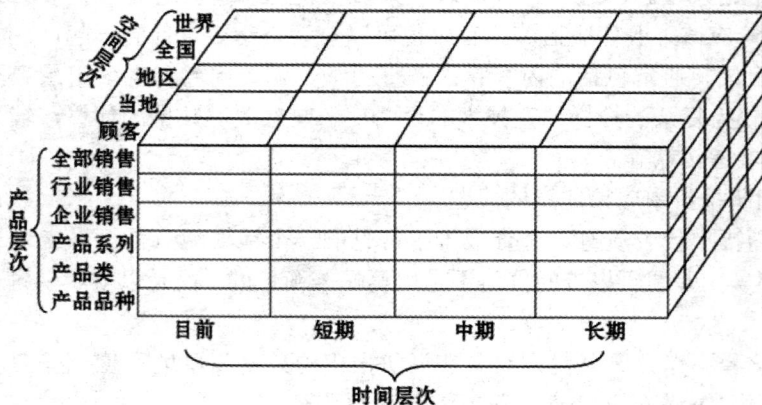

图 6.3 市场需求测量结构图

掌握当前市场需求及本企业的销售情况，是企业制订营销计划和开展业务活动不可缺少的前提。对企业的营销管理者来说，通常需要测量的是市场总需求、地区市场需求、企业的实际销售量及市场占有率。

6.4.1.1 市场总需求的测量

市场总需求是指在一定区域、一定时间内，以及一定的营销环境和一定的营销费用水平条件下，消费者可能购买的商品总量。估算市场总需求时最重要的是不能将其看成是一个固定不变的量，事实上，它是各种条件结合起来决定的一个变量，或者说是具体条件变量的函数。如从经济状况和营销费用水平这两个条件来看，市场需求与它们的关系可见图 6.4(a)。在不支出任何刺激需求的费用时，仍会有一基本的市场需求量，这个量我们称之为市场需求的最低量(市场下限)。随着市场营销费用支出额增加，市场需求水平也相应提高，提高的速率最初为递增，后降为递减，最后达到某一点在这一点上无论怎样增加营销投入，需求量也不会再增加，这就是市场需求的上限，即市场潜量。

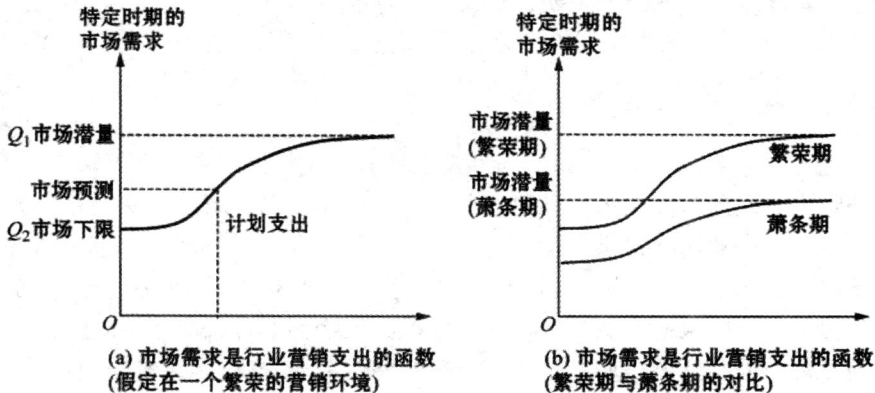

图 6.4 市 场 需 求

市场需求上限与下限之差表示需求对行业营销支出的敏感程度。不同产品的市场营销敏感度往往差别很大，如网球市场的需求受营销支出影响很大，Q_1 与 Q_2 之差也就大；而粮食市场受营销支出影响很小，Q_1 与 Q_2 之差也就小得多。受营销费用支出影响很小的市场可视其规模为一定量，在这类市场上，经营重点在于如何获取资源，而不是如何强化营销。

经济状况的影响见图 6.4(b)。当环境发生变化时，对市场潜量不能不重新进行测量。例如，摩托车的市场潜量在经济繁荣时期肯定比经济萧条时期大得多。

测量市场总需求的方法有多种，这里只重点介绍两种最常用的方法。

1) 假定一家生产留声机唱盘的厂家想测算它的市场总需求，最常用的方法是：

$$Q = N \times q \times P \qquad\qquad (6.1)$$

式中，Q 为市场总需求；N 为特定产品或市场的购买者数目；Q 为每个购买者的年平均购买量；P 为产品的平均单价。

假定每年有 1 亿消费者购买唱盘，每人年平均购买量为 6 张，唱盘平均单价 5 元，则市场总需求为 Q＝1 亿×6×5＝30(亿元)。

2) 另一种方法是式(6.1)的一种变换形式，叫做连续比例法。

例如：美国海军希望每年从高级中学招募 11.2 万名新兵入伍，问这一目标能否达到。可通过下述方法算出市场潜量：

男性高中毕业生总数(每年)	10 000 000 人
其中：符合征兵标准者	50%
符合标准者中乐于到军队服役者	15%
符合标准乐于参军而又愿加入海军者	30%

于是，连续计算的结果表明，新兵市场潜量为 22.5 万人，大于计划招兵数目 (11.2 万)，美国海军征募新兵的目标有可能达到。

6.4.1.2　地区市场需求的测量

企业面临的难题之一，是如何选择需求潜力最大的地区市场投入它们的人力、物力和财力。因此，需要测算和比较各地区不同的市场需求。方法也有两种：一种主要用于为工业用户提供产品的企业；另一种主要用于提供生活消费品的企业。

[例 6.1] 美国一家矿山设备制造公司开发了一种新型仪器设备，售价 1000 美元，公司认为每家采矿企业都会根据其规模大小购置一台或多台。问题在于怎样正确测算每个采矿州的市场潜量，以及确定是否需要安排一名销售人员负责那个州的销售工作，因为公司只能为市场潜量超过 30 万美元的州安排销售人员。为此，这家公司可利用美国国家普查局制定的产业标准分类系统(SIC)，找出对这种设备可能感兴趣的企业的数量、地理位置、雇员人数、年销售额等数据；然后，根据这些资料即可推算出每个州的市场需求潜量。

[例 6.2] 美国一家生产衬衣的公司想建立一个特许经销商系统为其销售 T 恤衫，估计每年的总销售额能达到 2 亿美元，在每个年销售额超过 12 万美元的城市设一分店。于是，这家公司除在报刊上登广告招聘特许经销商外，还要有适当的方法审查申请者的资格，确定申请者所在城市是否有足够开设一家分店的市场潜量。常用的方法是先识别影响市场需求潜量的因素，然后分别给各因素一定权数，最后求出总和。美国各地区、各州和各大城市的购买力指数，每年都在《销售与营销管理》杂志上发表。购买力指数主要依据三方面的因素：本地区个人可支配

收入占全国的百分比、零售额占全国的百分比和人口占全国的百分比。例如，某地区(如 i 地区)的购买力指数为

$$B_i=0.5y_i+0.3r_i+0.2p_i \tag{6.2}$$

式中，B_i 为 i 地区购买力占全国购买力的百分比；y_i 为 i 地区个人可支配收入占全国的百分比；r_i 为 i 地区零售额占全国的百分比；p_i 为 i 地区人口占全国总人口的百分比。

式(6.2)中的三个系数则是三个要素的权数，权数的大小表明该因素对购买力影响的大小。例如，将某地区的具体数字填入上述公式，就可得出该地区的购买力指数为

$$B=0.5(0.0764)+0.3(0.09)+0.2(0.077)=0.0806$$

即某地区购买 T 恤衫的总额约占全国购买总额的 0.080 6%。这家公司估计在全国的年销售额为 2 亿美元，则此地区的销售额为 16.12 万美元(2 亿×0.000806)，显然大于 12 万美元的最低限额。因此，在这个地区可开设一家特许经销店。当然，权数需要有一定的根据。这种方法主要适用于既非低档又非高档奢侈品的情况。若需要更精确的估算，则还要考虑其他因素，如市场上竞争者的潜力、当地促销成本、季节性波动、市场特点等等。

6.4.1.3　估算实际销售额和市场占有率

除了测量总的和地区的市场需求外，企业还需了解它自身的实际销售潜力，这意味着它必须了解竞争者，掌握竞争者的销售情况，知己知彼，方能在市场竞争中百战不殆。各种行业协会通常收集和发表全行业的销售情况，当然并不具体列出每家公司的销量。企业可通过对照全行业的情况给自己以评价。假定某企业的年销售额增长了 5%，但全行业的年销售额增长了 10%，那么这家企业在本行业中的地位实际是下降了，即市场占有率下降了。

另一方式是向专业市场调研组织购买有关市场营销和各品牌商品销量的具体资料，然后通过研究比较市场占有率，了解自己与竞争者相比，市场地位是加强还是减弱了。

6.4.2　未来市场需求的预测

6.4.2.1　需求预测的意义和程序

除了一些需求绝对水平或发展趋势相当稳定的行业，或不存在竞争关系(如公用事业) 和处于完全垄断的市场，预测其产品的未来需求较容易外，在大多数产

品市场上，总需求和企业销量都相当不稳定。因此，对未来需求的预测是否准确，就成为企业经营成败的一个关键。预测不准可能造成存货积压或脱销，或被迫降价销售，企业蒙受重大损失。实际上，需求变化越大的产品，对预测准确性的要求也就越高，越需要慎重从事。

西方企业一般采用三段式程序进行需求预测。首先是经济形势预测。根据经济周期、通货膨胀率、失业率、利率、消费者支出与储蓄比例、工商业投资，政府开支、净出口额等情况的变动，得出对国民生产总值的预测。其次是在此基础上做出行业市场预测，即在已知的环境和既定的营销支出下，预测该行业的销售量。最后是根据本企业的市场占有率，做出企业销售预测，即预测企业的销售量。

6.4.2.2　企业销售预测的方法

西方企业常用的销售预测方法有以下几种：

1) 购买者意向调查。就是在营销环境和条件既定的情况下，预测顾客可能购买些什么。在顾客购买意向非常明显时，此法特别有效。

美国有几家调查公司曾做过主要耐用消费品的消费者购买意向调查，如向消费者提出："在未来6个月里你打算买辆汽车吗？"答案可有六种程度不同的选择如下：

0.00	0.20	0.40	0.60	0.80	1.00
肯定不买	不太可能	有点可能	很有可能	非常可能	肯定购买

当然，还要补充调查消费者目前和将来的个人财务状况和对经济前景的预期。然后，耐用消费品制造商即可根据这些调查结果安排自己的生产。

在产业市场上，各种调查公司也做这类调查。采用此法预测的结果，大多同实际情况的偏差率都在10%以内。

2) 综合推销人员意见。在无法对购买者进行询问的情况下，企业可要求它的推销人员对未来需求做出估计。

例如，某公司每年8月份为其推销人员准备一些表格或卡片，每张卡片用于一种产品的一家主要客户，记上前6个月该客户的购买量，每张卡片上还有一空白处，留给推销人员填上自己对该客户下年需求的预测。对前6个月未曾购买但去年曾经买过该商品的客户，则备有另一种卡片供推销员填写。此外，再备一些空白卡片供推销人员填入可能的新客户及对其购买量的预测。

当然，对推销人员的推算结果必须做一些必要的修正。他们可能有某种片面性，如天性乐观或悲观；由于近期的成功或挫折，使他们的推测可能走极端；由于所处地位的局限性，他们通常意识不到宏观经济的发展变化及其影响，以及企业整个营销计划对未来市场销售的影响。如果企业熟知每个推销人员在预测时常有的片面性，那么修正后的结果将是相当可信的，因为推销人员毕竟较其他任何人都更熟悉、更接近顾客，从而也更能把握未来销售的发展趋势。

3) 征求专家意见。营销者有时可求助于企业外部的专家预测未来的需求，这些专家包括经销商、实体分配商、供应商、营销咨询机构及贸易协会成员等。例如，汽车制造公司可定期要求它的经销商们对汽车市场的短期需求做出预测。也有不少企业向一些著名的经济预测专业公司购买关于经济趋势和行业发展预测的情报。那些专门从事市场调查预测的公司，较一般厂商掌握更多有价值的情报资料，雇有较多的预测专家，因此，它们较一般厂商对市场需求的发展有更全面的了解。

还有些企业组成特别专家小组对某项特殊问题进行预测，把专家们聚集在一起互相交换意见，得出整个小组的结论，这称为"小组讨论法"。也可要求每位专家单独提出他的预测，然后由专项负责人员将各专家的意见综合起来得出一个结论，这称为"单独预测集中法"。或者由每位专家分别提出个人预测，然后由专项负责人员综合修正后发回各个专家再进行个人预测，专项人员再修正，如此循环往复，直到得出接近统一的结论为止，其特点是各个专家彼此不见面、不知名，这称为"德尔菲(Delphi)法"。

4) 市场试销。在购买者并无具体购买计划或其购买意向变化无常，并且专家也难以估计的情况下，可直接进行市场试销。在预测某种新产品的销售量，预测新产品在某一新地区、或通过某种新渠道销售的前景时，市场试销法特别适用。

所谓试销，就是把产品和营销方案在更加符合实际的条件下推出，以观察市场反应。在试销过程中取得的有关市场定位、销售渠道、广告宣传、价格、品牌、包装，以及预算等方面所需的资料和数据，可为以后的营销决策提供依据。市场试销规模的大小，一则取决于投资风险的大小；再则也取决于试销成本的大小和时间的长短。试销的方法要依产品种类的不同而定，同时还要选好试销的地点和时机。

实际上，有些产品往往要经过数年时间反复试销，才能最后决定全面投产上市。试销成本虽然昂贵，但与匆忙投产上市失败所遭受的损失相比，还是值得的。

5) 时间序列分析。许多企业是根据过去的销售实绩，预测未来销售发展趋势的。这首先要通过统计分析方法，证明企业历年的销售数据确实具有连续性的因果关系，然后才可用作预测未来销售发展趋势的依据。

某种产品历年销售量(Y)的时间数列，可按四个主要因素进行分析：

第一个要素是趋势(T)，即人口、资金构成和技术等要素发展变化的基本情况。这可从过去的销售曲线的变化规律中推测出来，也可看做是过去销售曲线的自然延伸。

　　第二个要素是周期(C)，即经济周期波动的影响。由于经济发展具有周期性，因此，剔除周期性的影响对中期预测相当重要。

　　第三个要素是季节(S)，指一年中销售变化的固有模式，如与日、周、月或季相关的规律性变动。这种变动往往是与气候、假日、交易习惯，甚至顾客上下班时间相联系的。季节性模式常作为短期销售预测的一种依据。

　　第四个要素是偶然事件(E)，包括暴风雪、火灾及其他偶然性的灾害、动乱等。这些因素都是有可能遇到而又无法预测的，根据历史资料进行销售预测时，应剔除这些偶然因素的影响，以便得到较规范的销售行为模式。

　　总之，时间序列分析法就是根据上述四个要素$(T \cdot C \cdot S \cdot E)$分析原始销售数列 Y，再结合这些要素预测未来的销售量。

　　例如，某电视机商行今年售出 12 000 台新产品，预测明年 10 月份的销售量。已知长期趋势是每年销售递增 5%，因此，明年的总销售量估计为 126 00 台(12 000×1.05)。但由于经济环境的波动，预计明年的销售量只能达到正常情况下的 90%，即 11 340 台(12 600×90%)。如果每月的销量相等，那么月平均销量应是 945 台(11340÷12)。然而，10 月份通常是销量高于平均值的月份，季节指数为 1.3，因此，预计明年 10 月份的销售量可能达到 1 228.5 台(945×1.3)。此外，预期不会发生偶然事件，如颁布新法规、发生社会动乱等，所以对明年 10 月份销售量的最好预计是 1 228.5 台。

　　6) 利用领先指标。许多企业试图找到一种或数种领先指标，作为预测自己未来销售变化的晴雨表。这种指标随时间推移与企业销售量按同一方向、同一模式变化，并且其变化往往发生在企业销售量的变化之前。例如，管道供应公司可能发现，它的销售量变化总是在房屋开工指数变化大约 4 个月之后发生，于是，房屋开工指数就成为管道供应公司预测其市场需求的一个非常有用的领先指标。此外，平均每周工作时数、新企业开设的数目等，都可作为领先指标。

　　7) 需求统计分析。时间序列分析将过去及未来的销售变动都看做是时间的函数，而不是真正影响需求变化诸因素的函数。实际上，有许多因素在不同程度上影响产品的销售，需求统计分析就是用来发现那些影响销售的最重要因素的一种方法。这里，最常见的影响因素是价格、收入、人口和促销。

　　需求统计分析法将需求量(Q)看做一个因变量，然后设法将它分解为若干独立变量的函数，即 $Q = f(x_1, x_2, \cdots, x_n)$，通过运用多元回归分析的方法，可找到最好的预测方程式。

　　例：某软饮料公司运用统计分析方法，发现影响某州软饮料需求量的最主要因素是年均温度和人均收入，它的表达方程式是

$$Q=-145.5+6.46X_1-2.37X_2 \tag{6.3}$$

式中 X_1 为该州年均温度(华氏)；X_2 为该州人均收入(百美元)。

如新泽西州年均温度为 54，年人均收入为 24，利用(6.3) 可得出新泽西州人均软饮料需求量为 $Q= -145.5+6.46×(54)-2.37×(24)=146.6$。

而实际的人均购买额为 143，相差不大。同样的方法代入其他数据即可用于其他州的软饮料销售预测。

市场营销人员总是在不断地寻找更好的测量目前需求和预测未来需求的方法，以便为那些希望做出更有效的营销决策的管理者们，提供有关市场营销的更可靠数据资料和分析手段。

【思考与练习】

1) 名词解释：

市场调研   描述性调研   解释性调研   预测性调研   市场需求量

市场需求潜量   企业需求量   企业需求潜量   定性预测   定量预测

2) 思考与讨论：

(1) 市场调研的基本程序包括了那些阶段？

(2) 你认为实验法可以用于调查研究什么样问题。

(3) 比较描述性调研、解释性调研、预测性调研这三种市场调研类型有何差别？

(4) 顾客群体的构成因素如何影响高档耐用消费品的需求？

(5) 同一个汽车公司的两位销售经理，对下年度汽车的市场需求的估计各不相同，你认为这可能是由于哪些原因造成的？

【实训项目】

广东千百度日化用品有限公司位于富烧的潮汕平原，坐落于美丽的滨海城市——汕头市，是一家中马合资经营企业，其中中方持股 51%，马来西亚持股 49%，公司成立于 1991 年，经过十多年的风风雨雨、艰苦奋斗，现产品有三大系列(洗发水、洗衣粉、香皂)，四大品牌(千百度、千千秀、千日香、千千净)，20 多个品种，年销售收入达到 2 亿元人民币，是一家快速成长的活力型工业企业。

广东千百度日化用品有限公司为了推广公司即将面世的新产品，对公司生产的系列产品的需求状况进行了一次全面的市场调研。公司首先拟定了市场调研计划。根据调研计划要求，公司将从三个方面进行本次调研活动：一是进行一次问卷调查，二是通过消费者试用产品收集意见，三是由公司的销售人员深入到市场中去，了解消费者和经销商的相关意见。

在公司所发放的问卷中，问卷设计十分具体、清晰、简单、易懂，便于公司选定的目标市场——农村城镇市场消费者的理解和作答。公司将市场调研后回收的有效问卷的信息输入电脑，依靠相应的软件进行详细的分析。在消费者免费试用方面，公司邀请了 100 个家庭作为调研家庭，让他们免费试用公司产品，然后从他们那里收集各种产品的改进意见。同时公司的销售人员经常亲自深入到市场，观察消费者购买公司产品的行为，了解他们对公司产品的意见，并深入访问经销商，询问经销商的销售状况及对产品改进的建议。

在对市场调研资料进行反复比较分析之后，公司清楚地认识到，"产品质量是营销的根本，消费者需求是营销的关键"。企业不仅要保证产品质量，更要依据消费者对产品的价值期望和精神需要去开发、设计、生产产品，产品不仅要能满足消费者的价值期望，还要给消费者带去高质量的精神享受。随后千百度公司的一系列行动都是紧紧围绕着市场做文章。首先，建立了一套完整的产品质量管理体系，加强产品的质量管理和控制，对于不合格的产品坚决不允许出厂；其次，重视依据消费者的需求，加快产品的技术开发，争取生产一代，研制一代，酝酿一代，以最大限度地满足消费者的需求。

综合训练：

(1) 千百度公司通过本次市场调研活动，主要能收集到(　　)。

  A. 消费者的消费特点   B. 市场环境

  C. 经销商的建议   D. 市场容量

(2) 以下(　　)是千百度公司获取市场信息所采用的方法。

  A. 专家意见法   B. 销售人员意见法

  C. 消费者意向调查法   D. 市场试销法

(3) 千百度公司的销售人员经常亲自深入到市场，观察消费者购买公司产品的行为，了解他们对公司产品的意见的市场调查方法是(　　)。

  A 邮寄调查   B 观察调查   C 面谈调查   D 访问调查

(4) 根据千百度公司的调研计划要求，公司在哪些方面开展了市场调研活动？

(5) 千百度公司在对市场调研资料进行分析之后，得到的结论是什么？公司又是怎样开展工作的？

(6) 请为千百度公司设计一份能体现农村城镇市场需求特点的调查问卷。

7 企业战略与市场营销战略

【知识目标】

掌握企业战略及其层次结构；

理解企业战略规划的基本特点、内容；

掌握制定企业战略的步骤和方法；

把握市场营销战略的制定和市场营销组合战略的内容；

【能力目标】

注重对市场营销组合的选择，以及竞争性营销战略的制定；

能够制定企业战略规划和步骤安排；

能够给根据企业所处环境，制定相应的竞争性营销战略。

【案例导入】

会跳舞的大象

当前，叫得最响的企业愿景是杰克·韦尔奇为通用电器公司所设定的在所经营的各个领域都成为"数一数二"的战略愿景。

1981 年，韦尔奇当上了世界一流企业——通用电器公司的 CEO。他在第一次面对华尔街的金融分析家时，没有谈到大企业家都要谈论的赢利目标、对股东的回报等看起来实实在在的问题，而是描述了未来商战的赢家。他说："我们要能够洞察到那些真正有前途的行业并加入其中，要在自己进入的每一个行业里做到数一数二的位置——无论是在精干、高效，还是成本控制、全球化经营方面。不这样做，80 年代的公司将不再会出现在人们面前。

我们必须做到数一数二，因为，如果我们对一项业务的长期竞争力没有有效的解决方案，那么终将有一天业务会陷入困境，这只不过是时间早晚的问题。"

追求数一数二，这正是通用电器的新战略愿景。在此后的 20 年里，这一愿景就像一面旗帜，指引通用电器从当年的美国十强之一，变成世界第一；从当年的大而有些僵化的"超级油轮"，变成最具活力的企业——"会跳舞的大象"。

(http://wenku.baidu.com/view/7c8f720690c69ec3d5bb7533.html)

战略规划是企业面对激烈变化、严峻挑战的环境、市场，为长期生存和发展进行的谋划和思考，是事关企业大局的科学规划，是市场营销管理的指导方针。

7.1　企业战略

7.1.1　企业战略的特征

战略一词，源自于军事领域，是对如何取得战争的胜利所做的谋略，后被引入到企业管理领域。菲利普·科特勒提出，当一个组织清楚其目的和目标时，它就知道今后要往何处去。问题是如何通过最好的路线到达那里。公司需要一个能实现预定目标的全盘的、总的计划，这就叫做战略。企业战略是指对企业长期性的、全局性的、重大的、关键的问题所做的回答，也即对这些问题所做的谋略。由此，企业战略具有以下特征：

1) 指导性。企业战略不是仅仅规划 3～5 年的一系列数字，也不是对过去或未来预算中的数字进行合理的解释，而是透过表象研究实质性的问题，解决企业中的主要矛盾，确定企业的发展方向与基本趋势，也规定了企业具体营销活动的基调。

2) 全局性。它是以企业大局为对象的，根据企业整体发展的需要制定的，规定的是企业整体行动，所追求的是企业的整体效果。

3) 长远性。战略的制定要以外部环境和内部条件的当前情况为出发点，并对企业当前运行有指导、限制作用，但是这都是为了更长远的发展，是长远发展的起步。可以说，凡是为适应环境、条件的变化所确定的长期基本不变的目标和实现目标的方案，都属于战略的范畴。针对当前形势，灵活地适应短期变化、解决局部问题的方法，是战术的概念。

4) 抗争性。企业战略是关于企业在激烈竞争中如何与对手抗衡的行动方案，也是针对来自各方的冲击、压力、威胁和困难，迎接这些挑战的基本安排。

5) 系统性。立足长远发展，企业战略确立了远景目标，并需围绕远景目标设立阶段目标及各阶段目标实现的经营策略，以构成一个环环相扣的战略目标体系。同时，根据组织关系，企业战略需由决策层战略、事业单位战略、职能部门战略三个层级构成一体。决策层战略是企业总体的指导性战略，决定企业经营方针、投资规模、经营方向和远景目标等战略要素，是战略的核心。本书讲解的企业战略主要属于决策层战略；事业单位战略是企业独立核算经营单位或相对独立的经营单位，遵照决策层的战略指导思想，通过竞争环境分析，侧重市场与产品，对自身生存和发展轨迹进行的长远谋划；职能部门战略是企业各职能部门遵照决策层的战略指导思想，结合事业单位战略，侧重分工协作，对本部门的长远目标、资源调配等战略支持保障体系进行的总体性谋划，如策划部战略、采购部战略等。

　　6) 风险性。企业做出任何一项决策都存在风险，战略决策也不例外。市场研究深入，行业发展趋势预测准确，设立的远景目标客观，各战略阶段人、财、物等资源调配得当，战略形态选择科学，制定的战略就能引导企业健康、快速的发展。反之，仅凭个人主观判断市场，设立目标过于理想或对行业的发展趋势预测偏差，制定的战略就会产生管理误导，甚至给企业带来破产的风险。

7.1.2　企业战略的层次结构

　　战略决策不仅仅是企业领导者的任务，不同区域、不同职能和较低级别的管理人员都应该参与到战略的制定过程中来。企业战略可以划分为三个层次(如图7.1 所示)：总体战略、经营战略和职能战略。

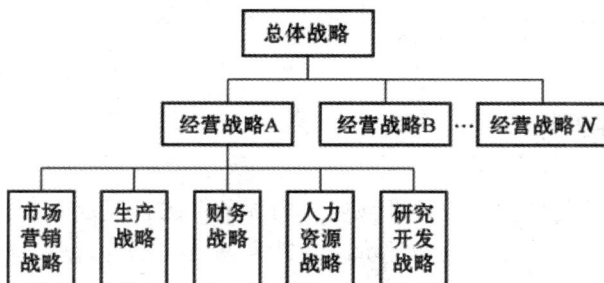

图 7.1　企业战略的层次结构

　　总体战略覆盖企业整体；经营战略是为公司每个业务部门制定的战略；职能战略则是针对企业内部的每项职能制定的战略，职能战略必须符合企业整体战略。

7.1.2.1　总体战略

　　总体战略又称公司战略。在大企业，特别是多种经营的企业，总体战略是最高层次战略。它是根据企业使命，选择企业参与竞争的业务领域，合理配置企业资源，使企业各项经营业务相互支持、相互协调。总体战略的任务，主要是回答企业应在哪些领域进行活动。经营范围选择和资源合理配置是其中的重要内容。通常，总体战略是企业高层负责制定、落实的基本战略。

7.1.2.2　经营战略

　　经营战略即经营单位战略。它是指在总体性的公司战略指导下，经营管理某一个特定的战略经营单位的战略计划，是公司战略之下的子战略。在大企业，特别是企业集团，往往从组织形态上，把一些具有共同战略因素的二级单位(如事业部、子公司等)，或其中的某些部分组合成一个战略经营单位。因此，经营战略是各个战略经营单位或者有关的事业部、子公司的战略。

7.1.2.3　职能战略

职能战略是为贯彻、实施和支持公司战略与经营战略而在企业特定的职能管理领域制定的战略，是企业各个职能部门的短期性战略。职能战略可以使职能部门及其管理人员更加清楚地认识本部门在实施总体战略、经营战略过程中的任务、责任和要求，有效的运用有关的管理职能，保证企业目标的实现。它的重点是提高企业资源的利用效率，使企业资源的利用效率最大化。

通常需要的职能战略，包括研究与开发管理、生产管理、市场营销管理、财务管理和人力资源管理等。每一种职能战略，都要服从于所在战略经营单位的经营战略，以及为整个企业制定的总体战略。

7.2　战略规划

战略规划，就是依据企业外部环境、内部条件的状况及其变化，制定战略、实施战略，并根据对战略实施的评价和反馈来调整与制定新战略的过程。

7.2.1　战略规划的一般过程

战略规划的一般过程如下：

1) 发现问题。经营者不断关注企业外部环境的变化趋势、内部条件的演变趋势以及经济效益的发展趋势等相关信息，及时找到和发现影响企业经营的问题，企业可以从相互依存、彼此影响的环境因素与各个职能领域之间的变化上寻找问题，并分析它对整个发展的影响程度。从性质上看，初步发现的这些问题是各种各样的，有大有小、有重要的和不重要的、紧迫的和非紧迫的；从表现上讲，这些问题可能是企业面临的机遇、也可能是面临的威胁、可能是自己的长处、也有可能是自己的不足。发现问题的能力是经营者重要的技能之一。

2) 评估问题的重要性。从众多的问题中识别战略问题，并且对各个战略问题进行整理、分类，依据各自的重要性进行判断和区分，甚至排队，要善于从众多问题中找到战略问题，从战略中找出关键问题，并针对不同的问题采取不同的处理方法：最重要的战略问题，应由企业最高层详尽分析；一般重要的战略问题，可由战略经营单位研究分析；而一般性问题，只需加以注意，不一定详加分析。

能否对问题的重要性判断和分析处理是经营者思路是否清晰的重要表现。

3) 分析问题。对战略问题的重要性分类排队后，就应该对每个问题进行分析。分析问题的方法很多，例如：

(1) 从基本思路层面上讲，管理者的思路、习惯、经验、学识都起到很重要的作用，比如一些管理者很善于从问题中理出基本头绪或者脉络，进行深入分析，诸如对比法、分类方法、逻辑推理、因果分析、关键因素确定法、条件假设方法、分解法等，还有一些可以被集体使用的诸如德尔菲法、会议法、智力激励等都是分析问题的重要工具。

(2) 从专业层面来讲，要深入分析问题，还必须涉及专业知识和专业方法，比如针对市场问题的市场分析、针对财务问题的指标分析等等。需要注意的是，分析问题也是非常具有能动性和灵活性的，有效的管理者并不拘泥于方法本身。

(3) 分析问题的目的一般有：确定所分析问题的本质、寻找问题的原因、寻找问题的初步解决思路或者突破口、分析问题发展的趋势、寻找问题本身的规律和特点等。

4) 提出与问题相关的战略。通过分析问题，对问题的性质、产生的原因和发展的趋势，一般会有一个比较清楚的认识，同时，也可能对问题的解决或者把握、控制提出一些基本的思路和方向性措施。其实际是解决问题的阶段，经过对问题的分析，确定是否应该提出相关战略战术，以及如何制定这些战略战术等。

5) 发展战略计划和形成行动方案。就是对所提出的战略进行规划，并通过有效的资源组织实施和控制；对实施的结果进行衡量和评价，并注意信息沟通和反馈，以采取适当的调整措施或者改进企业的战略问题管理。

【小案例】

专注于生产尿布

尼西奇公司在过去是一个生产雨衣、游泳帽、防雨篷、婴儿尿布等橡胶制品的小商品的综合性企业。由于订货经常不足，企业经营很不稳定。战后的日本，经过经济复兴时期，国内经济开始好转，人民生活水平日益提高，生活方式也逐渐发生变化。有一次，尼西奇公司的董事长多川博看到一份日本人口普查的报告，该报告称日本每年大约出生 250 万个婴儿。这个数字给了多川博一个不小的启示：现在生活方式在改变，仅以每个婴儿用两条尿布计算，一年就需要 500 万条，这是一个相当广阔的市场。如果把眼光放到国外，市场就更大了。而尼西奇的专长正是生产尿布。于是尼西奇公司放弃其他产品，集中力量于尿布的生产。他们不断研制新材料，开发新产品，在激烈的竞争中站住了脚跟。其他服装公司也生产尿布，但这些公司不是专业生产尿布而纷纷败北。

尼西奇的经营者认为，作为一个中小企业，财力、人力、技术都有限，如果什么都想做，到头来往往样样做不成，只有扬长避短，另辟蹊径，搞专业化才有出路。婴儿尿布虽是小商品，但它却是人们生活中不可或缺的物品。只要根据消费者的需要生产，任何小商品都是可以变成有销路、有市场的大路货。尼西奇走的正是这样一打道路。它沿着专业化方向办企业，经过十几年努力，"尼西奇"牌婴儿尿布现在已经和丰田汽车一样有名了。几乎所有的大百货公司、超级市场、儿童用品商店都陈列着尼西奇的产品。尼西奇已成为日本首届一指的"尿布大王"。

(http://www.zgggcmw.com/news/9262110.html)

7.2.2　战略规划的特点

战略规划的有效性包括两个方面，一方面是战略正确与否，正确的战略应当做到组织资源和环境的良好匹配；另一方面是战略是否适合于该组织的管理过程，也就是和组织活动匹配与否，一个有效的战略一般有以下特点：

1) 目标明确。战略规划的目标应当是明确的，不应是二义的。其内容应当使人得到振奋和鼓舞。目标要先进，但经过努力可以达到，其描述的语言应当是坚定和简练的。

2) 可执行性良好。好的战略的说明应当是通俗的，明确的和可执行的，它应当是各级领导的向导，使各级领导能确切地了解它，执行它，并使自己的战略和它保持一致。

3) 组织人事落实。制定战略的人往往也是执行战略的人，一个好的战略计划只有有了好的人员执行，它才能实现。因而，战略计划要求一级级落实。高层领导制定的战略一般应以方向和约束的形式告诉下级，下级接受任务，并以同样的方式告诉再下级，这样一级级的细化，做到深入人心，人人皆知，战略计划也就个人化了。个人化的战略计划明确了每一个人的责任，可以充分调动每一个人的积极性。这样一方面激励了大家动脑筋想办法，另一方面增加了组织的生命力和创造性。在一个复杂的组织中，只靠高层领导一个人是难以识别所有机会的。

4) 灵活性好。一个组织的目标可能不随时间而变，但它的活动范围和组织计划的形式无时无刻不在改变。现在所制定的战略计划只是一个暂时的文件，只适用于现在，应当进行周期性的校核和评审，灵活性强使之容易适应变革的需要。

7.2.3　战略规划的执行

如何在制定好一个战略规划之后使其得到很好的执行，是战略规划的主要内容，也即战略规划的操作化。战略规划的实现和操作存在着两个先天性的困难：

(1) 这种规划一般均是一次性的决策过程，它是不能预先进行实验的。用一些管理科学理论所建立的模型与决策支持系统，往往得不到管理人员的承认，他们喜欢用自己的经验建立启发式模型，由于一次性的性质难以确定究竟哪种正确。

(2) 参加规划的专家多为企业人员，他们对以后实现规划负有责任。由于战略规划总是要考虑外部的变化，因而要求进行内部的变革以适应外部的变化，这种变革又往往是这些企业人员不欢迎的，这样他们就有可能在实行这种战略规划时持反对态度。

为了执行好战略规划，应当做到：

(1) 做好思想动员。让各种人员了解战略规划的意义，使各层干部均能加入战略规划的实施。要让高层人员知道吸收外部人员参加规划的好处，要善于把制定规划的人的意图让执行计划的人了解，对于一些大企业战略计划的 新思想往往应当和企业的文化的形式符合，或者说应当以旧的企业习惯的方式推行新的内容。只要规划一旦制定，就不要轻易改动。

(2) 把规划活动当成一个连续的过程。在规划制定和实行的过程中要不断进行"评价与控制"，也就是不断的综合集成各种规划和负责执行这种规划的管理，不断调整。一个好的战略管理应当包含以下几个内容：① 建立运营原则；② 确定企业地位；③ 设立战略目标；④ 进行评价与控制。这些内容在整个运营过程中是动态的和不断修改的。

(3) 激励新战略思想。战略规划的重要核心应当说是战略思想，往往由于平时许多紧迫的工作疏忽了战略的重要性，这就是紧迫性与重要性的矛盾。激励新战略思想的产生是企业获得强大生命力的源泉。为了能产生很好的战略思想必须加强企业领导中的民主气氛，发扬职工的主人翁精神。应做到：① 明确战略思想的重要性，改变职工的压抑心情，改变企业的精神面貌，上下级应思想沟通。一般来说，企业应当将老的管理方式注入新的规划，然后再去追求老的方式的改变。转变思想过程中中层管理起着关键的作用，要特别重视。② 要奖励创造性的战略思想，克服言者有罪的现象。对企业战略思想有贡献的人应给以奖励；对于提了很好建议而一时无法实现的人，要做好工作，不要挫伤积极性。有些公司经理不仅不扶植新战略思想的苗子，反而为创造性思维所激怒，造成恶劣影响。因而在选择公司经理时应把对待创造性思维的态度或有没有战略思想当成重要条件。

7.2.4　制定战略规划的方式

制定战略规划的方式有五种：

1) 领导层授意，自上而下逐级制定，这种方式在很多企业里都运用。

2) 自下而上，以事业单位为核心制定。

3) 领导层建立规划部门，由规划部门制定。

4) 委托负责、守信、权威的咨询机构制定，当然这里所说的负责、守信、权威是一些必要的条件，可能还会有更多的条件，如果咨询机构不具备这些必要的条件，那么对企业来说是非常危险的。

5) 企业与咨询机构合作制定。

在实际制定规划的过程中，这五种方式往往是相互结合在一起来操作的。

7.3　市场营销战略

市场营销战略是指企业在现代市场营销观念下，为实现其经营目标，对一定时期内市场营销发展的总体设想和规划。市场营销战略已成为制约企业生存与发展的关键因素。

7.3.1　市场营销战略的特征

一般来说，市场营销战略的特征主要包括：

1) 全局性。战略总是对全局而言的，市场营销战略的全局性要求企业必须从社会、公众的全局利益和长远利益出发制订营销战略。

2) 长远性。任何一种战略都要着眼于未来，都是对未来的谋划和设计。市场营销战略是为谋求企业的长远发展、长远利益，规划企业的基本思路和发展方向。

3) 方向性。市场营销战略是研究市场营销中本质性的问题，强调市场营销的性质与结构，解决企业中主要矛盾，阐明企业经营的大方向和基本发展趋势。

4) 系统性。市场营销战略要从企业营销的外部环境到内部条件，从营销思想、方针、方向、目标、策略到行动计划等方面做出系统性的谋划。企业应从不同层次、不同结构、不同功能、不同方法上将市场营销战略作为一个整体系统工程统筹规划，追求整体发展的最大效益。

5) 风险性。由于企业外部环境的复杂多变以及企业内部条件的不断变化，必然使企业面临诸多风险。市场营销战略要尽可能规避风险，使风险降到最低，市场营销战略在保持相对稳定性的同时，还应随时依据企业外部条件及内部条件的变化加以调整。

7.3.2　市场营销战略的制订

实施有效的市场营销战略，是企业在营销竞争过程中立于不败之地的重要保证。一般来说，市场营销战略过程大致分为四个阶段：建立目标市场战略、市场发展战略、目标市场进入战略和市场营销组合战略。

7.3.2.1 建立目标市场战略

制订企业的市场营销战略，首先遇到的是用什么产品进入怎样的市场的问题，主要回答顾客是谁、产品向谁诉求的问题，即目标市场的选择。目标市场的选择一般有三种战略，即差异性市场战略、无差异性市场战略和集中性市场战略，这三种战略将在第六章详细论述。

7.3.2.2 市场发展战略

企业在选择和进入目标市场后，必须不断地发现新的市场机会，不断地更新业务内容，对未来的事业发展方向做出战略计划，制订其发展战略，以谋求在市场中发展壮大。一般，可提供选择的主要发展战略有三种类型(如表 7.1 所示)：

表 7.1 市场发展战略

密集型发展	一体化发展	多元化发展
市场渗透	后向一体化	同心多角化
市场开发	前向一体化	横向多角化
产品开发	横向一体化	综合多角化

1) 密集型市场发展战略。是指某一特定市场上存在尚未被充分满足的需求，企业可以在现有的业务范围、经营范围内谋求发展的战略。常用"产品/市场矩阵法"分析，如表 7.2 所示。

表 7.2 产品/市场矩阵法

	现有产品	新产品
现有市场	市场渗透	产品开发
新市场	市场开发	市场组合

(1) 市场渗透。是企业采取积极主动的措施在现有市场上扩大现有产品的销售，以求得企业的发展，是企业最常采用的发展战略。市场渗透的措施有增加销售网点，加强广告宣传，采取各种促销方式以及降价等，努力在现有市场上扩大现有产品的销售量。

例如，某牙膏企业为了扩大销售，采取的方法有：从产品的角度，把该品牌的牙膏的管口扩大 50%，使消费者每天多消费 50% 的牙膏；通过广告、促销等方式，把竞争对手的顾客诱导来买该企业的牙膏；和牙防组织等单位合作，通过宣传口腔卫生知识，改变没有刷牙习惯的消费者，让其购买牙膏。

【小案例】

百事可乐公司是如何从市场领先者手里挣得市场份额的

在第二次世界大战之前，可口可乐统治着美国的软饮料行业。那时的确没有值得一提的第二位的公司。"在可口可乐的意识下，百事很难有一点被认知的火花。"

百事可乐是一种新饮料，制造成本比较低，与可口可乐相比口味较差一些。百事主要的销售宣传要点是用同样的价格可以得到更多的饮料。百事在它的广告中强调"五分钱可买双倍的饮料"。

百事的瓶子不美观，瓶上贴着纸制标签，搬运中经常被污损，从而造成一种印象，认为百事可乐是第二流的软饮料。

第二次世界大战间，百事和可口都随着美国国旗飘扬在世界各地而同时增加了销售量。战后，百事的销售与可口可乐相比开始下降。百事可乐的问题是由很多因素造成的，包括它的不良形象、较差的口味、马虎的包装和差劲的质量管理。而且，由于成本增加，百事不得不提高售价，这使它的成交条件不如从前。在40年代末期，百事的士气相当低落。

在这关头上，商界素享盛誉的艾尔弗雷德·N·斯蒂尔出任百事可乐的总经理。他和他的同僚认为，他们的主要希望是在于把百事可乐从可口可乐的廉价仿制品转变为第一流的软饮料。他们也承认这个转变需要若干年的时间。他们设想了一个向可口可乐发动的大攻势，这个攻势分两个阶段进行。

第一个阶段，从1950年到1955年，采取下列步骤：① 改进百事的口味；② 重新设计和统一百事的瓶子和商标；③ 重新设计广告活动以提高百事的形象；④ 斯蒂尔决定集中进攻可口可乐所忽视的购回家市场；⑤ 斯蒂尔选定25个城市进行特别的推销以争取市场份额。到1955年，百事可乐所有的主要缺点都被克服，销售大量上升，于是斯蒂尔准备了第二阶段的进攻计划。第二阶段计划包括向可口可乐的"堂饮"市场发动直接进攻，特别是对迅速成长的自动售货机和冷瓶细分市场的进攻。

另一个决策是引入新规格的瓶子，使购回家市场和冷瓶市场的顾客更感方便。最后，百事可乐对想要购买和安装百事可乐自动售货机的装瓶商提供财务帮助。

从1955年到1960年，百事的这些行动大幅度地增加了销售量。十年之中，百事的销售已增长了4倍。

(http://wenku.baidu.com/view/32a643155f0e7cd1842536bc.html)

(2) 市场开发。企业以现有产品来满足新的市场需求，以增加销售。市场开发一般采用两种方式：一是开拓新市场，扩大销售区域，如从地方向全国、从国内到国际、从城市到农村，从而占领新的细分市场；二是通过发现老产品的新用途来扩大市场。

(3) 产品开发。企业通过向现有市场提供新产品或改进的产品，如增加花色、品种、规格档次，更新包装，改善服务，由单一产品向系列产品转化等方式，以满足现有顾客的潜在需求，扩大销售。

(4) 市场组合。企业以新产品进入新市场，企业要在产品、价格、渠道和促销等方面，采取营销组合战略，以促使新产品尽快占领市场。

2) 一体化市场发展战略。是指一个企业通过把自己的业务活动伸展到供、产、销不同环节或与同类企业联合，以提高企业的发展和应变能力的战略。一体化发展战略主要有三种(如表 7.1 所示)：

(1) 前向一体化战略。是指生产企业通过收买或兼并若干商业企业，向前控制分销系统，实现产销结合。如汽车厂家自设销售公司，木材企业生产家具，批发商开设零售商店等。

(2) 后向一体化战略。是指企业通过收购或兼并若干原材料供应企业，向后控制供货商，使供产一体化，实现供产结合。如某空调制造企业，以前向其他公司采购压缩机，后来该空调公司自行生产压缩机，实现了后向一体化战略。

(3) 横向一体化。又称水平一体化，是指企业收购或兼并若干个竞争者即同类型企业，组成联合企业或企业集团，以扩大生产经营规模。如联想收购 IBM 全球 PC 业务，中外合资经营企业等都属于横向一体化。

【小案例】

三元食品的一体化成长战略

作为首都奶业发展龙头企业的北京三元食品有限公司，2000 年以前，三元公司已经掌握了北京周边 80%的奶源，坐稳了北京乳业"老大"的位置。但要进一步拓展市场，优质奶源不足日益成为三元公司的掣肘之赘。三元根据乳制品市场整体情况，做出了步步为营、逐步拓展市场的战略决策；而首当其冲的问题就是优质奶源的获得。

三元公司将饥渴的目光定格在呼伦贝尔大草原，公司于 2000 年初组建了呼伦贝尔三元乳业有限公司并控股经营。该公司经过半年的运行就开始盈利，成为当地的龙头企业。为进一步扩大奶源基地，三元乘胜追击，于 2000 年 8 月托管了满洲里市扎赉诺尔乳品厂，并在 2001 年初组建内蒙古满洲里三元乳业有限公司，三元拥有其 90%股权，该公司也很快进入了良性运转阶段。2001 年 4 月，三元又在呼伦贝尔盟地区出资组建了新巴尔虎左旗三元乳业有限公司。至此，三元公司在呼伦贝尔盟占据半壁河山，将其优质奶源敛入势力范围，构建了稳固的三元经济区。

　　奶源有了保障，三元又于 2001 年初以 930 万美元收购了拥有先进产品线、优质产品、知名品牌、熟练技术工人和优秀管理人员的北京卡夫食品有限公司，并将其更名为"三元卡夫"。这次兼并被业内人士形象地比喻为："花一元钱，买了三四元的资产。"此外，北京卡夫刚刚更新设备，拥有国际一流生产线，年产能力达 10 万吨。而三元正处于发展高峰期，现日产乳品 800 吨，下半年还要增至 1000 吨，生产能力不足日益突显，因而此举无异于雪中送炭。

　　分析以上案例，回答以下问题：

　　(1) 三元公司使用何种增长战略进行扩张经营？这种战略包含几种方式？

　　(2) 三元公司实际上运用了该战略中的哪几种方式？它们的含义分别是什么？

　　(3) 结合案例谈谈该增长战略的适用条件。

　　(http://www.gzu521.com/campus/article/self-study/200608/54349. htm)

　　3) 多元化市场发展战略。也称多样化或多角化发展战略，是指企业向本行业以外发展，扩大业务范围，实行跨行业经营，使企业的人力、物力、财力资源得到充分利用。多元化发展战略的具体策略有：

　　(1) 同心多元化。是指企业以现有业务为中心向外扩展业务范围，用企业现有物质技术力量开发新产品，增加产品的门类和品种，以寻求新的业务增长。这种策略有利于发挥企业原有的设备、技术和营销人员的优势，投资少、风险小，较易获得成功。如某手机制造企业，成立之初定位在中、低端大众手机市场，随着企业的发展，该企业逐渐生产出智能手机、商务手机，争夺中、高端手机市场客户。

　　(2) 横向多元化。也称水平多元化，是指企业针对现有顾客对其他方面的需求，增加物质技术力量开发新产品，扩大业务经营范围，实现业务增长。如某冰箱制造公司，随着冰箱网络的成熟，逐渐进入洗衣机、空调等其他家电领域。

　　(3) 综合多元化。也称集团多元化，是指企业通过收购或兼并等形式，把经营范围扩展到多个部门，组成混合型企业集团，开展与现有技术、产品、市场无联系的多元化经营活动，以寻求新的增长机会。如某药品生产企业进入房地产、教育等行业，某家电制造企业生产汽车。

　　实施综合多元化战略的企业，一般都有较雄厚的财力、物力和人力资源。

【小案例】

统一企业的多角化经营

　　统一企业在 1987 年以前，是台湾财团中屈指可数的纺织集团的下属企业——

台南纺织，它是一个集纺织、纤维加工、食品、水泥、渔业等于一体的多元化企业集团。

20世纪50年代后期到60年代前期，台湾正处于以纤维工业及轻工业为中心的"出口导向型工业化"的初期阶段，在这一时期，台南纺织积极投资，使生产能力不断扩大。这期间，企业预料到，随着经济建设的进行，对水泥的需求会急剧增加，于是在1960年共同出资兴建了环球水泥公司，这是该集团向非纺织部门迈出的第一步。

60年代后期到70年代，该集团在纤维相关领域设立了一系列新公司的同时，还在非纤维部门不断开拓新领域。

1967年创立了从事面粉制造与食品加工的统一企业1970年又创立了生产点心的可口企业，正式步入食品行业。热衷于在食品部门寻求多样化发展的吴修齐，出任统一、可口两家公司的第一任董事长。

70年代以后统一企业推行的事业多元化活动，开始向食品以外的部门扩展，相继设立了生产电池及塑料制品的统一工业、从事建筑业的太子建设、生产电子元件的统一电脑等集团企业。塑料制品的生产由于纤维、食品部门的大量需求而形成事业，建设部门也是为扩大对环球水泥生产的水泥需求量而开拓的。

80年代后半期，南纺、统一集团发生了巨大的变化，又上了一个新台阶。统一企业通过积极发展由食品到流通、服务行业的多元化经营，于1987年使股票公开上市，从而募集了大量资金，事业规模进一步扩大。相反，台南纺织、环球水泥等原有的集团企业，其经营则由于纤维行业的衰落等原因而陷入困境。在这种状况下，高清愿率领的统一企业及其下属公司，虽然继续同南纺集团保持着协作关系，但事实上已经独立出来，并于80年代末成立了新的企业集团"统一集团"。

从规模上看，统一集团1993年已跃居台湾企业集团的第六位。如将与其保持密切关系的南纺包括在内，则其规模或许仅次于台塑。从其积极开展多元化经营和海外投资这一点来看，预计它今后将继续迅速发展。

(http://ggle.lingd.net/article-4296294-1.html)

7.3.2.3 目标市场进入战略

企业选择了特定的目标市场后，就应该决定如何开拓市场，进入市场。采取某种特定方式进入市场，就是目标市场进入战略。一般有以下四种市场进入战略：

1) 联合进入战略。是指与其他企业建立联合生产、联合运营、联合销售的关系，发挥各自企业在"天时、地利、人和"等方面的优势，进入目标市场。

2) 独立进入战略。是指在目标市场建立本企业的销售网络，或者通过购买其他企业的商标、产业等进入目标市场。

3) 分销战略。是指企业通过代理商、经销商进入目标市场,以便快捷进入、拓展市场。

4) 合资战略。是指企业与外商、港澳台商合资,或兴办企业,进行补偿贸易和双边贸易,以便产品迅速进入国际市场。

【小案例】

迪士尼乐园的东京模式和巴黎模式

1983 年 4 月,美国迪士尼集团在美国加州和佛罗里达州迪士尼乐园经营成功的基础上,跨出了跨国经营的第一步:开办东京迪士尼乐园。由于是第一次在国外开办迪士尼乐园,缺乏跨国经营的经验,风险又大,迪士尼决定不进行股权投资,而是采取特许经营、收取特许费的进入方式,由日方合作伙伴投资建造和经营东京迪士尼乐园,获得了意想不到的成功,当年游客数量就突破了预计指标,达 1 000 万人次,人均支出达 30 多美元,远远超过预计的 21 美元。1990 年,东京迪士尼的游客人数超过了美国加州迪士尼,达到每年 1400 万人次,2002 年创 2482 万人次新高,位居世界第一。

迪士尼发现,以许可合同交易方式跨国经营虽然风险小,但所得的利润也非常有限,除去开办乐园时的咨询费以外,迪士尼的收入仅限于乐园门票收入的 10% 和园内商品销售额的 5%,大量的经营利润源源不断地流入日本人的腰包。

1992 年 4 月,迪士尼继续向国外市场拓展,在法国开办了第 2 个国外迪士尼乐园——欧洲迪士尼。法国政府为胜出西班牙,在土地、资金、税收、基础设施建设等方面做出了引起法国各界人士很大争议的巨大让步。吸取了东京迪士尼的教训,欧洲迪士尼采取股份合资方式(51% 的股份出售给欧洲投资者,迪士尼以 8.5 亿法郎买下 49% 的原始股份),在巴黎郊外开办了占地 4 800 公顷(48 平方公里)、工程造价 120 亿法郎(18 亿美元)的大型乐园。

虽然有了东京迪士尼的经验,又有强大的经营管理权力,欧洲迪士尼的经营状况却并不理想。第一年不但游客人数大大低于预计,而且人均游乐支出也大大低于预计水平,当年经营亏损就达 9 亿美元,迫使乐园关闭了一所附设旅馆,解雇了 950 名雇员,全面推迟第 2 线工程项目。随后几年,欧洲迪士尼的年均游客数一直维持在将近 100 万人次,到 1994 年年底累计亏损已达 20 亿美元。

(http://wenku.baidu.com/view/95d23b0d76c66137ee061926.html)

7.3.2.4 市场营销组合战略

市场营销组合是美国哈佛大学教授尼尔·恩·鲍敦(N.N.Borden)在 20 世纪 50 年代首先提出的概念,美国伊·杰罗姆·麦卡锡教授概括简化为经典的"4P'S"(Product, Price, Place, Promotion)理论,被广泛应用。此理论认为,市场营销组合策略可视为一个大系统，它是由相互联系的产品策略、定价策略、销售渠道策略以及促销策略四个子系统组成，每个子系统又有其独立的结构。

1) 市场营销组合的内容。市场营销组合是指企业针对目标市场综合运用各种可能的市场营销策略和手段所组合成的一个系统化的整体策略。简言之，就是产品(Product)、定价(Price)、渠道(Place)以及促销(Promotion)四个基本策略的组合，即"4P's"组合。

(1) 产品策略。是指与企业向市场提供的产品有关的手段和方法。产品与服务是营销因素组合中至关重要的因素，它包括产品种类、产品规格、质量标准、产品包装、产品特色、产品外观式样、产品商标、产品生命周期以及产品的维修、安装、指导、担保、承诺等连带服务措施。

(2) 价格策略。是指企业如何估量顾客的需求与成本，以便选定一种吸引顾客、实现市场营销组合的价格。定价必须考虑企业目标市场的竞争情况以及消费者对此定价的可能反应，同时，产品的价格也要满足企业赢利的要求。价格策略主要是考虑与定价有关的内容，包括价格水平、折扣价格、折让、支付期限、商业信用条件等相关问题。

(3) 渠道策略。是指企业如何选择产品从制造商顺利转移到顾客的最佳途径。如何合理选择营销渠道和组织商品实体流通来实现其营销目标已受到企业的普遍重视。渠道策略包括了区域分布、销售渠道的结构、中间商选择、营业场所、网点设置、运输储存及配送中心等因素的组合运用。

(4) 促销策略。是指企业利用信息传播手段传递"合适的产品在适当的时候以适当的价格出售"的信息。促销策略包含了企业与市场沟通的所有方法，其中包括人员推销、广告、营业推广、公共关系等因素的组合运用。

2) 市场营销组合的发展。

(1) "6P's"组合。20世纪80年代以来，世界经济发展走向滞缓，市场竞争日益激烈，政治和社会因素对市场营销的影响和制约越来越大，大市场营销策略应运而生。大市场营销除了包括一般的市场营销的"4P"外，还包括另外两个"P"，即权力(Power)和公共关系(Public Relations)。

美国著名市场营销学教授菲利浦·科特勒(Philip Kotler)给"大市场营销"下的定义为：为了成功地进入特定市场，在策略上必须协调地施用经济心理、政治和公共关系等手段，以取得外国或地区有关方面的合作和支持。此处所指特定的市场，主要是指壁垒森严的封闭型或保护型的市场。大市场营销概念的要点在于当代营销者更需要借助政治力量和公共关系技巧去排除产品通往目标市场的各种障碍，取得有关方面的支持与合作，实现企业营销目标。

① 权力：在开展大市场营销时，为了进入特定的市场，必须找到有权打开市

场之门的人，这些人可能是具有影响力的企业高级管理人员、立法部门或政府部门的官员等。营销人员要有高超的游说本领和谈判技巧，以便能使这些"守门人"采取积极合作的态度，达到预期的目的。

②　公共关系：权力是推的策略，公共关系是拉的策略。单纯靠权力，有时难以使企业进入市场并巩固其在市场上的地位，而通过各种公共关系活动，逐渐在公众中树立起良好的企业形象和产品形象，往往能受到更广泛、更持久的效果。

(2) "11P's"组合。1986 年，菲利浦·科特勒概括出了"11P's"，从而更加丰富和深化了市场营销理论的内容，形成了国际市场营销观念。

"11P's"包括大市场营销组合"6P'S"(产品、地点、价格、促销、权力、公共关系)，这 "6P's"组合称为市场营销的策略，其确定得是否恰当，取决于市场营销的战略"4P'S"(市场调研(Probing)、市场细分(Partitioning)、目标优选(Prioritizing)、市场定位(Positioning))，最后一个 "P"，即人(People)，意即理解人和向人们提供服务，贯穿于企业营销活动的全过程，也是实施前面 10 个"P"的成功保证。

(3) "4C's"组合。20 世纪 90 年代，美国市场学家罗伯特·劳特伯恩(Robert'Lauterborn)提出了以"4C's"为主要内容的作为企业营销策略的市场营销组合——"4C"理论，其内容为：针对产品策略，提出应更关注顾客的需求与欲望；针对价格策略，提出应重点考虑顾客为得到某项商品或服务所愿意付出的代价；并强调促销过程应用是一个与顾客保持双向沟通的过程。

①　顾客需求与欲望(Customer Needs and Wants)：要了解、研究、分析消费者的需要与欲求，而不是先考虑企业能生产什么产品。

②　顾客购买成本(Cost to Customers)：了解消费者的需要与他们愿意付出多少钱(成本)，而不是先给产品定价，即向消费者要多少钱。

③　顾客购买的方便性(Convenience)：考虑顾客购物等交易，例如怎样使顾客方便，而不是先考虑销售渠道的选择和策略。

④　企业与顾客的沟通(Communication)：以消费者为中心实施营销沟通是十分重要的，通过互动、沟通等方式，将企业内外营销进行整合，把顾客和企业双方的利益无形地整合在一起。

从"4P"到"4C"这种过渡的背后其实隐藏着这样一个事实：企业的市场营销行为将更多地从站在卖方角度的 "4P"向站在买方角度的"4C"转化。新的市场营销组合策略认为，先把产品搁到一边，赶紧研究消费者的欲望和需求，不要再卖公司所能生产的产品，而要卖客户想要购买的产品；暂时放弃主观的定价策略，公司应了解消费者为满足其需求所需付出的成本；公司还应放弃已成定式的地点策略，而应优先考虑如何向消费者提供便利以购得商品；最后，用沟通来代替促销。可以预言，未来市场上的赢家将是那些能够站在客户的角度，为客户提供更多满意或是超越客户满意的企业。这也是市场营销组合新理论的真谛所在。

7.3.3 市场营销的竞争战略

竞争战略也称事业部战略(SBU Strategy)，或者是经营单位战略，是在企业公司战略指导下，各个战略事业单位制订的部门战略，是公司战略之下的子战略。竞争战略主要研究的是产品和服务在市场上的竞争问题。

当一个组织从事多种业务时，有必要建立相应的经营业务单位。每一个业务单位都和其他单位相对独立，从事单一的业务或密切相关的业务组合，具有自己独特的使命和竞争对手。这样，各个经营业务单位的有机结合使组织的总体战略得到具体落实。根据美国学者波特(Porter)的理论，竞争战略有三种基本经营战略模式：

1) 成本领先战略。是指企业通过有效的途径，力争使其总成本降到行业最低水平，以作为战胜竞争者的基本前提。采用这种战略的核心是争取最大的市场占有率，使单位产品成本最低，从而以较低的市场价格赢得竞争优势。实施成本领先战略有利于对竞争对手形成进入障碍，降低或缓解替代品的威胁，保持领先的竞争地位。

中国的微波炉业起步于20世纪90年代初，在格兰仕进入微波炉的1993年，整个中国的市场容量仅为20多万台，而2005年格兰仕微波炉产量已突破2000万台。2004年4月，格兰仕微波炉价格狂降40%，其中国市场的主要对手LG有些顶不住了。不言而喻，格兰仕选择的是总成本领先的战略，价格战只不过是表现形式。格兰仕的战略很明显：规模每上一个台阶，就大幅下调价格。当自己的规模达到125万台时，就把出厂价定在规模为80万台的企业的成本价以下。当规模达到300万台时，格兰仕又把出厂价调到规模为200万台的企业的成本线以下，结果规模低于200万台的且技术无明显差异的企业陷入亏本的泥潭。

正是因为实施成本领先战略，使得竞争对手毫无招架之力。

2) 差异化战略。是指为了使企业的产品和竞争对手的产品有明显的区别，形成与众不同的特点而采用的战略。产品差异化体现在表现形式上，可以是产品质量的差异化、产品服务的差异化、产品创新的差异化、产品形态的差异化、产品品牌的差异化。

联合利华与美国宝洁长久以来可谓在日化行业斗得难舍难分，特别在洗衣粉这一领域，全球范围内，每上升1%的市场份额，意味着赢利6000万美元。在推出去污能力超强、气味芬芳、不伤手、给衣服驻色后，好像双方再也找不到差异化。然而联合利华从消费者需求入手，在洗衣粉形态上进行差异化创新，首次推出了固态"方糖形"洗衣粉，形状类似方糖，并说明：洗衬衫给 1 块、洗牛仔裤给 2 块，洗床单给 3 块……解决了消费者对洗衣粉用量不好把握的问题。在全球洗衣粉市场份额上超过了宝洁。

3) 集中化战略。是把经营战略重点放在一个特定的目标市场上，为特定的地区或特定的购买者集团提供特殊的产品和服务。对于多元化发展的今天，集中化战略似乎受到很多企业的推崇。在美国 2004 年本土 100 强企业里，前十强企业中，有两家是石油公司、两家汽车公司、一家电气公司、一家零售业公司、一家金融机构、两家科技型企业，只有美国的通用电气实行的是多元化发展，其他九家统统是集中经营。微软的比尔·盖茨曾说：你的企业只要能用一句话说明是干什么的就足够了。可见，集中战略使用很广泛。

7.3.4　市场营销战略分析评估

任何一个企业的资源总是有限的，为了实现企业目标，就需要对企业现有的战略事业单位进行分析和评价，并做出相应的资源配置决策。20 世纪 70 年代以来，西方学者提出了一些对企业的战略业务单位加以分类和评价的方法，其中最著名的是美国波士顿咨询集团法，即"市场增长率—相对市场占有率矩阵"。

波士顿咨询集团法的假设前提是，大部分企业都经营有两项以上的业务，这些业务扩展、维持还是收缩，应该立足于企业全局的角度来加以确定，以便使各项业务能在现金需要和来源方面形成相互补充、相互促进的良性循环局面。如图 7.3 所示。

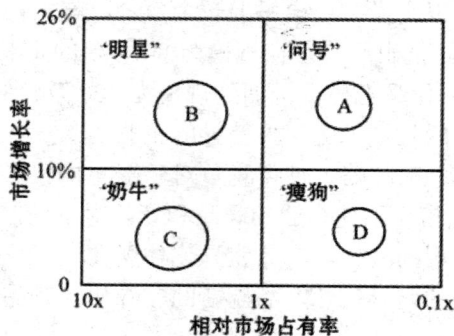

图 7.3　波士顿矩阵

在矩阵中，纵坐标代表市场增长率，可以以年为单位。增长率高低可以视具体情况而定。假设以 10%为分界线，高于 10%为高增长率，低于 10%则为低增长率。横坐标为相对市场占有率，表示各经营单位与其最大的竞争者之间在市场占有率方面的相对差异。某个经营单位的相对市场占有率为 0.4，说明它的市场占有率为最大竞争者的 40%；相对市场占有率为 2.0，说明比最大的竞争对手的市场占有率多 1 倍，自己才是市场的"老大"。矩阵中的圆圈，代表企业所有的战略经营单位。圆圈的位置表示各单位在市场增长率及相对占有率方面的现状。圆圈的面积，表示各单位销售额的大小。该矩阵有四个象限，经营单位因而可划分为不同类型。

一般来说，市场占有率越高，这个单位的盈利能力就越强，利润水平似乎与市场占有率同向增长；另一方面，市场增长率越高，经营单位的资源需要量也越大，因为它要继续发展和巩固市场地位。

(1) 问号类。有较高增长率、较低占有率的经营单位或业务。大多数经营单位最初都处于这一象限。这一类经营单位需要较多的资源投入，以赶上最大的竞争者和适应迅速增长的市场。但是它们又都前程未卜，难以确定远景。企业必须考虑继续增加投入还是维持现状，或减少投入，精简、淘汰。企业应该集中向一两个单位投入资源。

(2) 明星类。市场增长率和市场占有率都很高，需要大量投入资源，以保证跟上市场的扩大，并击退竞争者，因此短时期内未必给企业带来可观的收益。但是，它们是企业未来的"财源"。企业一般应该有两个或两个以上的明星类业务，如果一个没有，则将是危险的信号。

(3) 奶牛类。由于市场增长率降低，不再需要大量资源投入，又由于相对市场占有率较高，这些经营单位可以产生较高的收益，支援问号类、明星类或瘦狗类单位。如果企业只有一个奶牛类单位，说明它的财务状况比较脆弱。如果该单位的市场占有率突然下降，企业就不得不从其他单位抽回资源，以帮助其巩固市场领先地位；要是把它的收益全部用于支持其他单位，这个强壮的奶牛就会日趋瘦弱。

(4) 瘦狗类。市场增长率和市场占有率都较低的经营单位。它们或许还能提供一些收益，但盈利甚少或有亏损，一般难以再度称为"财源"。

企业要看到现状，又要分析前景，将目前的矩阵与未来的矩阵两相比较，考虑主要的战略行动，并依据资源有效分配的原则，决定各单位将来应该扮演的角色，从整体角度规划投入的适当比例和数量，并采取如下战略：

(1) 发展。以提高经营单位的相对市场占有率为目标，甚至不惜放弃短期收益。比如对问号类单位，使其尽快成为"明星"，就要增加投入。

(2) 保持。维持经营单位的相对市场占有率。比如对奶牛类单位，可使它们提供更多的收益。

(3) 收割。这种战略以获取短期收益为目标，不顾长期效益。比如较弱小的奶牛类单位，也可用于"问号"及"瘦狗"类单位。

(4) 放弃。目标是清理、撤销某些经营单位，减轻负担，以便把有限的资源用于效益较高的业务。这种战略尤其适合于没有前途或妨碍企业盈利的单位。

【思考与练习】

1) 名词解释：

企业战略　　　战略规划　　　市场营销战略　　　市场营销组合

2) 简答题：

(1) 怎样用波士顿矩阵对企业的战略业务单位进行评价？

(2) 企业战略具有的特征。

(3) 制定企业战略规划的步骤有哪些？

【应用分析】　格兰仕微波炉的战略

经过激烈的竞争，格兰仕攻占国内市场 60%以上的份额，成为中国微波炉市场的代名词。在国家质量检测部门历次全国质量抽查中，格兰仕几乎是唯一全部合格的品牌，与众多洋品牌频频在抽检中不合格被曝光形成鲜明对比。去年，格兰仕投入上亿元技术开发费用，获得了几十项国家专利和专有技术；今年，将继续加大投入，使技术水平始终保持世界前列。

由于格兰仕的价格挤压，近几年微波炉的利润空间降到了低谷。今年春节前夕，甚至出现个别韩国品牌售价低于 300 元的情况，堪称世界微波炉最低价格。国内品牌的主要竞争对手一直是韩国产品，它们由于起步早，曾经一度占据先机。在近几年的竞争中，韩国品牌落在了下风。韩国公司在我国的微波炉生产企业，屡次在一些重要指标上被查出不符合标准，并且屡遭投诉，这在注重质量管理的韩国公司是不多见的。业内人士认为，200 多元的价格水平不正常，是一种明显的倾销行为。它有两种可能：一是韩国受金融危机影响，急需扩大出口，向外转嫁经济危机；二是抛库套现，做退出前的准备。

面对洋品牌可能的大退却，格兰仕不是进攻而是选择了暂时退却。日前，格兰仕总部发出指令，有秩序地减少东北地区的市场宣传，巩固和发展其他市场。这一决策直接导致了春节前后一批中小企业进军东北，争夺沈阳及天津市场。这些地区已经平息的微波炉大战，有重新开始的趋势。

格兰仕经理层在解释这种战略性退让时指出，其目的在于让出部分市场，培养民族品牌，使它们能够利用目前韩国个别品牌由于质量问题引起信誉危机的有利时机，在某一区域获得跟洋品牌直接对抗的实力，形成相对的针对洋品牌的统一战线，消除那些搞不正当竞争的进口品牌。

从长远看，格兰仕保持一些竞争对手，也是对自己今后的鼓励和鞭策。格兰仕的目标是打出国门。1998 年，格兰仕微波炉出口额 5000 万美元，比上年增长两倍，在国内家电行业名列前茅，其国际市场价格平均高于韩国同类产品 25%。前不久，在世界最高水平的德国科隆家电展中，第二次参展的格兰仕不仅获得大批订单，而且赢得了世界微波炉经销商的广泛关注。今年格兰仕的出口目标是再翻一番。

为继续扩大规模，格兰仕将有选择地在国内微波炉企业中展开收购工作。1998年收购安宝路未果后，公司总结了经验教训，今年将重点联合政府部门实现新的目标。鉴于亚洲金融危机的影响短期内可能不会消除，格兰仕表示，并购工作对海外品牌企业一视同仁。

讨论：

(1) 格兰仕采用哪种策略进入微波炉市场？这种策略适合于在什么环境下采用？

(2) 面对严峻的市场形势，在彩电、冰箱等传统家电市场是否可以采用这种策略？

分析本案例运用的营销理论和方法：

(1) 企业战略规划。

(2) 市场营销组合战略。

(3) 营销环境分析。

分析说明：

微波炉属于家电业的后起之秀，而格兰仕微波炉更是其中的代表者。中国家电业发展经历了从无到有、从小到大、从引进到自立的过程，格兰仕微波炉也就是在这一过程中，通过不断加大技术投入，高起点进入市场，以质量取胜。面对众多的洋品牌，如 LG、惠普、松下和国内其他品牌，格兰仕迅速在国内市场崛起，进而成为我国最大的微波炉生产企业，产销量居全国第一。

同时，微波炉市场的竞争也进入了白热化的程度，微波炉价格战爆发，价格从上千元降到 300 元左右，可谓激烈万分。从生产的角度来看，我们都知道降价的最低线即是生产成本，超越成本就只有两种可能：一是以低价挤垮对手，两败俱伤；二是以次充好，低价低质。面对过分的降价，格兰仕选择了退却战略，这既避免了过分降价引起的企业亏损，也保证了企业形象，更在于这种退却把竞争留给别人，自己寻找、开发新的市场。从战略上讲这更有利于格兰仕的发展，通过暂时退却，使其产品出口和技术创新都得到了极大的发展。

企业的发展离不开竞争对手，面对日趋激烈的市场环境，企业必须制定相应的发展战略，其核心在于保证企业长远健康地发展。

8 目标市场营销战略

奇瑞汽车的市场细分和定位

● 奇瑞的市场细分

2009 年是奇瑞发展进入全面国际化的第二年，奇瑞汽车实施四条品牌线并举，将在汽车细分市场赢得更大空间。新的多品牌战略实施后，"大奇瑞"旗下的四个品牌分别有着不同定位。

其中，现有产品品牌"奇瑞"将统括奇瑞汽车股份有限公司旗下所有的经济型乘用车。同时奇瑞汽车股份有限公司仍使用"奇瑞 CHERY"的企业品牌。大部分现有产品仍将在"奇瑞"品牌下销售，包括 A1、A3、A5 系列和 QQ 系列、旗云/风云系列以及瑞虎车型。

"开瑞"品牌将负责所有的"微面"车型和其他类型的商用车。"威麟"品牌则负责具有高档商务特征的多功能乘用车型，而"瑞麒"则承担了开拓奇瑞高端轿车市场的任务。

● 奇瑞的定位

奇瑞代表了年轻、时尚的一代对汽车的追求。奇瑞的价格不高，同时，车子的外形靓丽、颜色鲜艳，这些都与年轻人的口味大胆、追求新奇、张扬个性的价值观和心理特征相吻合；2009 年 10 月底，奇瑞销售公司在苏州发布了子品牌"风云"，该品牌走的是时尚路线，与造型中庸的旗云起到了非常好的互补作用。在风云取得初步成功后，马德骥加快了对旗下产品的调整力度。5 月 27 日发布的"旗云"子品牌是他的第二记重拳。此次整合后，旗云品牌以"务实、家庭、信赖"为品牌内涵面对大众消费者，为消费者提供可以轻松拥有、值得信赖的汽车。

经过调整后，奇瑞销售公司旗下有 5 个二级品牌：风云、旗云、QQ、瑞虎和A 系列。5 个子品牌会面对不同消费者：风云系列瞄准追求时尚造型的年轻人；旗云品牌的造型相对前者中庸，也定位在家轿市场；QQ 则是 A0 级轿车市场，主打个性化；瑞虎是都市型 SUV；A 系列则定位为商务用车，配置较高，工艺更精良。

奇瑞产品线从下往上走并不容易。它面临的最大障碍就是品牌因素：到目前为止，用户对奇瑞的品牌认知还是建立在其经济型汽车上的，而不是服务和品牌内涵上的，奇瑞要在中高档市场有所作为，必须提升其品牌形象。而这之前它必须研发出几款真正在市场上受欢迎的中档产品。

2009 年，奇瑞汽车一口气推出了三个新品牌：开瑞、威麟、瑞麒，它们分别主打不同层面的市场定位。

其中，现有产品品牌"奇瑞"统括奇瑞汽车股份有限公司旗下所有的经济型乘用车，企业品牌以"奇瑞 CHERY"表现。新开发的"开瑞"品牌主打"微面"车型和其他类型的商用车。"威麟"则负责具有高档商务特色的多功能乘用车型，而"瑞麒"则针对高端轿车市场的主打品牌。

经过 10 多年的发展，奇瑞品牌向高端发展是必然的，而且以最快的速度向前推进，这个向高端走的品牌，从品牌定位的角度看，还是有点短视。

(http://wenku.baidu.com/view/33a1164c2b160b4e777fcf05.html)

思考：

1) 奇瑞汽车最初是如何进行市场细分和市场定位的？

2) 随着市场环境的变化，奇瑞汽车是通过哪种方式开拓中高端市场的？

8.1   市场细分

8.1.1   市场细分战略的概念与发展

市场细分是指营销者通过市场调研，依据消费者的需要和欲望、购买行为和购买习惯等方面的差异，把某一产品的市场整体划分为若干消费者群的市场分类过程。每一个消费者群就是一个细分市场，每一个细分市场都是具有类似需求倾向的消费者构成的群体。市场细分是 20 世纪 50 年代中期美国市场营销学家温德尔·斯密提出的，其产生与发展经历了以下几个主要阶段：

1) 大量营销阶段。早在 19 世纪末 20 世纪初，西方经济发展的中心是速度和规模，企业市场营销的基本方式是大量营销，即大批量生产品种规格单一的产品，并通过大众化的渠道推销，目的是用一种产品吸引市场上所有的购买者。在当时的市场环境下，大量营销大大降低了成本和价格，获得了较丰厚的利润，企业没有必要也不可能重视市场需求的研究，市场细分战略不可能产生。

2) 产品差异化营销阶段。在 20 世纪 30 年代，随着科学技术的进步、科学管理和大规模生产条件的应用，产量迅速提高，发生了震撼世界的资本主义经济危机，西方企业面临产品严重过剩，市场迫使企业转变经营观念，营销方式从大量营销向产品差异化营销转变，即向市场推出许多与竞争者产品不同的、具有不同质量、外观、性能的品种各异的产品。产品差异化营销较大量营销是一种进步，但是，由于企业生产不是建立在市场细分基础上，缺乏明确的目标市场，产品差异化仅仅考虑了自己现有的设计、技术能力而未研究顾客的需求，目的只是为了与其他竞争者更有效的竞争，产品试销的成功率很低。

3) 目标营销阶段。20 世纪 50 年代以后，在科技革命的推动下，生产力水平大幅度提高，产品日新月异，生产与消费的矛盾日益尖锐，以产品差异化为中心的推销体制远远不能解决西方企业所面临的市场问题。于是，市场迫使企业再次转变经营观念和经营方式，由产品差异化营销转向以市场需求为导向的目标营销，即企业在研究市场和细分市场的基础上，结合自身的资源与优势，选择其中最有吸引力和最能有效地为之提供产品和服务的细分市场作为目标市场，设计与目标市场需求特点相互匹配的营销组合等。于是，市场细分战略应运而生。由此可见，目标市场营销与大量市场营销和产品差异市场营销有着本质的区别，它对市场营销思想和实践的发展具有重要的推动作用。

市场细分理论的产生，使传统营销观念发生根本的变革，在理论和实践中都产生极大影响，被西方理论家称之为"市场营销革命"。

市场细分化理论产生之后经过了一个不断完善的过程。最初，人们认为把市场划分得愈细愈好，愈能适应顾客需求，从而取得更大收益。但是，70 年代以来，由于能源危机和整个资本主义市场不景气，营销管理者深感过分地细分市场必然导致企业总成本上升过快从而减少总收益。因此，西方企业界又出现了一种"市场同合化"的理论，主张从成本和收益的比较出发适度细分。这是对过度细分的反思和矫正，使市场细分理论又有了新的内涵，适应了 90 年代全球化营销趋势的发展。

【小案例】

市场细分显机遇，均分江山建奇功

日本泡泡糖市场年销售约为 740 亿日元，其中大部分为"劳特"所垄断。可谓江山唯"劳特"独坐，其他企业再想挤进泡泡糖市场谈何容易。但江崎糖业公司对此却并不畏惧。公司成立了市场开发班子，专门研究霸主"劳特"产品的不足和短处，寻找市场的缝隙。经过周密调查分析，终于发现"劳特"的四点不足：第一，以成年人为对象的泡泡糖市场在扩大，而"劳特"却仍旧把重点放在儿童泡泡糖市场上；第二，"劳特"的产品主要是果味型泡泡糖，而现在的消费者的需求正在多样化；第三，"劳特"多年来一直生产单调的条板状的泡泡糖，缺乏新型式样；第四，"劳特"产品价格是 110 日元，顾客购买时需多掏 10 日元的硬币，往往感到不便。通过分析，江崎糖业公司决定以成人泡泡糖市场为目标市场，并制定了相应的市场营销策略。

不久，它便推出功能性泡泡糖四大产品：司机用泡泡糖，使用了高浓度薄荷和天然牛黄，以强烈的刺激消除司机的困倦；交际用泡泡糖，可清洁口腔，祛除口臭；体育用泡泡糖，内含多种维生素，有益于消除疲劳；轻松性泡泡糖，通过添加叶绿素，可以改变人的不良情绪。它还精心设计了产品的包装像飓风一样席卷全日本。江崎公司不仅挤进了由"劳特"独霸的泡泡糖市场，而且占领了一定的市场份额，从零猛升至 25%，当年销售额达到 175 亿日元。

点评：市场细分有利于企业发现新的市场机会、巩固现有的市场、制定最优的营销策略和战略，更是中小企业开发市场，参与竞争的有利武器。

(http://wenku.baidu.com/view/5771dbdc50e2524de5187e70.html)

8.1.2　市场细分的理论基础

市场细分主要有两个理论依据：

1) 顾客需求的异质性。顾客的需求是不尽相同的，只要存在着两个以上的顾客，就会出现不同的需求，针对不同类型的顾客就需要采用不同的策略及方法。

2) 企业有限的资源和为了进行有效的市场竞争。企业由于自身实力的限制，不可能向市场提供能够满足一切需求的产品或服务，因为这需要受到许多营销因素(特别是企业预期利润目标)的制约和影响。为了进行有效竞争，一般情况下，企业营销管理人员会按照"求大同，存小异"的原则，进一步归纳这些不同需求，选择最有利可图的目标细分市场，集中企业资源，制定有效的竞争策略，以取得和增强竞争优势。

8.1.3　市场细分的动机

市场细分就是根据消费者各方面的属性，按照科学的方法把市场分割为不同需要、性格或行为的购买群体，其主要动机为：

1) 使同一细分市场内个体间的固有差异减少到最小,使不同细分市场之间的差异增加到最大。

2) 在市场决策上,进行市场细分的目的是针对不同的购买者群体采取独特的产品或市场营销组合战略以求获得最佳收益。

8.1.4 市场细分的依据

市场细分的依据是整体市场存在的消费需求差异性。市场细分不是以物为分析依据,而是以消费者需求差异性作为划分依据的,即根据消费者需求的差异性,把整体市场划分为若干不同的细分市场,以便企业选择适合自己并能充分发挥自身资源优势的目标顾客群,实施相应的营销策略。消费需求差异性是客观的。由于消费者所处的地理环境、社会环境及自身的教育、心理因素都是不同的,他们对产品的价格、质量、款式、服务等的要求也不尽相同,必然存在消费需求的差异性。

市场细分是有客观依据的。

1) 市场作为商品交换关系的总和,包括生产者、消费者和中间商等,其本身就是可以细分的。不同区域的市场在不同的环境中形成了不同的细分市场。

2) 消费者需求与购买行为具有差异性与同类性(相似性)是市场细分的主要依据。消费者个人由于经济、文化、地理、风俗、习惯、民族等方面的差异,形成了各种各样的兴趣和偏好,对商品的需求因而就千差万别,形成了差异性,但总有相当数量的消费者对商品的需求是一致的,又形成了同类性。市场细分就是建立在消费者相似需求的共同特征基础上的。

3) 构成市场买卖双方的主体具有各自的特性。不同的企业因其资源、技术、设备、地理条件等差别,有自己的优势,可以从事不同的行业及商品经营,消费者各自不同的购买习惯和需求特点,使企业根据消费者的需求进行市场细分,选择目标市场,谋求最佳的经济效益。

很明显,消费需求具有绝对差异性和相对同质性,企业营销就是用"求同存异"的思想分析现实消费者的需求。消费需求绝对差异造成了市场细分的必要性,消费需求相对同质则使市场细分有了实现的可能性。事实上,无论现代企业规模多大,都不可能完全占有人力、物力、财力、信息等一切资源,也不可能向市场提供所有的产品,满足市场上所有的购买或消费需求。同时,任何一家企业由于资源限制和其他约束,都不可能在市场营销全过程中占有绝对优势。因此,在激烈的市场竞争中,为了求得生存与发展,企业必须进行市场需求分析,进行市场细分,选择目标市场,进行合理定位,集中资源有效地服务市场,力争取得最大的竞争优势。

市场细分的客观基础是同类产品消费需求的多样性。市场细分实际上是把异质市场划分为若干相对同质的细分市场。同质市场是指消费者对商品的需求大致相同的市场，实践证明，只有少数商品的市场，消费者对产品的需求大致相同，如消费者对食盐、大米、白糖等的需求差异极小，这类市场称为同质市场。在同质市场上，企业的营销策略比较相似，竞争焦点集中在价格上。大多数商品的市场属于异质市场，这是由消费者对商品的需求千差万别所决定的。企业营销活动应更重视异质市场的销售。异质市场是指各市场部分之间差异大，但各市场群内部的差异性小的市场。

8.1.4.1 消费者市场细分的依据

随着市场细分化理论在企业营销中的普遍应用，消费者市场细分标准可归纳为四大类：地理环境因素、人口因素、消费心理和消费行为因素。这些因素有些相对稳定，多数则处于动态变化中。

1) 地理环境因素。即按照消费者所处的地理位置、自然环境来细分市场。具体变量包括：国家、地区、城市规模、不同地区的气候及人口密度等。处于不同地理位置的消费者，对同一类产品往往呈现出差别较大的需求特征，对企业营销组合的反应也存在较大的差别。例如，防暑降温、御寒保暖之类的消费品按照不同气候带细分市场是很有意义的。但是，地理因素是一种相对静态的变数，处于同一地理位置的消费者对某一类产品的需求仍然会存在较大的差异，因此，还必须同时依据其他因素进行市场细分。

2) 人口因素。指各种人口统计变量。包括：年龄、婚姻、职业、性别、收入、教育程度、家庭生命周期、国籍、民族、宗教、社会阶层等。譬如，不同年龄、受教育程度不同的消费者在价值观念、生活情趣、审美观念和消费方式等方面会有很大的差异。

3) 心理因素。即按照消费者的心理特征细分市场。按照上述几种标准划分的处于同一群体中的消费者对同类产品的需求仍会显示出差异性，可能原因之一是心理因素发挥作用。心理因素包括个性、购买动机、价值观念、生活格调，追求的利益等变量。比如，生活格调是指人们对消费、娱乐等特定习惯和方式的倾向性，追求不同生活格调的消费者对商品的爱好和需求有很大差异。越来越多的企业，尤其是服装、化妆品、家具、餐饮，旅游等行业的企业越来越重视按照人们的生活格调来细分市场。消费者的个性、价值观念等心理因素对需求也有一定的影响，企业可以把具有类同的个性、爱好、兴趣和价值取向相近的消费者集合成群，有针对性地制定营销策略。在有关心理因素的作用下，人们的生活方式可以分为"传统型"、"新潮型"、"奢靡型"、"活泼型"、"社交型"等群体。追求的利益是指消费者在购买过程中对产品不同效用的重视程度。一项对亚洲女士服装市场的调查表明，亚洲女士喜爱紧身服装有以下原因：视觉上更娇柔、形体更美丽、更加自信等，但不同国家的女士的追求在心理上仍有差异。

4) 行为因素。即按照消费者的购买行为细分市场，包括消费者进入市场的程度、使用频率、偏好程度等变量。按消费者进入市场程度，通常可以划分为常规消费者，初次消费者和潜在消费者。一般而言，资力雄厚、市场占有率较高的企业，特别注重吸引潜在购买者，争取通过营销战略，把潜在消费者变为初次消费者，进而再变为常规消费者。而一些中、小企业，特别是无力开展大规模促销活动的企业，主要吸引常规消费者。在常规消费者中，不同消费者对产品的使用频率也很悬殊，可以进一步细分为"大量使用户"和"少量使用户"。根据美国某啤酒公司的调查，某一区域有32%的人消费啤酒，其中，大量使用户与少量使用户各为16%，但前者购买了该公司啤酒销售总量的88%。因此，许多企业把大量使用者作为自己的销售对象。消费者对产品的偏好程度是指消费者对某品牌的喜爱程度，据此可以把消费者市场划分为四个群体：绝对品牌忠诚者、多种品牌忠诚者、变换型忠诚者和非忠诚者。在"绝对品牌忠诚者"占很高比重的市场上，其他品牌难以进入；在变换型忠诚者占比重较高的市场上，企业应努力分析消费者品牌忠诚转移的原因，以调整营销组合，加强品牌忠诚程度；而对于那些非品牌忠诚者占较大比重的市场，企业应审查原来的品牌定位和目标市场的确立等是否准确，随市场环境和竞争环境变化重新加以调整和定位。

8.1.4.2　产业市场细分的依据

细分消费者市场的标准，有些同样适用于产业市场。如地理因素、追求的利益、使用者状况等因素，但还需要使用一些其他的变量。美国的波罗玛和夏皮罗两位学者，提出了一个产业市场的主要细分变量表，比较系统地列举了细分产业市场的主要变量，并提出了企业在选择目标顾客时应考虑的主要问题。对企业细分产业市场具有一定的参考价值。

1) 人口变量。行业：我们应把重点放在购买这种产品的哪些行业？公司规模：我们应把重点放在多大规模的公司？地理位置：我们应把重点放在哪些地区？

2) 经营变量。技术：我们应把重点放在顾客所重视的哪些技术上？使用者或非使用者情况：我们应把重点放在经常使用者、较少使用者、首次使用者或从未使用者身上？顾客能力：我们应把重点放在需要很多服务的顾客上，还是只需要少量服务的顾客上？

3) 采购方法。购买标准：我们是选择追求质量的公司、重视服务的公司，还是注重价格的公司？采购职能组织：我们应将重点放在那些采购组织高度集中的公司上，还是那些采购组织相对分散的公司上？

【小案例】

汇源果汁的果蔬汁饮料市场开发

在碳酸饮料横行的 20 世纪 90 年代初期，汇源公司就开始专注于各种果蔬汁饮料市场的开发。"汇源"果汁凭借其 100%纯果汁专业化的"大品牌"战略和令人眼花缭乱的"新产品"开发速度，在短短几年时间就跃升为中国饮料工业十强企业，从而成为果汁饮料市场当之无愧的引领者。

但当 1999 年统一集团涉足橙汁产品后，一切就发生了变化，在 2001 年，统一仅"鲜橙多"一项产品销售收入就近 10 亿元，在第四季度，其销量已超过"汇源"。巨大的潜力和统一"鲜橙多"的成功先例吸引了众多国际和国内饮料企业的加入，可口可乐、百事可乐、康师傅、娃哈哈、农夫山泉、健力宝等纷纷杀入果汁饮料市场，一时间群雄并起、硝烟弥漫。

在市场的导入初期，由于客户的需求较为简单直接，市场细分一般是围绕着市场的地理分布、人口及经济因素(如年龄，性别，家庭收入等)等广度范围展开的，以便于统计、分析和归纳其特性。

但当客户的需求多元化和复杂化，特别是情感性因素在购买中越来越具有影响力的时候，此时市场竞争已经由地域及经济层次的广度覆盖向需求结构的纵深发展了。同时，企业也无法用传统的方法去接近所选择的目标细分市场，这时运用科学的市场研究方法来正确地细分市场就显得尤其重要了。以统一"鲜橙多"为例，其通过深度市场细分的方法，选择了追求健康、美丽、个性的年轻时尚女性作为目标市场，而卖点则直接指向消费者的心理需求："统一鲜橙多，多喝多漂亮"。其所有的广告、公关活动及推广宣传也都围绕这一主题展开，从而极大地提高了产品在主要消费人群中的知名度与美誉度。再看可口可乐专门针对儿童市场推出的果汁饮料"酷儿"，"酷儿"卡通形象的打造再次验证了可口可乐公司对品牌运作的专业性。而"汇源"果汁饮料从市场初期的"营养、健康"诉求到现在仍然沿袭原有的功能性诉求，其包装也仍以家庭装的为主，根本没有具有明显个性特征的目标群体市场。只是运用广度(也是浅度)市场细分的方法切出"喝木瓜汁的人群"、"喝野酸枣汁的人群"、"喝野山楂汁的人群"、"喝果肉型鲜桃汁的人群"、"喝葡萄汁的人群"、"喝蓝莓汁的人群"等一大堆在果汁市场竞争中后期对企业而言已不再具有细分价值的市场。

至此，我们已能看出在这场果汁饮料市场大战中，汇源公司领导地位如此轻易被动摇真正原因。我们说"汇源"与统一、可口可乐公司比较，他们之间的经营出发点、市场细分方法的差异才是导致市场格局发生变化的关键因素。

　　"汇源"是从企业自身的角度出发，以静态的广度市场细分方法来看待和经营
果汁饮料市场；而统一、可口可乐等公司却是从消费者的角度出发，以动态市场
细分的原则(随着市场竞争结构的变化而调整其市场细分的重心)来切入和经营市
场。同样是"细分"，但在市场的导入期、成长期、成熟期和衰退期，不同的生命
周期却有不同的表现和结果。

　　(http://wenku.baidu.com/view/e77eb8d380eb6294dd886c68.html)

8.1.5　市场细分的步骤

　　进行市场细分对于企业开展成功的营销活动，具有重要意义。因此，市场细
分的程序一定要科学合理。一般情况下，市场细分通常经过如下步骤：

　　1) 根据需求选定产品市场范围。企业一旦选择了细分基础后，接着便要考虑
选定可能的产品市场范围。每个企业都有自己的任务和目标，作为制定发展战略
的基础。产品或服务的市场范围主要取决于市场需求。比如，房地产开发商打算
建造一批适合低收入家庭的住房出售，但选作投资方式的许多中、高收入的家庭
也是潜在买主，需求是选定产品市场范围的重要因素。

　　2) 列举潜在顾客的基本需求。选择产品市场范围以后，如房地产开发商可以
从地理、人口、行为和心理等变量出发，大致估算一下潜在顾客有哪些需求。房
地产开发商可能发现，人们花钱买房除了满足基本需求外，如包括遮风避雨、停
放车辆、安全、经济、方便、实惠等；还要满足投资需求，包括投资的保值、增
值，以及转让的有关手续、费用等。

　　3) 分析潜在顾客的不同需求。如房地产开发商可以根据人口变数做抽样调
查，向不同的潜在顾客了解，上述哪些需求对他们更为重要；哪些需求更为迫切？
比如，60%的人买房是为了自己居住，20%的人买房是为了投资，20%的人买房是
两者兼而有之。如果进一步分析，发现为居住而买房的人又大都是低收入者，其
中70%家庭年收入在15 000元左右；20%家庭年收入为10 000元，10%家庭年收
入低于10 000元。这样进一步细分，对于选择企业的目标市场是很重要的。

　　4) 省略潜在顾客的共同需求。企业需要省略各细分市场或各顾客群的共同需
求。尽管这些共同需求很重要，但只能作为设计市场营销组合的参考，不能作为
细分市场的基础。比如说遮风避雨、停放车辆、安全方便等，几乎是每一个潜在
的商品房顾客都希望的。作为房地产开发商可以把它看做是出售商品房决策的重
要依据，但在细分市场时则要省略。

　　5) 为细分市场暂时取名。企业对各分市场剩下的需求，还要进一步分析，并
结合分市场买主的特点，暂时安排一个名称。如高收入买主、中收入买主、低收

入买主等，也可以用其他方法来给细分市场取名，如家庭住户、度假者、新婚者、遗赠者、投资者等。通过这种细分，可以掌握买主的偏好，促进市场营销。

6) 进一步认识各细分市场的特点。在以上步骤的基础上，企业还要对每一个细分市场的买主需求及行为作进一步的考察，看看各细分市场的特点已被掌握了哪些，还有哪些需要深入了解，以便明确有没有必要再作细分或重新合并。例如，购买房产者中安居者和投资者的需求差异很大，应当作为两个细分市场，同样的建筑设计也许能同时适合这两类顾客，但对他们的广告宣传和人员销售方式却不应相同。

7) 测量各细分市场的大小。现在各细分市场的类型已经基本确定，紧接着就应该把每个细分市场同人口变数结合起来分析，以测量各细分市场潜在顾客的数量。进行市场细分是为了寻找获利机会，而这又取决于各细分市场的销售潜力。

8.1.6　市场细分的原则

市场细分是企业选择目标市场和设计营销组合的基础与前提。长期实践经验告诉我们，要想成功、有效、实用地进行市场细分，必须遵循下列四条基本准则：

1) 可识别性和可衡量性原则。在于确保清晰区分细分市场的消费者群。要求细分出来的市场边界明晰，子市场之间有明显差异，并且企业对细分市场的购买力、市场需求和市场规模能够通过一定的调研做出大致判断，并可以获取有关顾客的具体资料。如细分市场中消费者的年龄、性别、文化、职业、收入水平等都是可以衡量的，而要测量细分市场中有多少具有"依赖心理"的消费者，则相当困难，以此为依据细分市场，将会因此无法识别、衡量而难以描述，市场细分也就失去了操作实际意义。

2) 可盈利性原则。是指细分市场消费者需求的容量和规模必须大到足以使企业实现其利润目标。市场细分的结果要使被细分出来的子市场，不仅边界明晰可辨，而且子市场的消费者数量、消费者购买产品的频率以及消费者的购买力要足够大。一般讲，市场细分不是越细越好，细分市场的大小取决于该市场的用户人数与购买力。一个子市场到底有多大的需求量，它是否值得企业采取有区别的营销活动，是否能为企业带来效益，这是企业最关心的。如果某细分市场的规模过小，达不到企业预期的利润目标，就没有必要进入该细分市场。当然，市场容量不仅要考虑现实的购买力，还要考虑相当的购买潜力，这样的细分市场才有发展前途。

3) 可进入性。是指市场细分的各子市场，尤其是被企业选定作为目标市场的子市场，应是企业营销活动能够到达的市场，即市场应是企业能够对顾客产生影响，产品能够展现在顾客面前的市场。这主要表现在三个方面：首先，企业具有进入某个细分市场的资源条件和竞争实力，生产的产品能够满足消费者需求；其次，企业能够通过广告媒体把产品的信息顺利传递给该市场的消费者；最后，产品能经过一定的销售渠道进入到该市场；考虑细分市场的可进入性，实际上就是考虑企业营销活动的可行性。

4) 相对可持续性(稳定性)。是指细分市场必须具有一定的稳定性，在可以预见的一定时期内不会发生剧烈的变化，能保证企业有足够时间实施营销方案进入市场、获取盈利。市场在细分时，对不稳定的同类消费者群不能认作是一个子市场。若被分出来的子市场变化过快、变动幅度过大，必然会带来市场营销策略的调整及营销成本的增加，甚至会给企业带来经营风险和损失。所以，在进行市场细分时，要认真选择好细分变量，使细分出来的子市场在相当长的一段时期内具有较强的稳定性。只有企业选择这种子市场作为自己的目标市场，才能在较长时间内开展经济活动，以达到企业目标。但这并不是指细分市场是一成不变的，随着企业市场营销环境的变化，企业也可以放弃现有的细分市场，选择新的富有吸引力的细分市场。只有这样，企业的市场营销活动才能适应变化的市场营销环境。

8.2 市场选择

8.2.1 选择目标市场

所谓目标市场，就是企业营销活动所要满足的市场，是企业实现预期目标而要进入的市场。企业的一切营销活动都是围绕目标市场进行的。选择和确定目标市场，明确企业的具体服务对象，关系到企业任务、企业目标的落实，是企业制定营销战略的首要内容和基本出发点。一般说来，市场细分是企业选择和确定目标市场的基础与前提。

8.2.1.1 目标市场选择标准

1) 有一定的规模和发展潜力。企业进入某一市场是期望能够有利可图，如果市场规模狭小或者趋于萎缩状态，企业进入后难以获得发展，此时，应审慎考虑，不宜轻易进入。当然，企业也不宜以市场吸引力作为唯一取舍，特别是应力求避免"多数谬误"，即与竞争企业遵循同一思维逻辑，将规模最大、吸引力最大的市场作为目标市场。大家共同争夺同一个顾客群的结果是，造成过度竞争和社会资源的无端浪费，同时使消费者的一些本应得到满足的需求遭受冷落和忽视。

2) 细分市场结构的吸引力。细分市场可能具备理想的规模和发展特征，然而从赢利的观点来看，它未必有吸引力。波特认为有五种力量决定整个市场或其中任何一个细分市场的长期的内在吸引力。这五个群体是：同行业竞争者、潜在的新参加的竞争者、替代产品、购买者和供应商。他们具有如下五种威胁性：

(1) 细分市场内激烈竞争的威胁。如果某个细分市场已经有了众多的、强大的或者竞争意识强烈的竞争者，那么该细分市场就会失去吸引力。如果出现该细分市场处于稳定或者衰退，生产能力不断大幅度扩大，固定成本过高，撤出市场的壁垒过高，竞争者投资很大，那么情况就会更糟。这些情况常常会导致价格战、广告争夺战，新产品推出，并使公司要参与竞争就必须付出高昂的代价。

(2) 新竞争者的威胁。如果某个细分市场可能吸引会增加新的生产能力和大量资源并争夺市场份额的新的竞争者，那么该细分市场就会没有吸引力。问题的关键是新的竞争者能否轻易地进入这个细分市场。如果新的竞争者进入这个细分市场时遇到森严的壁垒，并且遭受到细分市场内原来的公司的强烈报复，他们便很难进入。保护细分市场的壁垒越低，原来占领细分市场的公司的报复心理越弱，这个细分市场就越缺乏吸引力。某个细分市场的吸引力随其进退难易的程度而有所区别。根据行业利润的观点，最有吸引力的细分市场应该是进入的壁垒高、退出的壁垒低。在这样的细分市场里，新的公司很难打入，但经营不善的公司可以安然撤退。如果细分市场进入和退出的壁垒都高，那里的利润潜力就大，但也往往伴随较大的风险，因为经营不善的公司难以撤退，必须坚持到底。如果细分市场进入和退出的壁垒都较低，公司便可以进退自如，然而获得的报酬虽然稳定，但不高。最坏的情况是进入细分市场的壁垒较低，而退出的壁垒却很高。于是在经济良好时，大家蜂拥而入，但在经济萧条时，却很难退出。其结果是大家都生产能力过剩，收入下降。

(3) 替代产品的威胁。如果某个细分市场存在着替代产品或者有潜在替代产品，那么该细分市场就失去吸引力。替代产品会限制细分市场内价格和利润的增长。公司应密切注意替代产品的价格趋向。如果在这些替代产品行业中技术有所发展，或者竞争日趋激烈，这个细分市场的价格和利润就可能会下降。

(4) 购买者讨价还价能力加强的威胁。如果某个细分市场中购买者的讨价还价能力很强或正在加强，该细分市场就没有吸引力。购买者便会设法压低价格，对产品质量和服务提出更高的要求，并且使竞争者互相斗争，所有这些都会使销售商的利润受到损失。如果购买者比较集中或者有组织，或者该产品在购买者的成本中占较大比重，或者产品无法实行差别化，或者顾客的转换成本较低，或者由于购买者的利益较低而对价格敏感，或者顾客能够向后实行联合，购买者的讨价还价能力就会加强。销售商为了保护自己，可选择议价能力最弱或者转换销售商能力最弱的购买者。较好的防卫方法是提供顾客无法拒绝的优质产品供应市场。

(5) 供应商讨价还价能力加强的威胁。如果公司的供应商-原材料和设备供应商、公用事业、银行、公会等等，能够提价或者降低产品和服务的质量，或减少供应数量，那么该公司所在的细分市场就会没有吸引力。如果供应商集中或有组织，或者替代产品少，或者供应的产品是重要的投入要素，或转换成本高，或者供应商可以向前实行联合，那么供应商的讨价还价能力就会较强大。因此，与供应商建立良好关系和开拓多种供应渠道才是防御上策。

3) 符合企业目标和能力。某些细分市场虽然有较大吸引力，但不能推动企业实现发展目标，甚至分散企业的精力，使之无法完成其主要目标，这样的市场应考虑放弃。另一方面，还应考虑企业的资源条件是否适合在某一细分市场经营。只有选择那些企业有条件进入、能充分发挥其资源优势的市场作为目标市场，企业才会立于不败之地。

8.2.1.2　目标市场覆盖模式选择

企业在对不同细分市场评估后，就必须对进入哪些市场和为多少个细分市场服务做出决策。企业在选择目标市场时有五种可供考虑的市场覆盖模式。

1) 市场集中化。这是一种最简单的目标市场模式，即企业只选取一个细分市场，只生产一类产品，针对某一单一的顾客群进行集中营销。选择市场集中化模式一般基于以下考虑：企业具备在该细分市场从事专业化经营或取胜的优势条件；限于资金能力，只能经营一个细分市场；该细分市场中没有竞争对手；准备以此为出发点，取得成功后向更多的细分市场扩展。企业通过集中营销，更加了解本细分市场的需要，并树立了特别的声誉，因此便可在该细分市场建立巩固的市场地位，同时企业通过生产、销售和促销的专业化分工，也可获得更多的经济效益。例如大众汽车公司集中经营小汽车市场；理查德·D·伊尔文公司集中经营经济商业教科书市场。但是，市场集中化比一般情况风险更大。例如年轻女士突然不再买运动服装，这使鲍比·布鲁克斯公司的收入锐减，或者某个竞争者决定进入同一个细分市场等。由于这些原因，许多公司宁愿在若干个细分市场分散营销。

2) 选择专业化。采用此法的企业选择若干个细分市场作为目标市场，其中每个细分市场在客观上都有吸引力，并且符合企业的目标和资源，但各细分市场之间很少或者根本没有任何联系。其相对于市场集中化模式的优点是可以有效地分散经营风险，即使某个细分市场失去吸引力而盈利不佳，仍可在其他细分市场获取利润。采用选择专业化模式的企业应具有较强资源和营销实力。

3) 产品专业化。是企业集中生产一种产品，并向各类顾客销售这种产品。例如显微镜生产商向大学实验室、政府实验室和工商企业实验室销售显微镜。公司准备向不同的顾客群体销售不同种类的显微镜，而不去生产实验室可能需要的其他仪器。产品专业化模式的优点是企业专注于某一种或一类产品的生产，有利于形成和发展生产和技术上的优势，在该领域树立起很高的声誉。其局限性是当该领域被一种全新的技术与产品所代替时，产品销售量有大幅度下降的危险。例如，如果产品——这里是指显微镜，被一种全新的显微技术代替，就会发生危机。

4) 市场专业化。是企业专门经营满足某一顾客群体需要的各种产品和服务。例如公司可为大学实验室提供一系列产品，包括显微镜、化学烧瓶、电子天平等。公司专门为这个顾客群体服务，而获得良好的声誉，并成为这个顾客群体所需各种新产品的销售代理商。市场专业化经营的产品类型众多，能有效地分散经营风险。但由于集中于某一类顾客，如果大学实验室突然经费预算削减，它们就会减少从这个市场专门化公司购买仪器的数量，这就会产生危机。

5) 市场全面化。是企业生产多种产品去满足各种顾客群体的需求。只有实力雄厚的大型企业选用这种模式，才能收到良好效果。例如像国际商用机器公司(计算机市场)、通用汽车公司(汽车市场)和可口可乐公司(饮料市场)。

8.2.2   目标市场战略

8.2.2.1   无差异性营销战略

无差异营销策略是指企业把一类产品的整体市场看作一个大的目标市场，不进行细分，用单一的营销策略开拓市场，用一种标准化的营销组合策略吸引尽可能多的购买者，而不考虑单一细分市场的特殊性。这是一种求同存异的营销策略，旨在通过大规模的生产和经营，产生规模经济效益，降低生产和营销成本。但由于忽视不同国家、不同顾客需求之间的差异，可能会丧失许多市场机会。

实行这一战略的企业一般都是实力强大，进行大规模生产方式，又有广泛而可靠的分销渠道，以及统一的广告宣传方式和内容。它们主要基于两种不同的指导思想，第一种是从传统的产品观念出发，强调消费者或用户在需求上的共性，而忽视他们在需求上的差异性。在20世纪60年代前，美国可口可乐公司一直奉行典型的无差异战略，以单一的品种、标准的瓶装和统一的广告宣传内容，长期占领世界非酒类饮料市场。在大量生产、大量销售的产品导向时代，企业多数采用无差异性营销战略经营。

实行无差异战略的另一种思想是：企业经过市场调查之后，认为某些特定产品的消费者需求大致相同或较少差异，比如食盐，因此可以采用大致相同的市场营销策略。从这个意义上讲，它符合现代市场营销理念。无差异营销的理论基础是成本的经济性。生产单一产品，可以减少生产与储运成本；无差异的广告宣传和其他促销活动可以节省促销费用；不搞市场细分，可以减少企业在市场调研、产品开发、制定各种营销组合方案等方面的营销投入。这种策略对于需求广泛、市场同质性高且能大量生产、大量销售的产品比较合适。

但是，无差异性营销战略也有一定的局限性。首先，消费需求不断变化，一种产品长期为所有消费者或用户接受的情况越来越少，在现代社会经济条件下这种策略的适用范围越来越小；其次，当同行业中的多个企业都采用这种策略时，必然造成在某一产品整体市场上的竞争日趋激烈，而在较小的市场部分上消费者的特殊需求又得不到满足，这对生产经营者和消费者来说都是不利的；最后，由于许多同质市场都是潜在的异质市场，因此一些企业在试图运用该策略吸引尽可能多的顾客时，常常在竞争中被那些想方设法地为整体市场中得不到满足的顾客提供适合他们需要的产品的企业所胜过，从而使自己的竞争努力受挫，最终处于被动的地位。例如，20 世纪 70 年代以前，美国三大汽车公司都坚信美国人喜欢大型豪华的小汽车，共同追求这一大的目标市场，采用无差异性市场营销战略。但是 70 年代能源危机发生之后，美国小轿车消费需求已经变化，消费者越来越喜欢小型、轻便、省油的小型轿车，而美国三大汽车公司都没有意识到这种变化，更没有适当地调整他们的无差异性营销战略，致使大轿车市场竞争"白热化"，而小型轿车市场却被忽略。日本汽车公司正是在这种情况下乘虚而入的。

8.2.2.2　差异性营销战略

差异性市场营销战略是指面对已经细分的市场，企业根据自身拥有的资源及营销实力选择两个或两个以上的分市场作为目标市场，并针对每一细分市场提供针对性的产品和服务以及相应的销售措施。其关键在于：① 对细分市场要正确定位；② 创造别具一格的品牌形象，提升品牌的价值；③ 对细分市场做好不同的品牌、渠道和促销等多系列管理。在网络时代，提供个性化的产品和服务已经成为可能，针对顾客个人的定制式营销战略已经在很多公司开始实施。这是差异性营销战略的更高发展形态。比如，服装生产企业针对不同性别、不同收入水平的消费者推出不同品牌、不同价格的产品，并采用不同的广告主题来宣传这些产品，就是采用的差异性营销策略。

采用差异性市场营销战略的优点是可以有针对性地满足具有不同特征的顾客群的需求，也可以让每个分市场的销售潜力得到最大力度的挖掘，有利于扩大市场的占有率，提高市场的竞争力度，一定程度上降低了企业的经营风险。但是，差异性营销策略还存在两个方面的不足：一是增加营销成本。由于产品品种多，生产一般为小批量，管理和存货成本将增加，不具备经济性；由于公司必须针对不同的细分市场发展独立的营销计划，会增加企业在市场调研、促销和渠道管理等方面的营销成本。二是可能使企业的资源配置不能有效集中，顾此失彼，甚至在企业内部出现彼此争夺资源的现象，使拳头产品难以形成优势。因此，企业在市场营销中有时需要进行"反细分"或"扩大顾客的基数"。

8.2.2.3   集中性市场战略

集中性市场战略亦称聚焦营销，是指企业不是面向整体市场，也不是把力量分散使用于若干个细分市场，而只选择一个或少数几个细分市场作为目标市场。其指导思想是把企业的人、财、物集中用于某一个或几个小型市场，不求在较多的细分市场上都获得较小的市场份额，而力求在少数较小的市场上得到较大的市场份额。这一策略一般都通过经营具有特性的产品或"拳头"产品去占有市场，特别适合于资源力量有限的中小企业。中小企业由于受财力、技术等方面因素制约，在整体市场可能无力与大企业抗衡，但如果集中资源优势在大企业尚未顾及或尚未建立绝对优势的某个或某几个细分市场进行竞争，成功可能性更大。

这种策略的优点是适应了本企业资源有限这一特点，可以集中力量迅速进入和占领某一特定细分市场。生产和营销的集中性，使企业经营成本降低，但该策略风险较大。如果目标市场突然变化，该策略具有一定的局限性，主要体现在两个方面：一是市场区域相对较小，企业发展受到限制。二是潜伏着较大的经营风险，一旦目标市场的需求情况突然发生变化，如价格猛跌、突然出现强有力的竞争者，或新的更有吸引力的替代品的出现，就可能使企业因没有回旋余地而陷入困境。

【小案例】

新媒体目标市场营销策略

对于目标市场营销，新媒体主要采用集中性目标市场营销策略、个性化目标市场营销策略、无差异性目标市场营销策略和差异性目标市场营销策略。这四种目标市场策略各有利弊。企业选择目标市场时，应考虑自身的各种因素和条件，如企业规模和原料供应、产品类似性、市场类似性、产品寿命周期、竞争的目标市场等。选择适合本企业的目标市场策略是一项复杂的工作。

1) 集中性目标市场营销策略。集中性市场策略就是在细分后的市场上，选择两个或几个细分市场作为目标市场，实行专业化生产和销售。在个别或少数市场上发挥优势，提高市场占有率。这种策略有利于企业深入了解特定细分市场的需求，提供有针对性的服务；有利于企业在所选目标市场上巩固地位、提高信誉度；有利于实行专业化经营，降低成本。只要目标市场选择适当，企业还可在这个领域形成核心竞争力，获得较好的经济效益。

2) 个性化目标市场营销策略。实施这种策略对企业来说有相当的挑战性，实施的前提是：每个消费者的需求都有较大的差异，而且他们有着强烈的满足个性化需求的愿望；具有同种个性化需求的消费者有着一定的规模；企业具备开展个性化营销的条件；个性化营销对交换双方而言都符合经济效益的要求。

3) 无差异性目标市场营销策略。企业将整个网络市场作为一个目标市场，面对所有的市场只推出一种产品，并只实施一套营销组合策略，通过无差异性的大规模营销，以吸引更多的消费者。实施这种战略的前提是，即使消费者的需求有差别，他们也有足够的相似性被作为一个同质的目标市场来对待。

4) 差异性目标市场营销策略。这种营销策略的优点是：小批量、多品种，生产机动灵活、针对性强，可更好地满足消费者的需求，由此促进产品销售。日用消费品大多采取这种营销方式。另外，由于企业是在多个细分市场上经营，因此在一定程度上可减少经营风险；一旦企业在几个细分市场上获得成功，有助于提高企业的形象和提高市场占有率。对此，企业在采用这种营销策略时，要权衡利弊，即分析、比较增加销售额所带来的利益与由此增加的营销成本之间的关系，进行科学的决策。

(胡畔. 新媒体目标市场营销策略[J]. 经营与管理，2010(4): 20-21)

8.2.2.4　选择目标市场营销战略的条件

1) 企业规模和原材料供应。如果企业规模较大，技术力量和设备能力较强，资金雄厚，原材料供应条件好，则可采用差别营销策略或无差别营销策略。我国许多大型企业，基本上均采用这两种策略。反之，规模小、实力差、资源缺乏的一般企业宜采用集中市场营销策略。我国医药工业的整体水平相对落后，即使是国内一流的大型医药企业也难以与国外大医药公司相抗衡。采用集中营销策略，重点开发一些新剂型和国际市场紧缺品种，利用劳动力优势，建立自己的相对品种优势，不失为一条积极参与国际竞争，提高医药工业整体水平的捷径。

2) 产品特性。对于具有不同特性的产品，应采取不同的策略。对于同质性商品，虽然由于原材料和加工不同而使产品质量存在差别，但这些差别并不明显，只要价格适宜，消费者一般无特别的选择，无过分的要求，因而可以采用无差别营销策略。同质性产品主要表现在一些未经加工的初级产品上，如水力、电力、石油等。而对于异质性商品，如药品的剂型、晶型、复方等对其疗效影响很大，特别是滋补类药品其成分、配方、含量差别很大，价格也有显著差别，消费者对产品的质量、价格、包装等，常常要反复评价比较，然后决定购买，生产这类产品的企业可根据自身的资源力量，采用差异性营销战略或集中性营销战略。

3) 市场特性。当消费者对产品的需求欲望、偏爱等较为接近，购买数量和使用频率大致相同，对销售渠道或促销方式也没有大的差异，意味着各细分市场相似程度高，不同顾客对同一营销方案的反应大致相同，可以采用无差别营销策略。反之，如果各消费者群体的需求、偏好相差甚远，则必须采用差别营销策略或集中营销策略，使不同消费者群体的需求得到更好的满足。

4) 产品所处生命周期的不同阶段。产品处在生命周期的不同阶段，采用的营销策略也是不同的。若产品处于投入期，同类竞争品不多，竞争不激烈，企业可采用无差异营销策略去探测市场需求和潜在顾客；当产品进入成长期或成熟期，同类产品增多，竞争日益激烈，无差别营销策略就完全无效，为确立竞争优势，企业可考虑采用差异性营销策略来尽可能延长成熟期。当产品步入衰退期，为保持市场地位，延长产品生命周期，全力对付竞争者，可考虑采用集中性营销策略。

5) 竞争企业的营销策略。企业生存于竞争的市场环境中，对营销策略的选用也要受到竞争者的制约。如果竞争者采用了差别营销策略，而本企业采用无差别营销策略，就往往无法有效地参与竞争，很难占有有利的地位，除非企业本身有极强的实力和较大的市场占有率，企业应采用差异性或集中性营销策略与之抗衡；如果竞争者采用的是无差别营销策略，则无论企业本身的实力大于或小于对方，采用差别营销策略，特别是采用集中营销策略，都是有利可图、有优势可占的。

6) 竞争者的数目。当市场上同类产品的竞争者较少，竞争不激烈时，可采用无差异性营销策略。当竞争者多，竞争激烈时，可采用差异性营销策略或集中性营销策略。

总之，选择适合于本企业的目标市场营销策略，是一项复杂的、随时间变化的、有高度艺术性的工作。企业本身的内部环境，如研究开发能力、技术力量、设备能力、产品的组合、资金是在逐步变化的；影响企业的外部环境因素也是千变万化的。企业要不断通过市场调查和预测，掌握和分析这些变化的趋势，与竞争者各项条件对比，扬长避短，把握时机，采用恰当的、灵活的策略，去争取较大的利益。

8.3　市场定位

8.3.1　市场定位的含义

市场定位是企业及产品确定在目标市场上所处的位置。市场定位是由美国营销学家艾·里斯和杰克特劳特在上世纪 70 年代提出的。他们对定位的定义：定位起始于一件产品、一种商品、一次服务、一家公司、一个机构或者甚至一个人……

然而，定位并不是对一件产品本身做些什么，而是在有可能成为顾客的人的心目中做些什么，这也就是说，给产品在有可能成为顾客的人的心目中定一个适当的位置。

市场定位也被称为产品定位或竞争性定位，是指企业根据竞争者现有产品在细分市场上所处的位置，针对消费者或用户对该产品某种特征或属性的重视程度，强有力地塑造出本企业产品与众不同的、给人印象鲜明的个性或市场形象，并通过一系列的营销努力把这种形象生动地传递给顾客，从而使该产品在市场上占有强有力的竞争位置。

市场定位强调为自己的产品创立鲜明的特色或个性，进而塑造出独特的产品市场形象。企业可以通过多个方面来表现产品的特色或个性：首先，可以从产品实体上来表现，如形状、成分、构造、性能等；其次，也可以从消费者心理上来反映，如豪华、朴素、时髦等；另外，还可以表现为价格水平、质量水准等来表现，这是由顾客对市场的认知而决定的，顾客容易对产品产生先入为主的印象，这种印象一旦形成，会很难改变。企业可以通过充分了解市场的运作，通过一定的营销手段便能设法影响顾客对产品的认知以及市场定位的过程，创造更强烈的产品形象。

市场定位作为企业全面战略计划中的一个重要组成部分，它是制定营销组合的基础、整合促销的前提和树立企业形象的手段。市场定位的内容主要包括产品定位、企业定位、竞争定位和消费者定位。产品定位多侧重于产品实体定位，包括：质量、成本、特征、性能、可靠性、实用性以及款式等；企业定位包括企业形象塑造品牌、员工能力、知识、言表以及可信度；竞争定位是为了确定企业相对与竞争者的市场位置。如七喜汽水在广告中称它是"非可乐"饮料，暗示其他可乐饮料中含有咖啡因，对消费者健康有害；消费者定位是为了确定企业的目标顾客群。

【小案例】

"万宝路"的市场定位

"MARLBORO"其实是"Man Always Remember Lovely Because Of Romantic Only"的缩写，意为"男人们总是忘不了女人的爱"。其广告口号是"像五月的天气一样温和"。用意在于争当女性烟民的"红颜知己"。

从 1924 年问世，一直至 20 世纪 50 年代，"万宝路"始终默默无闻。它的温柔气质的广告形象似乎也未给广大淑女们留下多少利益的考虑。

在 20 世纪 30 年代，"万宝路"同其他消费品一起，度过由于经济危机带来的"大萧条岁月"。第二次世界大战爆发以后，烟民数量上升，而且随着香烟过滤嘴出现，可以承诺消费者，过滤嘴可以使有害的尼古丁进入不了身体，烟民们可以放心大胆地抽自己喜欢的香烟。菲利普·莫里斯公司也忙着给"万宝路"配上过滤嘴，希望以此获得转机。然而令人失望的是，烟民对"万宝路"的反应始终很冷淡。

抱着心存不甘的心情，菲利普·莫里斯公司开始考虑重塑形象。公司派专人请利奥-伯内特广告公司为"万宝路"做广告策划，以期打出"万宝路"的名气销路。"让我们忘掉那个脂粉香艳的女子香烟，重新创造一个富有男子汉气概的举世闻名的'万宝路'香烟！"利奥-伯内特广告公司的创始人对一筹莫展的求援者说。产品品质不变，包装采用当时首创的平开式盒盖技术，并将名称的标准字(MARLBORO)尖角化，使之更富有男性的刚强，并以红色作为外盒主要色彩。

广告的重大变化是："'万宝路'的广告不再以妇女为主要对象，而是用硬铮铮的男子汉"。这种洗尽女人脂粉味的广告于 1954 年问世，它给"万宝路"带来巨大的财富。仅 1954～1955 年间，"万宝路"销售量提高了 3 倍，一跃成为全美第10 大香烟品牌，1968 年其市场占有率上升到全美同行第二位。

现在，"万宝路"每年在世界上销售香烟 3000 亿支。世界上每抽掉 4 支烟，其中就有一支是"万宝路"。是什么使名不见经传的"万宝路"变得如此令人青睐了呢？调查发现，"万宝路"的包装广告所赋予"万宝路"的形象已经像服装、首饰等各种装饰物一样成为人际交往的一个相关标志。而"万宝路"的真正口味在很大程度上是依附于这种产品所创造的美国牛仔形象之上的一种附加因素。这正是人们真正购买"万宝路"的动机。

从"万宝路"两种风格的广告戏剧性的效果转变中，我们可以看到广告的魔力。正是广告塑造产品形象，增添了产品的价值。采用"集中"的策略，定位目标市场，使"万宝路"成长为当今世界第一品牌。

(http://wenku.baidu.com/view/4010a658804d2b160b4ec03a.)

8.3.2 市场定位的步骤

企业在市场定位过程中，一方面要了解竞争者的产品的市场地位，另一方面要研究目标顾客对该产品的各种属性的重视程度，然后选定本企业产品的特色和独特形象，从而完成产品的市场定位。市场定位通过识别潜在竞争优势、企业核心竞争优势定位和制定发挥核心竞争优势的战略三个步骤实现。

1) 分析目标市场的现状，识别潜在竞争优势。识别潜在竞争优势是市场定位的基础。完成这一步骤需要回答三个问题：一是竞争对手产品定位如何？二是目标市场上顾客欲望满足程度如何以及还需要什么？三是针对竞争者的市场定位和潜在顾客的真正需要的利益要求企业应该及能够做什么？企业市场营销人员必须通过多种调研手段，系统地设计、搜索、分析，提出解决以上问题的具体方案。

企业的竞争优势主要表现在两个方面：成本优势和产品差别化优势。成本优势要求企业能够以比竞争者更低廉的价格销售同等质量的产品，或以相同的价格水平销售质量水平更高的产品。产品差别化优势是指产品具有独特的功能，并且利益与顾客需求相适应，即企业能向市场提供在质量、功能、品种、规格、外观等方面比竞争者更好的产品。企业必须通过深入的调研切实了解目标市场需求特点以及这些需求被满足的程度，这是能否取得竞争优势、实现产品差别化的关键。其次，企业要研究主要竞争者的优势和劣势，知己知彼，方能战而胜之。

2) 准确选择竞争优势，对企业核心竞争优势定位。竞争优势表明企业能够胜过竞争对手的能力。核心竞争优势是与主要竞争对手相比，企业在产品开发、服务质量、销售渠道、品牌知名度等方面所具有的可获取明显差别利益的优势。选择竞争优势实际上就是一个企业与竞争者各方面实力相比较的过程。企业应把全部营销活动加以分类，并将主要环节与竞争者相应环节进行比较分析，才能准确地识别和形成核心竞争优势。通常的方法是分析、比较企业与竞争者在经营管理、技术开发、采购、生产、市场营销、财务和产品等七个方面究竟哪些是强项，哪些是弱项。借此选出最适合本企业的优势项目，以初步确定企业在目标市场上所处的位置。

3) 制定发挥核心竞争优势的战略。市场定位步骤中最重要的一步。这一步骤的主要任务是企业要通过一系列的宣传促销活动，将其独特的竞争优势准确传播给潜在顾客，并在顾客心目中留下深刻印象。为此，企业首先应使目标顾客了解、知道、熟悉、认同、喜欢和偏爱本企业的市场定位，在顾客心目中建立与该定位相一致的形象。其次，企业通过各种努力强化目标顾客形象，保持目标顾客的了解，稳定目标顾客的态度和加深目标顾客的感情来巩固与市场相一致的形象。最后，企业应注意目标顾客对其市场定位理解出现的偏差或由于企业市场定位宣传上的失误而造成的目标顾客模糊、混乱和误会，及时纠正与市场定位不一致的形象。要避免因宣传不当在公众心目中造成三种误解：一是档次过低，不能显示出自己的特色；二是档次过高，不符合企业实际情况，使公众误认为企业只经营高档高价产品；三是混淆不清，在顾客心目中没有明确的认识。由于定位宣传失误造成种种误解，将会给企业形象和经营效果造成不利影响，营销者应注意防止。

8.3.3 市场定位战略

1) 直接对抗战略。也叫针锋相对定位，是指企业采取与细分市场上最强大的竞争对手同样的定位。也就是企业把产品或服务定位在与竞争者相似或相同的位置上，同竞争者争夺同一细分市场。一般来说，当企业能够提供比竞争对手更令顾客满意的产品或服务、比竞争对手更具有竞争实力时，可以实行这种定位战略。如百事可乐与可口可乐的竞争，肯德基与麦当劳的争斗，就是直接对抗定位的例子。由于竞争对手实力很强，且在消费者心目中处于强势地位，因此实施直接对抗定位策略有一定的市场风险，这不仅需要企业拥有足够的资源和能力，而且需要在知己知彼的基础上，实施差异化竞争，否则将很难化解市场风险，更别说取得市场竞争胜利了。

2) 市场补缺式定位战略。指企业把自己的市场位置定位在竞争者没有注意和占领的市场位置上的策略。当企业对竞争者的市场位置、消费者的实际需求和自己经营的商品属性进行评价分析后，如果发现企业所面临的目标市场存在一定的市场缝隙和空间，而且自身所经营的商品又难以正面抗衡，这时企业应该把自己的位置定在目标市场的空当位置，与竞争者成鼎足之势。企业可以通过提供不同质量、款式的产品、不同的优质服务、塑造不同的产品形象以及聘用更加优秀的员工等方式，来促成补缺式定位战略的有效实施。

3) 另辟蹊径式定位战略。是指企业发现很难与同行业竞争对手相抗衡进而获得绝对优势，也没有填补市场空白的机会或能力时，可根据自己的条件，通过营销创新，在目标市场上树立起一种明显区别于各竞争对手的新产品或新服务。该方式要求企业要突出宣传自己与众不同的特色，并且在某些有价值的产品属性上取得领先地位。

4) 重新定位战略。是指企业通过努力发现最初选择的定位战略不科学、不合理、营销效果不明显，为已在某市场销售的产品重新确定某种形象，及时采取更换品牌、更换包装、改变广告诉求等策略，以改变消费者原有的认识，争取有利的市场地位的活动。企业应注意目标顾客对其市场定位理解出现的偏差或由于企业市场定位宣传上的失误而造成的目标顾客模糊、混乱和误会，及时纠正与市场定位不一致的形象。如某日化厂生产婴儿洗发剂，以强调该洗发剂不刺激眼睛来吸引有婴儿的家庭。但随着出生率的下降，销售量减少。为了增加销售，该企业将产品重新定位，强调使用该洗发剂能使头发松软有光泽，以吸引更多、更广泛的购买者。重新定位对于企业适应市场环境、调整市场营销战略是必不可少的，可以视为企业战略转移。重新定位可能导致产品的名称、价格、包装和品牌的更改，也可能导致产品用途和功能上的变动，企业必须考虑定位转移的成本和新定位的收益问题。

企业的产品在市场上定位即使很恰当，在下列情况下，还应考虑重新定位：

(1) 竞争者推出的新产品定位于本企业产品附近，侵占了本企业产品的部分市场，使本企业产品的市场占有率下降。

(2) 消费者的需求或偏好发生了变化，使本企业产品销售量骤减。

(3) 企业经营的商品意外地扩大了销售范围，在新的市场上可以获得更大的市场占有率和较高的商品销售额。

(4) 本企业的经营战略和策略做出重大调整。

总之，当企业和市场情况发生变化时，都需要对目标市场定位的方向进行调整，使企业的市场定位策略符合发挥企业优势的原则，从而取得良好的营销利润。

【思考与练习】

1) 名词解释：

市场细分(Market Segmentation)

目标市场(Target Market)

市场定位(Market Positioning)

差异性市场营销战略(Differentiated Marketing Tactics)

2) 简答题：

(1) 市场细分对企业市场营销有何积极意义？

(2) 简述目标市场与市场细分的联系与区别。

(3) 简述市场细分的原则。

(4) 什么是集中性市场战略？有何特点？

【实训项目】

假设你的一位朋友准备在你们学校附近投资开办一家快餐店，请你运用所学目标市场营销策划的内容及方法，以尽快回收成本并获取高额利润为战略目标，为他进行市场细分、目标市场选择与定位的策划。

9 市场竞争战略

【知识目标】

了解企业的主要市场竞争者，以及市场竞争的不同性质和类型；

掌握市场竞争的三大基本策略；

了解不同市场地位的企业应采取的市场竞争策略。

【能力目标】

掌握市场竞争战略运用的实践技能。

【案例导入】

非常可乐叫板可口可乐

非常可乐在可乐王国的亮相，是急风暴雨式的。当杭州的娃哈哈集团一遍又一遍响亮地喊出"中国人自己的可乐"后，终于有一个中国企业向可口可乐这样的"巨无霸"吹起了竞争的号角！

可口可乐是一个有着 110 年悠久历史的巨人，而娃哈哈到目前的创业史才 11 个年头。虽说娃哈哈已是国内食品饮料界的龙头老大，但做碳酸饮料毕竟是头一回。十多年来，中国人曾经有过一个自己的可乐，虽然它们曾各领风骚，但殊途同归的里程上留下了一样的结局：伤感和无奈。

● 市场分析

可口可乐占据了国内可乐市场 57.6% 的份额，紧随其后的百事可乐也达到了 21.3%。可口可乐年销售量超过 3.2 亿箱，在我国已经有 29 年丰富的经营经历，建立了 21 个分装厂。我国 1978 年的饮料量只有 28 万吨，1997 年达到了 1 000 万吨以上，20 年间增长 40 多倍。在全球碳酸饮料销量中，有一半是可乐，而国内每年生产的 36 万吨可乐，只占了碳酸饮料销量的 27%，如此低的比例，再加上国内每年的清凉饮料产量至少超过 1 000 万吨，足以说明可乐还是有相当大的市场空间。

● 娃哈哈的优势

娃哈哈自认优势有三：

1) 娃哈哈已成为中国人心目中的名牌，短短 10 年的时间，靠 14 万元借款起步，他们先创造了"小学校里的经济奇迹"，又是"小鱼吃大鱼"兼并了杭州罐头厂，如今已成为总资产 28 亿元，年销售额 30 亿元的知名企业。"娃哈哈"商标已成为中国最有价值的品牌之一，无形资产经评估已达 30 亿元。

　　2）经过 10 年的经营，在全国已有稳定而庞大的销售网络，能保证非常可乐的产品与广告同步，推向全国市场，密如蛛网的销售渠道和对娃哈哈感情笃深的经销商可以将产品销往城乡的各个角落。

　　3）娃哈哈为推出非常可乐，已准备 2 年，公司投资 1 亿多美元，从德国、日本、意大利等国引进了目前全球最先进的制瓶和罐装生产线，设备不亚于可口可乐和百事可乐；原浆配方是与国外几家著名公司合作，根据国人的口味，进行了几千次改进。

　　娃哈哈认为：可口可乐虽然是个巨人，但它在我国的 23 个合作伙伴，每一家都比娃哈哈规模小，况且他们每家都有自己的利益，不能形成合力，会相互形成冲击，价格难以控制，容易产生矛盾。可口可乐在中国的罐装分厂，并没有进多少先进的设备，而且瓶子、盖子都需从人家那里买来，成本比非常可乐要高得多。在广告投入上，可口可乐公司归属于不同的集团，无法集中做广告；而娃哈哈在中国，从中央到地方、从报纸到广播电视都享有盛誉，他们登门做非常可乐的广告，媒体格外关照。

　　思考：

　　1）娃哈哈为什么能叫板可口可乐？进军竞争激烈的饮料市场？

　　2）娃哈哈运用什么样的战略才能成功？

　　(http://wenku.baidu.com/view/59929b1c59eef8c75fbfb3f7.html)

9.1　竞争者分析

　　为了制定一个有效的营销战略，企业必须研究其竞争者，企业实际和潜在的竞争者范围是广泛的。企业最明显的竞争者是那些试图满足相同的顾客需求，并提供相同产品或服务的同行企业。企业同样也应关注其潜在的竞争者，它们可能会提供新的其他方法来满足同样的需求。

9.1.1　识别企业的竞争者

　　竞争者一般是指那些与本企业提供的产品或服务相似，并且所服务的目标顾客也相似的其他企业。企业从产品和市场两个角度结合在一起的分析是最客观的：既考虑与本企业所提供的产品(或服务)的相似性和替代性，更要考虑与本企业所欲满足的消费者的一致性。一般情况下，如若这两方面的程度都最高，便可以认定该企业为本企业的主要竞争对手。

9.1.1.1 以产品替代程度来识别企业的竞争者

企业还可以从市场、从消费者需要的角度出发来发现竞争者。凡是满足相同的市场需要、或者服务于同一目标市场的企业，无论是否属于同一行业，都可能是企业的潜在的竞争者。

例如，从行业来看，电影可能是以同属于影视业的电视为主要的竞争对手。但是从市场的观点来看，特别是从满足消费者需要来看，消费者感兴趣的是满足其对欣赏影视作品的需要。因此，能够直接播放 VCD、DVD 的电子计算机构成了对电影业的竞争威胁。

从满足消费者需求出发发现竞争者，可以从更广泛的角度认识现实竞争者和潜在竞争者，有助于企业在更宽的领域中制定相应的竞争战略。

1) 品牌竞争者。当其他企业以相似的价格向相同的顾客提供类似产品与服务时，企业将其视为竞争者。例如，家用空调市场中，生产格力空调、海尔空调、三菱空调等厂家之间的关系。品牌竞争者之间的产品相互替代性较高，因而竞争非常激烈，各企业均以培养顾客品牌忠诚度作为争夺顾客的重要手段。

2) 行业竞争者。企业把提供同样或同类产品，但规格、型号、款式不同的企业视作竞争者。例如，家用空调与中央空调的厂家、生产高档汽车与生产中档汽车的厂家之间的关系。

3) 需要竞争者。提供不同种类的产品，但满足和实现消费者同种需要的企业称为需要竞争者。如航空公司、铁路客运、长途客运汽车公司都可以满足消费者外出旅行的需要，当火车票价上涨时，乘飞机、坐汽车的旅客就可能增加，相互之间争夺满足消费者的同一需要。

4) 一般竞争者。企业还可进一步更广泛地把所有向同一消费者的提供不同产品的企业都视作竞争者。如很多消费者收入水平提高后，可以把钱用于旅游，也可用于购买汽车，或购置房产，因而这些企业间存在相互争夺消费者购买力的竞争关系，消费支出结构的变化，对企业的竞争有很大影响。

9.1.1.2 以行业观点来识别企业的竞争者

行业是一组提供一种或一类相互密切替代产品的企业群。例如，汽车行业、石油行业、医药行业等。

由于竞争者首先存在于本行业之中，企业先要从本行业出发来发现竞争者。提供同一类产品或服务的企业，或者提供可相互替代产品的企业，共同构成一个行业。如家电行业、食品行业、运输行业等。由于同行业企业产品的相似性和可替代性，彼此间形成了竞争的关系。

在同行业内部，如果一种商品的价格变化，就会引起相关商品的需求量的变化。例如，如果滚筒式洗衣机的价格上涨，就可能使消费者转向购买其竞争产品波轮式洗衣机，这样，波轮式洗衣机的需求量就可能增加；反之，如果滚筒式洗衣机的价格下降，消费者就会转向购买滚筒式洗衣机，使得波轮式的需求量减少。因此，企业需要全面了解本行业的竞争状况，制定企业针对行业竞争者的战略。

1) 现有厂商：指本行业内现有的与企业生产同样产品的其他厂家，这些厂家是企业的直接竞争者。

2) 潜在加入者：当某一行业前景乐观、有利可图时，会引来新的竞争企业，使该行业增加新的生产能力，并要求重新瓜分市场份额和主要资源。另外，某些多元化经营的大型企业还经常利用其资源优势从一个行业侵入另一个行业。新企业的加入，将可能导致产品价格下降，利润减少。

3) 替代品厂商：与某一产品具有相同功能、能满足同一需求的不同性质的其他产品，属于替代品。随着科学技术的发展，替代品将越来越多，某一行业的所有企业都将面临与生产替代品的其他行业的企业进行竞争。

9.1.1.3　以市场竞争观念来识别企业的竞争者

除了从行业角度来识别企业的竞争者外，我们也可以把竞争者看做是满足相同顾客需要或服务于同一顾客群的企业。例如，打字机制造商的竞争对手不仅是其他打字机制造商，还有铅笔制造商、钢笔制造商、计算机制造商，因为它们都满足的是顾客"写字能力"的需要。市场竞争观念开阔了企业的视野，使其看到还存在着更多的、实际的和潜在的竞争者，以制定出更长远的战略性计划。

识别竞争者的最佳方法是把行业和市场分析结合起来。

9.1.2　竞争者分析

一个公司一旦确定了它的主要竞争者后，接下来的主要任务就是辨别竞争者的特点，分析它们的战略、目标、优势与劣势及其反应模式。

9.1.2.1　识别竞争者的战略

企业最直接的竞争者是那些为相同的目标市场推行相同战略的企业。战略群体指在某个特定行业中推行相同战略的一组企业。一个企业必须识别与其竞争的战略群体。通过对战略群体的识别可以发现以下情况：第一，各战略群体设置的进入难度不尽相同。第二，如果企业成功地进入一个战略群体组别，该组别的成员就成了它的主要对手。如果希望取得成功，富有活力的竞争者为了取得一定的战略优势，会根据市场环境在不断地变化而修订其战略。例如，通用汽车公司因适应了市场对汽车的多样化需求而超过福特汽车公司。

竞争不仅仅在战略群体内展开，在群体与群体之间也存在。第一，某些战略群体所吸引的顾客群相互之间可能有所交叉。第二，顾客不能区分不同群体的供应品的差异。第三，各个群体可能都想扩大自己的市场细分范围，特别是在规模和实力相当，以及在各群体之间流动障碍较小的时候。

9.1.2.2　确定竞争者的目标

在识别了主要竞争者及其战略后，企业还须了解竞争者的目标。有的公司注重长期利润，有的重视短期利润；有的公司重视利润最大化，有的只重视适度利润。有时候，竞争者追求的不是单一的目标，而是目标组合，只是侧重点不同。企业不仅应识别竞争者总的目标，还要了解其目标组合，诸如目前获利的可能性、市场份额增加、现金流量、技术领先和服务领先等所赋予的相对权数。了解竞争者的加权目标组合，便可了解竞争者是否对其目前的财务状况感到满意，以及它对各类竞争性攻击会做何种反应等。

9.1.2.3　竞争者的优势与劣势分析

竞争者能否实施其战略并实现其目标，这取决于竞争者的资源和能力。在市场竞争中，企业需要识别每个竞争者的优势与劣势，做到知己知彼，才能有针对性地制定正确的市场竞争战略，以避其锋芒，攻其弱点，出其不意，利用竞争者的劣势来争取市场竞争的优势，从而来实行企业营销目标。

首先，企业应当收集每个竞争者近期业务的关键数据，特别是销售量、市场份额、毛利、投资报酬率、现金流量、新投资及设备能力的利用等情况。每种数据的获得都有助于它们更好地评估每个竞争者的优势和劣势，并帮助新竞争者决定向谁发起挑战。其次，企业通过第二手资料、个人经验或传闻来了解有关竞争者的优势和劣势。它们可通过向顾客、供应商和中间商进行第一手营销调研来增加对竞争者的了解。最后，在寻找竞争者的劣势时，企业应设法识别它们为其业务和市场所作的假想有哪些已经不能成立。如果企业知道竞争者在按照一个严重错误的设想经营，就可以利用它，并超过它。

企业需要分析竞争者的优势与劣势竞争者优劣势分析的主要内容有：

1) 产品。竞争企业产品在市场上的地位、产品的适销性，以及产品系列的宽度与深度。

2) 销售渠道。竞争企业销售渠道的广度与深度、销售渠道的效率与实力、销售渠道的服务能力。

3) 市场营销。竞争企业市场营销组合的水平、市场调研与新产品开发的能力、销售队伍的培训与技能。

4) 生产与经营。竞争企业的生产规模与生产成本水平、设施与设备的技术先进性与灵活性、专利与专有技术、生产能力的扩展、质量控制与成本控制、区位优势、员工状况、原材料的来源与成本、纵向整合程度。

5) 研发能力。竞争企业内部在产品、工艺、基础研究、仿制等方面所具有的研究与开发能力；研究与开发人员的创造性、可靠性、简化能力等方面的素质与技能。

6) 资金实力。竞争企业的资金结构、筹资能力、现金流量、资信度、财务比率、财务管理能力。

7) 组织。竞争企业组织成员价值观的一致性与目标的明确性、组织结构与企业策略的一致性、组织结构与信息传递的有效性、组织对环境因素变化的适应性与反应程度、组织成员的素质。

8) 管理能力。竞争企业管理者的领导素质与激励能力；协调能力；管理者的专业知识；管理决策的灵活性、适应性、前瞻性。

9.1.2.4　评估竞争者的反应模式

单凭竞争者的目标和优势与劣势，不足以说明其可能采取的行动以及对诸如削价、加强促销或推出新产品等会做出何种反应。此外，每个竞争者都有自己的经营理念、企业文化和某些起主导作用的信念。一个企业需要深入了解竞争者的思维体系，并预测竞争者可能做出的反应。下面是几种常见的竞争者反应类型：

一个竞争者的目标、战略及其优势与劣势还不能完全决定它的行动方式和它对其他企业的降价、加强促销或推出新产品等营销活动的反应模式。除了这些因素外，我们还应当注意到另外一个重要因素，那就是每个竞争者都有它自己的经营哲学、企业文化和信条，这将对该竞争者的行动产生影响。因此，企业经营者，要想估计竞争者的行动与反应，就需要深入了解竞争者的心理状态。由于面对其他企业的行动每个竞争者的心理状态可能不一样，其反应模式也就各不相同。常见的有以下几种竞争者：

1) 迟钝型竞争者。某些竞争企业对市场竞争措施没有迅速反应或反应不强烈。企业必须弄清竞争者从容不迫行为的原因，这可能是因为竞争者受到自身在资金、规模、技术等方面能力的限制，缺乏做出反应所需要的资金，或者业务需要收缩，无法做出适当的反应；也可能是因为竞争者对自己的竞争力过于自信，它们感到其顾客是属于自己的，不屑于采取反应行为；还可能是因为竞争者对市场竞争措施重视不够，未能及时捕捉到市场竞争变化的信息。

2) 选择型竞争者。某些竞争企业对不同的市场竞争措施的反应是有区别的。了解主要竞争者会在哪方面做出反应，可为企业提供最为可行的攻击方式。例如，大多数竞争企业对降价这样的价格竞争措施总是反应敏锐，倾向于做出强烈的反应，力求在第一时间采取报复措施进行反击；而对改善服务、增加广告、改进产品、强化促销等非价格竞争措施则不大在意，认为这些并不构成直接威胁。

3) 强烈反应型竞争者。竞争企业对市场竞争因素的变化十分敏感，一旦受到来自竞争者的挑战就会迅速地做出强烈的市场反应，进行激烈的报复和反击，势必将挑战自己的竞争者置于死地而后快。这种报复措施往往是全面的、致命的，甚至是不计后果的，不达目的绝不罢休。这些强烈反应型竞争者通常都是市场上的领先者，具有某些竞争优势。它意在向其他企业表明最好不要向其发动进攻，因为防卫者将奋战到底。一般企业轻易不敢或不愿挑战其在市场上的权威，尽量避免与其作直接的正面交锋。

4) 不规则型竞争者。这类竞争企业对市场竞争所做出的反应通常是随机的，往往不按规则出牌，使人感到不可捉摸。例如，不规则型竞争者在某些时候可能会对市场竞争的变化做出反应，也可能不做出反应；他们既可能迅速做出反应，也可能反应迟缓；其反应既可能是剧烈的，也可能是柔和的。而且无论根据其经济、历史还是其他方面的情况，都无法预见其反应。

通过分析竞争者的反应模式，有助于企业选择竞争行动及确定行动的最佳时机。

9.2　竞争力量与竞争战略

企业在分析主要竞争者之后，就要依据分析结果制定相应的竞争战略。每个企业由于自身营销目标、经营实力以及所处市场环境不同，所针对的竞争者不同，竞争战略是有区别的。另外，即使同一企业，在发展的不同时期，或者多元化经营的企业对不同类型的产品，也分别需要制定不同的竞争战略。

【小案例】

保罗·高尔文的市场竞争战略

在美国伊利诺伊州的哈佛镇，有群孩子经常利用课余时间到火车站卖爆米花。一个 10 岁的小男孩也加入了这一行列。他往爆米花里掺入了奶油和盐，其味道更加可口。结果，他的爆米花比其他任何小孩的卖得都好。

当一场大雪封住了几列满载乘客的火车时，这个小男孩便赶制了许多三明治拿到火车上去卖。虽然他的三明治做得并不怎么样，但被饥饿的乘客抢购一空。

　　当夏季来临时，小男孩又设计出了一个能挎在肩上的半月形的箱子，在边上挖出一些小洞，刚好能放蛋卷，并在中部的小空间里放上冰淇淋。结果，他这种新鲜的蛋卷冰淇淋备受乘客的欢迎，他的生意火爆一时。

　　当车站上的生意红火一阵后，参与的孩子越来越多，这个小男孩意识到好景不长了，便在赚了一笔钱后果断地退出了竞争。结果，孩子们的生意越来越难做了，不久，车站又对这些小生意进行了清理整顿，而他却因及早退出而没有受到任何损失。后来，这个小男孩成了一个不平凡的人，他就是摩托罗拉公司的创始人和缔造者保罗·高尔文。

　　(张征宇. 市场营销学[M]. 长沙：湖南人民出版社，2009)

9.2.1　企业竞争地位划分

　　根据企业在目标市场所处的地位，把市场营销者分为四类：市场领导者、市场挑战者、市场追随者和市场补缺者。

　　1) 市场领导者。是指在相关的产品市场中占有最大市场份额的企业。绝大多数的行业都有一个公认的市场领导者，它在价格变化、新产品开发、分销渠道的宽度和促销强度上起着领导作用，并受到同行业的承认。它是竞争者的一个导向点，是其他企业挑战、模仿或躲避的对象，如美国汽车市场的通用公司、摄影器材市场的柯达公司、计算机市场的 IBM 公司、消费包装市场的宝洁公司、软饮料市场的可口可乐公司、快餐食品市场的麦当劳公司等。这种领导者大多数行业都有，它们的地位是在竞争中形成的，但又是可以变化的。

　　2) 市场挑战者和追随者。是指那些在市场上处于次要地位，在行业中占有第二、第三和以后位次的企业。这些次要地位的企业可采取两种态度中的一种：争取市场领先地位，向竞争者挑战，即成为市场挑战者；或者是安于次要地位，在"共处"的状态下求得尽可能多的收益，即成为市场的追随者。每个处于市场次要地位的企业，都应根据自己的实力和环境提供的机会与风险，来决定自己的竞争战略是"挑战"还是"追随"。

　　3) 市场补缺者。是指那些在市场上选择不大，可能引起大企业兴趣的市场中的某一部分从事专业化经营的小企业。由于这些企业对市场的补缺，可使许多大企业集中精力生产主要产品，也使这些小企业获得很好的生存空间。

9.2.2　企业竞争战略

　　竞争战略是指企业将通过什么途径形成相对竞争优势的打算。成功的企业在市场竞争的整体作战中，都能寻找出一个独特的市场定位以有利于竞争，并从这种差异化战略中获取竞争优势及市场空缺。不同企业由于营销目标、经营实力以及所处行业特征不同，可采取的竞争战略有很大区别；同一个企业在不同发展时期也会采用不同竞争战略。美国哈佛大学教授迈克尔·波特(Michael Porter)在其所著的《竞争战略》一书中，对企业竞争战略进行了最为经典的总结，归纳提出了三种最基本的竞争战略：总成本领先战略、差异化战略、集中性战略。

9.2.2.1 总成本领先战略

所谓总成本领先战略就是企业通过降低产品研发、生产和分销等各个环节的成本费用，努力使本企业的总体经营成本低于竞争者，从而使本企业的产品价格低于竞争者的产品价格，以达到迅速扩大销售、提高市场份额、获得有利的市场竞争地位、成为市场主导者的目的。同时可以增加对付买方行使讨价还价的能力，可为新竞争者的进入设置巨大障碍，有利于对付竞争者的替代品等。

因此，企业要实施总成本领先战略必须具备一定的条件：

1) 具有规模经济优势。只有在规模经济优势明显的状况下，企业通过扩大销售降低运营成本的努力才会有效，使成本领先战略得以实施。在规模经济效益显著的行业中，也只有那些比竞争者拥有更先进技术设备的企业，或者比竞争者拥有更具市场吸引力品牌的企业，能通过扩大产品市场销售、提高产品市场占有率获得市场竞争优势并形成进一步提高市场占有份额、降低成本的良性循环。

2) 具有较高的成本管理水平。具有规模经济效益优势行业中的企业，并非可以轻易获得成本优势，只有那些产品质量控制水平、成本控制水平高的企业，才可能将潜在的优势转化为现实。

9.2.2.2 差异化战略

差异化战略是企业通过大力发展别具一格的产品线或营销项目，并形成对顾客具有极大吸引力的产品特色，以争取在产品或服务等方面比竞争者有独到之处，通过取得差异优势形成独家经营的市场，以获得市场竞争优势。差异化战略中的"差异"有很多途径，不仅是指产品本身功能、构造等有形的差异，还包括产品加工工艺、售后服务、分销网络、促销方式以及品牌等方面的差异。差异竞争战略是企业对付竞争者强有力的武器，是当前在市场营销活动中占主流的竞争做法。

差异化战略不仅可以使企业避免在市场上与竞争者直接的对抗，还造成了其他竞争者进入的障碍。同时产品差异可以有效地降低顾客的价格敏感性和价格对比的选择性，使企业实施价格策略的灵活性和余地加大，定价自主性提高，从而可能获取超额利润。

差异化战略需要的一般条件为：要求企业有相应的技能和财力，诸如有很强的市场营销能力，基础研究能力，具有高质量及高技术的声誉，具有明显优势的产品工艺设计和产品加工技术；善于吸收其他技能的独特组合方式；具有很强的分销渠道的合作等。产品差异化战略也存在一系列风险：① 实行产品差异化战略的企业成本高于实施低成本战略的企业成本，因此，导致差异对顾客的吸引力丧失。② 当顾客偏好变化时，常导致差异不能对顾客再有吸引力。③ 竞争对手的模仿会缩小产品差异。

9.2.2.3　集中化战略

集中化战略指的是企业集中力量为某一个或少数几个细分市场提供服务，通过在一个或少数几个细分市场上建立的成本优势或差异化优势，更好地满足顾客的特殊需要，从而争取市场局部的竞争优势。

集中化战略的主要特点是：所涉及的细分市场都是特定的或专一的，也就是说，是围绕着一个特定服务目标的。采用这种竞争战略的最后结果是，企业在一个较小的细分市场内获得一个较大的市场份额。如美国 AFG 玻璃公司主要集中生产和销售有色的钢化玻璃。厂商在为特定目标市场服务时，或采取产品差异化策略，或降低成本，或两者兼而采用，取得针对狭隘市场目标的优势地位。集中化战略需要的市场条件与组织条件，随集中的目标不同而变化。

集中化战略比较适合于中小型企业。中小企业竞争实力相对较弱，要针对整个市场实现低成本或差异化是比较困难的，甚至是不可能的。采用集中化战略可以使其集中力量，充分发挥相对优势，通过在较狭窄的市场上为特定的目标顾客提供优质服务，提高顾客忠诚度，达到长期占有市场、获得市场竞争地位的目标。

9.2.3　企业竞争战略的风险

9.2.3.1　总成本领先战略的风险

企业采用总成本领先战略时，为了有效实施这一战略、维护成本优势和市场领导地位，需要购买和使用大量高效率的设备，而高效率的设备往往专用性较强。设备的高度专用性，使企业产品变型和更新换代缓慢，产品制造中适应市场变化进行调整的灵活性差，当市场需求发生变化时，由于技术上的变化使以往的投资或知识无效，企业就可能出现危机。另外，新的竞争者通过仿效，也可以通过向尖端技术水平的设施进行投资而使成本降低，从而缩小了公司维持足够的价格差异的能力。

低成本经营通常依赖较高的市场占有率和较大规模的产品生产与销售，而大量生产与销售必然使产品的品种单一，这将不可避免地影响和降低产品对顾客需求的满足程度。企业因为无法抵制竞争者树立品牌形象及实施差异化战略，当顾客对需求的满足程度比对产品价格更重视的情况下，低成本战略就会失去市场优势。

9.2.3.2 差异化战略的风险

企业在采用差异化战略时，可能有两方面的风险。一方面是竞争者的仿制，当企业费尽心力建立的"差异"取得市场成功并获得较高经济效益时，往往会有一些竞争者仿效这种"差异"，而使企业的"差异"消失或缩小，使企业的差异化优势丧失或削弱。同时，由于企业当初创立"差异"所花费的投资远远高于仿效所需投资，营销成本不言而喻高于这些竞争者。

另一方面，如果为建立"差异"需要投入的资金过高，而顾客不愿为获得这种"差异"支付相应的高价格时，这种"差异"就成为无效"差异"，成为企业经营中的包袱。这两种情况，都将使企业在竞争中处于不利地位。

9.2.3.3 集中化战略的风险

当覆盖整个市场的那些竞争对手因为规模经济大幅度降低成本，可能导致采用集中竞争战略的企业成本优势不再存在；竞争者从战略目标中找到了细分市场，使原来企业的目标集中战略经营缺少特色；集中目标指向的特定细分市场的需求变得太小，企业的低成本和差异化优势非常容易受产业条件和市场需求变化的影响，而转移产品到其他细分市场相当困难。

综上所述，这三种竞争战略各有利弊。企业要成功地运用这些竞争战略，需要根据自身产品特点和企业实力进行合理选择。企业一旦选择了竞争战略，就必须全力以赴，以求在市场中拥有某方面优势。如果企业没有把握住以上三种战略中的任何一种战略，那么，企业将在竞争中处于劣势。但如果一个企业在三种战略中同时追求两个或两个以上的战略目标并成功也会非常困难，因为实施这三种竞争战略所要求的管理方式、组织形式、设备条件、技术水平和员工素质等有所不同。即使有企业同时采用不同的竞争战略，也往往是在不同的产品经营领域分别采用不同的战略。例如，汽车制造商可以在轿车经营中采用差异化战略，而同时在卡车的经营中采用总成本领先战略。

9.3 位势竞争战略

竞争策略的核心问题是企业在市场上的相对地位，这种地位显示了企业是否具有竞争优势。一个地位选择得当的企业，即使在行业平均赢利水平不高的情况下，也能有较高的收益率。在竞争性市场上处于不同地位的各类企业其竞争策略显然也是各不相同的，企业必须根据自身的地位和市场的具体情况制定相应的竞争策略。

9.3.1　市场领导者竞争策略

市场领导者是指相关产品市场占有率最高的企业。市场领导者如果没有获得合法的垄断地位，必然会面临竞争者无情的挑战，因此，它必须时时保持警惕，否则就很可能丧失领先的地位，而降到第二位或第三位。一般说来，大多数产业都有一家企业是市场领导者，它在价格变动、新产品开发、分销渠道和促销能力等方面处于主导地位，其领导地位被同业所公认。市场领导者既是市场竞争的先导者，也是其他企业挑战、效仿或回避的对象。如美国汽车市场的通用公司、电脑软件市场的微软公司、照相机产业的尼康公司、软饮料市场的可口可乐公司、剃须刀产业的吉列公司以及快餐市场的麦当劳公司等等，都是市场领导者。市场领导者的地位是在竞争中自然形成的，但不是固定不变的。市场领导者如果没有获得垄断地位，必然会面临竞争者的无情挑战。市场领导者为了维护自己的优势，保住自己的领导地位，通常必须采取一些恰当的竞争战略。

一般而言，市场领导者企业要维护竞争优势，就需要在三个方面进行努力：一是扩大市场总需求量。二是保持现有市场份额。三是扩大市场份额。

9.3.1.1　扩大市场需求总量

市场领导者企业可以有三个途径达到扩大市场需求总量的目的：

1) 发现新的使用者。对于某种产品来说，由于存在部分顾客不了解某种产品，或产品价格不合理，或产品有缺陷，因而未成为该种产品的用户等原因，使其市场需求潜力没有得到最大限度发掘，发现并挖掘新的使用者是扩大市场需求的重要方式。具体可采用的策略包括：① 新市场战略，针对未使用产品的群体用户，说服他们使用产品，比如说服男子使用香水；② 市场渗透战略，这是指转变现有细分市场中还未使用、或偶尔使用产品的潜在顾客的态度，说服他们使用产品，即进而成为使用者，比如说服不用香水的妇女使用香水；③ 地理扩展战略，将产品打入新的细分市场，包括新的目标顾客群和新的地理区域。比如将产品销售到国外或是其他地区市场。

2) 开辟产品新的用途。对于许多产品来说，潜藏着一定的未发现功用，通过发掘其新用途，可以使产品的需求量迅速增长。如碳酸氢钠(俗称"小苏打")自投放市场后的 120 多年里，销售一直十分平稳，当被发现其具有消除冰箱异味的功能后，市场需求量大幅度攀升。

3) 刺激现有顾客增加使用量。通过运用一些适当的措施和手段，促使顾客增大产品的使用量也可以有效提高整个市场的总需求。如服装制造商通过加快推出新款服装频率，刺激顾客购买更多的服装。

9.3.1.2　扩大市场占有率

市场领导者通过进一步增加它们的市场份额而提高其利润率，以维持其领导者的地位。市场占有率与投资报酬率密切相关，一般来说，企业的市场占有率越高，其投资收益率相应就越大。市场占有率是影响投资收益率最重要的变数之一，市场占有率高于 40% 的企业其平均投资收益率相当于市场占有率低于 10% 者的 3 倍。因此，许多企业把市场占有率作为自己的营销目标，市场领导者企业可以根据经济规模的优势，降低成本，扩大市场占有率。

但并不是任何企业提高市场占有率都意味着投资报酬率的增长，还取决于企业提高市场占有率采取的策略。为提高市场占有率所付出的代价，有时会高于它所获得的利益。因此，企业提高市场占有率要考虑以下三个因素：

1) 引起反托拉斯行动的可能性。当企业的市场占有率超过一定限度时，就有可能受到指控和制裁。

2) 经济成本。市场份额在达到某个水平以后还继续增大，盈利能力可能会下降。有研究表明，最佳市场占有率是 50%，如果继续提高市场份额其成本可能超过其价值。

3) 企业在夺取市场份额时所采用的营销组合策略是否正确。某些营销组合变量可以增加市场份额，却不能导致利润增加。只有在下面两个条件下，高市场份额才会导致高利润：一是单位成本随着市场份额的增加而减少；二是产品价格的提高大大超过为提高产品质量所投入的成本。

9.3.1.3　维护市场占有率

在市场领导者企业面临的竞争对手中，相对总会有一个或几个实力雄厚者。要防止和抵御其他企业的强攻，维护自己现有的市场占有率，是领导者企业守住阵地的有效竞争策略。市场领导者如何防御竞争者的进攻呢? 最根本的一点是领导者不要满足于现状，而要不断创新，并在产品创新、服务水平的提高、分销渠道的有效性和降低成本等方面，真正处于该行业的领先地位，同时抓住对手的弱点，实行进攻。

市场领导者企业可以有两个途径达到维护市场占有率的目的：

1) 进攻措施。在军事上有一条原则"进攻是最好的防御"。进攻措施包括在降低成本，提高销售效益、产品创新、服务水平等方面争取能始终处于行业领先地位，同时针对竞争对手的薄弱环节主动出击。

2) 防御措施。市场领导者如果不发动进攻，就必须实行防御策略，即防备其他竞争者的进入。即根据竞争的实际情况，在企业现有阵地周围建立不同防线。如构筑重点放在企业目前的市场和产品上；构筑不仅能建立企业目前的防御阵地，而且还扩展到新的市场阵地，作为企业未来新的防御和进攻中心的防线等。处于市场领导地位的企业，在努力扩大整个市场规模时，必须注意保护自己现有的业务，防备竞争者的攻击。市场领导者即使不发动进攻，至少也应保护其所有战线，不能有任何疏漏。防御战略的代价可能很高，但是放弃一个细分市场的代价更高。市场领导者应当权衡哪些阵地应不惜一切代价防守，哪些阵地可以放弃而不影响大局，并将其资源集中用于关键的地方。

具体来说，有6种防御策略可供市场领导者选择：

(1) 阵地防御。阵地防御就是在现有阵地周围建立一个牢固的守卫工事，它是防御的基本形式，属于一种静态的消极防御。对于营销者来讲，单纯防守现有的阵地或产品，就会患"营销近视症"。可口可乐公司虽然已经发展到年销量占全球饮料半数左右的规模，但仍然积极从事多角经营，如打入酒类市场、兼并水果饮料公司、从事塑料和海水淡化设备等工业。相反，当年的亨利·福特关于 T 型汽车的近视，使一个有着 10 亿美元现金储备的福特公司从顶峰跌到了崩溃的边缘。所以，遭受攻击的领导者如果集中全部资源，一味防御，那将是十分错误的。

(2) 侧翼防御。侧翼防御是指市场领导者不仅保卫自己的阵地，还建立一些辅助性的基地作为防御阵地，或必要时作为反攻基地。它特别注意保卫自己较弱的侧翼，防止对手乘虚而入。例如，某食品公司为了保持超级市场的领导者地位，不断增加食品零售花色品种的搭配组合，以迎接新的挑战。

(3) 先发防御。这种防御政策是在竞争者对自己发动进攻之前，先发制人，抢先攻击，这是一种比较积极的防御策略。具体做法是，当竞争者的市场占有率达到某一危险的高度时，就对它发动攻击；或者是对市场上的所有竞争者全面攻击，使得对手人人自危。有时，这种先发制人的打击是在心理上展开的，而并不付诸实践。如有的市场领导者可发出市场信号，迫使竞争者取消攻击。而另外一些市场领导者有较多的市场资源，能沉着应战，或不轻易发动进攻。一家美国大型制药厂是某种药品的领导者，每当它听说一个竞争对手要建立新厂生产这种药时，就放风说自己正在考虑将这种药降价，并且要考虑扩建新厂，以此吓退竞争者。

(4) 反攻防御。当市场领导遭到对手进攻时，不能只是被动应战，应主动反攻。领导者可选择迎击对方的正面进攻，迂回攻击对方的侧翼，或发动钳式进攻，切断从其根据地出发的攻击力量等策略。例如，当美国西北航空公司最有利的航线之一——明尼阿波利斯至亚特兰大航线受到另一家航空公司降价和促销进攻时，西北航空公司采取的报复手段是将明尼阿波利斯至芝加哥航线的票价降低，由于这航线是对方主要收入来源，结果迫使进攻者不得不停止进攻。

(5) 运动防御。运动防御要求领导者不但要积极防守现有阵地，而且还要扩展到新的市场阵地，作为未来防御和进攻的中心，使企业在战略上有较多的回旋余地。市场扩展通过市场拓宽和市场多样化两种方式实行。

(6) 收缩防御。有时，在所有市场阵地上进行全面防御会力不从心，从而顾此失彼。在这种情况下，市场领导者为了加强实力，实行战略收缩，即放弃某些薄弱市场，集中企业优势对付竞争者。

总之，市场领导者必须善于扩大市场总需求量，保卫自己现有的市场领域，增加自己的市场份额，这样才能持久地占据市场主导地位。

【小案例】

傲慢的特朗斯特朗公司

特朗斯特朗公司作为晶体管的一家重要制造商，曾拥有一些包括军用产品在内的广大市场，并且发展很快，20世纪50年代后期该公司的销售额增加了5倍，给华尔街带来一个惊喜，它的股票在3个月内从36美元升到60美元，成为了该行业的领先者。

1952年初，制造晶体管的原材料不是硅，而是锗。锗是基本的化学元素之一，与铜、锌、铅共生。硅、锗等一些元素可微弱导电，但导电量不大，人们把它们称为半导体，半导体的芯片对于一台计算机里进行微量电流传输，以便把两个数相加，或者输进一个收音讯号或一个电话信号，都是非常关键的。鉴别半导体特性的一个方法是检验能带间隙，或撞击原子释放电子的难易程度。一个小的能带间隙表示容易释放电子。锗有一个相当小的能带间隙，所以被首先用于晶体管。但容易释放电子好像是一把双刃剑，这也使它容易在生产过程中吸收不希望有的杂质，而降低了最终产品的性能。所以制造具有可靠性能好的锗器件是很困难的，高废品率生产锗芯片，使生产成本提高了。

不久以后，硅登上了舞台，硅具有较高的能带间隙，但可靠性较高，这种可靠性具有极大商业重要性，因为它意味着该产品的维修和更换次数较少，对于应用硅基技术的生产者来说，高可靠性可转化为低费用，进而转化为竞争优势，至少对锗就具有竞争优势，不到10年硅就取代了锗。当利润开始下降时，公司的奠基者——贝卡拉兄弟还大举借债，扩大以锗为基础的产品。贝卡拉兄弟知道硅的存在，甚至他们还成立了一家化学分公司，向特朗斯特朗公司出售硅，但他们对硅始终不很感兴趣，公司的业务很快就开始走下坡路。特朗斯特朗公司变成了个防御者。

　　面对萎缩的锗管市场，特朗斯特朗公司曾想搞多种经营，他们首先转产多种电子产品，进而发展各种各样其他的产品，比如像军用小帐篷之类，并且在这一领域买进一家公司。由于特朗斯特朗公司的半导体销售额下降，它们的利润也逐年减少，在 1960 年利润达 900 万美元，而 1969 年亏损 1 800 万美元。在利润高峰时期，特朗斯特朗公司的股票涨到财务报表盈利的 56 倍，仅 2 年时间，公司的股票就从 60 美元跌到 4 美元。70 年代和 80 年代，该公司也试图尝试制造集成电路和微处理机，但市场总把他们抛在后面。毫无疑问，一家公司可以生产一代新产品，但它却无钱生产系列新产品，特别是当它的主线业务发生危机时，它更不会这样做，所以他们总跟不上市场的步伐。

　　特朗斯特朗公司曾经是麻省著名的晶体管制造商，大多数人认为特朗斯特朗公司尽管是晶体管行业的老成员，但它应该是个进攻者，事实却相反，特朗斯特朗公司是个防御者，而且是个傲慢自大的防御者，它身处逆境，却又犯了一些防御者受到来自新技术的进攻时所犯的共性错误。比如这些防御者认为慢慢进行技术演变就已足够了，特朗斯特朗公司的一位高级经理在《哈佛商业评论》上撰写文章认为：推向技术极限往往并不重要。其次它对业已来临的技术变化没有做出较快的反应，特朗斯特朗公司明明看到事物已露头角，但不面对现实，行动太晚，所以在战略转变中几乎被打败。

　　思考：

　　1）特朗斯特朗公司在市场上曾处于怎样的竞争地位?要保持这样的竞争地位公司应采取怎样的策略?

　　2）试析特朗斯特朗公司失败的原因。

　　(王宗湖. 市场营销学概论(第 2 版)[M]. 北京: 对外经济贸易大学出版社.2009)

9.3.2　市场挑战者竞争策略

　　处于市场挑战者地位的企业，一般都具有相当的规模和实力，在竞争策略上有相当大的主动性，它们随时可以向市场领导者企业或其他企业发动进攻。然而，作为市场挑战者的企业，盲目的进攻是愚蠢甚至有害的，要使自己的挑战获得成功，必须明确企业营销目标和挑战对象，然后选择适当的进攻策略。

9.3.2.1　确定挑战对手和目标

　　明确企业的竞争对手和主攻方向，是市场挑战者企业成功与否的基础。一般有三种挑战对手可供市场挑战者企业选择：

1) 向处于领导者地位的企业挑战，意在夺取其市场份额和产品优势。这是一个既有高度风险但又具有潜在的高报酬的战略。如果市场领导者不是一个"真正的领先者"，而且也没有很好地满足市场需求，那么攻击将会产生重大意义，因此，挑战者应仔细调查研究领先企业的弱点和失误，有哪些未满足的需求，有哪些使顾客不满意的地方，发现了实际未被满足或不满意的市场，就可作为进攻的目标。此外，还可在整个细分市场上，开发创新产品，超过领导者，以夺取市场的领导地位。

2) 向与自己实力相当的企业挑战，意在扩展自身市场份额以改变市场地位。挑战者以一些与自己规模相仿，而目前经营不良、财力拮据的企业作为进攻对象，设法夺取官们的市场阵地。

3) 进攻力量薄弱的小企业，意在夺取其市场份额或进行兼并，扩充自身实力。对一些经营不善、财力拮据的本地小企业进行吞并。

总之，选择对手和选择目标的问题是相互影响的。如果进攻的企业是市场领导者，它的目标是夺取一定的市场份额；如果进攻的是一个小的本地企业，它的目标是把这个小企业摘掉，即必须遵守一条军事上的原则——"每一个军事行动必须直接指向一个明确规定的、决定性的、可达到的目标"。

9.3.2.2　选择挑战竞争策略

市场挑战者企业发起挑战是一种主动的攻击行为，在明确了战略目标和竞争对手之后，进攻方向及具体运用的营销策略需要经过认真的选择。

1) 正面进攻。正面进攻应是集中全力向对手的主要市场阵地发动进攻，即进攻对手的强项而不是弱点。在这种正面进攻的情况下，进攻者必须在产品、广告、价格等主要方面大大超过对手，即进攻者需要有超过竞争者的实力和持久力，才有可能获得成功，否则不可采取这种进攻战略。正面进攻的胜负取决于双方力量的对比。正面进攻的另一种措施是投入大量研究与开发经费，使产品成本降低，从而以降低价格的手段向对手发动进攻，这是持续实行正面进攻战略最可靠的基础之一。

2) 侧翼进攻。当市场挑战难以采取正面进攻时，就应考虑采用侧翼进攻。侧翼进攻的主要原则就是集中优势力量攻击对手的弱点，可采取"声东击西"的战略，佯攻正面，实际攻击侧面或背面，即采用避实就虚的战术来制胜。这又可分为两种情况：一种是地理性侧翼进攻，即在全国或全世界范围内寻找对手力量薄弱地区；另一种是细分性侧翼进攻，即寻找领先企业尚未为之服务的细分市场，在这些小市场上迅速填空补缺。侧翼进攻符合现代营销观念——发现需要并设法满足它们。侧翼进攻也是一种最有效和最经济的策略形式，较正面进攻有更高的成功机会。

3) 包围进攻。如果说单纯的侧翼进攻是指集中力量填补竞争者在现有市场上无法覆盖的空缺，那么包围进攻则是通过"闪电"战术，夺取对手大片阵地的一个策略。这种进攻是一个全方位、大规模的进攻战略，挑战者拥有优于对手的资源，并确信围堵计划的完成足以打垮对手时，可采用这种战略。例如，近年来，日本精工表公司已经在各个主要手表市场的销售中取得了成功，并且以其款式、特征、使用者偏好以及种类繁多等优势使竞争者和消费者瞠目结舌。该公司在美国市场上提供了约 400 个流行款式，其营销目标是在全球制造并销售大约 2300 种手表。但必须指出，并非所有包围进攻都能奏效。

4) 迂回进攻。这是一种最间接的进攻战略，完全避开对手的现有阵地而迂回进攻容易进入的阵地，以扩大自己的市场。具体办法有三种：一是多角化经营，即经营无关产品；二是以现有产品进入新市场，实行市场多角化；三是发展新技术、新产品，取代现有产品，此种策略最容易获得成功。

5) 游击进攻。这是主要适用于规模较小力量较弱的企业在向大企业进攻时采用的一种战略，因为小企业无力发动正面进攻或有效的侧翼进攻。游击进攻的目的在于对不同阵地发动小的、断断续续的进攻，而且最好进攻小的、孤立的、防守薄弱的市场，其目的是骚扰对方，拖垮对手，并使自己牢固地占领阵地。游击战可使用减价、密集促销等方法。但是，也不能认为游击战只适合于财力不足的小企业，持续不断的游击进攻，也是需要大量投资的。还应指出，如果要想打倒对手，光靠游击战不可能达到目的，还需要发动更强大的攻势。所以，市场挑战者往往是在准备发动较大的进攻时，先依靠游击进攻作为全面进攻的战略准备。因此，游击战并不一定是低成本的作战活动。

上述市场挑战者的进攻战略是多样的，一个挑战者不可能同时运用所有这些战略，但也很难单靠某一种战略取得成功。通常是设计出一套战略组合即整体战略，并随时间推移而改进，借以改善自己的市场地位。但是，并非所有居于次要地位的企业都可充当挑战者，如果没有充分把握不应贸然进攻领先者，最好是跟随而不是挑战。

9.3.3 市场跟随者竞争策略

在市场竞争中，持续的正面竞争往往会造成两败俱伤，因此多数企业喜欢追随而不是向市场领导者挑战，扮演市场追随者的角色。市场追随者与挑战者不同，它不是向市场领导者发动进攻，而是跟在市场领导者之后维持和平共处的局面。这种"自觉共处"状态在资本密集且产品同质的行业，如钢铁、化工行业中是很普遍的现象。在这些行业中，产品差异化和服务差异化很小，价格敏感性很高，价格战随时都可能爆发，并可能造成两败俱伤。因此，大多数企业不以短期的市场份额为目标，彼此不互相争夺客户，它们常常效仿市场领导者，为购买者提供相似的产品，市场份额高度稳定。另外，对于相当一部分中小企业而言，在产品创新上所需的大量人力、财力、物力以及相应的市场风险，它们无力承担，因此在实际营销活动中，许多小企业选择采用追随策略，从事产品仿造或改良，在投资少、风险小的基础上，获取较高的利润，并保持企业相对有利的竞争地位。

但是，这并不等于说市场追随者没有战略，一个市场追随者必须知道如何保持现有的顾客和如何争取新顾客，必须设法给自己的目标市场带来某些特有的优势，如地点、服务、融资。追随者是挑战者攻击的主要目标，因此，市场追随者必须保持低成本和高产品质量及服务质量。追随并非被动的追随，而应具有自身的策略，并选择既跟随市场领导者，又不会引起竞争性报复的策略。以下是三种可供选择的跟随战略：

1) 紧密跟随。是指追随者在尽可能多的细分市场和营销组合方面模仿市场领导者的做法。这种跟随者有时好像是挑战者，但只要它不从根本上侵犯领先者的地位，就不会发生直接冲突，有些追随者甚至被看成是靠拾取领先者的残余而谋生的寄生者。

2) 距离跟随。这种跟随者是在主要方面，如目标市场、产品创新、价格水平和分销渠道等方面都追随领先者，但在产品的质量水平、功能、定价的性能价格比、促销力度、广告密度以及分销网点的密度等方面仍与领先者保持一定的距离。市场领导者十分欢迎这种追随者，而且乐意让它们保持相应的市场份额，并使自己免遭独占市场的控诉。这种跟随者可通过兼并小企业而使自己发展壮大。

3) 选择跟随。这种跟随者在某些方面紧跟领先者，而在另一些方面又自行其是。也就是说，它不是盲目跟随，而是择优跟随，在跟随的同时还要发挥自己的独创性，但不进行直接的竞争。比如主动地细分和集中市场、有效地研究和开发等，尽量在别的企业想不到或者做不到的地方去争取一席之地。这类企业具有创新能力，但是它的整体实力不如市场领导者，需要避免与市场领导者直接冲突。这类跟随者之中有些可能发展成为挑战者。

9.3.4 市场补缺者战略

在现代市场经济条件下，每个行业几乎都有些小企业，它们关注市场上被大企业忽略的某些细小部分，在这些小市场上通过专业化经营来获取最大限度的收益，也就是在大企业的夹缝中求得生存和发展。处于市场补缺者地位的企业，其目的在于利用自身特长寻找市场中的空隙并努力去满足之。在现实营销活动中,这类企业可以在市场、消费者、产品、渠道等各个方面实现自己的目标,比如为一些特殊的消费者群体服务。市场补缺者企业的竞争策略关键在于专业化、精细化营销,由于营销目标和营销力量的相对集中,所实现的产品高度差别化,会使企业具有其他人无法轻易仿效的特殊竞争力量。当然补缺者企业实施专营化竞争策略并非易事,必须注意两个问题:

1) 识别"补缺基点"。所谓的补缺基点就是市场空隙,一个好的补缺基点应该具备以下特征:

(1) 所发现的补缺基点,对主要的市场竞争者不具有吸引力,或者是大部分市场竞争者不屑一顾的。

(2) 所发现的补缺基点,有足够的购买潜量,企业如果进行开发后,是有利可图的。

(3) 企业具备补充该市场空隙的营销能力,并且能够与竞争者抗衡。

2) 坚持补缺观念。市场补缺者企业一般是指精心服务于市场某些细小部分,在这些小市场上通过专业化经营来获取最大限度收益的企业。这种在大企业夹缝中求生存和发展的策略,是坚持补缺观念,以连续不断创造新的补缺市场为基础,而不是只追求一个补缺基点。

(1) 创造补缺市场。补缺观念指导企业积极适应特定的市场环境和市场需要,努力开发专业化程度很高的新产品,从而创造无数的补缺市场。

(2) 扩大补缺市场。补缺观念指导企业在开发出专业化程度很高的新产品以后,还要进一步提高产品组合的深度,创造更多需要这种专业化产品的市场需求者,以扩大市场占有率。

(3) 保护补缺市场。补缺观念指导企业关注竞争者的动向,及时采取相应的策略,提高市场忠诚度,全力维护自己在特定市场的领先地位。

跟随者与挑战者不同,它不是向市场领先者发动进攻并图谋取而代之,而是跟随在领导者之后自觉地维持共处局面。这种"自觉共处"状态在资本密集且产品同质的行业(钢铁、化工等)中是很普遍的现象。在这些行业中产品差异性很小,而价格敏感度甚高,随时都有可能发生价格竞争,结果导致两败俱伤。因此,这些行业中的企业通常彼此自觉地不互相争夺客户,不以短期的市场占有率为目标,即效法领先者为市场提供类似的产品,因而市场占有率相当稳定。

3) 市场补缺者战略。获取补缺基点的主要战略是专业化市场营销。可供选择的方案有以下 10 种:

(1) 按最终用户专业化。专门致力于为某类最终用户服务,如计算机行业有些小企业专门针对某一类用户(如诊疗所、银行等)进行市场营销。

(2) 按垂直层面专业化。专门致力于分销渠道中的某些层面，如制铝厂可专门生产铝锭、铝制品或铝质零部件。

(3) 按顾客规模专业化。专门为某一种规模(大、中、小)的客户服务，如有些小企业专门为那些被大企业忽略的小客户服务。

(4) 按特定顾客专业化。只对一个或几个主要客户服务，如美国有些企业专门为西尔斯公司或通用汽车公司供货。

(5) 按地理区域专业化。专为国内外某一地区或地点服务。

(6) 按产品或产品线专业化。只生产一大类产品，如美国的箭牌口香糖公司专门生产口香糖一种产品，现已发展成为一家世界著名的跨国公司。

(7) 按客户订单专业化。专门按客户订单生产预订的产品。

(8) 按质量和价格专业化。专门生产经营某种质量和价格的产品，如专门生产高质高价产品或低质低价产品。

(9) 按服务项目专业化。专门提供某一种或几种其他企业没有的服务项目，如美国有一家银行专门承办电话贷款业务，并为客户送款上门。

(10) 按分销渠道专业化。专门服务于某一类分销渠道，如专门生产适于超级市场销售的产品，或专门为航空公司的旅客提供食品。

几乎每个行业中，都存在一些小企业或大公司中的小的业务部门，专营某些细小的细分市场，它们不与主要的企业竞争，而只是通过专业化的经营来占据市场小角落，为那些可能被大企业忽略或放弃的市场进行有效的服务，并通过出色的补缺战略来获取高利。作为市场补缺者，它们常设法找到一个或几个既安全又有利的补缺市场。一个理想的补缺市场应该有以下特征：① 有足够的规模和购买力，从而能获利；② 有成长潜力；③ 被大的竞争者所忽视；④ 企业有市场需要的技能和资源，可有效地为补缺市场服务；⑤ 企业能依靠已建立的顾客信誉，保卫自己，对抗大企业的进攻。

补缺战略的关键是专业化，即在市场、顾客、产品或营销组合方面实行专业化。一般而言，在下列几方面可以找到专业化的竞争发展方向：① 最终使用者专业化。企业专门为某一类型的最终使用顾客服务。如计算机行业中有些小企业专门针对某一类用户，如银行进行营销。② 纵向专业化。企业专门在营销链的某个环节上提供产品或服务，如专业化的清洁公司。③ 顾客规模专业化。企业可集中力量专为某类顾客服务。许多补缺者专门为小客户服务，因为他们往往被大企业所忽视。④ 地理区域专业化。企业把销售集中在某个地方、地区或世界的某一区域。市场补缺者可把营销范围集中在交通不便的地理区域，即大企业所不愿经营的地方。⑤ 产品或产品线专业化。企业有一条产品线或生产一种产品，而且所涉及的这些产品，是被大企业所放弃的。这为补缺者留下了发展空间，如家用电器维修、安装业务。⑥ 定制专业化。企业按照客户的订货单定制产品。这是一个很有希望的市场。如住房装修、家具等产品和服务方面。⑦ 服务专业化。企业专门提供某一种其他企业没有的服务项目，如银行进行电话贷款业务，并为客户送钱上门。⑧ 渠道专业化。企业只为一种分销渠道服务，如某软饮料公司只生产超大容量的软饮料，并只在加油站出售。市场补缺者有三个任务：创造补缺、扩展补缺和保卫补缺。市场补缺者承担的主要风险是补缺市场可能耗竭或遭到攻击。所以，企业必须连续不断地创造新的补缺市场，而且要选择多个补缺市场，以确保企业的生存和发展。总之，只要企业善于经营，小企业也有许多机会在获利的条件下为顾客服务。

【思考与练习】

1) 名词解释：

总成本领先战略　　　差异竞争战略　　　市场领导者　市场追随者

2) 问答：

(1) 竞争者分析的内容有哪些？

(2) 简述市场领导者、市场挑战者、市场跟随者、市场补缺者的主要竞争策略。

(3) 创造企业竞争优势的四种战略是什么？

3) 案例分析：

中国某服装公司为绕开美国的关税壁垒而准备在美国寻找投资机会，现在美国有一家生产服装的厂家，因资金不足等原因即将面临破产，但这家企业有一定的销售渠道和技术实力。在这种情况下，作为中国企业的决策人在美国的投资是选择新企业还是收购这家企业更有利？为什么?这家中国企业在美国的投资属于哪种投资导向类型？

【实训项目】

1) 实训目的：通过实训帮助学生了解市场竞争战略。

2) 实训组织和要求：将班级同学划分为若干项目小组，小组规模一般是3～5人，每小组选举小组长以协调小组的各项工作。辅导老师应及时检查学生对各项任务的完成情况，并组织各组进行经验交流。

3) 实训内容：

(1) 通过杂志、互联网等媒体，试描述某公司的竞争战略，分析一下公司采用该种战略的原因。

(2) 试分析某行业的领导者为巩固或保持自己的领导地位所采用的战略、战术。

10 品牌战略

【知识目标】

了解品牌的含义、作用；

熟悉品牌策略，理解品牌资产。

【能力目标】

熟练运用品牌策略。

【案例导入】

娃哈哈的品牌延伸

莎士比亚说过，玫瑰不管取什么名字都是香的。实际上并不尽然。有人提出创名牌从起名开始，这一说法有其道理。娃哈哈集团的品牌中，"娃哈哈"、"非常"都很有创意，在品牌名称上，似乎就已胜出。"娃哈哈"这个名称来自那首知名歌曲："我们的祖国是花园，花园里花儿真鲜艳……娃哈哈，娃哈哈，每个人脸上都笑开颜"，当时还引起一场知识产权风波。"娃哈哈"这一名称容易传播，大众化，极具亲和力，大众、亲和、健康、欢乐就是其内涵。当然，也有不少人从品牌视觉(名称、吉祥物)联想角度出发，认为"娃哈哈"是一个儿童专属品牌，不宜向成人产品延伸。对此，娃哈哈集团认为，"娃哈哈"并非仅限于儿童概念，是一个儿童、成人通用性品牌。在产品开发和市场推广实践中，"娃哈哈"似乎也在努力淡化其儿童概念，以便为品牌创造一个更大的发展空间。到目前为止，"娃哈哈"的品牌延伸是很成功的，因为其延伸并未脱离品牌核心概念。

"非常"是娃哈哈集团的另一个品牌。"非常"(Future，未来)这个名称响亮、大气、时尚、优越、欢乐、泛义。推出"非常可乐"时，也有人主张沿用"娃哈哈"，但是最终选择了另创品牌之路。"非常"品牌的推出，弥补了"娃哈哈"概念上的不足，如时尚、优越感等要素，也拓宽了集团品牌的定义域。更为重要的是，要挑战可口可乐，用"娃哈哈"品牌不足以显示其气势和差异，就中文名称而言，"非常"显然不逊于"可口"和"百事"。

可以设想，将来娃哈哈集团会形成类似宝洁的产品品牌格局：一个产品(产品经理辖下)两个品牌，如"娃哈哈"茶饮料与"非常"茶饮料并行，夺取更大的货架空间，并显示不同的产品定位，针对不同的目标消费群("非常"定位高于"娃哈哈")；一个品牌(品牌经理辖下)多种产品；两个品牌在集团战略框架下有机整合，有分有合，分合自如。

娃哈哈集团从儿童营养液起步，目前形成五大战略业务单元(SBU)：奶制品(乳酸奶、纯牛奶)、水(纯净水)、茶、可乐(非常可乐、非常柠檬、非常甜橙)和八宝粥。在国内的市场占有率方面，目前除了碳酸饮料屈居"两乐"之后，茶在追赶"统一"、"康师傅"外，水、八宝粥和奶制品均保持业内第一的地位，可以说是做一个成功一个。"娃哈哈"产品线丰满是其一大竞争优势，业内竞争对手单薄的产品线难以与其多系列产品相抗衡。"娃哈哈"的品牌战略是在饮料行业内相关多元化发展，由于"多角化"，"娃哈哈"可以把握商机，滚动开发增长点，将企业做大做好。由于"相关相连"，"娃哈哈"可以资源共享，降低成本，学习和积累专业经验，提高决策和运作水平；"娃哈哈"各类相关产品可以共享网络平台，使网络成为真正的"航空港"；"娃哈哈"在生产工艺、生产线、研发成果、人力资源等方面也有一定的共享性，如可实现季节交替生产，保证生产的平衡性；此外，"娃哈哈"的供应链优势得到了发挥，而未来企业间的竞争，将主要表现在供应链之间的竞争。产品系列的相关性使得"娃哈哈"更容易形成核心竞争力，进而有助于集团做强。

娃哈哈集团的多角化战略可以有多种选择：一是沿袭儿童概念，开发儿童饮料以外的儿童服装、玩具等产品，但属于不相关多角化，企业将进入多个陌生领域，可能难以做强；二是集中在饮料这一专业领域内多点开发，这是"娃哈哈"目前的选择；三是"娃哈哈"规划的饮料、保健品、医药三大产品领域架构。

(蜥蜴团队. 中国营销传播网，2003-04-14)

思考：

1) "娃哈哈"品牌战略思想体现在哪些方面？
2) 从相关多角化战略分析产品组合是如何搭配的？

10.1　品牌的基本概念

品牌是企业最持久的资产，也是企业必须精心发展和管理的强有力资产。品牌代表了消费者对产品及其性能的认知和感受。品牌在市场的影响力和价值是不同的，强有力的品牌拥有高水平的消费者品牌知晓度、忠诚度和信任度，是构成良好客户关系的基础。

10.1.1　品牌的概念

品牌俗称牌子，是制造商或经销商加在商品上的标志。据美国市场营销协会对品牌的定义："品牌是一种名称、术语、标记、符号、象征、设计或是它们的组合，其目的是识别一个或一群销售者的产品或服务，并使之与其他竞争者区分开来。"

品牌的概念包括三层含义：一是品牌是由各种可作为标识物的东西组成，如名称、符号、图案等；二是品牌的主要意义是由产品的生产商或经销商制定并标在产品上作为辨别之用的，即有了品牌，就可以知道这产品是由谁生产或经销的；三是在市场上，品牌可以使消费者将某一个或一群销售者的产品与其他销售者的产品相区别，从而便于消费者认购。由此可知，品牌实际上是对产品标识物的一个总称，相当于给产品标上了特定的记号，使人们可以辨识产品的生产和经销者是谁。

因此，品牌是有多种品牌元素的组合体，具有广泛的意义。它包括品牌名称、品牌标志、商标等。所有品牌名称、品牌标志、商标都可以成为品牌或品牌的一部分。其中品牌名称是指品牌的可读部分，如"海尔"、"可口可乐"、"红豆"、"格力"等；品牌标志是指品牌中可以被识别、辨认，但不能用语言称呼的那一部分，它通常用符号、图案、图像、线条、颜色、字体等表现，如麦当劳的标志金黄色字母"M"、"可口可乐"英文字母的专门设计图案等。

从根本上说，品牌是用于区别其他商品的，而它之所以能进行"区别"是因为通过品牌，出售者向购买者长期提供一组特定的特征、利益和服务。好的品牌传达了质量保证，它是企业与目标顾客进行沟通的利器，是产品整体概念中一个重要的组成部分。

10.1.2 品牌的层次

品牌，就其实质来说，它代表着销售者(卖者)对交付给买者的产品特征、利益和服务的一贯性承诺。久负盛名的品牌就是优良质量的保证。不仅如此，品牌还是一个更为复杂的符号，蕴含着丰富的市场信息，主要包含以下六个层次：

1) 属性。品牌代表着特定的商品属性，这是品牌最基本的含义。例如，奔驰品牌轿车意味着工艺精湛、制造优良、昂贵、耐用、信誉高、专卖价值高、行驶速度快等。这些属性是奔驰轿车生产经营者广为宣传的重要内容。多年来，奔驰的广告一直强调它是"全世界无可比拟的工艺精良的汽车"。

2) 利益。品牌不仅代表着一系列属性，而且还体现着某种特定的利益。顾客购买商品的实质是购买某种利益，这就需要将属性转化为功能性或情感性利益。或者说，品牌利益在相当程度上受制于品牌属性。就奔驰而言，"工艺精湛、制造优良"的属性可转化为"安全"这种功能性和情感性利益；"昂贵"的属性可转化为情感性利益："这车令人羡慕，让我感觉到自己很重要并受人尊重"；"耐用"属性可转化为功能性利益："多年内我不需要买新车"。

3) 价值。品牌体现了生产者的某些价值感。例如，奔驰代表着高绩效、安全、声望等价值感。品牌的价值客观要求企业营销者必须分辨出对这些价值感兴趣的购买者群体。

4) 文化。品牌还附着特定的文化。从奔驰汽车给人们带来的利益等方面看，奔驰品牌蕴含着"有组织、高效率和高品质"的德国文化。

5) 个性。品牌也反映一定的个性。如果品牌是一个人、一种动物或一个物体，那么不同的品牌会使人们产生不同的品牌个性联想。奔驰会让人们想到一位谨慎的老板、一只勇猛的雄狮或一座庄严质朴的宫殿。

6) 消费者。品牌暗示了购买或使用产品的消费者类型。

一个成熟完善的品牌包含很多要素，但品牌最持久的含义是其价值、文化和个性，它们构成了品牌的基础，揭示了品牌间差异的实质。消费者之所以喜爱某品牌，认同某品牌，是因为该品牌自身具有吸引消费者的独特魅力，消费者通过品牌可以获得综合而独特的利益和体验，既有理性因素，也存在感性因素。品牌核心价值理性层面是以产品为基础的，它带给消费者实际的利益，也是消费者愿意用金钱、时间、风险等购买成本去交换的。消费者从商品中获得预期的物质利益，就会产生对品牌理性的认同。品牌如果能够很微妙地改变消费者的思维，让消费者喜欢上它、信赖它，就会产生对品牌的高度忠诚，这是品牌的感性层面因素，即品牌的价值、文化、个性，它能够牢牢抓住消费者的心志。因此，一个优秀的品牌具备不可模仿性、持续性、包容性、价值观、文化等特征。

10.1.3　品牌的功能

市场竞争很大程度就是品牌竞争。品牌有以下几个方面的功能：

1) 识别功能。品牌可以帮助消费者辨认出品牌的制造商、产地等基本要素，从而区别于同类产品，降低交易成本。而品牌本身一般都比较简单、扼要、清晰，容易为消费者所记住。

2) 保质功能。品牌代表着质量，消费者之所以要购买某个品牌的产品，往往是因为这种产品有着较高的质量和良好的服务。对于企业来说，只有提供优质的产品和服务，才能维持和提高品牌的形象和声誉。

3) 维权功能。由于品牌具有排他性的专用性特征，品牌中的商标通过注册以后受到法律保护，防止他人损害品牌的声誉或非法盗用品牌。一旦发现假冒品牌或产品，则可依法追究索赔，保护企业的利益。消费者也可以利用产品的品牌来保护自己的权益，一旦发生产品质量问题，消费者就有据可查，通过品牌来追查有关厂家和经营者的责任。

4) 促销功能。品牌的促销功能主要表现在：一是由于品牌是产品品质的标志，消费者常常按照品牌选择产品，因此，品牌有利于引起消费者的注意，满足他们的欲望和需求，实现扩大产品销售的目的；二是由于消费者往往依照品牌选购产品，这就促使生产经营者更加关心品牌的声誉，不断开发新的产品，加强质量管理，树立良好的企业形象，使品牌经营走上良性循环的轨道。

5) 增值功能。品牌是企业的一种无形资产，它所包含的价值、个性、品质等特征都能给产品带来重要的价值。即使是同样的产品，贴上不同的品牌标识，也会产生价格的悬殊。即可以增加产品的附加价值，提高利润。作为无形资产，品牌的价值超过企业有形资产的价值的例子并不鲜见，如美国"可口可乐"品牌的价值，在 2012 年已达到 778.39 亿美元，为该企业全部资产价值的 5/6。

6) 聚合功能。名牌企业或产品在资源配置方面会获得社会的认可，社会的资本、人才、管理经验甚至政策都会倾向名牌企业或产品，使企业聚合人、财、物等资源，形成并很好地发挥名牌的聚合功能。

10.1.4 品牌与商标的作用

一个享有盛誉的商标是企业一种无形的财富。没有长盛不衰的产品，但是可以有长盛不衰的品牌，"可口可乐"、"耐克"等世界名牌的发展史都证明了这一点。在现代市场营销中，商标和品牌具有特殊的作用。

1) 品牌对于消费者的作用有：

(1) 识别功能。品牌可以帮助消费者辨认出品牌的制造商、产地等基本要素，从而区别于同类产品。

(2) 导购功能。品牌可以帮助消费者迅速找到所需要的产品，从而减少消费者在搜寻过程中花费的时间和精力。

(3) 降低购买风险功能。消费者都希望买到自己称心如意的产品，同时还希望能得到周围人的认同。选择信誉好的品牌则可以帮助降低精神风险和金钱风险。

(4) 契约功能。品牌是为消费者提供稳定优质产品和服务的保障，消费者则用长期忠诚的购买回报制造商，双方最终通过品牌形成一种相互信任的契约关系。

(5) 个性展现功能。品牌经过多年的发展，能积累独特的个性和丰富的内涵，而消费者可以通过购买与自己个性气质相吻合的品牌来展现自我。

2) 品牌对于企业的作用有：

(1) 存储功能。品牌可以帮助企业存储商誉、形象。"品牌就是一个创造、存储、再创造、再存储的经营过程。"

(2) 维权功能。通过注册专利和商标，品牌可以受到法律的保护，防止他人损害品牌的声誉或非法盗用品牌。

(3) 增值功能。品牌是企业的一种无形资产，它所包含的价值、个性、品质等特征都能给产品带来重要的价值。即使是同样的产品，贴上不同的品牌标志，也会产生悬殊的价格。

(4) 形象塑造功能。品牌是企业塑造形象、知名度和美誉度的基石，在产品同质化的今天，为企业和产品赋予个性、文化等许多特殊的意义。

(5) 降低成本功能。平均而言，赢得一个新客户所花的成本是保持一个既有客户成本的 6 倍，而品牌则可以通过与顾客建立品牌偏好，有效降低宣传和新产品开发的成本。

总之，随着市场经济的发展，品牌在现代营销中的作用越来越大。不但生产经营者注重品牌，而且消费者在购买过程中更注重品牌。市场注重品牌甚于商品，品牌的魅力超过商品的魅力。

10.1.5　商标、品牌的设计原则

商标、品牌是由文字、图形、符号三样东西构成的，其题材极其广泛。花鸟虫鱼、飞禽走兽、人物事件、名胜古迹、神话传说、天文地理以及道德规范等都可以作为商标的内容。

商标品牌设计是一种实用工艺美术。从市场营销的角度来说，一个好的商标应符合下列原则：

1) 造型美观，构思新颖。独特别致、新颖美观、感染力强的商标，才能吸引人们的注意，使顾客产生信任感，留下深刻的印象，增强广告宣传的效果。如果品牌设计平庸无奇或外形粗糙、抄袭，不但无法吸引消费者的注意，而且还会给人一般化的感觉。

2) 能表示企业或产品的特色，不落俗套。理想的商标最好是独一无二的，能很好地反映企业精神和产品的性质、特色及风格，这样才能使本企业的品牌在成千上万的品牌中脱颖而出，易于为消费者所鉴别，不与其他品牌相混淆。如"万里"牌、"力士"牌球鞋，"珍珠"美容霜，"永久"自行车，"火焰山"毛毯，"雪花"冰箱等，较好地体现了这个原则，有利于产品推销；而"三角牌"轮胎、"钻石牌"饼干，则不利于产品的顺利销售。另外，重复使用的商标，如"海燕"、"牡丹"、"熊猫"等到处都用，这样就使得很美的名称显得俗气，既没有特色，也不便于识别。

3) 简单明了，易读，易记，易懂。消费者的注意力、记忆力难以容纳过多的要求，而简短、易读的商标便于传播，有利于企业减少宣传成本，易为人们接受和记忆。在中文里，品牌名称大都取两个字，这证明简明性已被普通接受。所以，商标应采用流行的色彩、明快的线条、精练的文字、抽象的图案，化繁为简，并且品牌名称要朗朗上口，力求简短，让消费者易读、易记、易懂，如"海尔"、"娃哈哈"、"可口可乐"等。

4) 能提示产品所具有的某种效用。品牌名称应向消费者提示产品所具有的某种效用。如"sprite"柠檬水初次出现在香港市场上时，根据港澳取吉利之意的常规，按其谐音取名为"事必利"，实际销售情况并不好，后改名为"雪碧"，给人以冰凉解渴的印象，产品也随之为消费者所接受。中国的一些老产品也都拥有极富提示性的品牌名称，如自行车行业中的"凤凰"，橡胶制品中的"回力"等。

5) 出口商品的商标要符合异国的民俗风情。出口产品的商标品牌的设计必须考虑到各国、各地区、各民族不同的习俗和消费心理，不能使用消费者忌讳、讨厌的词语、图案和符号。在国际市场营销活动中，因品牌不具有这种适应性而造成营销困难的案例极多。如鹿，在中国一般都将它看做是快乐、活泼、长寿的象征，但在巴西等地却是同性恋的俗称。大象在中国有"万象更新"、吉祥之意，在东南亚也广受欢迎，但在欧美却被视作"愚蠢之物"。其他如孔雀，在法国是淫妇的别称。狗在北非被视作不洁。让中国人极为自豪的熊猫，在东南亚、欧美等地广受欢迎，但伊斯兰国家却对它有厌恶之感。除了动物，各种花卉也都具有特殊意义，菊花在意大利是专门奉献给已故亲友的，梅花在日本则为不祥之兆。应该看到，中国加入 WTO 组织后，经营国际化是一种必然的发展趋势，我们必须把眼光投向国际市场，在品牌设计命名时要力求国内市场与国际市场通用。

【小案例】

索尼品牌的由来

索尼公司(Sony Corporation)是一家总部设在日本东京，业务横跨电子、金融、娱乐领域的世界巨擘，前身是"东京通信工业株式会社"。公司创立于 1946 年 5 月，擅长公关手腕的盛田昭夫与拥有技术研发背景的井深大共同创办，目前的经营团队由媒体娱乐出身的霍华德·斯金格与拥有技术研发资历的中钵良治共同领导。

公司原名"东京通信工业株式会社"，在逐渐迈入国际化时，盛田昭夫感觉公司全名实在过于冗长，有碍国际化，于是希望能想出像 IBM 那样好记又是国际化的名称。盛田昭夫和井深大翻遍了英文字典，最后决定用拉丁文的"Souns"(声音)、英文的"Sunney"(可爱的孩子)组合成"Sonny"，意指以声音起家的可爱顽皮孩子。但"Sonny"在日文词汇里的发音是不吉祥的词汇，最后决定去掉其中一个字母"n"，"Sonny"变成了"Sony"，一个日式的英文字。

盛田昭夫和井深大在说服反对的董事后于 1958 年 1 月正式更名为 SONY，索尼这个新名称念出来完全感觉不出是日本的公司，令美国人以为是自己国家的公司而有亲切的感觉，使索尼成功打入美国及海外市场。至今天为止，仍然有较少接触消费性电子的人误以为索尼是美国品牌。

(邓德胜，王慧彦. 现代市场营销学[M]. 北京：北京大学出版社，2009.2)

10.2　品牌资产

10.2.1　品牌资产的含义及特征

品牌资产也称品牌权益，是 20 世纪 80 年代出现的营销概念。它是指只有品牌才能产生的市场效益，或者说，产品在有品牌时与无品牌时的市场效益之差。品牌是名字与象征相联系的资产(或负债)的集合，它能够使通过产品或服务所提供给顾客的价值增大(或减少)。品牌资产具有四个特征：①品牌资产是一种重要的无形资产；②品牌资产是以品牌名字为核心；③品牌资产会影响消费者的行为包括购买行为及对营销活动的反应；④品牌资产依附于消费者，而非依附于产品。

10.2.2　品牌资产的构成

品牌资产是与品牌、品牌名称和标志相联系，能够增加或减少企业所销售产品或服务的价值的一系列资产与负债。它主要包括以下几个方面，即品牌忠诚度、品牌认知度、品牌感知质量、品牌联想以及其他专有资产(如商标、专利、渠道关系等)，另外还有品牌溢价能力和品牌盈利能力。这些资产通过多种方式向消费者和企业提供价值。

在品牌资产金字塔中，最终能够为品牌主带来丰厚的利润，获取更多市场份额的便是品牌忠诚度和品牌溢价能力这两大资产。品牌忠诚度和品牌的溢价能力属于结果性的品牌资产，是伴随品牌知名度、认可度、品牌联想这三大品牌资产创建后的产物。

10.2.2.1　品牌认知

品牌认知是指消费者认出、识别和记忆某一品牌是某一产品类别的能力，从而在观念中建立起品牌与产品类别间的联系。从品牌认知的广度来讲，是品牌知名度；从品牌认知的深度来讲，便是品牌认知度。品牌认知是一个由浅入深的过程。

品牌知名度是指品牌为消费者所知晓的程度。对某一特定的品牌来说，品牌知名度反映了消费者总体中有多少数量或多大比例的消费者知晓它，反映的是品牌的影响范围或品牌的影响广度。

10.2.2.2 品牌形象

品牌形象即是品牌体现的质量，是指消费者对某一品牌的总体质量感受或在品质上的整体印象。它是消费者的一种判断和感性认识，是对品牌的无形的、整体的感知。

1) 品牌形象不等于品牌本身的质量。品牌形象与品牌本身的质量并非完全等同，而是既有联系又有区别。品牌形象以品牌所标示的商品的质量为基础，离不开品牌本身的质量，必须依赖于该品牌所标示的商品的功能、特点、可信赖性、耐用性、外观和服务等影响商品质量的因素。同时，品牌形象是消费者的一种感性认识，是一种主观意识，而消费者是有很大个性差异的。因此，不同的消费者对同一品牌既可能有相同或相似的感知，也可能有不同的感知，即使是同一个消费者对同一商品的感知，也会因不同的品牌推出形式而有不同的判断和评价。这从心理层面上说明了消费者可以在脱离具体商品属性的情况下，单独对品牌的整体品质做出评价。

2) 品牌形象是形成品牌资产的重要组成部分。其原因有以下几点：

(1) 品牌的品质形象可以形成关键性的购买原因，在消费者的选择性消费行为中，它直接影响到哪一个品牌会被选中或被排除，或者说消费者首先会想到哪一个品牌。这就直接影响到了该品牌在市场上的销售和市场份额。

(2) 不同的品牌品质形象在消费者心目中有着不同的地位。品质形象好的品牌，在消费者心目中占据重要的心理区位，受到消费者的认同和喜爱，因而在同行业中具有竞争力。相反，该品牌就缺乏竞争力。

(3) 品牌形象影响着品牌的获利能力，产生溢价效应。品质形象好的品牌，可以提供给消费者一个更高的竞争价格，价格虽高，但是消费者能够接受，认为物有所值。这样一来，就可以使企业的高价策略获得成功，企业可以在短期内甚至长期获得高于一般品牌的效益，知名品牌价格高就是这个道理。

(4) 有利于品牌延伸。如果品牌的品质形象良好，那么就可以利用品牌的良好声誉来扩展新的产品种类，进行品牌延伸。许多新品牌的成功就是利用品牌良好的品质形象这一优势进行品牌延伸而取得的。

10.2.2.3 品牌联想

所谓品牌联想，是指"人们的记忆中与品牌相连的各种事物"。一个只牌可以同一种事物相联系，也可能同许多种事物相联系。很明显，一个品牌的联想越多，其影响就越大；联想越少，影响就越小。例如，麦当劳品牌有 20 个主要的联想和 30 个次要的联想。消费者尤其是孩子们只要一提到麦当劳就会想到金拱门、牛肉饼、炸薯条、麦香鸡。还有麦当劳玩具，麦当劳娱乐场，麦当劳竞赛等。

品牌联想虽然是人们的一种意识，但是这种意识的集合显然具有资产作用。

1) 品牌联想可以通过影响消费者对信息的回忆，帮助消费者获得与品牌有关的信息，为消费者的购买选择提供方便。

2) 品牌联想本身就凸现出了品牌定位和品牌个性，有助于把一个品牌同其他品牌区别开来。在一些品牌众多消费者难以区分的产品中，品牌联想能在区别品牌中担当重要的角色。例如同是白酒，茅台品牌联想就是高贵的国酒，五粮液是高雅的优质酒，二锅头则是普通老百姓爱喝的酒。

3) 品牌联想影响消费者的购买行为。品牌联想往往涉及产品的特征，这就为消费者购买某一品牌提供了一个特别的理由。例如同是洗发水品牌，"海飞丝"是"头屑去无踪，秀发更出众"，"潘婷"是"拥有健康，当然亮泽"。

10.2.2.4　品牌忠诚

品牌忠诚是消费者对品牌偏爱的心理反应。品牌忠诚度作为消费者对某一品牌偏爱程度的衡量指标，它反映了消费者对该品牌的信任和依赖程度，也反映出一个消费者由某一个品牌转向另一个品牌的可能程度。一般来说，忠诚度越高的品牌，消费者对其重复购买行为发生的次数越多，消费者转向另一品牌的可能性就越小。这样，品牌的忠诚度越高，它就可以留住老顾客，吸引新顾客，抵御竞争品牌攻击的能力就越强，市场竞争力就越强，就会成为企业的一笔财富。这也正是品牌忠诚具有品牌资产作用的重要原因。

10.2.2.5　附着在品牌上的其他资产

作为品牌资产的重要组成部分，这些被称之为附着在品牌上的其他资产是指那些与品牌密切相关的，对品牌的增值能力有重大影响的，不易准确归类的特殊资产，一般包括专利、专有技术、分销渠道、购销网络等。例如，可口可乐公司津津乐道的令其感到自豪的"7X"配方即是一种专有技术，是一种品牌资产。正是"7X"配方及对其神秘性的宣传，使"可口可乐"品牌具有了无可比拟的价值。

10.2.3　品牌资产管理

品牌资产管理就是品牌星角构架的协调和谐与综合运用，形成营销管理的巨大生命力与影响力，推动营销管理的内容不断更新，促进企业的不断发展壮大。包括准确定义、规范管理，并采用完善周详、切实可靠的方法尽可能对品牌进行衡量评估，不遗余力地开发品牌以最大限度地挖掘价值和利润。

从管理学的角度来说，品牌资产是一种超越生产、商品等所有有形资产以外的价值，是企业从事生产经营活动而垫付在品牌的本钱及其可能带来的产出。品牌资产是一种无形资产，它是品牌知名度，品质认知度、品牌联想度以及品牌忠诚度等各种要素的集合体；另外，从财务管理的角度来说，品牌资产是将商品或服务冠上品牌后，所产生的额外收益。这个额外收益来自两个方面：一是对拥有品牌的公司感兴趣的投资者，他们的出价包含了对于品牌的估值；二是购买某品牌产品的消费者，他们的出价包含此品牌高于市场一般价格溢价的部分，同样的产品因品牌的不同而带来额外的现金流入，这种额外的现金流入就是品牌资产。

10.2.3.1 品牌资产管理的一般方法

从品牌资产的定义可以看出，要想让品牌成为资产的一部分，就必须对品牌实施资产化管理，通过不断地对其进行投入来维护和巩固其价值。品牌资产管理要从构成品牌资产的几个要素入手，具体方法如下：

1) 建立品牌知名度。品牌知名度的真正内涵是认知度及回忆度。品牌知名度的建立至少有两个作用：第一，消费者从众多品牌中能辨识并记得目标品牌。第二，能从新产品类别中产生联想。由此，建立品牌知名度通常可采用的做法是：

(1) 创建独特且易于记忆的品牌。就是给产品或服务取个好记的名字。这也是广告存在所遵循的基本原则。

(2) 不断露出品牌标识。除了声音之外，品牌名、品牌标识，标准色也具有很强的沟通能力。目标物重复暴露出现，可以提高人们对目标物的正面感觉，使消费者不论走到哪里始终看到一样的视觉印象。如可口可乐的红色，百事可乐的蓝色。

(3) 运用公关的手段。广告效果显著，但相对代价昂贵，且易受其他广告的干扰。但是，运用公关的传播技术，塑造出一些话题，通过报纸杂志来引起目标消费者注意常常可以取得事半功倍的效果。

(4) 运用品牌延伸的手段。运用产品线的延伸，用更多的产品去强化品牌认知度，即所谓的统一式识别。

2) 维持品牌忠诚度。品牌忠诚度就是来自于消费者对产品的满意并形成忠诚的程度。对于一个企业来讲，开发新市场、发掘新的顾客群体固然重要，但维持现有顾客品牌忠诚度的意义同样重大，因为培养一个新顾客的成本是维持一个老顾客成本的 6 倍。维持品牌忠诚度的通常做法有：

(1) 给顾客一个不转换品牌的理由。比如推出新产品，适时更新广告来强化偏好度，举办促销等都是创造理由，让消费者不产生品牌转换的想法。

(2) 努力接近消费者，了解市场需求。不断深入地了解目标对象的需求是非常重要的，通过定期的调查与分析，去了解消费者的需求动向。

(3) 提高消费者的转移成本。一种产品拥有差异性的附加价值越多，消费者的转移成本就越高。因此，应该有意识地制造一些转移成本，以此提高消费者的忠诚度。

3) 建立品质认知度。品质的认知度是消费者对某一品牌在品质上的整体印象。消费者对品质的认知度完全来自于产品使用或服务享受之后，产品的品质并不完全是指产品或服务本身，它同时包含了生产品质和营销品质。建立品质认知度可从以下几个方面着手：

(1) 注重对品质的承诺。企业对品质的追求应该是长期的、细致的和无所不在的，决策层必须认清其必要性并动员全体员工参与其中。

(2) 创造一种对品质追求的文化。因为品质的要求不是单纯的，每个环节都很重要，所以最好的办法是创造出一种对品质追求的文化，让文化渗透到每一个环节中去。

(3) 增加培育消费者信心的投入。经常关注、观察、收集消费者对不同品牌的反应是不可或缺的做法，强化对消费者需求变化的敏感性。

(4) 注重创新。创新是唯一能够变被动为主动进而去引导、教育消费者进行消费的做法。

4) 建立品牌联想。联想集团有一句很有创意的广告词："人类失去联想、世界将会怎样。"同样，建立品牌联想对于品牌资产管理非常重要。品牌联想是指消费者想到某一个品牌的时候所能联想到的内容，然后根据内容分析出买或不买的理由，这些联想大致可以分为几类：产品特性，消费者利益，相对价格，使用方式，使用对象，生活方式与个性，产品类别，比较性差异等等。对企业而言，所要掌握的就是消费者脑海中的联想，能有一个具体而有说服力的购买理由，这个理由是任何一个品牌得以存活延续所具备的。

10.2.3.2　提升品牌资产价值的策略

品牌资产是企业的重要资产，是节约企业市场活动费用的有效手段，又是提升企业产品溢价的源泉，是取得市场竞争优势的法宝。提升品牌资产价值，可以促进品牌声誉的价值溢出，促进品牌资产的扩张，可以建立有效的壁垒以防止竞争对手的进入。提升品牌的资产价值可从以下几个方面入手：

1) 提高品牌资产的差异化价值。品牌资产的价值关键体现在差异化的竞争优势上。这种优势可表现在产品的质量、性能、规格、包装、设计、样式等带来的工作性能、耐用性、可靠性、便捷性等的差别；也可表现在由服务带来的品牌附加价值；如服务的快速响应、服务技术的准确性、服务的全面性、服务人员的亲和力；第三也可表现在塑造品牌联想和个性，品牌联想能够影响顾客的购买心理、态度和购买动机。所以品牌能够提升顾客的感知价值，反过来，也可促进品牌价值的提升。

2) 提升品牌资产之路。通过理性品牌延伸走外延提升品牌资产之路。利用品牌(尤其是名牌) 资产实施兼并与合作是资本运营的一个重要方式，也是企业实现规模经济、实现低成本扩张、提高企业资源配置效率、提升品牌资产价值的有效手段。因为创建强势大品牌的最终目的是为了持续获取更好的销售与利润，而无形资产的重复利用是不花成本的，只要有科学的态度和过人的智慧来规划品牌延伸战略，就能通过理性的品牌延伸与扩张，充分利用品牌资源这一无形资产，实现企业的跨越式发展。但是，诸如公司并购等品牌扩张战略是一项风险相当大的业务，为了有效地促进并购后公司业绩的增长和品牌资产价值的提升，必须慎重地制定策略。在确定公司并购时，应考虑以下因素：

(1) 对公司本身的自我评估对目标公司的评估。

(2) 并购本身的可行性分析。

(3) 利用品牌进行合作经营时，双方应优势互补。

(4) 合作应有利于延伸品牌系列。

3) 通过品牌叙事提升品牌资产价值。纵观国际国内市场，那些具有良好声誉、在行业市场拥有良好表现的品牌，必然是一个品牌要素齐全、给人留下美好印象和回味的完美品牌。品牌叙事以存在主义的纽带形式把消费者和品牌联系起来，它是品牌力量的基础和源泉。品牌叙事对于深化消费者对品牌的理解与认知起着至关重要的作用。具体主要表现在以下几个方面：

(1) 完美地体现品牌的核心价值理念。品牌核心价值理念是品牌带给消费者利益的根本所在。品牌叙事就是通过形象化、通俗化的语言和形式，将之传递给目标受众。不同行业甚而同行业中的不同品牌，由于其经营方式、追求目标的不同，它的核心价值理念也是迥然不同的。

(2) 增进与消费者的情感交流与心灵共鸣。品牌叙事通过娓娓道来、形象生动的故事讲述，消除目标受众对品牌的陌生感和隔阂感，增进与目标受众的情感交流，进而实现品牌与目标受众的心灵共鸣。

(3) 形象巧妙地传递品牌信息。品牌叙事的另一个明显的作用，就是通过传播渠道传递品牌的相关信息。品牌叙事更多的是以一种经过精美包装的形象化形式，将所要传递的品牌背景、品牌价值理念和产品利益诉求点(USP)等品牌信息，诉诸于人们的视觉感官，使人们在欣赏玩味、潜移默化中接受品牌提供的信息，增进目标受众对品牌的识别和认可。

　　4) 提升品牌资产价值。通过加强企业内部管理来提升品牌资产价值。从根本上来讲，提升品牌资产价值，主要还是要从企业内部挖掘潜力，毕竟外部环境是不容易改变的，而企业自身的资源相对来讲是可以控制的。那么，从企业内部的角度出发，可以从以下几个方面入手来提升品牌资产价值：

　　(1) 要切实转变观念，真正树立起品牌意识，凯恩斯说，观念可以改变历史的轨迹。那么，对于一个企业来讲，观念可以改变企业的命运。现实中，很多企业把品牌喊得很响，但是真正涉及建立品牌资产的投入时，却总是认为这只是一笔费用，而不是长期投资，没有真正从内心认识到建立品牌资产的长远意义，因此，转变观念就显得尤为迫切。

　　(2) 品牌资产价值的提升需要长期不断地投入。我们知道，品牌资产的作用在于可以为企业投入的资产带来未来超额收益，而现期的投入是获得未来收益的基础。企业未来发展趋势表明，企业通过消耗有形资产来建立无形资产，企业资产，特别是核心资产日趋无形化，无形资产尤其是品牌资产逐步成为企业价值的主体。所以，建立和提升品牌资产价值应该有长远的眼光和打算，眼睛不能只盯在眼前利益上，要舍得去投入人力、物力和财力。

　　(3) 通过个性化的定位来提升品牌资产价值。品牌的建立一定要有明确的定位，结合自身的优势打造品牌的个性。市场竞争的激烈导致产品同质化越来越严重，因此，一个品牌的鲜明个性就显得特别重要了。这可以从不同的途径来实现：比如技术领先、产品差异化和市场专一化等等。

10.3　品牌战略

　　品牌策略就是企业如何合理地使用品牌，以发挥品牌在市场营销中的作用。企业在品牌决策时，一般可以有以下几种选择。

10.3.1　品牌化策略

　　品牌化策略是指企业决定是否在自己的产品上使用品牌。品牌化虽然会使企业成本费用增加，但也可使企业得到许多好处，如：规范品牌名称可以使卖主易于管理订货；注册商标可以使企业的产品特色受到法律保护，防止别人模仿、抄袭；品牌化使卖主可能吸引更多的品牌忠诚者；有助于树立良好的企业形象等。

　　使用品牌对大多数产品来讲都有积极的作用。因此，现在使用品牌的产品越来越多，包括一些传统上不用品牌的商品也出现了品牌化倾向，如食盐、水果等。但是，并不是所有的产品都必须采用商标。为节省成本费用，下列产品可以不使用商标：

1) 产品是标准化生产，差异小，大多数是未经过加工的原料豆、棉花等农产品、矿砂等。

2) 中小企业不宜过分追求名牌化，因为中小企业的资金较短缺，即使树立起品牌也难与大品牌相竞争抗衡。企业把资金用在管理，提高产品质量上要比追求名牌会获得更高效益。

3) 无一定技术的大众化产品，消费者习惯不认同品牌就进行采购。

4) 临时性、一次性出售的产品。因此，企业是否对自己的产品实行品牌化，一定要根据产品的特性和自身的条件决定，切不可盲目追求品牌化。

近年来，超级市场也出现了生活用品无品牌"回潮"现象，即一些企业对原来使用品牌的产品实行"非品牌化"，使之成为"非注册产品"，目的是节省有关费用，从而降低价格，扩大销售。不使用品牌，但应注册厂名、厂址、生产日期，以便对消费者负责。

10.3.2　品牌使用者策略

品牌使用者策略是指由谁来使用产品的品牌。企业可有三种选择：①制造商品牌。即企业可以决定使用自己的品牌，例如，索尼、福特、可口可乐等企业品牌一直是品牌决策的主角，大多数企业都创立自己的品牌。②私人品牌。在以往的品牌运营实践中，由于品牌的设计、产品的质量水平和产品特色等都取决于制造商(生产者)，加之市场供求关系对企业的压力还不太大，所以品牌几乎都为生产者或制造商所拥有。可以说，品牌是制造商设计的制造标记。但随着市场经济的发展，市场竞争日趋激烈，品牌的作用日益被人们所认知，中间商对品牌的拥有欲望也越来越强烈。中间商使用自己的品牌将货物转卖出去，这种品牌叫做中间商品牌、私有品牌。例如，美国原最大的零售商西尔斯公司90%以上的商品用它自己品牌出售，如"顽强"电池、"工匠"工具等。③许可品牌。即一些公司对原先由其他制造商创造的名称或标志、名人姓名或是流行电影和书籍中的角色发放许可证，只要支付一定费用，上述任何一个都能立即成为一个可用的品牌。

【小案例】

中间商参与品牌大战

美国最大的零售商 Sears 公司在 1979 年开发了第一个以自己名字命名的轮胎，在美国商业界掀起了轩然大波。在当时制造商品牌一统天下的局面下，Sears

第一个向制造商品牌发起了挑战，打响了美国中间商与制造商品牌争夺战的第一枪。目前，Sears 90%以上的商品都以自己的品牌出售，这一成功做法很快又被其他越来越多的中间商所仿效。在这场美国生产商与中间商大战中，除了少数著名品牌如可口可乐、七喜、亨氏、万宝路等之外，大多数生产商处于下风。

(彭代武. 市场营销学[M]. 武汉：武汉大学出版社，2009.8)

10.3.3 家族品牌策略

企业如果决定其大部分或全部产品都使用自己的品牌名称，还要决定其产品分别使用不同的品牌名称，还是统一使用两个或几个品牌名称。对于企业来说，家族品牌策略共有四种选择。

1) 个别品牌策略。即企业在不同的产品上使用不同的品牌，如宝洁公司在中国市场生产的洗发水分别用"飘柔"、"海飞丝"、"潘婷"等品牌。这种策略的好处是：将单个产品的成败与企业的声誉分开，不至于使某一产品的成败影响企业形象；能区分产品档次，便于顾客识别；可以使企业为每个新产品寻找最佳的名称；一个新的品牌可以造成新的刺激，建立新的信念。但企业要为每个产品分别进行品牌设计和广告宣传，费用支出较大，也不便形成强大的市场声誉。

2) 统一品牌策略。统一品牌就是企业所有的产品(包括不同种类的产品)或同一产品线上的产品都统一使用一个品牌。例如，"PHILIPS"、"娃哈哈"、"力士"等产品都采用这一策略。企业采用统一品牌策略的好处是显示企业实力，提高企业的知名度和声望，降低新产品宣传费用，带动新产品顺利上市。但需要注意负面"株连效应"，即若是某一种产品因某种原因如质量出现问题，就可能因此牵连到其他种类产品并影响全部产品和整个企业的信誉。

3) 分类品牌策略。也称分类家族品牌，即企业对各大类产品分别使用不同的品牌，西尔斯公司就曾采取这种决策，它所经营的器具类产品统一称为"肯摩尔"，妇女服装类产品统一成为"瑞溪"，所有电池统一称为"顽强"。企业采用这种策略是因为企业生产经营许多不同类别甚至截然不同、关联性很小的产品，如食品和化肥、裤子和中药，必须使用不同的品牌，以免相互混淆。有时企业虽然生产经营同一类产品，但存在着明显的质量差异，往往也需要使用不同的品牌。

4) 统一品牌和个别品牌并用策略。即企业在每一产品的品牌名称前加上统一的企业名称，表示产品出处，利用企业的声誉；而个别品牌又体现出企业不同产品的各自特色。例如，海尔集团的洗衣机产品"海尔小神童"、"海尔小神泡"、"海尔小王子"等；美国通用汽车公司对它所生产的各种类型的汽车前面都加上"GM"两个字母，作为通用产品的统一品牌，后面再分别加上"凯迪拉克"(Cadillac)、

"别克"(Buick)、"雪佛莱"(Chevrolet)等不同品牌。

企业采取这种决策的主要好处是：在各种不同的新产品的品牌名称前冠以企业名称，可以使新产品合法化，能够享受企业的信誉，而各种不同的新产品分别使用不同的品牌名称，又可以使各种不同的新产品各有不同的特色。

10.3.4 品牌扩展策略

1) 产品线扩展策略。即企业现有的产品线使用同一品牌，当增加该产品线的产品时，仍沿用原有品牌。这种新增产品，只是对原有产品的局部改进，如增加新的功能 改进包装、款式与风格发生变化等。企业可能以产品线扩展作为一种低成本、低风险的推出新产品的方法，或是满足新的消费者的需要，或是为了填补货架，或是与竞争者推出的新产品竞争等情况来实施该策略。实施该策略能使品牌价值增值，能降低新产品进入市场的费用，能扩大品牌的市场占有率。

2) 品牌延伸策略。即将一个现有的品牌使用到一个新类别的产品上，这个策略是实现品牌资产转移和发展的有效途径。如芭比娃娃品牌就成功延伸到芭比家庭用品、芭比化妆品、芭比电子产品、芭比书籍、芭比体育用品等；本田也用其公司名涵盖了汽车、摩托车、吹雪机、割草机、船用发动机等。

品牌延伸策略可以使新产品上市后很快就能打开局面，可节省大量的广告宣传费用，并且可以延长品牌的生命力，提高品牌的价值。但是如果新产品失败，或者品牌延伸过度，可能会造成品牌定位不当，有损原品牌形象。所以说，品牌延伸是一把双刃剑，充满利益的诱惑的同时又面临着巨大的风险。

3) 多品牌策略。多品牌策略就是指企业同时经营两者或两者以上相互竞争的品牌。传统的市场营销理论认为，单一品牌延伸决策能使企业减少宣传成本，易于被顾客接受，便于企业形象的统一。多品牌决策认为，单一品牌不是万全之策。因为一种品牌树立之后，很容易在消费者心目中形成固定的印象，不利于产品的延伸，尤其是那些跨多种行业、拥有多种产品的企业更是这样。

多品牌市场营销的好处是：使每个个性鲜明的产品满足不同消费群体的需要，从而使各个品牌都在消费者心目中留下深刻印象，进而获得自己应有的市场定位；多品牌造成对竞争对手的包围趋势，有利于提高产品的市场占有率及竞争力，延长每个产品的市场寿命；有利于在消费者心目中树立企业的形象，造成企业实力雄厚的感觉。

【小案例】

宝洁公司的多品牌策略

这种策略由宝洁公司首创，其生产的"海飞丝""飘柔""潘婷"等品牌的洗发用品就是这种策略的体现。使用该策略的目的主要是吸引更多消费者，扩大自己的市场占有率。多品牌策略是打击对手、保护自己的锐利武器。对消费者来讲，宝洁公司利用一品多牌从功能、价格、包装等方面划分出多个市场，能满足不同层次、不同需要的各类消费者的需求，从而培养消费者对本企业的品牌偏好，提高其忠诚度。对竞争者来讲，宝洁公司的多品牌策略，使得其产品摆满了商场货架，就等于从销售渠道上减少了对手进攻的可能性。从功能、价格诸方面对市场的细分，更是令竞争者难以插足。尽管宝洁公司这三个品牌之间有一定的竞争，但三个品牌总的市场占有率为 66.7%。宝洁公司的清洁剂等产品也实行了多品牌策略并取得了成功。

(王文华. 市场营销学[M]. 北京：中国物资出版社，2010)

4) 新品牌策略。即企业为新产品设计新品牌策略，可能企业发觉原有品牌不适合新开发产品，或者对新产品来说有更好更合理的品牌名称。如养生堂以生产保健品为主，当其开发饮用水时，则使用了更好的品牌名称"农夫山泉"。

10.3.5　品牌再定位策略

由于市场情况一直处于变化之中，往往需要对品牌进行重新定位。如竞争者有新产品推出，使原有企业的产品地位受到威胁；或者使原有产品已经不能满足消费者的需求，如消费者的口味发生变化，原来的饮料就难以赢得市场或者会被市场淘汰。在这些情况下，企业为了维护自身的利益，就需要对产品进行重新定位，以维持企业形象及产品的吸引力。

品牌重新定位策略也称再定位策略，就是指全部或部分调整或改变品牌原有市场定位的做法。虽然品牌没有市场生命周期，但这绝不意味着品牌设计出来就一定能使品牌持续到永远。为使品牌能持续到永远，在品牌运营实践中还必须审时度势地做好品牌重新定位工作。"七喜"的"非可乐"定位是品牌重新定位的成功范例。

受竞争者品牌逼近(竞争者品牌定位于企业品牌附近，侵占了本企业品牌的市场份额)和部分消费者偏好的变化(消费者改变对本企业品牌的信任，转购竞争者品牌的商品，使企业品牌的市场占有率下降)等原因的影响，即使某一品牌在市场上的最初定位很好，随着时间的推移也需要重新定位。品牌重新定位的目的是使现有产品具有与竞争产品不同的特点，诱发消费需求，以增强品牌竞争力。

【小案例】

"维他奶"的重新定位

"维他奶"原来定位为健康饮料，"饮维他奶，更高、更强、更健美"的广告语用了 10 年, 这种定位, 曾创造了辉煌的纪录。然而, 随着时间推移, 各种新的、不同品牌的饮料相继粉墨登场。它们纷纷抓住年轻人的心理, 突出其产品的时代感, 相形之下, "维他奶"形象显得落伍了, 市场占有率不断萎缩。后来其进行了重新的定位, 塑造品牌时髦、健康、受欢迎的新形象。新的定位通过富有时代气息的广告表现, 既突出了产品优势又深切地把握了年轻人的心理, 很快成为社会流行的口头语。维他奶因此成为受年轻人欢迎的饮品, 在激烈的市场竞争中稳固并扩大了市场。

(彭代武. 市场营销[M]. 高等教育出版社, 2004)

【思考与练习】

1) 名词解释:

品牌　　　　　　品牌资产　　　　　品牌延伸　　　　　品牌再定位策略

2) 问答题:

(1) 品牌有何重要作用?

(2) 请分析品牌的层次。

(3) 品牌对企业经营有何作用?主要的品牌策略有哪几种?应如何选择运用?

【实训项目】　某牙膏品牌的塑造

1) 目的: 通过对背景资料分析, 运用本章所学产品策略知识, 对如何建立企业品牌以及企业品牌的塑造有深刻理解。

2) 组织: 以小组为单位充分研究背景资料, 小组人数 4～5 人为宜, 小组成员要合理分工。

3) 背景资料: 某牙膏企业在市场上有多个品牌, 但由于品牌形象老化、市场支持资源分散, 造成各品牌各自为政、销售区域分散。具体情况如下:

	销售贡献	价位	销售区域	渠　道
品牌 A	50%	低价位	X 区域, 两个省	批发渠道
品牌 B	30%	低价位	X 区域, 一个省	批发+零售
品牌 C	10%	中价位	当前销量以 X 区域为主, 历史上曾经在全国市场销售	零售渠道
品牌 D	7%	低价位	X 区域, 一个省	批发渠道
品牌 E	3%	低价位	X 区域, 一个省	批发渠道

该系列牙膏在全国市场份额排名在 10 名之外, 不管是从行业地位的需要考虑, 还是从规模生产角度考虑都急需突破, 企业期望在一定的时间内进入行业的前 5 名。当前国内牙膏市场以外资品牌为主导, 形成第一梯队, 包括高露洁、佳洁士; 以国内品牌两面针、黑妹、冷酸灵等为第二梯队。

企业困惑和需求包括:

(1) 是否应该保留所有品牌?

(2) 如何分配市场资源?

(3) 需要一个全国性品牌,用新品牌还是当前品牌?如果用当前品牌则选用哪个?

(4) 全国性品牌的品牌策略如何实施?

11　营销组合与产品策略

【知识目标】

全面理解产品以及整体产品的概念并把握产品五个层次的内涵；

了解产品组合的相关概念以及产品组合策略；

把握产品生命周期的概念及其各阶段的营销对策；

理解新产品的内涵并了解新产品开发的基本原则；

掌握新产品开发的科学程序以及新产品开发的趋势；

了解包装的概念及作用；

了解包装设计的基本原则并掌握包装策略。

【能力目标】

能够运用整体产品概念的含义及层次理论指导企业实践；

能正确判断出产品生命周期的不同阶段，制定相应的营销策略；

具备对品牌、包装初步的策划设计能力；

能对给定的新产品进行推广方案设计。

【案例导入】

"会吃美金"的洋娃娃

在美国市场上曾出现过一种注册为"芭比"的洋娃娃，每只售价仅 10 美元 95 美分，就是这个看似寻常的洋图，竟弄得许多父母哭笑不得，因为这是一种"会吃美金"的洋娃娃。

一天，当父亲将价廉物美的芭比娃娃买下并作为生日礼物赠送给女儿后，很快就忘记了此事，直到有一天晚上，女儿对父亲说："芭比需要新衣服。"原来，女儿发现了附在包装盒里的商品供应单，提醒小主人说芭比应当有自己的一些衣服。做父亲的想，让女儿在给娃娃穿衣服的过程中得到某种锻炼，再花点钱也是值得的，于是又去那家商店，花了 45 美元买回了"芭比系列装"。

过了一个星期，女儿又说得到商店的提示，应当让芭比当"空中小组"，还说一个女孩在她的同伴中的地位取决于芭比的身份，还噙着眼泪说她的芭比在同伴中是最没"份"的。于是，父亲为了满足女儿不太过分的虚荣心，又掏钱买了空姐衣服，接着又是护士、舞蹈演员的行头。这一下，父亲的钱包里又少了 35 美元。

然而，事情没有完，有一天，女儿得到"信息"说她的芭比喜欢上了英俊的

"小伙子"凯恩。不想让芭比"失恋"的女儿央求父亲买回凯恩娃娃。望着女儿腮边的泪珠，父亲还能说什么呢？于是，父亲又花费了 11 美元让芭比与凯恩成双结对。

洋娃娃凯恩进门，同样附有一张商品供应单，提醒小主人别忘了给可爱的凯恩添置衣服、浴袍、电动剃须刀等物品。没有办法，父亲又一次解开了钱包。

事情总该结束了吧？没有。当女儿眉飞色舞地在家中宣布芭比与凯恩准备"结婚"时，父亲显得无可奈何。当初买回凯恩让他与芭比成双结对，现在就没有理由拒绝女儿的愿望。为了不给女儿留下"棒打鸳鸯"的印象，父亲忍痛破费让女儿为婚礼"大操大办"。父亲想，谢天谢地，这下女儿总该心满意足了。谁知有一天女儿又收到了商品供应单，说她的芭比和凯恩有了爱情的结晶——米琪娃娃！

启示：

企业开发的产品应该突破有形的物质实体，产品是企业的利润载体，巧妙的设计产品能更好地满足消费者的潜在需求，实现企业盈利。

(朱金生. 国际市场营销学[M]. 武汉:华中科技大学出版社，2008)

11.1　营销策略组合

11.1.1　营销策略组合的含义

企业的营销策略是企业对其内部与实现营销目标有关的各种可控因素的组合和运用。影响企业营销目标实现的因素是多方面的，包括产品的设计制造、产品包装、品牌选择、价格的制定与调整、中间商的选择、产品的储存和运输、广告宣传、人员销售、营业推广、公共关系等等。这些营销活动可以各自进行，但相互之间又必然会产生影响。所以许多企业在营销实践中认识到，必须对企业的各种营销策略围绕统一的营销目标加以有机组合，才能使营销活动取得成功，并降低营销的成本。最早提出营销策略组合概念的是尼尔·鲍顿(Neil Borden)，他认为企业营销组合涉及对产品、定价、品牌、渠道、人员销售、广告、营业推广、包装、售点展示、售后服务、物流、调研分析等 12 个因素的组合；以后又有一些营销学者对营销策略提出过不同的组合方式，如：佛利(Albert.W.Frey)的二元组合：一为供应物因素，即同购买者关系较为密切的因素，如产品、包装、品牌、价格、服务等；二为方法与工具，即同企业关系较为密切的因素。如分销渠道、人员推销、广告、营业推广和公共关系等；拉扎和柯利(Lazer & Kelly)的三元组合：产品和服务的组合、分销渠道的组合，以及信息和促销手段的组合。1960 年，美国市场营销学家杰罗姆·麦卡锡将各种因素归结为四个主要方面的组合。即产品(Product)、价格(Price)、地点(Place)和促销(Promotion)。从而使企业的营销策略围绕这四方面形成了四种不同类型的策略组合。

产品策略主要是指企业以向目标市场提供各种适合消费者需求的有形和无形产品的方式来实现其营销目标。其中包括对同产品有关的品种、规格、式样、质量、包装、特色、商标、品牌以及各种服务措施等可控因素的组合和运用。

定价策略主要是指企业以按照市场规律制定价格和变动价格等方式来实现其营销目标，其中包括对同定价有关的基本价格、折扣价格、津贴、付款期限、商业信用以及各种定价方法和定价技巧等可控因素的组合和运用。

分销策略主要是指企业以合理地选择分销渠道和组织商品实体流通的方式来实现其营销目标，其中包括对同分销有关的渠道覆盖面、商品流转环节、中间商、网点设置以及储存运输等可控因素的组合和运用。

促销策略主要是指企业以利用各种信息传播手段刺激消费者购买欲望，促进产品销售的方式来实现其营销目标，其中包括对同促销有关的广告、人员推销、营业推广，公共关系等可控因素的组合和运用。

这四种营销策略的组合，因其英语的第一个字母都为"P"，所以通常也称之为"4Ps"。麦卡锡的"4Ps"组合由于抽象适度，简明易记，很快得到广泛的认同，成为全世界各种营销教科书的基本模式。

20世纪90年代以后，随着新经济的发展，消费者在营销中的主体地位日益确立，有人又提出了以顾客满意为导向的营销组合理论。如美国著名学者舒尔茨提出了"4C"理论，即：Customer(顾客)、Cost(成本)、Convenience(便利)、Communication(沟通)。其中"顾客"是指顾客的需要与期望；"成本"是指顾客获得满足的代价；"便利"是指顾客时间与精力的节省；"沟通"是指顾客与企业之间的信息与情感的交流。有人甚至认为在新时期的营销活动中，应当用"4C"来取代"4P"。但许多学者仍然认为，"4C"的提出只是进一步明确了企业营销策略的基本前提和指导思想，从操作层面上讲，仍然必须通过"4P"为代表的营销活动来具体运作。所以"4C"只是深化了"4P"，而不是取代"4P"。"4Ps"仍然是目前为止对营销策略组合最为简洁明了的诠释。

11.1.2　营销策略组合的特征

无论是哪种方式的营销策略组合都体现了现代企业的一种经营思想，即不是将其可控因素，分散地、随意地使用，而是让它们按照一定的营销活动规律组合起来，使其能产生出较强的综合效应。并可根据环境的不同，对各种营销组合灵活地加以调整，以适应在各种环境条件下有效地实现企业的营销目标，所以营销策略的组合具有以下一些基本特征：

1) 整体性。企业的营销活动是围绕特定的营销目标所展开的，因此各种营销策略必须在此营销目标的指导下组合成统一的整体，相互协调、相互配合、形成较强的合力。各种个别营销策略在实际运用时，它们之间既有可协调的一面，也有相排斥的一面，如新产品的开发，由于成本增大，可能会对制定有效的价格策略带来影响；以价格优惠的手段来进行营业推广，则可能使产品的品牌声誉下降。所以企业各营销职能部门在采取某项个别的营销策略时必须考虑到其可能对其他营销策略的效应所带来的影响。作为企业的营销策略组合更必须权衡各种策略运用时所产生的正反效应，将它们控制在一定的程度，以使营销策略的组合能产生出最佳的整体效应。

2) 复合性。企业的营销活动往往是对各种营销策略的综合运用。每一项营销决策中，都体现了几种营销策略在不同层次上的相互复合。如从总体上讲，企业的营销活动包含了产品、定价、分销、促销四大基本营销策略的组合，而对每一项营销策略来说，又包含着广告、人员推销、营业推广和公共关系等具体手段。对于每一项具体的营销手段来说，还可能包含有更具体的营销技巧。所以每一项营销决策中，不仅是四种基本营销策略的组合，确切地讲，是各营销策略中具体营销手段和营销技巧的复合运用。

3) 灵活性。正由于营销策略组合是各种营销策略、手段和技巧的复合运用，所以围绕不同的营销目标，面对复杂多变的营销环境，企业营销策略的组合也必须是灵活多变的，这样才能适应各种营销目标和营销环境的需要。如果按照麦卡锡的分类，将营销策略组合表示为四个基本策略的组合，若每一种策略至少有三种变化(如价格可以为高中低三档)，那么各种策略在不同情况下的组合就可能会有若干种(当然在实际营销活动中，由于某些因素间形不成组合，实际组合数不可能达到这么多)。所以企业可以面对各种市场情况，准备多套营销组合的方案，灵活地加以运用，而决不能墨守成规，一成不变。

4) 主动性。营销策略从本质上讲是企业对其内部的可控因素加以组织和运用的方式，所以企业对于营销策略组合的选择和运用应当具有必要的主动性。这一方面要求企业在营销活动中应拥有充分的自主权，不应过多地受到各种外界干扰。营销决策上的自主权对于企业营销活动的成败是至关重要的。我国目前尚未完全消除的"政企不分"的状况，在很大程度上妨碍了企业经营决策的自主权，对于营销策略组合的主动运用是很不利的，应当随着改革的深入，而进一步予以消除。另一方面，企业运用营销策略组合的主动性，还应表现在企业应根据市场环境的变化，对营销策略组合积极地调整，去适应营销环境，甚至促使营销环境中的某些因素向有利于企业的方向发展，变不可控因素为可控因素。

11.2　产品概念及分类

　　产品的开发与生产是企业经营活动的实质内容。企业的基本功能就是将一定的资源通过生产与加工，转化为能符合市场消费需求的产品。这些资源在未经生产加工之前，因其不能直接被用来消费，可能无价值可言。而通过生产与加工，就有了可用于交换的价值。而企业也正是通过这种产品的生产与销售活动来获取其经济利益的。然而，并非任何产品都一定能为企业带来所期望的经济利益，首先它必须能满足一定的需求，因为只有能满足需求的产品才会被需求者所接受，他才愿意进行交换；其次它必须能较好地满足需求，因为在市场上可能会有大量的同类产品出现，若相比较而言，满足程度不如其他产品，需求者就会转向购买其他产品；再次它必须实现较高的价值(相对其成本而言)，若其实现的价值低于其生产和加工的成本，企业也就得不到应有的经济利益。由此可见，根据市场消费的需要，开发出具有竞争力和较高价值的产品，是企业获得良好经济效益的基础，从而也是市场营销策略组合中的首要问题。

11.2.1　产品概念的扩展和延伸

　　什么是产品？这看来是一个浅显的问题。因为从一般的意义上解释，产品只是具有一定使用价值和消费意义的加工品。但是我们从本章开头的分析中可以看到，并非所有具有使用价值和消费意义的加工品都能具有理想的交换价值，或者说，都能卖得出去。其前提是必须能满足一定的消费需求，而且还必须能较好地予以满足。因此，从市场营销学的角度来认识，产品就应当是能够满足一定消费需求并能通过交换实现其价值的物品和服务。在这里，我们把服务也作为一种产品，因为它具有产品的基本属性，通过劳动而产生，能满足一定的消费需求，能被用来交换并实现价值。只不过它并不像物质的产品那样具有固有的形态。所以人们也常把它称作为"无形产品"。同物质产品，即"有形产品"一起构成产品的范畴。目前，一些营销学者已将产品的内涵扩展到更为广泛的领域，包括一切有价值的人物、场所、组织、技术乃至思想，只要人们对其有愿意支付代价的需求，就可纳入产品的范畴。

　　从满足需求的角度去认识产品，就会使产品的概念得到大大地扩展和延伸。因为在人们对于产品的需要、选择、购买和使用过程中，"需求"的内涵是会不断地扩大的。例如：人们需要手表是为了计时，从这一基本需要出发，只要能戴在手腕上，可以计时的产品就可称作为手表，然而即使是计时，也有对精确程度的不同要求，有能否反映时差的要求，以及能否自动报时的要求等等；对同样能计时的手表，人们又会对其外观、色彩、体积、材质形成不同的偏好。如果在这些方面有不同类型的手表，人们就会根据自己的偏好进行选择；当人们在选购手表时，又会被其不同的包装所吸引，并根据自己的认识选择不同的品牌；同时人们还会关心手表若在使用期间内发生了问题，能否进行退换，能否得到及时的维修等等。总之，人们对于同一产品的需要是会不断延伸和扩展的。那么，哪一种产品对于这些延伸和扩展了的需要满足程度最高，其被消费者接受的可能性就越大。因此，企业在进行产品的设计和开发时，就应当从消费者的需要发出，尽可能将消费者对该产品的各种需要都融入产品的设计思想中去，以使所生产出来的产品最具有市场竞争力。

11.2.2 产品整体概念

产品整体概念就是在这样的认识基础上产生的，产品整体概念根据消费需求的发展，将产品的含义分为三个层次(见图 11.1)：

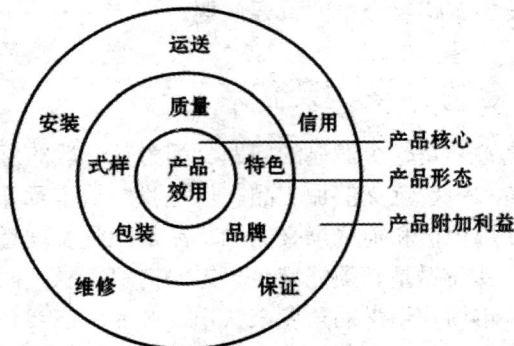

图 11.1 产品整体概念

1) 产品核心。主要是指产品的基本效用或基本功能。如手表的计时功能，电灯的照明功能，汽车的运输功能等等。其必须能满足消费者对该产品的基本需要。如手表若不能计时，不管它还会有多少其他方面的功能，人们也不会认为它是"手表"。产品核心确定了产品的本质内涵。

2) 产品形态。主要是指产品外观形态及其主要特征，是消费者得以识别和选择的主要依据。一般表现为产品的质量、式样、特色、包装及品牌等。由于同类产品的基本效用都是一样的。因此企业要获取竞争优势。吸引消费者购买自己的产品，就必须在产品的形态上动脑筋，满足人们对于产品除基本需要之外的延伸需要。如通过提高质量来满足经济性的需要，通过改良外观来满足审美观念的需要，通过创立名牌来满足炫耀性的需要等等。产品形态确定了产品的差异特征。

3) 产品附加利益。主要是指在产品的售中售后及使用过程中企业提供给消费者的一些相关的服务或承诺，如免费送货、免费安装、免费维修，以及承诺退换等等。这些本来并不包含在产品的内涵之中，但是由于它们是消费者在购买和使用产品时，所产生的一些附加需求。企业若能很好地给予满足，就能吸引更多的消费者前来购买自己的产品，从而增加产品的市场竞争力。所以将其视作产品内涵的组成部分，会有助于提高企业对消费者的服务意识，将其作为一种应尽责任而不是额外的负担，产品附加利益增强了产品的竞争能力。

产品整体概念典型地反映了以消费需求为核心的市场营销观念，其说明了企业和产品的竞争力，主要取决于对于需求的满足程度，因此，企业要在市场竞争中保持自己的领先优势，就是应当从以下五个层次上去认识消费者对于产品的不同需求(见图 11.2)，从而完善产品的整体概念。

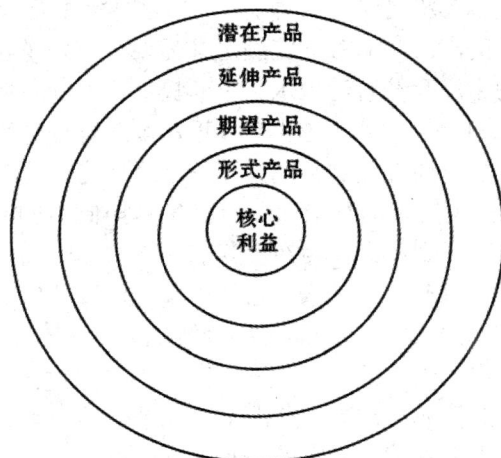

图 11.2　产品需求的五个层次

(1) 核心产品。核心产品是指向购买者提供的基本效用或利益。消费者购买商品并不是为了获得产品本身，而是为了获得能够满足某种需求的使用价值。如消费者购买洗衣机，并不是为了拥有这种机器物品本身，而是为了获得清洗、洁净衣物和安全的效用。核心产品是消费者追求的最基本内容，也是他们所真正要购买的东西。因此，企业在设计开发产品时，必须首先界定产品能够提供给消费者的核心利益，以此作为立足点。

(2) 形体产品。形体产品(形式产品)是核心产品所展示的全部外部特征，即呈现在市场上的产品的具体形态或产品核心功能、效用借以实现的外在形式，主要包括品牌商标、包装、款式、颜色、特色、质量等。即使是纯粹的服务产品，也具有相类似的形体上的特点。产品的基本效用必须通过特定形式才能实现，市场营销人员应该努力寻求更加完善的外在形式来满足顾客的需要。

(3) 期望产品。期望产品是指顾客在购买该产品时期望得到的与产品密切相关的一系列属性和条件。比如，旅馆的住客期望得到整洁的床位、洗浴香波、浴巾、衣帽间的服务等。由于大多数旅馆都能满足旅客的一般期望，因此旅客在选择档次条件大致相同的旅馆时，通常不是选择哪家旅馆能够提供所期望的产品，而是根据哪家旅馆就近和方便而定。

(4) 延伸产品。延伸产品是指消费者在取得产品或使用产品过程中所能获得的除产品基本效用和功能之外的一切服务与利益的总和，主要包括运送、安装、调试、维修、产品保证、零配件供应、技术人员与操作人员的培训等，它能给消费者带来更多的利益和更大的满足。延伸产品来源于对消费者需要的深入认识。消费者购买商品的根本动机是满足某种需求，但这种需求是综合性的、多层次的，企业必须提供综合性的产品和服务才能满足其需要。特别是随着现代社会科学技术飞速发展，企业的生产和经营管理水平不断提高，不同企业提供的同类产品在核心利益、形体产品和期望产品上越来越接近，因此延伸产品所提供的附加价值的大小在市场营销中的重要性就越来越突出，已经成为企业差异化策略赢得竞争优势的关键因素。正如美国市场营销学者西奥多·李维特所指出的："未来竞争的关键不在于企业能生产什么产品，而在于其产品提供的附加价值：包装、服务、广告、用户咨询、消费信贷、及时交货、仓储以及人们以价值来衡量的一切东西。"

(5) 潜在产品。潜在产品是指产品最终会实现的全部附加价值和新转换价值，是附加产品服务和利益的进一步延伸，指明了产品可能的演变给顾客带来的价值。潜在产品是吸引顾客购买非必需品、非渴求品最重要的因素。比如人们购买保险产品，在购买当时并未得到可即刻实现的利益，而是一种承诺，即未来可以实现的理赔收益。

当然，在对每一层次的需求给予进一步满足的同时，必须考虑投入的成本和消费者接受这一满足时所愿意支付的代价。只有在预期的总收益大于总投入的情况下，企业才应当开发。

【小案例】

农夫山泉的整体产品

农夫山泉是海南养生堂公司于 1997 年推出的瓶装纯净水产品。当时，中国水市场已经经过了 10 多年的发展历程，生产企业有近千家之多，市场竞争相当激烈。娃哈哈和乐百氏自 1995 年开始，先后由儿童饮品延伸到纯净水，并在较短时间内逐步确立了领导者的地位。面对潜力巨大、竞争激烈、领导者品牌强势占领的瓶装水市场，农夫山泉为了尽快切入市场，并占有一席之地，采取了整体产品的差异化战略，在产品的口感、类别、水源、包装、品牌、价格等方面都与娃哈哈和乐百氏形成明显的差异，一举获得成功，有效地达到了企业的营销目标。

在口感上，一句"农夫山泉有点甜"的广告词就明确地点出了水的甘甜清冽，一下子就区别于乐百氏的"27层过滤"的品质定位和娃哈哈"我的眼中只有你"所营造的浪漫气息，与当年七喜作为"非可乐"推出有异曲同工之妙，给消费者留下深刻的印象，占据了消费者的心理空间。

在水源上，农夫山泉强调"千岛湖的源头活水"水源的优良。同时利用千岛湖作为华东著名的山水旅游景区和国家一级水资源的保护区所拥有的极高的公众认同度，提高其产品质量的认同度和品牌知名度。

在品牌上，"农夫"二字给人们以淳朴、敦厚、实在的感觉，"农"相对于"工"远离了工业污染，"山泉"则给人以回归自然的感觉，迎合了人们返璞归真的心理需求。比起某些小儿用品痕迹十分明显的名称，其品牌适应性更强、覆盖面更广，品牌形象更为鲜明。

在包装上，农夫山泉选用运动瓶盖，并且同率先推出运动瓶盖的上海老牌饮料正广和更棋高一着地进行广告宣传，突出运动瓶盖的特点。在广告中，农夫山泉把运动盖解释为一种独特的带有动作特点和声音特点的时尚情趣，选择中学生这一消费群体作为一个切入点；"课堂篇"广告中"哗扑"一声和那句"上课时不要发出这种声音"的幽默用语，让人心领神会，忍俊不禁，使得农夫山泉在时尚性方面远远超出了其他品牌，也使人们对农夫山泉刮目相看，产生了浓厚的兴趣。

正是由于农夫山泉在整体产品的多个要素上别出心裁，一进入市场就强有力地显示了其清新、自然的特性，赢得了消费者的青睐。从1997年4月生产第一瓶纯净水到1998年，其市场占有率就在全国占到第三位，仅次于娃哈哈和乐百氏。

(张似韵. 产品生命周期与市场营销组合—养生堂公司的市场演进策略[J]. 市场营销导刊，2001(2))

11.2.3 产品的差异性

从产品整体概念的角度来看，除了产品的基本效用(即用以满足消费者核心利益需要的核心产品)之外，其他各个层次的产品概念是可以有所不同的。对具有同样效用的产品，消费者对其形态及附加利益的需求会有差别。如同样的洗衣机，有人喜欢全自动的，有人喜欢半自动的；有人喜欢双缸的，有人喜欢单缸的，有人喜欢上开门的，有人喜欢侧开门的。正由于需求各不相同，而且会不断变化，所以就能使企业有不断更新产品，增强其竞争能力的机会。如中国山东的北极星钟厂，曾根据各种消费群体的不同需求特征，分别开发了适应农村市场需要的富有民族情趣的彩色雕刻木钟；适应城市顾客喜欢的具有现代气息的艺术台钟；以及适应海外市场需要的仿古型立式座钟和挂钟等等，结果使销售量不断上升，占据了行业领先地位。一般来说，有形产品的差异性可主要表现在这样一些基本要素上，如：质量(可靠性、耐用性及产品精度)、功能(广度、深度)、式样、结构、特色，使用和修复的便利性等等。只要在某一个或几个要素上能同竞争产品有明显差异，并能为消费者所接受，企业就能形成较强的竞争力。

　　事实上，从顾客价值理论的角度来看，构成顾客总价值的四个主要方面(产品、服务、人员、形象)都存在差异化的问题。表 11.1 表明了在这几方面可能形成差异的一些主要要素。

表 11.1　差异化的基本要素

产　品	服　务	人　员	形　象
质　量	送货	可信度	标志
功　能	安装	可靠性	媒体
式　样	指导顾客	敏感性	环境
结　构	咨询	易沟通性	项目
特　色	维修		事件
便利性	其他服务		

　　在产品整体概念中，层次越是向外扩展，其体现的差异性就越大，企业可寻求的市场机会也就越多。因此，在实践中，掌握和运用产品整体概念，对于增强企业的竞争优势是十分重要的。

【小案例】

产品策略差异与企业兴衰

　　A 电话设备厂(以下简称 A 厂)地处上海，于 1958 年建厂，是国家定点制造电话交换机的骨干企业。A 厂自 1960 年研制成功我国第一部纵横制自动电话交换机开始，截止到 1991 年，累计生产各类交换机达 400 万线，产品销往全国(除台湾省外)各省、市以及亚非国家，市场占有率达 60%以上。20 世纪 70 年代至 80 年代末，A 厂产品始终供不应求，企业生产经营十分兴旺。

　　B 电话设备厂(以下简称 B 厂)地处河南，由 A 厂无偿提供全部纵横制自动电话交换机生产技术，并负责工厂的建设。B 厂的地理位置不十分有利，当地的工业基础较差，加之生产和管理人员素质不高，一定程度上制约了 B 厂的生产经营发展。在计划经济条件下，纵横制自动电话交换机属稀缺产品，靠着国家指令性计划调拨，B 厂尚可维持企业生存。20 世纪 80 年代中期，数字程控交换机技术日趋完善,大量的进口或三资企业制造的数字程控交换机纷纷进入我国通信市场,数字程控交换机已潜在地显示出它将最终取代纵横制自动电话交换机。80 年代后期,众多的纵横制自动电话交换机生产企业的产品销售不断萎缩,企业经营困难。就在这时,B 厂开始了与解放军某通信学院合作开发新一代产品 HJD—04 数字程控交换机,而 A 厂纵横制自动电话交换机的市场销量非但没有下降,反而呈不断上升趋势。面对这样的市场形势,A 厂的高层决策层认为:"A 厂纵横自动电话机牌子老、技术性能可靠,市场销售不会受数字程控交换机的影响,靠着纵横制还能吃上 20 年。" A 厂非但不考虑新产品的开发,却继续扩大纵横制自动电话交换机的生产规模。进入 90 年代后,在数字程控交换机更为猛烈的市场冲击下,A 厂纵横制自动电话交换机产品也出现滞销。至 1991 年,A 厂的交换机基本没有销售订货,工厂当年就跌入了亏损的困境。

此时的 B 厂尽管同样也受到了纵横制自动电话交换机滞销的影响。但是,B 厂与解放军某通信学院合作开发的国产 HJD—04 程控交换机于已于 1991 年正式推入市场,及时地补充了纵横制自动电话交换机的不足,企业非但没有出现亏损,而且效益呈不断上升趋势。

(李仁基. 产品策略与企业兴衰[J]. 国际市场,1999.8)

11.2.4 产品的分类

产品依据销售的目标对象(购买者的身份)及他们对产品的用途大致被分成两大类:消费品和工业品。

11.2.4.1 消费品

以消费者个人为销售目标对象的产品是消费品。对消费品进一步分类的话,从不同的角度出发,可以多种多样。比如,从商品的价格来划分的话,可以分成低档品、中档品、高档品;从商品的性质来划分的话,则可以分成纺织品、食品、家电产品等。市场营销学把消费品分成四种类型。这三种类型是根据消费者在购买产品时的购买行为特征来划分的。市场营销的核心是消费者,企业的一切经济活动要以消费者的需求为前提,因此,以消费者的购买行为为特征来划分产品的类型是符合现代营销观念,也是合理的。

1) 便利品。又称"日用品",这是指价格低廉,消费者要经常购买的产品。消费者在购买此类产品时的购买特征是:想花费的时间越少越好,消费者对这些产品几乎不作任何比较,希望就近、即刻买到。肥皂、洗衣粉、手纸、牙膏、毛巾、饮料等就是属于此类商品。对于生产经营此类商品的企业来说,尽量增加销售此类商品的网点，特别要把网点延伸到居民住宅区的附近就显得特别重要。

2) 选购品。指消费者愿意花费比较多的时间去购买的商品。在购买之前，消费者要进行反复比较，比较注重产品的品牌与产品的特色。选购品占到产品的大多数，价格一般也要高于便利品，消费者往往对选购品缺乏专门的知识，所以在购买时间上的花费也就比较长。服装、皮鞋、农具、家电产品等是典型的选购品。

根据消费者的购买行为，经营选购品的企业要赋予自己的产品以特色，并且不断地向消费者传达有关商品的信息，帮助消费者了解有关产品的专门知识。对选购品来说，并不要求销售网点越多越好，也用不着一定要在居民住宅区附近开设网点。在一些有名的商业中心或者声誉卓著的商店内设立销售点销售选购品能获得比较理想的销售效果，因为消费者愿意花时间去寻找这些商品。

3) 特殊品。指那些具有独特的品质特色或拥有著名商标的产品。消费者对这类产品注重它的商标与信誉，而不注重它的价格，在购买时，愿意努力去搜寻。像皮尔·卡丹西服、金利来领带、本田摩托车、莱克斯手表等即属此类产品。因为消费者会不顾远道去购买，所以特殊品的销售并不要求有很多的网点，也不要考虑购买者是否方便，只要使消费者知道在什么地方能买到就行。

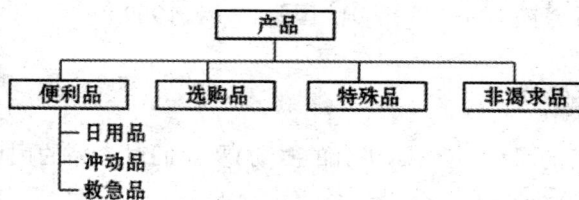

```
                    ┌────────┐
                    │  产品  │
                    └────────┘
        ┌──────────┬──────────┬──────────┐
   ┌────────┐ ┌────────┐ ┌────────┐ ┌────────┐
   │ 便利品 │ │ 选购品 │ │ 特殊品 │ │非渴求品│
   └────────┘ └────────┘ └────────┘ └────────┘
   ├ 日用品
   ├ 冲动品
   └ 救急品
```

图 11.3　消费品的构成要素

4) 非渴求品。又称非寻求品，是消费者不知道或虽然知道但一般情况下也不会主动购买的商品。传统的非渴求品有人寿保险、工艺类陶瓷以及百科全书等，刚上市的、消费者从未了解的新产品也可归为非渴求品。当然，非渴求品并不是终身不变的，特别是新产品，随着消费者对产品信息的了解，它可以转换为其他类别的产品。

非渴求品的特征表现为：一是非渴求品的设计是着眼于广大消费者的，而不像特殊品仅为某些特殊爱好者或特定需求所设计；二是消费者对非渴求产品不熟悉，又缺少去熟悉或认识的动力；三是即使消费者对非渴求品比较熟悉，但需求动机不强烈，一般缺少主动购买的习惯。

11.2.4.2　工业品

工业品的分类是依据产品在进入生产过程的重要程度来划分。国际上通常运用麦卡锡的分类法来进行。

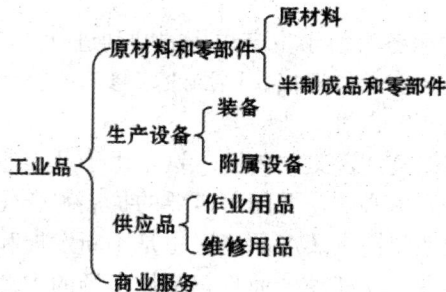

```
                              ┌─ 原材料
              原材料和零部件 ─┤
                              └─ 半制成品和零部件
                              ┌─ 装备
              生产设备 ──────┤
    工业品 ───┤               └─ 附属设备
                              ┌─ 作业用品
              供应品 ────────┤
                              └─ 维修用品
              商业服务
```

图 11.4　工业品的构成内容

1) 原材料和零部件。指最终要完全转化到生产者所生产的成品中去的产品。

(1) 原材料。这是农、林、渔、畜、矿产等部门提供的产品，构成了产品的物质实体。如：粮食、羊毛、牛奶、石油、铜、铁矿石等。这些产品的销售一般都有国家的专门销售渠道，按照标准价来成交，并且往往要订立长期的销售合同。

(2) 半成品和零部件。零部件是被用来进行整件组装的制成品。如汽车的电瓶、轮胎、服装上的纽扣、自行车的坐垫等。这些产品不改变其原来形态的情况下可以直接成为最终产品的一部分。半成品是经过加工处理的原材料，被用来再次加工。如钢板、电线、水泥、白坯布、面粉等。零部件和半成品一般由产需双方订立合同，由供方直接交给需方。产品的价格、品质、数量等由供需双方共同确定。

2) 生产设备。这是指直接参与生产过程的生产资料。可以分成两大类。

(1) 装备。由建筑物、地权和固定设备所组成。建筑物主要指厂房、办公楼、仓库等。地权是矿山开采权、森林采伐权、土地耕种权等等。固定设备指发动机、锅炉、机床、电子计算机、牵引车等主要的生产设备。

(2) 附属设备。这种设备比装备的金额要小，耐用期也相对要短，是非主要生产设备。如各种工具、夹具、模具、办公打字机等等。购买者对此类产品的通用化、标准化的要求比较高，一般通过中间商来购买。

3) 供应品。供应品并不直接参与生产过程，而是为生产过程的顺利实现提供帮助，这相当于是生产者市场中的方便品。可以分成两类。

(1) 作业用品。此类产品消耗大，企业要经常购买，如打字纸、铅笔、墨水、机器润滑油等。

(2) 维修用品。主要有扫除用具、油漆、铁钉、螺栓、螺帽等。

供应品主要是标准品，并且消费量大，购买者分布比较分散，所以往往要通过中间商来销售，购买者对此类产品也无特别的品牌偏好，价格与服务是购买时考虑的主要因素。

4) 商业服务。这种服务有助于生产过程的顺利进行，使作业简易化。主要包括维修服务和咨询服务，前者如清扫、刷油漆、修理办公用具等，后者主要是业务咨询，法律咨询、委托广告等。

产品的概念，具有丰富和深刻的内涵。这是由于从市场营销的角度来看，产品概念是以需要的满足为核心的，并随着需要的扩展和变化而发展，顾客需要的层次性、复杂性和多变性就决定了产品概念也是不断发展和变化的，只有从这样的角度去认识产品的概念，才能使企业真正掌握市场的主动权。

11.3　产品组合策略

11.3.1　产品层级

根据产品概念涵盖面的大小，我们可将产品分为七个层级，即从最基本的需要类型开始(涵盖面最大的层次)到具体的产品项目(涵盖面最小的层次)，每个层级都包含着一组相互关联的产品，我们以轿车为例，来分析一下这七个层级的含义：

1) 需要类型：指产品所应满足的基本需要的种类。如交通、出行。

2) 产品门类：用以满足某一需求种类的广义产品。如对于出行代步的需求可用各种交通工具来加以满足，"交通工具"就是一个产品门类。

3) 产品种类：产品门类中具有某些相同功能的一组产品，如在交通工具中"汽车"就是一个产品种类。

4) 产品线：同一产品种类中，密切关联的一组产品，它们有基本相同的功能和作用，以具有同样需求的顾客群体为市场，并以基本相同的方式和渠道进行销售，如在汽车这一产品种类，"轿车"就可构成一种产品线。

5) 产品类型：在同一产品线中，可以按某种性质加以区别的产品组，其可能由一个或几个产品项目所构成，如在轿车中，可有"微型轿车"、"普通轿车"和"豪华轿车"等不同的类型。

6) 产品品牌：用以命名某一个或某一系列产品项目的产品名称，其主要用于区别产品的特点或渊源，如"丰田"、"福特"、"通用"、"桑塔纳"都是轿车的品牌。

7) 产品项目：是指某一产品线或产品品牌中，一个具体明确的产品单位，其主要以品种规格来加以区分，如在"桑塔纳"轿车中有："普通型"桑塔纳和桑塔纳 2000 型等具体品种。

产品的层级一方面反映了产品概念的涵盖面，另一方面反映了其所针对的顾客需求的个性化程度。越是接近"需求类型"层次，顾客需求的共性就越突出，越是接近"产品项目"层次，顾客需求的个性化就越明显，所以产品层级原理，是一个对于市场逐步"狭义化"的过程。企业可依此进行市场细分，选择目标市场，并建立产品的个性特色。

11.3.2　产品组合策略

11.3.2.1　产品组合的含义

产品组合也称产品经营结构，是指一个企业生产经营的全部产品线和产品项目的组合或结构。产品线也称产品大类，是一组密切相关的产品。产品项目也称产品品种，是指产品线内由尺码、型号、外观、价格、品牌及其他属性来区别的具体产品。如某企业生产彩电、冰箱、空调、计算机等，这就是产品组合，其中彩电、冰箱、空调、计算机等就是产品线，每条产品线中包括的具体品牌和品种就是产品项目。

11.3.2.2　产品组合的宽度、长度、深度和关联度

企业产品组合可以从宽度、长度、深度和关联度四个维度进行分析。在此以表 11.2 所显示的产品组合为例加以阐述。

表 11.2　某百货公司的产品组合

	服　装	皮　鞋	帽　子	针织品
产品线的长度	休闲装	男凉鞋	制服帽	卫生衣
	女西装	女凉鞋	鸭舌帽	卫生裤
	男休闲装	男皮鞋	礼帽	汗衫背心
	女休闲装	女皮鞋	女帽	
	风雨衣		童帽	
	儿童服装			

1) 产品组合的广度。又称产品组合的宽度，指企业生产经营的产品线的数量。大中型的多元化经营的企业集团产品组合的广度较宽，而专业化的企业和专营性商店生产和经营的产品品类较少，产品组合的广度较窄。表 11.2 所显示的产品组合广度为四条产品线。

2) 产品组合的长度。指企业生产经营的全部产品线中所包含的产品项目总数，即产品线的总长度。表 11.2 所示的产品项目总数是 18，这就是产品线的总长度。每条产品线的平均长度，即企业全部产品项目数除以全部产品线所得的商，在此表中是 4.5(18/4)，说明平均每条产品线中有 4.5 个品牌的商品。企业产品的项目总数越多，即产品线越长，反之则越短。

3) 产品组合的深度。指企业生产经营的每条产品线中，每种产品品牌所包含的产品项目的数量。一个企业每条产品线中所包含的产品品牌数往往各不相等，每一产品品牌下又有不同的品种、规格、型号、花色的产品项目。例如，百货公司的休闲装有九种规格，那么，它的深度就是 9。专业商经营的产品品类较少，但同一产品种类中规格、品种、花色、款式较为齐全，产品组合的深度较深。

4) 产品组合的关联度。又称产品组合的密度或相关性，指企业生产和经营的各条产品线的产品在最终用途、生产条件、销售渠道及其他方面相互联系的密切程度。表 11-2 中该百货公司四条产品线都是人们的穿着用品，产品的最终用途相同，可以通过相同的分销渠道销售，其关联度较为密切。

一般而言，实行多元化经营的企业，因同时涉及几个不相关联的行业，各产品之间相互关联的程度较为松散；而实行专业化经营的企业，各产品之间相互关联的程度则较为密切。

企业产品组合的广度、长度、深度和关联度不同，就构成不同的产品组合。分析企业产品组合，具体而言就是分析产品组合的广度、长度、深度及关联度的现状、相互结合运作及发展态势。在一般情况下，扩大产品组合的广度有利于拓展企业的生产和经营范围，实行多元化经营战略，可以更好地发挥企业潜在的技术、资源及信息等各方面优势，提高经济效益，还有利于分散企业的投资风险；延伸产品线的长度，使产品线充裕丰满，使企业拥有更完全的产品线，有助于扩大市场覆盖面；加强产品组合的深度，在同一产品线上增加更多花色、品种、规格、型号、款式的产品。可以使企业产品更加丰富多彩，满足更广泛的市场需求，提升产品线的专业化程度，占领同类产品更多的细分市场，增强行业竞争力；加强产品组合的相关性，可以强化企业各条产品线之间的相互支持，协同满足消费者，有利于资源共享，降低成本，可以使企业在某一特定的市场领域内增强竞争力和市场地位，赢得良好的企业声誉。因此，产品组合策略也就是企业根据市场需求、营销环境及自身能力和资源条件，对自己生产和经营的产品从广度、长度、深度和关联度等四个维度进行综合选择和调整的决策。

【小案例】

华龙方便面的产品组合

2003 年，位于河北省邢台市隆饶县的华龙集团，以超过 60 亿包方便面的销售量而跃居方便面市场的第二位，仅次于康师傅方便面。与康师傅和统一形成了三足鼎立的市场格局。华龙真正地从一个地方性品牌成长为全国性品牌。

华龙方便面产品组合非常丰富，其产品组合的长度、深度和宽度都达到了比较合理的水平。它共有 17 种产品系列，10 多种口味，上百种规格的方便面。这样企业能够充分利用现有的资源，发掘现有的生产潜力，更广泛地满足市场的各种需求。

华龙公司的成长经历了几个发展阶段：

在发展初期，华龙将目标市场定位于河北省及周边省份的农村市场。首先推出了适合农村市场的"大众面"系列。由于它超低的价位，迅速打开了农村市场。随后"大众面"系列红遍大江南北，抢占了大部分的低端方便面市场。在经历了几年的发展后，推出了面向全国市场的大众面中高档系列。如中档的"小康家庭"、"大众三代"，高档的"红红红"等。从 2002 年起，华龙开始走高档面路线，开发出高档面品牌"今麦郎"。并开始大力开发城市市场，在北京、上海等地大获成功。

华龙公司奉行的战略是：少做全国品牌，多做区域品牌，不同区域推广不同产品。考虑到中国地域轮廓，饮食文化的差异性非常大。地域不同，则市场不同，文化不同，价值观不同，生活形态也大不相同。华龙制定了区域品牌战略，以最大限度开发和满足区域市场的特定需求。如针对河南市场的"六丁目"，针对山东市场的"金华龙"，针对东北市场推出了"东三福"等品牌。与此同时，还创作了切合区域特征的广告。

之后，华龙又开始针对不同区域的消费者开发不同口味和不同品牌的系列产品。如针对回族居住集中的地区，开发"清真"系列方便面，针对东三省创立了有着浓重东北风格的"可劲造"品牌及系列产品。

华龙公司的方便面产品组合决策必须考虑两方面的战略决策。一是如何应对或挑战"康师傅"和"统一"这两个方便面市场上的强势品牌。二是如何应对或争夺地方小品牌的市场份额，在实行本土化的目标市场营销战略的总原则指导下，开发高中低多层次的产品组合，实行避强击弱的市场渗透战略。

在全国市场实行整体上的高中低档产品组合策略。既有低档的"大众系列"方便面，又有中档的"甲一麦"品牌的方便面，更有高档的"今麦郎"。在不同地区，根据本地市场的状况开发和销售不同分档次的产品。

产品线延伸是华龙公司的重要战略。如在"六丁目"品牌下，推出六丁目108，六丁目120，超级六丁目。在"金华龙"品牌下，生产出金华龙108，金华龙120，等等。华龙公司不仅实行产品线延展，还实施了多品牌战略。如在东三省推出"东三福"品牌之后，建立了"可劲造"新品牌。本地化和品牌战略的有效实施，使得方便面市场上的两个龙头老大防不胜防，也使得地域小品牌难以招架。这可能是华龙方便面跃居行业第二的秘密武器吧。

思考：

1) 华龙方便面的产品策略和品牌策略有何利弊？

2) 如何分析方便面的产品生命周期？

(王海斌. 市场营销管理[M]. 武汉：武汉理工大学出版社，2005)

11.3.2.3　产品组合策略

产品组合策略是指企业根据市场需求和内部资源对产品组合的宽度、深度、长度和关联度的最优组合策略。企业通过产品线销售额和利润分析、产品项目市场定位分析对产品组合进行调整和优化，采取以下策略：

1) 扩大产品组合策略。是指企业拓展产品组合的宽度和加强产品组合的深度。拓展产品组合宽度是在原有产品组合中增加新的产品线，扩大经营范围；加强产品组合深度是在原有产品线内增加新的产品项目。如果企业预测到现有产品线的销售额和利润额在未来一定时期内可能下降时，就会考虑在现有产品组合中增加新的产品线或加强其中有发展潜力的产品线。如果企业想增加产品特色或为更多的子市场提供产品时，可以考虑在原有产品线内增加新的产品项目。采取扩大产品组合策略，实行多角化经营，可以拓展经营范围，扩大经营规模，降低风险，充分发挥企业资源，尤其是经济繁荣时期实行扩大产品组合策略，可以增加盈利机会，但是采取扩大产品组合策略需要大量投资，要慎重采用。对生产企业而言，扩大产品组合策略的方式主要有三种：

(1) 平行式扩展。是指生产企业在生产设备、技术力量允许的情况下，充分发挥生产潜能，向专业化和综合性方向扩展，增加产品系列，在产品线层次上平行延伸。

(2) 系列式扩展。是指生产企业向产品的多规格、多型号、多款式发展，增加产品项目，在产品项目层次上向纵深扩展。

(3) 综合利用式扩展。是指生产企业生产与原有产品系列不相关的异类产品，通常与综合利用原材料、处理废料、防止环境污染等结合进行。

2) 缩减产品组合策略。是指企业减少产品组合中产品线的数量或减少产品线中产品项目数量。一般来讲，在市场经济萎缩、原材料能源供应紧张或行业内有替代品出现、消费者需求爱好发生转变时，可以采取缩减产品组合策略，放弃那些获利少甚至亏损的产品线或产品项目，集中力量发展获利多、有发展潜力的产品线和产品项目，以增加企业盈利能力。缩减产品组合策略可采用以下几种方式：

(1) 保持原有产品的广度和深度，增加产品产量，降低成本，改革营销方式，加强促销工作。

(2) 缩减产品系列，即根据市场的变化，集中发挥企业的优势，减少生产经营的产品类别，只生产经营某一个或少数几个产品的系列。

(3) 减少产品项目，即减少产品系列内不同品种、规格、款式、花色产品的生产和经营，淘汰薄利产品，尽量生产销路看好、利润较高的产品

3) 产品线延伸策略。是指企业全部或部分地改变原有产品的市场定位，采取向上延伸、向下延伸和双向延伸三种形式。

(1) 向上延伸策略。是指在原有产品线中增加高档产品项目。实行向上延伸策略的市场条件是：一是高档产品市场需求旺盛，产品畅销，利润高，市场发展潜力大；二是拥有进入高档产品市场的实力，想发展各档次产品俱全的完全产品线；三是企业有良好的信誉；四是具有反击竞争对手进攻的能力。实行向上延伸策略的风险：一是高档产品市场竞争者进行反击并可能进入低档产品市场；二是未来消费者可能怀疑企业高档产品的质量水平；三是企业的销售代理商和经销商不一定有能力经营高档产品。

(2) 向下延伸策略。是在高档或中档产品线中增加中档或低档产品项目。实行向下延伸策略的市场条件：一是高档产品销售增长缓慢，竞争激烈，企业需要开拓中低档产品市场，进行反击，增加盈利；二是利用高档产品的品牌效应吸引购买力水平低的消费者购买中低档产品，扩大销售量；三是填补市场空白，不让竞争者有隙可乘。实行向下延伸策略的风险：一是容易损害高档产品的品牌形象，因此应采取新品牌推出中低档产品；二是经营高档产品的经销商或代理商因为利润少而不愿经营中低档产品；三是易激怒中低档生产企业向高档产品市场进攻。因此使用向下延伸策略要谨慎，否则会影响企业形象和品牌效应。

(3) 双向延伸策略。是指在原来的中档产品线中同时增加高档产品项目和低档产品项目。实行产品线延伸策略可以充分利用企业资源，开发多种产品满足消费者的不同档次需求，减少经营风险。但是产品线延伸要适度，因为随着产品线的延长，即造成产品成本增加，企业利润减少，也使消费者难以区分各种产品的独特优势，降低品牌忠诚度。

4) 高档产品策略。即在同一产品线内增加生产高档次、高价格的产品项目，以提高企业现有产品的声望。企业可以在下列情况下考虑实施高档产品策略：

(1) 高档产品的市场销售形势看好，利润率高。

(2) 高档产品市场上竞争者实力较弱，可以取而代之。

(3) 企业的实力增加，希望发展高中低档各类产品。

实施高档产品策略，有一定的风险。在中低档产品线中推出高档产品，容易引起购买者混淆，难以树立高档产品的独特形象。

5) 低档产品策略。即在同一产品线内增加生产中低档次、价格低廉的产品项目，以利用高档名牌产品的声誉，吸引因经济条件所限而购买不起高档产品，但又羡慕和向往高档名牌的顾客。低档产品策略适用于企业的下列情况：

(1) 企业高档产品成长发展较慢，为了维持销售，占领和开拓市场，将产品线扩展，增加产品项目，增加中低档产品。

(2) 企业的高档产品遇到了强硬的竞争对手，进入中低档产品市场可以获得回旋余地。

(3) 企业进入高档产品市场，建立高品质名牌形象，扩大声誉的目的已经达到，生产中低档产品可以丰富产品品种，增加花色，扩大市场。

(4) 填补市场空缺，抵制竞争者进入中低档产品市场同企业抗衡。

低档产品策略对企业也同样存在风险。因为在高档产品线中推出低档产品，容易影响和损害企业及原有品牌产品的形象，降低原有产品的档次，还可能刺激本来生产低档产品的企业进入高档产品市场，促使竞争加剧。

11.4　产品生命周期理论

11.4.1　产品(市场)生命周期概念

11.4.1.1　产品生命周期的内涵

产品生命周期简称 PLC，是指产品从准备进入市场开始到被淘汰退出市场为止的全部运动过程，是由需求与技术的生产周期所决定。企业开展市场营销活动的出发点，是市场需求。而任何产品都只是作为满足特定需要或解决问题的特定方式而存在，不断会有领先产品出现，取代市场上的现有产品。

产品生命周期可分为产品市场生命周期和产品使用生命周期，两者是有区别的。产品市场生命周期是交换价值消失过程，产品使用生命周期是使用价值消失过程，本书所讲的产品生命周期是指产品的市场生命周期而不是产品的使用生命周期。新产品只有投放到市场时它的市场生命才开始，退出市场时，它的市场生命才终结。使用生命周期长的产品不一定市场生命周期长，市场生命周期长的产品不一定使用生命周期长。如衣服的使用生命周期较长，一件衣服可以穿几年不坏，但它的市场生命周期却很短，时装可能只流行一个季节。鞭炮一经燃放，其使用生命周期终结，但它的市场生命周期却很长，一年四季都在销售。

一般来讲，产品种类的生命周期最长。产品种类是指具有相同功能及用途的所有产品。如酒、粮食、汽车等产品的成熟期可以无限地延长，其销售量与人口增长率成正比例关系；产品形式体现了典型的产品生命周期四个阶段(见图11.5)。产品形式是指同一种类产品中，在辅助功能、用途或实体销售有差别的产品。如双缸洗衣机经历了介绍期、成长期、成熟期之后，现在已开始进入衰退期；产品品牌的生命周期最短，产品品牌是指特定的产品，它不一定经历介绍期、成长期、成熟期、衰退期四个阶段。

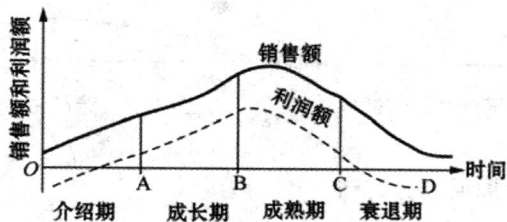

图 11.5　典型产品生命周期示意图

11.4.1.2　产品生命周期的其他形态

1) 再循环形态。是指产品进入衰退期之后，在各种因素的作用下又进入下一个成长阶段。如一种产品在发达国家进入衰退期后，进入发展中国家又经历了一个产品生命周期过程。如图11.6所示。

2) 多循环形态。也称扇形曲线或波浪形循环形态，是指产品在进入成熟期以后，由于企业实施有效的营销策略，使产品销售量不断达到一个又一个高潮。如图11.7所示。

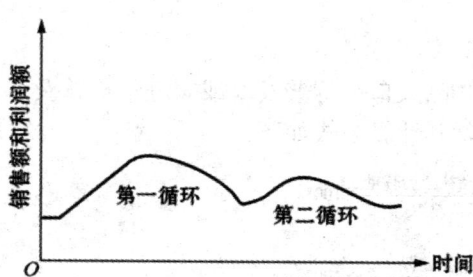

图 11.6　产品生命周期再循环

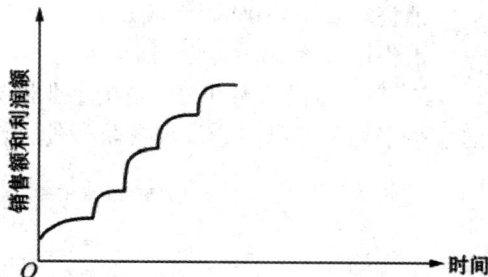

图 11.7　产品生命周期多循环

3) 非连续循环形态。是指大多数时髦产品和流行产品一上市就热销，产品销量很快达到高峰，然后又迅速衰落下去。如图11.8所示。

4) 未老先衰形态。是指一些新产品投放到市场后，没有经过足够长的成长期和成熟期就迅速进入衰退期的一种形态。如图 11.9 所示。

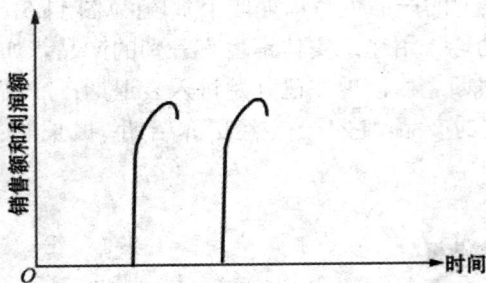

图 11.8　产品生命周期非连续循环　　　图 11.9　产品生命周期未老先衰形态

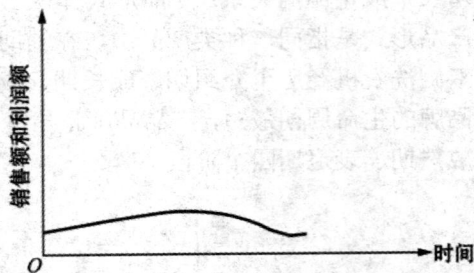

11.4.1.3　产品生命周期划分方法

产品生命周期各阶段的划分是相对的，一般以销售额和利润额变化情况为依据进行划分，常用的产品生命周期划分方法有销售增长率分析法、产品普及率分析法和同类产品类比分析法。

1) 销售增长率分析法。根据销售增长率的大小来划分产品生命周期阶段。其计算公式为：

$$销售增长率 = \frac{本年度销售量 - 上年度销售量}{上年度销售量} \times 100\%$$

销售增长率分析法的评判标准：

销售增长率<10%，且不稳定为介绍期；

销售增长率>10%，为成长期；

销售增长率<10%，为成熟期；

销售增长率<0，为衰退期。

2) 产品普及率分析法。是指企业根据产品人口平均普及率或家庭平均普及率的大小来划分产品生命周期各阶段的方法。其计算公式如下：

$$人口平均普及率 = \frac{某种产品社会拥有量}{人口总数} \times 100\%$$

$$家庭平均普及率 = \frac{某种产品社会拥有量}{家庭总数} \times 100\%$$

产品普及率分析法的评判标准为：

0<普及率<5%，为介绍期；

5%<普及率<50%，为成长期；

50%<普及率<90%，为成熟期；

普及率>90%，为衰退期。

3) 同类产品类比分析法。是指用一种产品生命周期变化规律去类比分析另一种同类产品生命周期各阶段的方法。如用冰箱的发展趋势去分析空调的发展趋势。

11.4.2 产品生命周期各阶段特点及营销对策

11.4.2.1 产品介绍期市场特点及营销策略

1) 介绍期市场特点：

(1) 知晓新产品的消费者人数少，产品销量低，需要投入大量的促销费用开拓市场，使消费者了解产品，因此介绍期促销重点是介绍产品，吸引消费者试用。

(2) 制造成本高，技术不完善，功能不健全。

(3) 尚未建立完善的分销渠道。

(4) 利润少乃至亏损，企业风险大。

(5) 竞争者少。

企业为了把新产品推向市场，需要投入大量的市场开发与广告宣传等促销费用来开拓市场，打开新产品销售局面，但是由于市场开发具有较强的外溢性和迟滞性，投入巨资打开市场不一定有力量去占领市场，有时只能眼睁睁看模仿跟进者占领市场，这也是介绍期竞争者少的原因之一。VCD 是万燕公司自主开发的新产品，投入 2000 多万元人民币打广告，使消费者了解了 VCD 这种新产品的功能，开拓了 VCD 市场，但是却因为万燕公司是民营企业，在当时贷不到款，没有资金占领市场，最后只能把市场拱手让给爱多 VCD、新科 VCD 等竞争对手，自己落得在 1996 年被美菱集团重组的下场。因此在介绍期取得上市成功的企业很少，大多是"开国元勋"变成了"革命先烈"。

2) 介绍期市场营销策略。在介绍期，企业主要的经营目标是迅速将新产品打入市场，在尽可能短的时间内扩大产品的销售量。可采取的具体对策有：

(1) 积极开展卓有成效的广告宣传，采用特殊的促销方式，如示范表演、现场操作、实物展销、免费赠送、小包装试销等，广泛传播商品信息，帮助消费者了解商品，提高认知程度，解除疑虑，培育市场。

(2) 积极攻克产品制造中尚未解决的问题，稳定质量，并及时根据市场反馈，对产品进行改进。

(3) 采取行之有效的价格与促销组合策略。从价格和促销两个因素考虑，介绍期市场营销策略有四种类型(见表 11.3)：① 快速–掠取策略：也称双高策略，是指以高价格和高促销费用推出新产品，在短期内获取最大经济效益的营销策略。

实施快速–掠取策略必须具备的市场条件是：消费者愿意出高价购买；产品容易模仿，企业面临潜在威胁；需要快速提升品牌知名度。② 缓慢–掠取策略：是指以高价格低促销费用推出新产品。实施缓慢–掠取策略必须具备的市场条件是：市场规模小，产品需求弹性小，竞争威胁不大；大多数消费者了解该产品，愿意出高价购买。③ 快速–渗透策略：是以低价格高促销费用推出新产品，目的是在最短的时间内获取最大的市场占有率。实施快速–渗透策略必须具备的市场条件是：市场容量大，消费者对产品不了解，但对价格非常敏感；产品弹性大；潜在竞争激烈；单位产品成本会随着生产规模扩大销量增加而迅速下降。适合实行成本战略的企业使用。④ 缓慢–渗透策略：也称双低策略，是指企业以低价格低促销费用推出新产品。实施缓慢–渗透策略必须具备的市场条件是：市场容量大；消费者了解该产品但对价格敏感；市场需求弹性大，促销弹性小；存在潜在竞争者。

表 11.3 介绍期的营销策略

		促 销 水 平	
		高	低
价格	高	快速–掠取策略	缓慢–掠取策略
水平	低	快速–渗透策略	缓慢–渗透策略

11.4.2.2 产品成长期市场特点及营销策略

1) 成长期市场特点：

(1) 消费者对新产品已经熟悉，老顾客重复购买并带来新顾客，产品销量迅速扩大。

(2) 产品功能完备，生产成本下降，促销费用稳中有升，但占销售额的比率下降，利润迅速增长并达到最高水平。

(3) 竞争者纷纷加入，市场竞争加剧。

(4) 产品市场开始细分，分销渠道完善。

(5) 产品价格开始走低。

2) 成长期市场营销策略。核心是尽可能延长产品的成长期，以获取最佳的经济收益。为此可采取以下营销策略：

(1) 寻找新的细分市场。

(2) 改善产品品质。

(3) 塑造名牌产品形象。

(4) 适时降价，扩大市场占有率。

成长期促销的重点是认可，树立名牌，让消费者不断加强对产品特征的认可，使产品的品牌从同类产品中脱颖而出。2001年6月，掌上PDA两大巨头开展了激烈的价格战。恒基伟业为树立企业形象，举行全国巡展，并提出"个性消费时代"的新主张；"冤家对手"的名人则掀起"普及风暴"，直指商务通的"个性风暴"，并宣布自己的三款产品同时大幅降价。名人PDA在其新产品导入市场时提出一个概念："呼机换了，手机换了，掌上电脑也要换了！"将消费者引导到自己身上，完成了消费者对名人重新认知的使命。为了达到消费者认可的目的，名人打出技术更高，价格跳水的技术牌，以更低价格推出运算速度更快，电池带电时间更长的掌上电脑"智能王"，同时向全球PDA(个人数字助理)制造商下战书，与他们比性能价格。名人在成长期很好地将自己的产品特性传达给消费者，将品牌优势呈现给消费者，得到消费者的认可，使"智能王"销量迅速上升，创造了单款机型销量奇迹。

11.4.2.3　产品成熟期市场特点及营销策略

1) 成熟期市场特点：

(1) 产品销量逐渐上升达到最高峰，然后开始下降，销售利润在逐渐走低。

(2) 市场竞争白热化，强势竞争者拥有自己品牌优势，拥有自己忠诚顾客群。

(3) 产品差异化程度加深。

2) 成熟期市场营销策略。对成熟期的产品，应采取主动出击策略，延长成熟期，使产品生命周期出现再循环。为此可采取以下营销策略：

(1) 产品改良策略。产品改良策略是指通过改良产品质量、增加新功能、更新款式创造出独具特色的产品来满足消费者的需求。产品改良最好办法就是对产品整体概念的不同层次进行调整。

(2) 市场改良策略。市场改良策略就是寻找新用户，开发新市场。

(3) 市场营销组合改良策略。市场营销组合改良策略就是调整产品、价格、分销渠道和促销四个因素，来延长成熟期。

成熟期促销工作的重点是情感。在产品成熟期，消费者对产品功能、品牌个性已完全认可，对产品消费的理性因素在减弱，情感因素在加强，消费者更加注重消费产品所带来的感受，如有没有更加温馨的服务，能不能更显示身份等等。这个时候企业营销工作的目的是加强消费者对产品的依赖和品牌的忠诚度，促销的重点是情感。如脑白金老头板广告词"今年过年不收礼，收礼只收脑白金"，体现出浓浓的亲情、友情，使脑白金以礼品定位稳居保健品头把交椅。

11.4.2.4　产品衰退期市场特点及营销策略

1) 衰退期市场特点：

(1) 产品销售量迅速下降，价格降到最低水平，企业利润很少甚至为零。

(2) 消费者需求偏好发生转变，大量竞争者退出市场。

2) 衰退期市场营销策略：

(1) 维持策略。指企业仍保持原有的目标市场和营销组合策略，直到这种产品退出市场为止。如我们使用的火柴十几年如一日，0.1 元一盒，0.5 元一包，一包 10 盒。

(2) 集中策略。指企业把资源集中在最有利的目标市场、最有效的分销渠道和最容易销售的产品上，从中获取尽可能多的利润。

(3) 收缩策略。指大幅度降低促销费用，以增加目前的利润。

(4) 放弃策略。对衰退比较迅速的产品，应当机立断，放弃经营。放弃策略有两种形式：一是立即停产；二是逐步停产。

衰退期促销的重点是实惠。当产品进入衰退期，消费需求明显下降，一些消费者购买对象已经转移，只剩下讲究实惠的消费者。

归纳不同生命周期阶段特征及策略见表 11.4。

表 11.4　不同生命周期阶段特征及策略

		介绍期	成长期	成熟期	衰退期
特征	销售客	低	快速增长	缓慢增长	衰退
	利润	易变动	顶峰	下降	低或元
	现金流量	负数	适度	高	低
	顾客	创新使用者	大多数人	大多数人	落后者
	竞争者	稀少	渐多	最多	渐少
策略	策略重心	扩张市场	渗透市场	保持市场占有率	提高生产率
	营销支出	高	高但百分比下降	下降	低
	营销重点	产品知晓	品牌偏好	品牌忠诚度	选择性
	营销目的	提高产品知名度及产品试用	追求最大市场占有率	追求最大利润及保持市场占有率	减少支出及增加利润回收
	分销方式	选择性的分销	密集式	更加密集式	排除不合适、效率差的渠道
	价格	成本加成法策略	渗透性价格策略	竞争性价格策略	削价策略
	产品	基本型为主	改进产品，增加产品种类及服务保证	差异化、多样化的产品及品牌	剔除弱势产品项目
	广告	争取早期使用者，建立产品知名度	大量营销	建立品牌差异及利益	维持品牌忠诚度
	销售追踪	大量促销及产品试用	利用消费者需求增加	鼓励改变采用公司品牌	将支出降至最低

11.4.3　产品生命周期的应用价值

产品生命周期(PLC)提供了一套适用的营销策划观点。它将产品在市场上的生命历程分成不同的策略时期，企业营销人员可以通过考虑销售和时间这两个简单易懂的变数，正确分析把握产品所处的生命周期阶段，并针对各个阶段不同的特点而采取行之有效的营销组合策略，尽可能延长产品的市场生命周期，以实现利润最大化。具体来说，企业在应用产品生命周期理论时应把握好以下几点：

1) 重视新产品的研制与开发。产品生命周期理论揭示出任何产品在市场上的生命运动和生物有机体一样，也有一个诞生—成长—成熟—衰亡的过程，世界上没有一个企业的产品可以在市场上长盛不衰，产品被市场所淘汰是社会经济发展、科学技术进步和消费者需求变化的必然结果。"不创新，即死亡"，新产品的研制与开发对企业的生存竞争与发展的重要意义是至关重要的。因此，企业要做到居安思危，高度重视新产品的研制与开发，不断创新，做到"生产一代，研制一代，构思一代"，为企业可持续发展提供坚实的基础。

2) 正确把握产品生命周期的变化趋势。产品生命周期理论阐明随着产品进入市场时间的推移，市场销售竞争态势、企业盈利状况等都会发生重大的变化，呈现出显著不同的特点。企业应该通过对市场的观察以及采用科学的方法，分析判断产品处于生命周期的哪一个阶段，推测预见产品在市场上的发展变化趋势，立足于不同阶段的特点，因势利导，实施相应的市场营销组合策略，以有效地增强产品的市场竞争力，提高企业的营销效益。更为重要的是，通过对企业现有产品生命周期不同阶段的正确推断，为新产品的开发和投放市场提供科学依据，强化新产品开发的针对性和时效性，从而提高新产品开发的成功率。

3) 尽量延长产品市场生命周期。研究产品生命周期的目的是为了尽可能地延长产品生命周期。尤其是在当今社会产品生命周期不断缩短的大趋势下，企业无法改变而只能积极地去适应。因此，企业需要通过各种营销努力，尽可能延长产品生命周期。但延长产品市场生命周期，并不是延长它生命的每一个阶段，而只是延长其中能给企业带来较大销售量和利润的两个阶段，即成长期和成熟期。开发期、引进期和衰退期不能给企业创造较多的利润，因而不仅不应延长，还应设法加以缩短。要延长产品市场生命周期，可以设法促使消费者提高使用频率，增加购买次数和购买量；对产品进行质量、特性形态改进以吸引新的购买者，使呆滞的销售量回升；开拓新市场，争取新顾客；拓展产品使用的新领域，以新用途来带动新需求。

而产品生命周期理论的缺点是：

(1) 产品生命周期各阶段的起止点划分标准不易确认。

(2) 并非所有的产品生命周期曲线都是标准的 S 型，还有很多特殊的产品生命周期曲线实践中难以把握。

(3) 无法确定产品生命周期曲线到底适合单一产品项目层次还是一个产品集合层次。

(4) 该曲线只考虑销售和时间的关系，未涉及成本及价格等其他影响销售的变数。

(5) 易造成"营销近视症"，即认为产品已到衰退期而过早将仍有市场价值的好产品剔除出了产品线。

(6) 产品衰退并不表示无法再生。如果通过采取合适的改进策略，企业可能再创产品新的生命周期。

11.5　新产品开发策略

新产品开发也称"产品开发"，是从社会和技术发展需要出发，以基础研究和应用研究成果为基础，研制新产品、新系统、新工程的创造性活动。新产品开发是科研成果转化为生产力的重要环节。

11.5.1　新产品种类

新产品是指在结构、材质、工艺等某一个方面或几个方面对老产品有明显改变，或采用新技术原理、新设计构思，从而显著提高产品的性能或扩大了使用功能的产品。根据产品新颖程度，可以把新产品分为：

1) 全新新产品。指采用新原理、新技术、新结构和新材料研制成功的前所未有的产品。它往往是伴随科学技术重大突破诞生的。如汽车、电话、飞机、电脑、彩电等产品的问世，全新新产品是原始性创新，能引发大量改进性、渐进性创新和大量外围产业及相关配套产业的创新，形成密集的产品创新集群和簇射现象，增强企业核心竞争力，推动新兴产业的成长和新技术向各产业的扩散。

2) 换代新产品。指在原有产品基础上采用或部分采用新技术、新材料、新结构研制成功的新产品。如彩色电视机由自然平彩电到超平彩电、纯平彩电、等离子彩电和高清彩电等。

3) 改进新产品。指在现有产品基础上，对产品质量、款式、功能、结构、材料、花色品种等方面进行改进的产品，如牙膏有中草药牙膏、绿茶牙膏、含氟牙膏等。

4) 仿制新产品。指对国内外市场上已经出现的产品进行引进或模仿，研制生产出在性能、质量等方面类似的产品。仿制新产品开发速度快，投资少，效益高。

5) 品牌新产品。指对现有产品稍作改进，突出某一方面的特点，形成某一差异，并使用新的品牌后推向市场的产品。

【小案例】

宝洁公司和一次性尿布

宝洁公司以其寻求和明确表达顾客潜在需求的优良传统，被誉为在面向市场方面做得最好的美国公司之一。其婴儿尿布的开发就是一个例子。1956 年，该公司开发部主任维克·米尔斯在照看其出生不久的孙子时，深切感受到一篮篮脏尿布对家庭主妇的烦恼。洗尿布的责任给了他灵感。于是，米尔斯就让手下几个最有才华的人研究开发一次性尿布。

一次性尿布的想法并不新鲜。事实上，当时美国市场上已经有好几种牌子了。但市场调研显示：多年来这种尿布只占美国市场的 1%。原因首先是价格太高；其次是父母们认为这种尿布不好用，只适合在旅行或不便于正常换尿布时使用。调研结果还表明，一次性尿布的市场潜力巨大。美国和世界许多国家正处于战后婴儿出生高峰期，将婴儿数量乘以每日平均需换尿布次数，可以得出一个大得惊人的潜在销量。

宝洁公司产品开发人员用了 1 年的时间，力图研制出一种既好用又对父母有吸引力的产品。产品的最初样品是在塑料裤衩里装上一块打了褶的吸水垫子。但1958 年夏天现场试验结果，除了父母们的否定意见和婴儿身上的痱子以外，一无所获。于是又回到图纸阶段。

1959 年 3 月，宝洁公司重新设计了它的一次性尿布，并在实验室生产了 37 000个，样子相似于现在的产品，拿到纽约州去做现场试验。这一次，有 2/3 的试用者认为该产品胜过布尿布。然而，接踵而来的问题是如何降低成本和提高新产品质量。为此要进行的工序革新，比产品本身的开发难度更大。一位工程师说它是"公司遇到的最复杂的工作"，生产方法和设备必须从头搞起。不过，到 1961 年12 月，这个项目进入了能通过验收的生产工序和产品试销阶段。

公司选择地处美国最中部的城市皮奥里亚试销这个后来被定名为"娇娃"的产品。发现皮奥里亚的妈妈们喜欢用"娇娃"，但不喜欢 10 美分一片尿布的价格。因此，价格必须降下来。降多少呢?在 6 个地方进行的试销进一步表明，定价为 6美分一片，就能使这类新产品畅销，使其销售量达到零售商的要求。宝洁公司的几位制造工程师找到了解决办法，用来进一步降低成本，并把生产能力提高到使公司能以该价格在全国销售娇娃尿布的水平。

娇娃尿布终于成功推出，直至今天仍然是宝洁公司的拳头产品之一。

思考：

1) 宝洁公司开发一次性尿布的决策是在什么基础上进行的?

2) 其开发过程是否体现了现代市场营销的基本精神?

评析:

宝洁公司开发一次性尿布的决策充分证明企业进行产品开发和市场营销活动必须真正理解和把握市场需求,而对市场需求的把握和确认则必须以科学且充分的市场调研为基础。

一次性尿布虽然不是宝洁公司最先开发的产品,但该公司却通过详尽的市场调研认识到了该产品巨大的市场潜力和其他品牌的产品不能畅销的根本原因。于是根据调研所了解的有关资讯对该产品进行重新设计,使之符合市场要求,并设法降低成本和销售价格使之符合消费者的支付能力和期望价格,从而使一次性尿布终于成为具有方便、卫生和经济等诸多优点且满足市场消费需求特征的畅销产品。

(王海斌. 市场营销管理[M]. 武汉: 武汉理工大学出版社,2005)

11.5.2　新产品开发的程序

开发新产品对企业满足消费者需求,赢得市场竞争并不断发展壮大至关重要。同时新产品开发又是一项艰巨复杂、风险大、成功率较低的工作。为了提高新产品开发的成功率,为企业创造较大的经济利益,企业开发新产品必须遵循科学的程序,严格执行和管理。

新产品的开发程序是指从寻求产品创意开始,到最后将新产品的某一创意转化为现实的新产品并成功投放市场,实现商业化的全过程,具体可以划分为产生构思、构思筛选、产品概念的形成与测试、初拟营销规划、商业分析、新产品研制、市场试销、商业化八个阶段(如图 11.10 所示)。

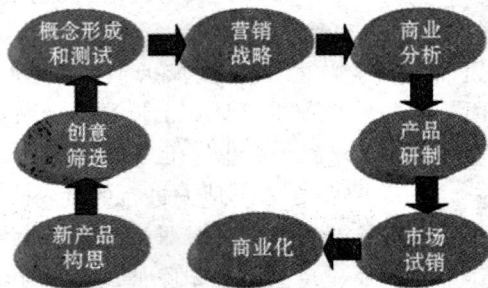

图 11.10　新产品开发程序

1) 产生构思。是指为满足一种新需求而提出的富有新意、创造性的设想。一个成功的新产品，首先来自于一个既有创见，又符合市场需求的构思。新产品的构思越多，则从中挑选出最合适、最有发展希望的构思的可能性也就越大。因此，这一阶段企业营销部门的主要任务是：寻找——积极地在不同环境中寻找好的产品构思；激励——积极地鼓励公司员工提出产品构思；提高——将所汇集的产品构思转送公司内部有关部门，征求改进意见，使其内容更加充实可行。企业能否搜集到丰富的新产品构思并从中捕捉开发新产品的机会，是成功开发新产品的第一步。产品构思的来源可以归纳为如下几个方面：

(1) 消费者和用户。他们的需求是新产品构思的主要来源。企业可以通过直接向用户进行问卷调查、深度访谈、接待用户来信来访、倾听用户的意见与投诉等途径，来准确把握他们的欲望和需求，从中发现新产品的构思。

(2) 经销商。他们与消费者和用户有密切的联系，消费者和用户有什么需求，首先会直接反馈给经销商。而且多数经销商同时销售多类别产品和多种竞争产品，掌握的信息比较丰富，能够提出可行的新产品设想及改进建议。

(3) 科研机构和高等院校。他们是新技术和新发明的发源地，每年都有大量的科研成果需要转化为新产品，企业加强与他们的联系，可以获得许多有创意有价值的新产品设想。

(4) 企业员工。包括企业的中高层管理人员、营销人员、产品研制开发人员以及普通员工，企业应该建立起鼓励创新的企业文化和相关的规章制度，打破年龄、地位、资历等阻碍因素，调动所有员工的积极性和创造性，使他们热爱企业，关心企业，为改进企业产品、服务和生产流程献计献策。

(5) 竞争对手。竞争对手产品的成败得失可以为企业的新产品构思提供借鉴和参考，也是新产品构思的重要来源之一。企业可以通过各种途径了解竞争对手开发投放的新产品，或购买竞争对手的现有产品进行剖析，找出不足并加以改进，有助于开发出更胜一筹的新产品。

2) 构思筛选。对广泛搜集到的各种新产品构思，企业要根据自身的资源条件和发展目标进行筛选，摒弃那些可行性小或获利较少的构思。在筛选中，既要避免漏选具有潜在价值的构思，又要避免误选市场前景不佳的构思。为此，企业可以通过制定新产品构思评审表(见表 11.5)，由产品研发部门或新产品委员会根据表中所列举的各项因素逐一对新产品构思进行评审打分，确定分数等级，保留可行的产品构思，剔除那些与企业目标和资源不协调的构思。

3) 产品概念的形成与测试。筛选出的构思需要形成具体的准确的产品概念，即可以将已经成型的产品构思，用文字、图像、模型等加以清晰地描述，使之成为对消费者而言有意义的产品方案，有确定特性的潜在产品形象。一个产品构思能够转化为若干个产品概念。

表 11.5　新产品构思评分表

产品名称：　　　　　　　　　　　　　　　　　　　　　　　　　　构思编号：

产品成功的必要条件	权数(A)	企业的能力水平(B)	评分($A \times B$)
企业的策略与目标			
营销技术与经验			
科研与开发能力			
人事状况			
财务状况			
生产能力			
地理位置和设备			
采购与供应能力			
总　　计			

新产品概念形成以后，还需要了解顾客的意见，进行产品概念测试。产品概念测试一般采用概念说明书的方式，说明新产品的功能、效用、特性、规格、包装、售价等，如有需要还应附上图片或模型，连同问卷提交给有代表性的消费者进行测试和评估。测试所获得的信息使企业进一步充实产品概念，以确定吸引力最强的产品概念。

4) 到初拟营销方案。通过测试选择了最佳的新产品概念之后，就要制定一个该产品引入市场的初步市场营销方案，并随着产品研发的逐步推进不断地加以完善。初拟营销方案主要包括三方面的内容：

(1) 描述目标市场的主体规模、结构，消费者的购买行为和特点；产品的市场定位以及短期(如 3 个月)的销售量；市场占有率以及开始几年的利润率预期等；

(2) 概述产品在第一年的预期价格、分销渠道、策略及营销预算；

(3) 概述较长时期(如 3~5 年)的销售额和利润目标，以及不同阶段的市场营销组合策略等。

5) 商业分析。就是从经济效益方面对新产品概念进行可行性分析，进一步考察新产品概念是否符合企业的赢利性目标，是否具有商业吸引力，具体包括预测销售额和推算成本利润两个步骤。

对新产品销售额的预测可参照市场上同类产品的销售发展历史，并考虑各种竞争因素、市场规模、市场潜量，分析新产品的市场地位、市场占有率，以此推测新产品可能获得的销售额。此外，还应考虑产品的再购率，即新产品是一定时期内顾客购买一次的耐用品，还是购买频率不高的产品，或是购买频率很高的产品。不同的购买频率，会使产品销售量在时间上有所区别。

预测产品一定时期内的销售量以后，就可预算该时期的产品成本和利润收益。产品成本主要包括新产品研制开发费用、市场调研费用、生产费用、销售推广费

用等。根据已预测出的销售额和费用额，就可以推算出企业的利润收益以及投资回报率等

6) 新产品研制。指通过商业分析的新产品概念送交生产部门研制出模型或样品，使产品概念转化为产品实体。同时还要进行包装的研制和品牌商标的设计，对产品进行严格的功能测试和消费者测试。前者主要测试新产品是否安全可靠、性能质量是否达到规定的标准、制造工艺是否先进合理等。后者则是请消费者加以试用，征集他们对产品的意见。在测试的基础上对样品作进一步改进，以确保具有产品概念所规定的所有特征，并达到质量标准。

产品研制是新产品开发程序中最具有实质意义的一个重要步骤。只有通过产品研制，投入资金、设备、劳动力、技术等各种资源，才能使产品概念实体化，可能发现产品概念存在的不足和问题，继续改进设计，才能证明某一新产品概念在技术上和商业上的可行性如何。如果某一新产品概念因技术上不过关或成本过高等原因而被否定，则该项产品的开发过程即告终止。

7) 市场试销。经过测试合格的样品即为正式的新产品，在大批量投放市场之前，还要选择具有代表性的小规模市场进行试销。新产品试销既能帮助企业了解市场的情况，又能检测产品包装、价格、数量、广告的效果，还能发现产品性能的不足之处，为产品正式投入市场打好基础，为企业是否大批量生产该产品提供决策依据。新产品市场试销的主要决策涉及：

(1) 试销地点。应具有企业目标市场的基本特征，地区范围不宜过大。

(2) 试销时间。时间长短要综合考虑产品特征、平均重复购买率、竞争者状况和试销费用等因素决定。再购买率高的新产品，试销时间应长一些，至少应经历1～2个购买周期，因为只有重复购买才能说明消费者喜欢新产品。

(3) 试销应取得的资料。在试销过程中，企业要注意收集新产品的试用率、再购买率以及销售趋势、购买者是谁、消费者对产品质量、品牌、包装的意见等。

(4) 试销所需要的费用开支。

(5) 试销的营销策略以及试销成功后应进一步采取的战略行动。

市场试销需要耗费较多的投资，特别是试销时间如果太长还容易让竞争对手抢占先机。并非所有的新产品都需要试销，当产品的成本很低，新产品由比较简单的产品线扩展而来或是模仿竞争者的产品而生产时，企业可以不进行或只进行少量的试销就批量上市。

8) 商业化。新产品试销成功后，便可批量生产，正式推向市场，实现新产品的商业化。为确保新产品批量上市成功，企业要注意以下几个问题：

(1) 正确选择投放时机。一般而言，季节性产品适宜于在使用季节到来之前投放市场；日用消费品适宜于在每年的销售高峰(如"五一"、"十一"、元旦、春

节等)到来之前投放市场；替代性较强的产品应在企业被替代产品库存较少的情况下投放市场；尚需改进的新产品则应等到产品进一步完善之后再投放市场，切忌匆忙上市而造成初战失利陷入被动。

(2) 正确选择投放地区。新产品不一定立即向全国市场投放，可以先集中在某一地区市场开展公关宣传和广告促销活动，以打开销路，拥有一定市场份额后，再逐渐向其他地区拓展。

(3) 正确选择目标市场。目标市场的选择以试销或产品的研发以来所搜集的资料为依据。最理想的目标市场应是最有潜力的消费者群体，一般具备如下特征：最早采用该新产品的带头购买者；大量购买该新产品的顾客；其购买行为具有一定的传播影响力的消费者等。

(4) 制定有效的营销组合策略。新产品批量上市时，还要正确制定消费者愿意接受的价格，选择合适的分销渠道，实施多种多样、行之有效的、富有创意的促销措施，以使新产品能在市场上迅速提高知名度和美誉度，扩大销路。

【小案例】

WALKMAN 的新产品上市

日本索尼公司在 20 世纪 70 年代末期推出 "Walkman" (随身听)的营销措施。随身听是索尼公司在 20 世纪 70 年代开发的新产品。该公司把新产品的推出与当时正在流行的散步和溜旱冰等健身、室外活动需要音乐结合起来，成功地进入市场。公司召开新产品发布的新闻记者招待会的场地选在东京的代代木公园里，以强调 "随身听" 满足室外需要；公司雇用了许多青年模特，让他们佩戴 "随身听"，在公园里一边愉快的听音乐，一边散步或穿梭溜旱冰。既渲染了气氛，又给游人、到会记者们留下了深刻的印象，把产品说明书录制成磁带，"随身听" 一起赠送给记者和文艺、体育界知名人士，请他们当评论员和宣传员；在闹市区举办产品展览会。"Walkman" 就这样顺利地进入了市场。

(于青．'Walkman 之父' 说创新．人民网，2006-4-5)

11.5.3　新产品开发的成功条件

1) 进行市场细分，寻找目标市场，准确定位。市场细分就是根据消费者不同的需要和不同的购买行为，用一定标准将其划分为不同的消费者群的过程。市场细分的目的就是有效地选择并进入目标市场。在这个目标市场上，企业要从各方面为产品培养一定的特色，树立一定的市场形象，打造品牌商品，以求在顾客心目中形成一种特殊的偏爱，进行准确市场定位。企业在完成这些工作后，就根据目标市场顾客的需求，进行新产品开发，并在适当时机把新产品推向市场，在这方面做得比较出色的是恒基伟业的全中文掌上手写电脑——商务通。

1992 年，中国的掌上电脑市场已经成熟，但给人的印象却是不温不火，原因是掌上电脑市场定位模糊，厂商只是把它作为计算机产品的附属物。恒基伟业通过市场细分，把商务通定位为"为广大工商界人士、企业管理人员、政府工作人员及其他有大量信息需要随时记录和查找的人士设立"，从而进行了准确的市场定位，把目标顾客锁定在有钱的、有权的或者既有钱又有权的人身上。市场定位准确后，恒基伟业按照"科技让你更轻松"的设计理念，针对商务通的目标用户进行产品开发，紧紧抓住"用户最需要什么"进行新产品开发，设置了"开机即显 27 个常用电话号码"、"50 万汉字的海量存储"、"常用商务、旅游资料"、"全部或局部加密"等最实用功能，使商务通成为"功能性最强"的产品，广受顾客青睐，1998 年底一投放市场，就形成供不应求的销售热潮。

2) 向最终顾客提供具有显著而独特价值的先进产品。企业要根据顾客认知的需要来理解他们的声音，建立顾客意见与产品设计，生产和管理之间的联系。产品卖出去是因为顾客发现它们更好，具有更高的价值或是因为它们比较独特。产品能获得成功是因为公司比其竞争者能够更有效地向顾客传递他们所认识到的利益。产品管理的一个任务就是要发掘是什么使得产品更好，具有更高的价值或者更为独特，并且如何比竞争者更好地向顾客传递这些利益，如果这些顾客需求能够被识别出来并在新产品开发的设计和新产品营销计划中体现出来，那么企业的新产品开发就能够获得成功。

3) 在一个以增长率、规模和竞争力为特征的有吸引力的市场进行新产品开发。一般来讲，决定企业开发新产品的基本因素有两个：即市场引力与企业实力。市场引力包括企业销售量增长率、目标市场规模、竞争对手强弱及利润高低等，其中最主要的反映市场引力的综合指标是销售增长率，这是决定企业新产品开发是否合理的外在因素。企业实力也就是竞争力，包括市场占有率、技术、设备、资金利用能力等，其中市场占有率是决定企业进行新产品开发的内在要素，它直接显示出企业竞争实力。销售增长率和市场占有率既相互影响，又互为条件。市场引力大，销售增长率高，可以显示这种新产品具有良好的发展前景，企业也具有相当的适应能力，实力较强，如果仅有市场引力大，而没有相应高销售增长率，说明企业尚无足够实力，使这种新产品开发得以顺利发展。相反，企业实力强，而市场引力小则预示这种新产品市场前景不佳。

4) 有一个计划周到而且协调一致的市场开发营销体系。制定正确完整的新产品开发计划可以提高新产品开发的效率和成功率。新产品开发计划要服从企业的总体目标，通过分析企业的市场营销环境，弄清问题，发现市场机会，选择正确的创新方向和路径，明确具体的新产品开发目标，确定切实可行的实行计划。不要走捷径，忽视了任何一个重要的环节和步骤。

　　新产品开发计划主要包括：确定产品竞争领域，确定具体新产品开发目标，实现创新目标的具体规划。

11.5.4　新产品开发策略

　　新产品开发是一项高风险、投资大的经营活动，新产品成功率只有 10%左右，因此选择新产品开发策略事关重大，涉及企业的投资，投资回报率，市场占有率等一系列经济问题。只有选择正确的新产品开发策略才能达到投资少、利润大的目的，给企业带来可观的经济效益，支持企业不断发展壮大。

　　新产品开发策略是企业在正确地分析自身的内部条件和外部设备环境的基础上所做出的企业产品创新总体目标部署，以及为实现创新目标而做出的谋划和根本对策。新产品开发策略可分为自主创新策略、模仿创新策略、合作创新的策略、产品差异化策略。

11.5.4.1　自主创新策略

　　自主创新策略指企业通过自己的研究开发力量来完成产品的构思，设计和生产工作。

　　自主创新所需的核心技术来源于企业内部的技术突破，是企业依靠自身力量，通过独立的研究开发活动而获得的，这是自主创新的本质特点，也是自主创新战略与其他创新战略的本质区别。企业要完成一项产品创新，所需要的专门技术是多种多样的，既有关键性核心技术，也有辅助性外围技术。对某一企业而言，自主创新并不要求企业独立研制所有的技术，只要开发其中的关键性核心技术，打通了创新中最困难的技术环节，独自掌握核心技术原理即可。辅助性技术研究与开发可自己进行，也可以委托其他企业进行研制开发或去购买解决。这是因为核心技术是企业所拥有的专利，专有技术，具有独创性，很难去模仿，如 ZPNI 的服务能力，3M 公司的产品创新能力，丰田公司的精细化能力，奔驰公司的机械设计能力，海尔市场的创新能力，微软的产品开发能力。

　　自主创新战略非常适用于行业领先者和介绍期产品。目前发达国家大部分实力雄厚的企业在新产品开发方面都采用自主创新的战略，因为自主创新战略开辟的一般都是属于产品根本性的重大创新，这种创新一旦取得成功，必然引致大量的改进性渐进创新和大量外围产业及相关配套产业的创新，形成密集的产品创新集群和簇射现象，其结果不仅会极大增强自主创新企业的实力和核心地位，而且可以极大地推动新兴产业的成长和新技术向各产业的扩散。

索尼公司以研究开发为先导，正确选择了以产品创新作为核心的立业基础，产品选在电子与机械相结合的领域，处处留意如何开发新产品，用新产品来带领广大消费者。20 世纪 80 年代末，研制出一种高效率的秘书实用工具——电子记事本。它具有电子计算机和记事功能，一经推出，风行日本，迅速占领欧美及全球市场。每一天索尼公司研制出 4 种新产品，每一年向市场推出新产品 1000 多种，其中 100 多种是领导潮流，带有全新理念新产品。正因为索尼不断开发新产品，到 1998 年，在全球销售额达 530 亿美元。

企业自主创新，属原始性创新，可以占据国际竞争的最高点。如在高清晰度电视竞争中，日本在模仿基础上搞高清晰度电视，速度快、风险少、投资几个亿，取得一定的进展。但到 1993 年，美国人搞数字技术，一下子就打垮了日本的模仿式道路，取得了竞争优势，并把数字技术广泛应用于其他领域，取得了丰厚的利润。

自主创新企业的技术来源于企业内部，具有内生性，它有助于企业形成较强的技术壁垒。但是它投资大、风险高，自主创新取得成功的概率相当低。据统计，在美国，基础性研究的成功率为 5%，技术开发成功率为 50%左右，开发时间短则数月、数年、长则十几年，为了降低这种率先探索的风险和产出的不确定性，自主创新企业往往需要进行多方位，多项目的复合投资，因此企业研究开发投资的负担和风险都是很高的。

在生产方面，由于质量和技术问题，企业要承担很高的生产成本和质量风险。为了把创新产品推向市场，企业需投入大量的市场开发与广告宣传资金，努力开拓市场，打开产品销售局面，但是有时市场开发具有较强的外溢性和迟滞性，自己投入巨额资金打开的市场却无力去占领，只能眼看着模仿跟进者占领。VCD 是万燕公司自主开发的，投资 2000 多万元广告费用打开了市场，却没有资金支持企业占领市场，只能把市场让给爱多 VCD、新科 VCD 等竞争对手去占领。

实施自主创新战略应注意充分利用专利制度保护知识产权，灵活恰当地进行技术转让，注意自主创新产品的自我完善，重视对创新后续环节的投入。

11.5.4.2　模仿创新策略

模仿创新策略指企业对国际或国内市场上已经出现的产品进行引进或模仿、研制生产出在性能、质量、价格方面富有竞争力的产品。

模仿创新的重要特点在于最大程度地吸取率先者成功的经验与失败教训，是有价值新技术的积极追随学习者，是一种投入少见效快的产品创新模式，可以充分发挥后发优势。

模仿创新是国际上常用的一种竞争策略。由于产品创新费用和可能获得利润之间的关系极不确定，很多企业不愿意在产品创新上没有把握地进行投资。同时一个企业掌握的资源是有限的，不可能具有开发任何新产品的条件，也不可能在任何产品创新上都处于领先地位，基于这些原因，模仿创新就成为企业之间重要竞争手段。美国国际商用机器公司几乎从不首先开发新产品，而是等别的公司新产品露面后，立即派员工深入到用户那里调查取证，向用户探询新产品的优缺点和用户建议，迅速开发出完全符合顾客要求的"新产品"，结果 IBM 的新产品经常比其他公司设计的好。IBM 数学计算机分公司在总结这方面经验时说："我们有意在技术上落后两三年，把产品试用和打开市场工作让别人来做，而后根据别人的试用反映和结果再来研究我们自己的新产品，这样可以有效地避免弯路，减少人力、物力和时间的浪费，以捷径争得市场上的领先地位。"

当苹果公司在个人电脑市场取得成功时，IBM 立即设计出一种新机器，推出十六位的个人电脑，抢去了苹果公司的市场领导地位。

模仿创新是一种渐进性的创新，它在一次创新中没有质的突破，但每一次创新都使产品得以改进。由于模仿创新省去了新技术探索性开发费用和新市场开发的费用，因而企业能集中力量在产品设计、工艺制造、装备等方面投入大量的人力和物力。

模仿创新产品特别适用于处于成长期的产品，因为在成长期，新产品的技术已过关，废品率减少，消费市场已经形成，老顾客重新购买，并且带来新顾客，使销量激增。同时，企业生产规模扩大，生产成本逐步降低，利润迅速增长并达到最高，这给模仿创新者带来了市场机会，只要抓住产品质量、功能、款式等进行创新，就会取得成功。正如美国管理大师杜拉克所说："创造性模仿者并没有说明产品或服务，他只是将原始创新产品或服务变得更完美，并将它适当定做。"

由于模仿创新产品成本低，风险少，能更好地满足市场需求，因此模仿创新产品具有较强的竞争优势，成功的模仿创新产品能够后来居上，在市场上赢得顾客的青睐。超越率先创新者的产品，给企业带来丰厚的利润回报。这也是大部分企业从事模仿创新，实施模仿创新战略的直接动力。

11.5.4.3　合作创新策略

合作创新策略是指企业间或企业、高等院校或科研机构利用各自在经济、技术、设备、人才等方面的优势相互协作进行新产品开发。

合作创新通常以合作伙伴的共同利益为基础，以资源共享或优势互补为前提，有明确的合作目标，合作期限和合作规则，合作各方在技术创新的全过程或某些环节共同投入，共同参与，共享成果，共担风险，能较快地研制开发出先进的优质产品，使科研成果很快地转化为商品，所以在实际应用中十分广泛，尤其在新兴技术和高新技术产业中应用更为普遍。

合作创新有利于在不同合作主体之间实现资源共享，优势互补；有利于缩短产品的创新时间，增强企业的竞争地位；有利于降低创新成本和分散创新风险；有利于发挥企业现有核心能力的作用，实现核力能力的发展与转换；有利于企业适应世界产业结构变化和世界经济一体化的趋势。

合作创新易出现监督困难，人浮于事、效率低下等问题；容易出现合作单位间成果和技术沟通多，过程和人员沟通少；信息和文字沟通多，观念和思想沟通少；易出现知识产权分配不合理现象。

11.5.4.4 产品差异化创新策略

产品差异化创新策略是指企业以某种方式改变那些基本相同的产品，以使消费者相信这些产品存在差异而产生不同的偏好。

产品差异化创新方法具体包括：

1) 产品品质创新。指对产品质量进行改进，一方面提高产品的耐久性、可靠性、安全性、节能性等，如降低冰箱的耗电量；一方面可以把产品从低档变为高档，或把低档产品变为中档、高档产品。这种创新决策即能延长成熟期，又能提高产品的竞争力。

2) 产品特性创新。就是扩大产品的使用功能，增加产品新的特性，如尺寸大小、重量、原材料、添加物、附件等，使产品具有更多的功能，提高其安全性，便利性。如在开罐头工具上增加动力装置，使人们开铁包装罐头既迅速又便利又安全。产品特性创新花费少，收益大，能为企业树立创新与领先形象，但是这种产品创新易被模仿，所以只有率先创新才能获利。

3) 产品式样创新。是基于美学欣赏观念而进行款式、外观及形态改进，形成新规模新花色的产品，从而刺激消费者，引起新的需求。如海尔集团生产的把冰箱冷藏柜和保鲜柜分开的新型冰箱。

4) 附加产品创新。附加产品是顾客购买有形产品时所获得的全部附加服务和利益。附加产品创新包括向顾客提供良好服务、优惠条件、技术咨询、质量保证、消费指导等。

实行产品差异化创新策略的企业所提供的产品与服务在产业中具有独特的创新性，这些与众不同的创新可以表现在产品设计、技术特性、产品品牌、产品形象、服务方式、销售方式，促销手段的创新上。由于实行差异化创新，使产品具有与众不同的特色，因而赢得一部分顾客的信任，同行产业的其他企业一时难以与之竞争，其替代品也很难在这个特定领域与之抗衡。

产品差异化创新策略特别适用于成熟期的产品。成熟期产品是企业获取利润，支持介绍期、成长期产品的经济基础，因此必须延长成熟期，使产品生命周期出现再循环。延长成熟期的一种重要方法就是产品差异化创新，通过改变产品来满足顾客的不同需要，吸引不同需求的顾客。

【小案例】

吉列公司的产品决策

在制造和销售剃须刀片这个最主要的业务范围内，吉列公司垄断了市场。1962年，它占领美国刀片市场的 70%，零售额有 1.75 亿美元，高级蓝色刀片是吉列刀片的核心和最高级的产品，也是创利最大的产品，最受消费者青睐。高级蓝色刀片是在经过 5 年的试验和研究的基础上，1960 年正式引入市场的。这种刀片表面覆盖有一层硅，防止头发屑黏附刀片而妨碍剃须，因此它剃须极为方便。高级蓝色刀片的价格要比老式的蓝色刀片高出 40%，尽管它有硅层覆盖并经过一些很有必要的热处理，但它的生产成本和其他刀片比较起来并不是想象的那么高，因此高级蓝色刀片马上就成了公司利润的主要来源。1962 年，这种刀片创造的利润大约有 1500 万美元，是公司纯利润总额的 1 倍还多。

1961 年，英国的威克逊公司推出了人类有史以来第一把不锈钢剃须刀片。这种不锈钢刀片具有许多突出的优点：极富弹性，不易折断，重量很轻，成本低廉，可以连续使用多次等。经调查发现，如果不锈钢刀片能连续使用多次而刀口不钝，一般消费者就会选择不锈钢刀片。事实证明，一般刀片的使用次数均在 15 次以上。吉列公司的老对手——美国精锐公司和安金剃刀公司敏锐地洞察到这是一个千载难逢的大好机会，随即于 1963 年年初把自己的刀片推向市场。一时间，刀片在美国市场上声名鹊起，很多吉列的忠实消费者也开始从"超级蓝光"碳钢刀片转向不锈钢刀片。

此时，吉列有两种选择：其一，立即推出自己的不锈钢刀片，但这样做，将会对"超级蓝光"的市场造成强烈冲击；其二，对不锈钢刀片不予理会，调动一切手段，加强对"超级蓝光"碳钢刀片的促销，以保住甚至扩大自己的市场份额。

思考：

1）如果你是吉列公司的产品部经理，你将会做出何种选择阐述你的理由。

2）从网上查询吉列公司当时的做法，利用产品策略的相关原理对其进行评价。

(万后芬. 市场营销教程(第二版)[M]. 北京：高等教育出版社，2007)

11.5.5　消费者对新产品的接受过程

产品生命周期的四个阶段，实际上表明了消费者对一件新产品推出市场后的接受过程。这一接受过程可以通过创新扩散理论来解释。创新扩散理论包括了以下几个内容。

11.5.5.1 消费者接受创新(新产品)的模式

消费者在接受新产品的过程中，往往需要经过以下五个阶段(见图 11.11)。

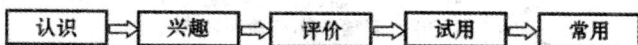

```
┌──────┐    ┌──────┐    ┌──────┐    ┌──────┐    ┌──────┐
│ 认识 │ ⇒ │ 兴趣 │ ⇒ │ 评价 │ ⇒ │ 试用 │ ⇒ │ 常用 │
└──────┘    └──────┘    └──────┘    └──────┘    └──────┘
```

图 11.11   消费者接受创新模式

1) 认识阶段。消费者从不同的渠道得知市场上有些新产品存在。在这一阶段消费者即使知道了新产品的存在，也并不意味着立刻会产生购买的欲望。消费者还缺乏对新产品的全面认识，所以不会贸然做出购买的决策。

2) 兴趣阶段。消费者继续不断地受到刺激，逐渐对新产品产生兴趣。这时候，消费者会努力寻找有关新产品的资料，希望进一步了解它，购买新产品的欲望随着兴趣的逐步增强而产生起来。

3) 评价阶段。购买欲望产生后，并不一定立刻去购买，消费者要对值不值得购买予以评价。这个阶段对消费者来说是一个关键的阶段，他会对新产品进行反复比较，从产品的质量、价格一直到满足需求的程度进行慎重的考虑。在这一阶段，如果对新产品的评价是否定的，那么消费者接受新产品的过程就此中止，反之，则进入实际购买阶段。

4) 试用阶段。消费者在决定购买以后，为了验证对新产品的效益的评价，在可能的情况下，先要体验一下或者尝试一下，才能最终确定接受还是拒绝新产品。试用的结果是肯定的，则会进行第二次购买；否则的话，就结束重复购买。

5) 常用阶段。这表示消费者完全接受新产品，并进行重复购买。完全接受新产品的消费者可能成为新的产品信息扩散源。

11.5.5.2 消费者接受新产品的差异性

不同的消费者对新产品的态度存在着很大的差别，因而接受新产品的时间先后也有很大的不同。据此，可将新产品的接受者划分为五种类型(见图 11.12)。

这是一个呈钟形的正态分布图，它清楚地表明了消费者接受新产品的时间差异性，这种时间差异性与产品生命周期的形成具有一定的联系，可以看出，产品生命周期曲线基本上也呈钟形状态。

1) 创新者。这是一些喜欢冒险，敢于接受新事物的人，因而是新产品的最早接受者。当然这一类型的人为数很少，只占到 2.5%。

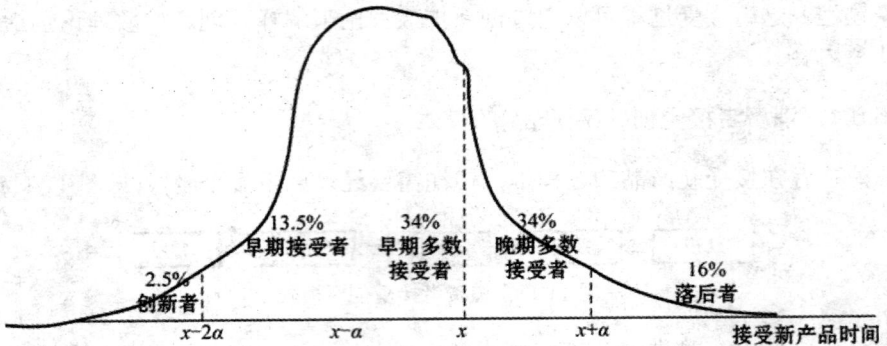

图 11.12　以接受新产品时间为基础的消费者分类

2) 早期接受者。这一类型的人的最重要的特征是受自尊所支配,富于自豪感。这部分人在社会中会被同一阶层的所尊重, 所以往往可以成为意见领导者,他们能经过考虑较快地接受新产品。

3) 早期多数接受者(早期大众)。这类人比一般人要早接受新产品,因为这部分人既慎重又不想落伍。他们要占全部人数的 1/3。

4) 晚期多数接受者(晚期大众)。这是一些谨慎又固执的人,他们需要大部分人接受后,才能尝试,这些人也要占到 1/3。

5) 落后者。这部分人传统思想严重,对新事物疑心大,反应迟钝,因而是最后接受新产品的人,他们往往在创新已经变成传统后才开始接受。

应该指出,产品生命周期曲线及利润曲线呈钟形,这只是反映变化趋势的基本模式,属于理论上的曲线。实际上,很多产品的生命曲线不是呈这种钟形状态,而是呈现多种多样的状态。

【小案例】

可口可乐新配方饮料的失败

20 世纪 70 年代中期以前,可口可乐公司是美国饮料市场上的 "Number1",可口可乐占据了全美 80%的市场份额,年销量增长速度高达 10%。

然而好景不长,70 年代中后期,百事可乐的迅速崛起令可口可乐公司不得不着手应付这个饮料业 "后起之秀" 的挑战。

1975 年全美饮料业市场份额中,可口可乐领先百事可乐 7 个百分点;1984 年,市场份额中可口可乐领先百事可乐 3 个百分点,市场地位的逐渐势均力敌让可口可乐胆战心惊起来。百事可乐公司的战略意图十分明显,通过大量动感而时尚的广告冲击可口可乐市场。

首先,百事可乐公司推出以饮料市场最大的消费群体——年轻人——为目标消费者群的"百事新一代"广告系列。由于该广告系列适宜青少年口味，以心理的冒险、青春、理想、激情、紧张等为题材，于是赢得了青少年的钟爱；同时，百事可乐也使自身拥有了"年轻人的饮料"的品牌形象。

随后，百事可乐又推出一款非常大胆而富创意的"口味测试"广告。在被测试者毫不知情的情形下，请他们对两种不带任何标志的可乐口味进行品尝。由于百事可乐口感稍甜、柔和，因此，百事可乐公司此番现场直播的广告中的结果令百事可乐公司非常满意；80%以上的人回答是百事可乐的口感优于可口可乐。这个名为"百事挑战"的直播广告令可口可乐一下子无力应付。市场上百事可乐的销量再一次激增。

为了着手应战并且得出为什么可口可乐发展不如百事可乐的原因，可口可乐公司推出了一项代号为"堪萨斯工程"的市场调研活动。

1982 年，可口可乐广泛地深入到 10 个主要城市中，进行了大约 2 000 次的访问，通过调查，看口味因素是否是可口可乐市场份额下降的重要原因，同时征询顾客对新口味可乐的意见。于是，在问卷设计中，询问了例如"你想试一试新饮料吗？""可口可乐味变得更柔和一些，您是否满意？"等问题。

调研最后结果表明，顾客愿意尝新口味的可乐。这一结果更加坚定了可口可乐公司的决策者们的想法——秘不示人，长达 99 年的可口可乐配方已不再适合今天消费者的需要了。于是，满怀信心的可口可乐开始着手开发新口味可乐。

可口可乐公司向世人展示了比老可乐口感更柔和、口味更甜、泡沫更少的新可口可乐样品。在新可乐推向市场之初，可口可乐公司又不惜血本进行又一轮的口味测试。可口可乐公司投资 400 万美元，在 13 个城市中，约 19.1 万人被邀请参加了对无标签的新、老可乐进行口味测试的活动。结果 60%的消费者认为新可乐比原来的好，52%的人认为新可乐比百事好。新可乐的受欢迎程度一下打消了可口可乐领导者原有的顾虑，于是，新可乐推向市场只是个时间问题。

起初，新可乐销路不错，有 1.5 亿人试用了新可乐。然而，新可口可乐配方并不是每个人都能接受的，而不接受的原因往往并非因为口味原因，而这种"变化"受到了原可口可乐消费者的排挤。

开始，可口可乐公司已为可能的抵制活动做好了应付准备，但不料顾客的愤怒情绪犹如火山爆发般难以驾驭。

顾客之所以愤怒，是认为 99 年秘不示人的可口可乐配方代表了一种传统的美国精神，而热爱传统配方的可口可乐就是美国精神的体现，放弃传统配方的可口可乐意味着一种背叛。在西雅图，一群忠诚于传统可乐的人组成"美国老可乐饮者"组织，准备发起全国范围内的"抵制新可乐运动"。在洛杉矶，有的顾客威胁说："如果推出新可乐，将再也不买可口可乐。"即使是新可乐推广策划经理的父亲，也开始批评起这项活动。

　　而当时，老口味的传统可口可乐则由于人们的预期会减少，而居为奇货，价格竟在不断上涨。每天，可乐公司都会收到来自愤怒的消费者的成袋信件和 1 500 多个电话。

　　为数众多的批评，使可口可乐迫于压力不得不开通 83 部热线电话，雇请大批公关人员温言安抚愤怒的顾客。

　　面临如此巨大的批评压力，公司决策者们不得不稍作动摇。在事后又一次推出的顾客意向调查中，30%的人说喜欢新口味可口可乐，而 60%的人却明确拒绝新口味可口可乐。可口可乐公司又一次恢复原传统配方的可口可乐的生产，同时也保留了新可口可乐的生产线和生产能力。

　　在不到 3 个月的时间内，即 1985 年 4 ~ 7 月，尽管公司曾花费了 400 万美元，进行了长达 2 年的调查，但最终还是彻底失算了！

　　思考：

　　1) 如果你是一名可口可乐公司营销人员，你可以在新可乐遭受失败之际，给公司提出什么样的解决方案？

　　2) 从新可口决策之误的教训中可得到哪些启示？

　　(万后芬. 市场营销教程(第二版)[M]. 北京：高等教育出版社，2007)

11.6　包装策略

11.6.1　包装的概念和作用

　　正如俗语所说："佛要金装，人要衣装。"商品也需要包装，再好的商品，也可能因为包装不适而卖不出好价钱。据有关统计，产品竞争力的 30%来自包装。而随着人们生活水平的提高，对精神享受的要求也日益增长，在激烈的市场竞争中，包装对于顾客选择商品的影响越来越明显。包装是商品的"无声推销员"，其作用除了保护商品之外，还有助于商品的美化和宣传，激发消费者的购买欲望，增强商品在市场上的竞争力。

11.6.1.1　包装的概念

　　产品包装有两层含义：一是指产品的容器和外部包扎，即包装器材；二是指采用不同形式的容器或物品对产品进行包装的操作过程，即包装方法。在实际工作中，两者往往难以分开，故统称为产品包装。

11.6.1.2　包装种类

一般来讲，包装是盛装和保护产品的容器和包裹物，即包装物，如袋、箱、瓶、盒等。从市场营销角度讲，包装是有形产品的一部分，是对某一品牌产品设计并制作容器或包扎物的一项活动。包装按其划分标准不同，有如下分类：

1) 按包装层次划分，可分为首要包装、次要包装和装运包装。

2) 按包装在流通过程中作用，可分为运输包装和销售包装。运输包装又细分为单件运输包装和集合运输包装，其中集合运输包装是将一定数量的单件包装组合在一件大包装容器内而合成的大包装。目前常用的有集装包、托盘和集装箱等，这种包装适应运输、装卸现代化的要求，成本低、效率高。

3) 按包装耐压程度，可分为硬包装、半硬包装和软包装。

4) 按包装的制造材料分，可分为木、纸、金属和塑料包装。

11.6.1.3　包装的作用

产品的包装最初是为了在运输、销售和使用过程中保护商品，而随着市场经济的发展，在现代市场营销中产品的包装作为产品整体的一部分，对产品陈列展示和销售日益重要，甚至许多营销人员把包装(Package)称为4P's后的第5个P。

一般来说，包装具有以下作用：

1) 保护商品。保证商品的内在质量和外部形状，使其从生产过程结束到转移至消费者手中，甚至被消费之前的整个过程中，商品不致损坏、散失和变质。包装是直接影响商品完整性的重要手段。特别是对于易腐、易碎、易燃、易蒸发的商品，如果有完善的包装，就能很好地保护其使用价值。由于过去我国的企业对包装不够重视，包装技术落后，由此每年造成的损失数以百亿计，令人触目惊心。根据中国包装技术协会的统计，我国每年因包装不善所造成的经济损失在150亿元以上，其中70%是由运输包装造成的。如水泥的破包率为15%～20%，每年损失300万吨；玻璃的破损率平均为20%，每年损失高达4.5亿元。另据外贸部门的统计，由于出口商品包装落后，每年使国家至少减少10%的外汇收入。

2) 便于储运。商品的包装要便于商品的储存、运输、装卸。如液体、气体、危险品，如果没有合适的包装，商品储运就无法进行。包装还要便于消费者对商品的携带。

3) 促进销售。包装可谓是商品"无声的推销员"。通过包装，可以介绍商品的特性和使用方法，便于消费者识别，能够起到指导消费的作用。通过美观大方、漂亮得体的包装，还可以极大地改善商品的外观形象，吸引消费者购买。世界上最大的化学公司——杜邦公司的营销人员经过周密的市场调查后，发明了著名的杜邦定律，即 63%的消费者是根据商品的包装和装潢而进行购买决策的；到超级市场购物的家庭主妇，由于精美包装和装潢的吸引，所购物品通常超过她们出门时打算购买数量的 45%。由此可以看出，包装是商品的"脸面"和"衣着"，作为商品的"第一印象"进入消费者的视野，影响着消费者购买与否的心理决策。

4) 增加利润。商品的包装是整体商品的一个重要组成部分。高档商品必须配以高档次的包装，精美的包装不仅能美化商品，还可以提高商品的身价。同时，由于包装降低了商品的损耗，提高了储存运输装卸的效率，从而增加了企业利润。我国许多传统的出口产品因包装问题给人以低档廉价的感觉，形成"一流产品、二流包装、三流促销、四流价格"的尴尬局面。精明的外商往往将产品买走后，只需换上精制的包装，就能使商品显得高档雅致，从而身价陡增，销路大开，外商赚取一大笔钱。

【小案例】

百威啤酒的产品包装创新

消费者在选购啤酒时，除了质量和口感外，包装也是一个重要的考虑因素，因为包装能从一方面体现出品牌的整体形象。世界畅销啤酒品牌百威对于这一点谙熟于心。为了保证每一箱、每一瓶、每一罐百威啤酒都拥有从内到外的卓越品质，"啤酒之王"百威始终通过不断改良的优质包装来进一步提升其品牌形象。

百威啤酒长期以来注重产品包装的创新，并以其在包装上所体现出来的丰富创意闻名于世。百威(武汉)国际啤酒有限公司秉承了这一传统，不断在包装上推陈出新，为中国消费者提供更多选择：1997 年的压花玻璃小瓶装百威，1999 年的大口盖拉环罐装百威，2000 年的 4 罐便携装百威，去年面世的 700 毫升装百威和最新推出的 500 毫升装，百威在包装上的每一个创新都为中国消费者带来惊喜。其中 700 毫升装和 500 毫升装更是针对中国的啤酒市场特别推出，充分显示了百威对中国消费者的高度重视。

除整体包装外，百威对包装的各个细节也不断进行着完善和创新。1998 年百威推出可显示啤酒最佳饮用温度的温度感应锡箔标签；2000 年初百威对标签重新设计，全新的标签在金色叶片的衬托下更显高贵；2000 年 12 月，百威又对瓶身标签的文字进行了修改，以方便消费者阅读。

在酒瓶的选择上，自中国啤酒瓶国家标准要求使用 "B" 瓶(即啤酒专用瓶)包装以来，百威就一直严格遵照执行。此外，百威不使用回收瓶，并为百威专用酒瓶制定了非常严格的检测标准。全新的玻璃瓶无异物、无油污、无杂质，干净卫生，充分保证了百威啤酒的纯正口味和新鲜程度。在每次使用前，百威还要对所有啤酒瓶进行抗内压力检测，以最大限度地减少瓶爆现象。百威的瓶盖垫全部从美国和德国进口，并经过特别密封和风味测试，确保无任何异味后方投入使用。

百威的与众不同还体现在其对高强度耐压纸箱的使用。同一般啤酒商使用塑料箱外包装不同，百威从 1998 年起就开始使用高强度耐压纸箱外包装。这种保护力强、高质量的多重包装保证了百威啤酒瓶不会裸露在外，避免啤酒口味因阳光的直射而被破坏，从而确保了百威啤酒的新鲜程度。这样，消费者品尝到的百威啤酒就和它出厂时的口感一样清澈、清醇、清爽。

此外，对所有为其生产易拉罐和啤酒瓶的供应商，百威都一律实行严格的资格审核，包括厂房及生产工艺技术、抽样检测产品，甚至于对每个原材料进行审核等。即使是在对方获准成为百威的供应商后，百威仍保持对他们实行严格的管理措施。

思考：产品包装的创新对百威啤酒经营有哪些影响？

(江林，张险峰，任锡源. 现代市场营销管理[M]. 北京：电子工业出版社，2002)

11.6.2　包装设计要求

对于包装设计的要求如下：

1) 安全、便于运输、携带、购买、使用保管和陈列。

2) 造型美观大方，独具特色。美观大方的包装能够给人以美的感受，有艺术感染力，从而成为激发消费者购买欲望的主要诱因。上个世纪初鲁德先生以其女友的裙子造型为依据设计出的可口可乐玻璃瓶，就是神来之笔的成功之作。

3) 经济实用，与产品价值相吻合。

4) 心理、文化适应原则。销往不同地区的商品，要注意使包装与当地的文化相适应。尤其在国际市场营销中要特别注意，切忌出现有损消费者宗教情感、容易引起消费者反感的颜色、图案和文字。消费者对商品包装的不同偏好，直接影响其购买行为，久而久之还会形成习惯性的购买心理。因此，在商品包装的造型、体积、重量、色彩、图案等方面，应力求与消费者的个性心理相吻合，以取得包装与商品在情调上的协调，并使消费者在某种意象上去认识商品的特质。例如，女性用品包装要柔和雅洁、精巧别致，突出艺术性和流行性；男性用品包装则要刚劲粗犷、豪放潇洒，突出实用性和科学性；儿童用品包装要形象生动、色彩艳丽，突出趣味性和知识性，以诱发儿童的好奇心和求知欲；青年包装要美观大方、新颖别致，突出流行性和新颖性，以满足青年人求新求异心理；老年用品包装则要朴实庄重、安全方便，突出实用性和传统性，尽量满足老年人的求实心理和习惯心理。

5) 其文字、图案、色彩的使用要符合目标市场的法律法规要求，符合宗教信仰和风俗习惯。如销往日本的商品包装不能使用"4"和"9"，不能使用荷花图案，因为"4"的发音与"死"相似,"9"的发音与"苦"相似,荷花是死亡之花;销往法国、比利时的产品包装不能使用墨绿色,因为墨绿色是德国纳粹军服的颜色。在出口商品的图案设计上也忌用菊花、杜鹃花、石竹花、黄色的花作图案。

6) 包装的标签与标志设计符合国际惯例。包装作为"无声的推销员",有介绍商品的义务。我国保护消费者权益的法律法规规定一些商品的包装上必须注明商品名称、成分、用法、用量以及生产企业的名称、地址等;对食品、化妆品等与群众身体健康密切相关的产品,必须注明生产日期和保质期等。

(1) 包装标签。包装标签是附着或挂在商品销售包装上的文字、图形、雕刻及印制的说明。它包括制造者或销售者的名称和地址、商品名称、商标、成分、质量等级、执行标准、商品数量和重量、使用方法及用量、编号、贮藏方法及注意的事项、质检号、生产日期、有效期、荣誉称号或证书、防伪标志等。

(2) 包装标志。包装标志是在运输包装外部印刷的图形、文字和数字以及其组合。主要有:① 运输标志也称唛头(Mark)是指外包装上印刷的反映收货人和发货人、目的地或中转地、件号、批号、产地等内容的几何图形、特定文字、数字和简短的文字等。② 指示性标志是根据商品特性,对一些容易破碎、残损、变质的商品用醒目的图形和简单的文字做出标志。其目的是引起有关人员在装卸、搬运、储存、作业工作中的注意,以保证商品的完好无损。常见的有"此端向上"、"易碎"、"小心轻放"、"由此吊起"等。③ 警告性标志是指在易燃品、易爆品、腐蚀性物品和放射性物品等危险品的运输包装上印制的特殊警告文字。如"爆炸品"、"易燃品"、"有毒品"等。

11.6.3　包装策略类型

商品包装在市场营销中是一个强有力的竞争武器,良好的包装只有同科学的包装决策结合起来才能发挥其应有的作用,因此企业必须选择适当的包装策略。可供企业选择的包装策略有以下几种:

1) 类似包装策略。是指企业所生产经营的各种产品在包装上采用相同的图案、色彩或其他共有特征,从而使整个包装外形相类似,使公众容易认识到这是同一家企业生产的产品。类似包装适用于质量水平档次类同的商品,不适于质量等级相差悬殊的商品,否则,会对高档优质产品产生不利影响,并危及企业声誉。这种策略的主要优点是:① 便于宣传和塑造企业产品形象,节省包装设计成本和促销费用。② 能增强企业声势,提高企业声誉。一系列格调统一的商品包装势必会使消费者受到反复的视觉冲击而形成深刻的印象。③有利于推出新产品,通过类似包装可以利用企业已有声誉,使新产品能够迅速在市场上占有一席之地。即借助已成功的产品带动其他产品。其弊端在于，如果某一个或几个商品出了问题，会对其他商品带来不利的影响。可谓"城门失火，殃及池鱼"。

2) 分类包装策略。是指企业依据产品的不同档次、用途、营销对象等采用不同的包装。比如把高档、中档、低档产品区别开来，对高档商品配以名贵精致的包装，使包装与其商品的品质相适应；对儿童使用的商品可配以色彩和卡通形象等来增强吸引力。

3) 综合包装策略。综合包装又称多种包装、配套包装，是指企业把相互关联的多种商品，置入同一个包装容器之内，一起出售。比如工具配套箱、家庭用各式药箱、百宝箱、化妆盒等。但要注意，在同一个包装物内必须是关联商品。如牙膏和牙刷组合包装、一组化妆品组合包装等。这种策略为消费者购买、携带、使用和保管提供了方便，又利于企业带动多种产品的销售，尤其有利于新产品的推销。

4) 再利用包装策略。再利用包装又称多用途包装，是指在包装容器内的商品使用完毕后，其包装并未作废，还可继续利用。可用于购买原来的产品，也可用作其他用途。比如啤酒瓶可再利用，饼干盒、糖果盒可用来装文具杂物，药瓶作水杯用，塑料袋作手提包用等。这种策略增加了包装物的用途，刺激了消费者的消费欲望，扩大了商品销售，同时带有企业标志的包装物在被使用过程中可起到广告载体的作用。这种商品的包装不仅与商品的身价相适应，有的还是可作为艺术品收藏。

5) 附赠品包装策略。是目前国际市场上比较流行的包装策略，在我国市场上现在运用也很广泛。这种策略是指企业在某商品的包装容器中附加一些赠品，以吸引购买的兴趣，诱发重复购买。比如儿童食品的包装中附赠玩具、连环画、卡通图片等，化妆品包装中附有美容赠券等。有些商品包装内附有奖券，中奖后可获得奖品；如果是用累积获奖的方式效果更明显。

6) 更新包装策略。是指企业为克服现有包装的缺点，适应市场需求，而采用新的包装材料、包装技术、包装形式的策略。在现代市场营销中，商品的改进也包括商品包装的改进，这对商品的销售起着重要作用。有的商品与同类商品的内在质量近似，但销路却不畅，可能就是因为包装设计不受欢迎，此时应考虑变换包装。推出富有新意的包装，可能会创造出优良的销售业绩。如把饮料的瓶装改为易拉罐装，把普通纸的包装改为锡纸包装，采用真空包装等。

7) 容量不同的包装策略。是指根据商品的性质、消费者的使用习惯，设计不同形式、不同重量、不同体积的包装，使商品的包装能够适应消费者的习惯，给消费者带来方便，刺激消费者的购买。比如以前四川人在销售其"拳头"产品——榨菜时，一开始是用大坛子、大篓子将其商品卖给上海人；精明的上海人将榨菜倒装在小坛子后，出口日本；在销路不好的情况下，日本商人又将从上海进口的榨菜原封不动地卖给了香港商人；而爱动脑子、富于创新精神的香港商人，以块、片、丝的形式分成真空小袋包装后，再返销日本。从榨菜的"旅行''过程中，各方商人都赚了钱，但是靠包装赚"大钱"的还是香港商人。而今四川榨菜的包装已今非昔比，大有改观，极大地刺激市场需求，企业的利润也大幅度增长。

【思考与练习】

1）名词解释：

产品　服务　核心产品　形式产品　期望产品　延伸产品　潜在产品
耐用品　产品线　包装策略　产品项目　产品种类　产品形式
产品组合　产品组合的长度　产品组合的宽度　产品组合的深度
产品组合的关联度　产品生命周期　新产品开发　产品概念　商业化

2）思考与讨论：

(1) 产品组合的策略有哪几种?如何选择?

(2) 怎样对产品线进行销售额和利润分析?

(3) 产品生命周期各阶段应采取什么样的营销策略?

(4) 产品生命周期理论对企业实践有什么重要意义?

(5) 开发新产品应遵循哪些基本原则?

(6) 新产品开发程序包括哪几个阶段?

(7) 开发新产品有哪些方向?

(8) 包装策略如何运用?

【实训项目】

1) 人才管理策略。千百度公司实行"人性化管理"，简单地说就是"员工至亲"的管理。公司始终认为，没有员工就没有产品，没有员工就没有企业，员工是企业生存和发展的根本。正如政治经济学原理所说，人在各种生产要素中起决定性作用，再好的产品也需要员工来制造，再好的制度也需要员工来执行，再好的企业文化也需要员工来建设。

(1) 情感动人，团结员工。在日常管理工作中，除了用制度来约束和规范员工外，更主要的是用情感来感动和团结员工。对员工而言，前者的效果是被动接受，有束缚感，容易产生消极对立情绪，而后者的效果是主动顺从，自觉遵守，态度积极，心情舒畅。可以说，在千百度公司里已体现出，时时为员工着想，厂房建得宽敞明亮；单身公寓实行旅馆式管理，电话、宽带直通每个房间；生产设备与时俱进，不断降低劳动强度；娱乐设施和健身场所一应俱全；生产淡季组织全体职工旅游。员工过生日，公司送上精美的蛋糕；员工生病，公司主动为其联系医院，领导和同事都去看望；员工或家属病逝，公司领导亲自追悼；员工子女升学，公司给予祝贺奖励；员工家庭遇到困难，公司给予及时救助。除了工资，企业为职工按时交纳各种社会保险，职工生病、受伤、生育、失业、退休等都有保障。公司关心员工，员工也认真工作来报答企业，大家都以企业为家，安定团结，爱岗敬业，外流的职工很少。

(2) 重视人才，重用人才。千百度公司非常重视人才，也非常重用人才，只要你有才能，公司就给你搭建舞台，只要你想创业，公司就给你提供机会。舞台很大，机会很多，谁能上去表演，谁能抓住机会，要看实力，要凭真本事，公司的原则是公平竞争，优胜劣汰。另外，人的需求是有层次的，除了合理的薪酬外，还需要得到尊重，得到社会认可，要获得心情、荣誉和相应的地位，这才是一个人才全部价值的体现。公司充分认识到这点，遵循人的需求，加强了人才的激励。

2) 品牌策略。广东千百度日化用品有限公司始终重视产品品牌的培育，充分运用品牌形象在新市场和消费者心目中赢得知名度和形象认同。虽然农村消费者的经济收入水平提高了不少，但大部分农村消费者的任意可支配收入还是不高，然而，与城市消费者相同，他们也希望使用到"名牌"产品。因此，广东千百度公司十分注重运用品牌与消费者沟通，把品牌知名度作为进军目标市场首要追求的重要目标，并且将塑造好的品牌形象作为公司的长远目标，通过大量的广告和品牌推广活动，以赢取消费者对企业产品品牌的认同。

千百度公司对公司的洗发水产品，设置了两个品牌，即千百度和千千秀品牌。各品牌独立核算费用，鼓励品牌之间的竞争，以提高公司的整体市场份额，降低单一品牌的风险。公司对其洗衣粉产品设置品牌为"千千净''，公司为其香皂产品设置为"千日香"品牌。

3) 新产品开发策略。千百度公司自成立开始，就一直重视新产品的开发研制。首先，企业于 2000 年成立了一个创新性研究开发团队，团队包括企业总经理、研发部经理、营销部经理。每年公司给团队划拨 200 万元的专项研究开发经费，用于新产品的研究开发。其次，公司重视根据用户需要不断改进和研制新产品。公司每年都组织专门的调查人员进行消费者需求的调查，以及时了解消费者需求的变化，同时要求公司研究开发人员在自己家里对生活中小节进行观察总结，以增进研发的进度。其三，公司通过对历史文献钻研学习，从中找到新的启示与构思，从而设计和开发出新产品。

4) 产品组合调整策略。2002 年以前，公司只生产洗发水系列产品，包含有两个品牌：千百度和千千秀品牌。2002 年开始，公司增加了一条洗衣粉生产线，洗衣粉产品品牌设置为"千千净"，增加了一条香皂生产线，香皂产品设置为'千日香"品牌。至此，公司形成了能生产洗发水、洗衣粉、香皂三大系列，24 个品种的产品。

综合训练：

(1) 2002 年以后，千百度公司产品组合的宽度为( )。

    A. 1   B. 2   C. 3   D. 4

(2) 2002 年以后，千百度公司产品组合的平均长度为( )。

    A. 24   B. 8   C. 3   D. 20

(3) 千百度公司 2002 年增加洗衣粉生产线，所采用的策略属于( )策略。

    A. 一体化发展   B. 密集性发展   C. 延伸发展   D. 多样发展

(4) 结合案例分析，千百度公司对公司的洗发水产品，设置了两个品牌，即千百度和千千秀品牌；洗衣粉产品品牌设置为"千千净"；香皂产品设置为'千日香"品牌。试问千百度公司运用的品牌策略是( )。

    A. 个别品牌策略   B. 多品牌策略

    C. 分类品牌策略   D. 统一品牌策略

(5) 结合案例，分析千百度公司是如何进行新产品开发？

12 定价策略

【知识目标】

理解价格的内涵；

明确企业制定价格因素应考虑哪些因素；

熟悉制定企业定价目标策划的基本知识和方法。

【能力目标】

能运用价格策划的方法和技巧；

能运用价格调整策划的方法。

【案例导入】

周大福"一口价"策略

珠宝饰品价格是消费者与商家能否达成交易的关键所在，针对这一敏感的问题，在价格策略上，周大福创出了一套有别于其他同行的新路子。周大福创新性地推出了"珠宝首饰一口价"的销售政策，并郑重声明：产品成本加上合理的利润就是产品的售价，通过"薄利多销"的经营模式，节省了消费者讨价还价的时间，让顾客真正体验货真价实的感受。为了降低经营成本，从而更好地参与市场竞争，周大福还自己创立了首饰加工厂，生产自己所售卖的各类首饰，减少中间环节，使生产成本降至最低，并获得了全球最大钻石生产商——国际珠宝商贸公司DTC配发钻石原石坯加工琢磨和钻石坯配售权，保证了它最低的原料成本和较强的竞争实力。

(中国珍珠网，http://www.chinapearls.cn)

12.1 企业定价依据

所有营利性组织和许多非营利性组织都必须为自己的产品或服务定价。在营销组合中，价格是营销组合中唯一能创造收益的因素；其他因素都表现为成本。价格是最容易调节的营销组合因素，同时也是企业或产品或品牌的意愿价格同市场交流的纽带。价格通常是营销产品销售的关键因素，是营销成功与否的决定性因素之一。本章将集中讨论定价问题。首先来看一下企业必须考虑的定价因素、定价目标以及一般定价方法，然后再讨论新产品定价、产品组合定价与价格变化的战略，以及针对购买者和形势变化所做出的价格调整。

12.1.1　价格内涵

12.1.1.1　价格的定义

从最狭义的角度来说，价格是对一种产品或服务的标价；从广义的角度来看，价格是消费者在交换中所获得的产品或服务的价值。历史上，价格是通过买卖双方的协商来确定的。价格并非是一个数字或一种术语，它可以用许多名目出现。大致可以分为商品的价格和服务的价格两大类。商品价格是各类有形产品和无形产品的价格，货物贸易中的商品价格称为价格；服务价格是各类有偿服务的收费，服务贸易中的商品价格称为费，如运输费或交通费、保险费、利息、学费、服务费、租金、特殊收费、薪金、佣金、工资等。

12.1.1.2　价格的构成

商品价格的形成要素及其组合，亦称价格组成。它反映商品在生产和流通过程中物质耗费的补偿，以及新创造价值的分配，一般包括生产成本、流通费用、税金和利润四个部分。

$$价格=生产成本+流通费用+税金+利润$$

生产成本和流通费用构成商品生产和销售中所耗费用的总和，即成本。这是商品价格的最低界限，是商品生产经营活动得以正常进行的必要条件。生产成本是商品价格的主要组成部分。构成商品价格的生产成本，不是个别企业的成本，而是行业(部门)的平均成本，即社会成本。流通费用包括生产单位支出的销售费用和商业部门支出的商业费用。商品价格中的流通费用是以商品在正常经营条件下的平均费用为标准计算的。

税金和利润是构成商品价格中盈利的两个部分。税金是国家通过税法，按照一定标准，强制地向商品的生产经营者征收的预算缴款。按照税金是否计入商品价格，可以分为价内税和价外税。利润是商品价格减去生产成本、流通费用和税金后的余额。按照商品生产经营的流通环节，可以分为生产利润和商业利润。

不同类型的价格，其构成的要素及其组合状态也不完全相同。例如，工业品出厂价格是由产品的生产成本加利润、税金构成；工业品零售价格由工业品批发价格加零售企业的流通费用、利润、销售税金构成。这两种价格的各个要素所占的比重也略有不同，如工业品出厂价格中利润所占的比重一般要高于工业品零售价格中的利润比重。

【小案例】

柯达如何走进日本

柯达公司生产的彩色胶片在 70 年代初突然宣布降价，立刻吸引了众多的消费者，挤垮了其他国家的同行企业，柯达公司甚至垄断了彩色胶片市场的 90%。到了 80 年代中期，日本胶片市场被富士所垄断，富士胶片压倒了柯达胶片。对此，柯达公司进行了细心的研究，发现日本人对商品普遍存在重质而不重价的倾向，于是制定高价政策打响牌子，保护名誉，进而实施与富士竞争的策略。他们在日本发展了贸易合资企业，专门以高出富士 1/2 的价格推销柯达胶片。经过 5 年的努力和竞争，柯达终于被日本人接受，走进了日本市场，并成为与富士平起平坐的企业，销售额也直线上升。

(曹刚等. 国内外市场营销案例集[M]. 武汉: 武汉大学出版社，2006)

12.1.2　企业制定价格需考虑因素

价格策略是企业营销组合的重要因素之一，它直接地决定着企业市场份额的大小和盈利率高低。企业的定价决策受企业内部因素的影响，也受外部环境因素的影响。随着营销环境的日益复杂，制定价格策略的难度越来越大，不仅要考虑成本补偿问题 ，还要考虑消费者接受能力和竞争状况。

12.1.2.1　影响定价决策的内部因素

影响定价决策的内部因素包括：

1) 营销目标。产品的定价要遵循市场规律，讲究定价策略，而定价策略又是以企业的营销目标为转移的，不同的目标决定了不同的策略和不同的定价方法和技巧。同时，价格策略作为企业实现经营目标的手段，直接影响企业的经营成效，具体表现在不同的价格水平会对企业的利润、销售额和市场占有率产生不同的影响，因此，企业在实施定价策略时，要结合企业内部情况、目标市场的经济、人文情况及竞争对手情况，根据对企业的生存和发展影响最大的战略因素来选择定价目标。

2) 营销组合战略。由于价格是市场营销组合因素之一，产品定价时要注意价格策略与产品的整体设计、分销和促销策略相匹配，形成一个协调的营销组合。如果产品是根据非价格图表来定位的，那么有关质量、促销和销售的决策就会极大地影响价格；如果价格是一个重要的定位因素，那么价格就会极大地影响其他营销组合因素的决策。因此，营销人员在定价时必须考虑到整个营销组合，不能脱离其他营销组合而单独决定。

3) 成本。产品从原材料到成品要经过一系列复杂的过程，在这个过程中必定要耗费一定的资金和劳动，这种在产品的生产经营中所产生的实际耗费的货币表现就是成本，它是产品价值的基础，也是制定产品价格的最低经济界限，是维持简单再生产和经营活动的基本前提。产品的价格必须能够补偿产品生产、分销和促销的所有支出，并能补偿企业为产品承担风险所付出的代价。低成本的企业能设定较低的价格，从而取得较高的销售量和利润额。因此，企业想扩大销售或增加利润，就必须降低成本，从而降低价格，提高产品在市场上的竞争力。如果企业生产和销售产品的成本大于竞争对手，那么企业将不得不设定较高的价格或减少利润，从而使自己处于竞争劣势。

4) 组织考虑。每个企业规模有大小、财务状况不同、经销指标不同，企业价值取向有不同，对于追求利润型企业，高价格是企业选择定价方向；而对于追求市场份额的企业来讲，中、低价格定位是企业定价方向。同时根据企业自身状况需考虑综合因素(品牌、市场地位、推广费用、渠道建设情况、产品的包装、产品规格)来制定价格。

12.1.2.2　影响定价的外部因素

影响定价决策的外部因素包括：

1) 市场和需求的性质。与成本决定价格的下限相反，市场和需求决定价格的上限。在设定价格之前，营销人员必须理解产品价格与产品需求之间的关系。

在市场经济条件下，市场结构不同，即企业及其产品在市场上的竞争状况不同，企业的定价策略也不同。企业价格决策面临的竞争主要来自同行业生产者、经营者之间的竞争，尤其是市场处于买方市场的势态下，卖方间的竞争十分激烈，企业价格决策者必须熟悉本企业产品在市场竞争中所处的地位，分析市场中竞争对手的数量，它们的生产、供应能力及市场行为，从而做出相应的价格策略。不同的市场结构而采用的定价策略是不同的。根据市场竞争程度的具体因素，我们可以把市场结构划分为完全竞争市场、垄断竞争市场、完全垄断市场和寡头垄断市场四种类型。

同时市场供求状况也是企业价格决策的主要依据之一。企业对产品的定价，一方面必须补偿经营所耗费的成本费用并保证一定的利润；另一方面也必须适应市场对该产品的供求变化，能够为消费者所接受。企业需考虑整体消费水平、消费习性、市场规模和容量以及市场发展趋势几个因素来对产品进行综合评价制定价格。

2) 竞争对手。竞争价格因素对定价的影响主要表现为竞争价格对产品价格水平的约束。同类产品的竞争最直接表现为价格竞争。如果企业采取高价格、高利润的战略，就会引来竞争；而低价格、低利润的战略可以阻止竞争对手进入市场或者把他们赶出市场。如果企业试图通过适当的价格和及时的价格调整来争取更多顾客，这就意味着其他同类企业将失去部分市场，或维持原有市场份额要付出更多的营销努力，因而在竞争激烈的市场上，企业都会认真分析竞争对手的价格策略，密切关注其价格动向并及时做出反应。

3) 其他外部因素(经济、中间商、政府、社会关注问题)。在设定价格时，企业还必须考虑外部环境中的其他因素。经济条件对企业的定价策略有很大影响，如经济增长和衰退、通货膨胀和利率等因素会影响产品的生产成本以及消费者对产品和价值的看法。企业制定价格时应该能够给销售商带去可观的利润，鼓励他们对产品的支持，以及帮助他们有效地销售产品。营销人员需要了解影响价格的政府法律法规，并确保自己的定价决策具有可辩护性。同时企业在制定价格时，企业的短期销售、市场份额和目标利润将必须服从于整个社会的需要。

12.2　定价目标

企业定价目标是指企业对其产品定价时预先确定所要达到的目的和标准，是企业营销目标在价格决策上的反映，一般可分为利润目标、销售额目标、市场占有率目标和稳定价格目标。企业定价时，应根据营销总目标、面临的市场环境、产品特点等多种因素来选择定价目标。定价目标是以满足市场需要和实现企业盈利为基础的，它是实现企业经营总目标的保证和手段。同时，又是企业定价策略和定价方法的依据。

12.2.1　生存导向定价目标

生存导向定价目标又称为维持生存的目标，是特定时期过渡性目标。当企业经营不善，或由于市场竞争激烈、顾客需求偏好突然变化时，会造成产品销路不畅，大量积压，资金周转不灵，甚至面临破产危险时，企业应以维持生存作为主要目标。短期而言，只要售价高过产品变动成本，足以弥补部分固定成本支出，则可继续经营。企业长期目标还是要获得发展。

12.2.2　利润导向定价目标

利润目标是企业定价目标的重要组成部分，获取利润是企业生存和发展的必要条件，是企业经营的直接动力和最终目的。因此，利润导向定价目标为大多数企业所采用。

1) 以利润最大化为定价目标。是指企业在一定时期内综合考虑各种因素后，以总收入减去总成本的最大差额为基点，确定单位产品的价格，以获得最大利润总额。最大利润有长期和短期之分，还有单一产品最大利润和企业全部产品综合最大利润之别。一般而言，企业追求的应该是长期的、全部产品的综合最大利润，企业就可以取得较大的市场竞争优势，占领和扩大更多的市场份额。对于一些中小型、产品生命周期较短、产品在市场上供不应求的企业来说，也可以谋求短期最大利润。价格太高会导致销售量下降，利润总额可能因此而减少。高额利润是可以通过采用低价策略，待占领市场后再逐步提价来获得的；同时企业也可以通过对部分产品定低价、甚至亏本销售，以招徕顾客，带动其他产品的销售，进而谋取最大的整体效益。因而高价策略而达到的利润最大化只能是一种短期行为，最大利润应以公司长期最大利润和全部产品的总利润为目标。

2) 以投资收益为定价目标。是指使企业实现在一定时期内能够收回投资并能获取预期的投资报酬的一种定价目标。投资收益率又称为投资报酬率，是衡量企业经营实力和经营成果的重要标志，它等于净利润与总投资之比，一般以 1 年为计算期，其值越高，企业的经营状况就越好。采用这种定价目标的企业，一般是根据投资额规定的收益率，计算出单位产品的利润额，加上产品成本作为销售价格。但必须注意两个问题：第一，要确定适度的投资收益率。一般来说，投资收益率应该高于同期的银行存款利息率。但不可过高，否则消费者难以接受。第二，企业生产经营的必须是畅销产品。与竞争对手相比，产品具有明显的优势。

3) 以合理利润为定价目标。是指企业为避免不必要的价格竞争，在补偿正常情况下的社会平均成本的基础上，适当地加上一定量的利润作为产品价格，以适中、稳定的价格获得长期利润的一种定价目标。采用这种定价目标有各种原因：以适度利润为目标使产品价格不会显得太高，从而可以阻止激烈的市场竞争；某些企业为了协调投资者和消费者的关系，树立良好的企业形象；不仅使企业可以避免不必要的竞争，又能获得长期利润，而且由于价格适中，消费者愿意接受，还符合政府的价格指导方针，因此这是一种兼顾企业利益和社会利益的定价目标。但实际运用时常常会受到各种限制，必须充分考虑产销量、投资成本、竞争格局和市场接受程度等因素。临时性的企业一般不宜采用这种定价目标。

12.2.3 销售导向定价目标

销售导向定价目标，又称为市场占有率目标，是在保证一定利润水平的前提下，谋求某种水平的销售量或市场占有率而确定的目标。以销售额为定价目标具有获取长期较好利润的可能性。

采用销售额目标时，确保企业的利润水平尤为重要，销售额和利润必须同时考虑。因为某种产品在一定时期、一定市场状况下的销售额由该产品的销售量和价格共同决定，销售额的增加，并不必然带来利润的增加。有些企业的销售额上升到一定程度，利润就很难上升，甚至销售额越大，亏损越多。因此，对于需求的价格弹性较大的商品，降低价格而导致的损失可以由销量的增加而得到补偿，因此企业宜采用薄利多销策略，保证在总利润不低于企业最低利润的条件下，尽量降低价格，促进销售，扩大盈利；反之，若商品的需求的价格弹性较小时，降价会导致收入减少，而提价则使销售额增加，企业应该采用高价、厚利、限销的策略。

12.2.4 竞争导向定价目标

在产品的营销竞争中，价格竞争是最有效、最敏感的手段。企业在设定定价前，一般要广泛搜集信息，把自己产品的质量、特点和成本与竞争者的产品进行比较，然后制定本企业的产品价格。根据企业的不同条件，一般有以下决策目标可供选择。

1) 稳定价格目标。是指以保持价格相对稳定，避免正面价格竞争为目标的定价。稳定的价格通常是大多数企业获得一定目标收益的必要条件。其实质是通过本企业产品的定价来左右整个市场价格，可以使市场价格在一个较长的时期内相对稳定，减少企业之间因价格竞争而发生的损失。为达到稳定价格的目的，通常情况下是由那些拥有较高的市场占有率、经营实力较强或具有竞争力和影响力的领导者企业采用的定价目标，其他企业的价格则与之保持一定的距离或比例关系。这样，对大企业是稳妥的价格保护政策，中小企业也以此避免因价格竞争带来的风险。在钢铁、采矿业、石油化工等行业内，稳定价格目标得到最广泛的应用。

2) 追随定价目标。企业有意识地通过给产品定价主动应付和避免市场竞争。企业价格的制定，主要以对市场价格有影响的竞争者的价格为依据，根据具体产品的情况稍高或稍低于竞争者。竞争者的价格不变，实行此目标的企业也维持原价，竞争者的价格变动，此类企业也相应地参照调整价格。一般情况下，中小企业的产品价格定得略低于行业中占主导地位的企业的价格。

3) 挑战定价目标。如果企业具备强大的实力和特殊优越的条件，可以主动出击，挑战竞争对手，获取更大的市场份额。一般常用的策略目标有：打击定价，实力较强的企业主动挑战竞争对手，扩大市场占有率，可采用低于竞争者的价格出售产品；特色定价，实力雄厚并拥有特殊技术或产品品质优良或能为消费者提供更多服务的企业，可采用高于竞争者的价格出售产品；阻截定价，为了防止其他竞争者加入同类产品的竞争行列，在一定条件下，往往采用低价入市，迫使弱小企业无利可图而退出市场或阻止竞争对手进入市场。

【小案例】

恶性价格战

陕西省安康市，某运营商通过擅自降低月租费进行营销，鼓动电信用户转往该网，这导致用户对中国电信资费价格的不满。近 300 名用户聚集在电信分公司营业厅，要求减免固话的月租费，个别用户因情绪激动甚至产生过激行为，造成了极为恶劣的影响。

点评：不难看出，各种以低价为炒作的资费优惠正在全国各地蔓延开来。恶性竞争的结果使执行正常资费标准的企业受到了威胁，使社会公共秩序受到严重影响。可以说，恶性价格战不仅恶化了企业的生存环境，而且还扭曲了消费者的消费心理。由于某些运营商违规降价，于是宠坏了诸多不知情的消费者，使之逐渐产生 "不降价就不是好企业" 的不良消费心理。消费者对电信资费的期望值过高，这使消费者在接受企业进行的正常价格调整时，需要一个逐步适应和接受的过程。

(曹刚等. 国内外市场营销案例集[M]. 武汉：武汉大学出版社.2006)

12.2.5　市场占有率目标

市场占有率，又称市场份额，是指企业的销售额占整个行业销售额的百分比，或者是指某企业的某产品在某市场上的销量占同类产品在该市场销售总量的比重。市场占有率是企业经营管理水平和竞争能力的综合表现，提高市场占有率有利于增强企业控制市场的能力从而保证产品的销路，还可以提高企业控制价格水平的能力从而使企业获得较高的利润。作为定价目标，市场占有率与利润的相关性很强，从长期来看，较高的市场占有率必然带来高利润。美国市场营销战略影响利润系统的分析指出：　当市场占有率在 10% 以下时，投资收益率大约为 8%；市场占有率在 10%～20% 之间时，投资收益率在 14% 以上；市场占有率在 20%～30% 之间时，投资收益率约为 22；市场占有率在 30%～40% 之间时，投资收益率约为 24；市场占有率在 40% 以上时，投资收益率约为 29%。因此，以市场占有率为定价目标具有获取长期较好利润的可能性。企业以提高市场占有率为目标时，应根据自身的生产经营能力、营销组合的配套安排、市场需求状况、竞争态势等方面的情况做出价格水平的决策。

　　在实践中，市场占有率目标被国内外许多企业所采用，其方法是以较长时间的低价策略来保持和扩大市场占有率，增强企业竞争力，最终获得最优利润。但是，这一目标的顺利实现应具备以下条件：

　　(1) 市场对价格高度敏感，因此低价能刺激需求的迅速增长。

　　(2) 企业有雄厚的经济实力，可以承受一段时间的亏损，或者企业的生产成本低于竞争对手。

　　(3) 生产与分销的单位成本会随着产销量的增加而下降。

　　(4) 企业对其竞争对手情况有充分了解，有从其手中夺取市场份额的绝对把握。否则，企业不仅不能达到目的，反而很有可能会受到损失。

　　(5) 在企业的宏观营销环境中，政府未对市场占有率做出政策和法律的限制。比如美国制定有"反垄断法"，对单个企业的市场占有率进行限制，以防止少数企业垄断市场。在这种情况下，盲目追求高市场占有率，往往会受到政府的干预。

【小案例】

恶性价格战抢夺竞争对手的用户资源

　　在海南，海南联通推出的 100 元包 1500 分钟，不要基本月租，每分钟通话费用只有 0.067 元。无独有偶，江苏某移动公司在全省推出了几种套餐，包括："话费月月送"、"包月放心打"、"晚间欢乐送"等，降价幅度平均高达 70% 以上。其中泰州地区的"晚间欢乐送"，在每天 21:00 至次日 07:00 的主叫移动话费减半的基础上，还增加了法定节假日晚间为 3 元包 50 分钟、6 元包 100 分钟，按此标准，移动资费仅为 0.06 元 / 分钟。

　　点评：移动资费下调到 0.06 元/分钟，如此低廉的资费标准不仅是对政策底线的触碰，而且是以牺牲企业大部分利润为代价。除去网间结算、运营成本、税务等费用，其收入呈现负增长的现象。运营商以低于成本的价格抢夺竞争对手的用户资源，这就是典型的恶性价格战。以低成本进行价格炒作，这不仅拖垮了竞争对手，也损害了企业自身利益。运营商们拿着国家的钱有恃无恐地大打恶性价格战，这无异于让国有资产白白流失，着实令人痛心。

　　(曹刚等. 国内外市场营销案例集[M]. 武汉：武汉大学出版社.2006)

12.3　定价方法

　　定价方法是企业在特定的定价目标指导下，依据对成本、需求及竞争等状况的研究，运用价格决策理论，对产品价格进行计算的具体方法。定价方法主要包括以成本为基础的定价方法、以购买者为基础的方法和以竞争为基础的方法三种类型。

12.3.1　基于成本的定价策划

基于成本的定价法是以产品成本为基础，加上目标利润来确定产品价格的成本导向定价法，是企业最常用、最基本的定价方法。主要有总成本加成定价法、目标收益定价法、边际成本定价法、盈亏平衡定价法等几种具体的定价方法。

12.3.1.1　总成本加成定价法

成本加成定价法即根据单位成本与一定的加成率来确定产品的单位价格，具体有如下两种方式：

1) 以成本为基础的加成。即企业在产品的单位总成本(包括单位变动成本和平均分摊的固定成本)上加一定比例的利润(即加成)来制定产品的单位销售价格。其计算公式是：

$$单位产品价格=单位成本×(1+成本加成率)$$

例如，某电视机厂商的成本和预计的销售量如下：总固定成本 3 000 000 元；单位变动成本 1 000 元；预计销售量 5 000 台。若该制造商的预期利润率为 20%，则采用成本加成定价法确定价格的过程如下：

$$单位成本 = 单位变动成本 + \frac{固定总成本}{销售量} = 1000 + \frac{3000000}{5000} = 1600(元)$$

$$单位产品价格=1600×(1+20\%)=1920(元)$$

2) 以售价为基础的加成。有的企业(如零售商)往往以销售额中的预计利润率为加成率来定价。其计算公式是：

$$单位产品价格 = \frac{单位成本}{1-销售额中的预计利润率}$$

如假设某零售商的单位进货成本为 1600 元，该企业想要在销售额中有 20% 的利润，其加成价格的计算如下：

$$单位产品价格 = \frac{1600}{1-20\%} = 2000(元)$$

由此可以看到，成本加成定价法的关键是加成率的确定。在这方面，企业一般是根据某一行业或某种产品已经形成的传统习惯来确定加成率。不过，不同的商品、不同的行业、不同的市场、不同的时间、不同的地点加成率是不同的，甚至同一行业中不同的企业也会有不同的加成率。一般地说，加成率应与单位产品成本成反比；加成率应和资金周转率成反比；加成率应与需求价格弹性成反比(需求价格弹性不变时加成率也应保持相对稳定)；零售商使用自己品牌的加成率应高于使用制造商品牌的加成率。

采用成本加成定价法,关键问题是确定合理的成本利润率。而成本利润率的确定,必须考虑市场环境、行业特点等多种因素。这种方法的优点:简化了定价工作,便于经济核算;价格竞争就会减到最少;在成本加成的基础上制定出来的价格对买卖双方来说都比较公平。

12.3.1.2 目标收益定价法

目标收益定价法又称投资收益率定价法,是根据企业的总成本或投资总额、预期销量和投资回收期等因素来确定价格。企业试图确定能带来它正在追求的目标投资收益。它是根据估计的总销售收入(销售额)和估计的产量(销售量)来制定价格的一种方法。其公式为:

$$单位产品价格 = \frac{总成本 + 目标收益额}{预期销量}$$

例如:某企业预计其产品的销量为 10 万件,总成本 740 万元,决定完成目标利润为 160 万元,按目标收益定价法计算如下:

$$单位产品价格 = \frac{740 + 160}{10} = 90(元)$$

与成本加成定价法相类似,目标收益定价法也是一种生产者导向的产物。其缺陷表现为:很少考虑到市场竞争和需求的实际情况,只是从保证生产者的利益出发制定价格;另外,先确定产品销量,再计算产品价格的做法完全颠倒了价格与销量的因果关系,把销量看成是价格的决定因素,在实际上很难行得通。尤其是对于那些需求的价格弹性较大的产品,用这种方法制定出来的价格,无法保证销量的必然实现。

12.3.1.3 边际成本定价法

边际成本是指每增加或减少单位产品所引起的总成本的变化量。边际成本定价法又称边际贡献法,其基本思想是只考虑变动成本,不考虑固定成本,以预期的边际贡献补偿固定成本并获得盈利。采用边际成本定价法时是以单位产品变动成本作为定价依据和可接受价格的最低界限。在价格高于变动成本的情况下,企业出售产品的收入除完全补偿变动成本外,尚可用来补偿一部分固定成本,甚至可能提供利润。其公式为:

单位产品价格=单位产品变动成本+单位产品边际贡献

其中单位产品边际贡献是指企业增加一个单位的销售,所获得的收入减去边际成本的数值。边际贡献=销售收入—变动成本,若边际贡献大于固定成本,企业就有盈利；若边际贡献小于固定成本，企业就会亏本；若边际贡献等于固定成本，企业盈亏平衡。只要边际贡献≥0，企业就可以考虑生产。这种定价方法适合于企业存在生产能力过剩、市场供过于求等的情况。

12.3.1.4　盈亏平衡定价法

盈亏平衡定价法，又称收支平衡法，是利用收支平衡点来确定产品的价格，即在销量达到一定水平时，企业应如何定价才不至于发生亏损；反过来说，已知价格在某一水平上，应销售多少产品才能保本。其公式：

$$盈亏平衡点价格 = \frac{固定总成本}{销量} + 单位变动成本$$

例如：某产品生产的固定成本是 150 000 元，单位变动成本为 15 元，若销量为 3 000 件，则价格应定多少企业才不会亏损？若销售价格为 40 元，则企业必须销售多少，才能保本？计算如下：

$$盈亏平衡点价格 = \frac{150000}{3000} + 15 = 65(元)$$

$$保本销量 = \frac{150000}{(40-15)} + 15 = 6000(件)$$

实际上，这种定价法的实质就是确定总收入等于总支出时的价格，以盈亏平衡点确定价格只能使企业的生产耗费得以补偿，而不能得到收益。若实际价格超过收支平衡价格，企业就可盈利。科学地预测销量和已知固定成本、变动成本是盈亏平衡定价的前提。有时，为了开展价格竞争或应付供过于求的市场格局，企业采用这种定价方式以取得市场竞争的主动权。

从本质上说，成本导向定价法是一种卖方定价导向。它忽视了市场需求、竞争和价格水平的变化，有时候与定价目标相脱节。此外，运用这一方法制定的价格均是建立在对销量主观预测的基础上，从而降低了价格制定的科学性。因此，在采用成本导向定价法时，还需要充分考虑需求和竞争状况，来确定最终的市场价格水平。

12.3.2　需求导向定价

现代市场营销观念要求，企业的一切生产经营必须以消费者需求为中心，并在产品、价格、分销和促销等方面予以充分体现。只考虑产品成本，而不考虑竞争状况及顾客需求的定价，不符合现代营销观念。根据市场需求状况和消费者对产品的感觉差异来确定价格的方法叫做需求导向定价法，又称市场导向定价法、顾客导向定价法主要包括认知价值定价法、逆向定价法、需求差异定价法、价值定价法、集团定价法等，其中需求差异定价法将在定价策略中专门论述。

1) 认知价值定价法。是指企业依据消费者对商品价值的理解，而不是依据企业的成本费用水平来定价，通过运用各种营销策略和手段，在消费者心目中建立并加强认知。认知价值定价法的关键和难点，是获得消费者对有关商品价值认知的准确资料。企业如果过高估计消费者的认知价值，其价格就可能过高，难以达到应有的销量；反之，若企业低估了消费者的认知价值，其定价就可能低于应有水平，使企业收入减少。因此，企业必须通过广泛的市场调研，了解消费者的需求偏好，根据产品的性能、用途、质量、品牌、服务等要素，判定消费者对商品的认知价值，然后据此来定价。如假设某家庭 1 个月用 2 瓶酱油，其单价为 4.5元，现有一种浓缩酱油，1 瓶可让同样的家庭使用 1 个月，则对其定价为 7 元 1瓶是可被消费者接受的，因为每月可为消费者节省 2 元。该浓缩酱油的定价是以消费者的认知价值为基础的，而不是以产品的实际成本为基础。认知价值定价法的关键在于提供并向潜在顾客展示比竞争者更高的价值。

2) 天天低价定价法。目前，顾客都希望从购买的商品中获取高价值，所以，采用以低价出售高质量供应品的价值定价法在某种程度上可获得顾客忠诚，其主要的表现形式就是天天低价定价法，被许多零售商采用。四个最成功的美国零售商 Home Depot、沃尔玛、Office Depot、Toys"R"Us 公司都使用天天低价定价法。这种定价方法强调把价格定得较低，但它们的定价并非总是市场上的最低价。因此，从某种意义上说，天天低价中的"低"并不一定最低。对这种定价方法更准确的表述应该是"每日稳定价"，因为它防止了每周价格的不稳定性。成功运用天天低价法会使零售商从与对手的残酷价格战中撤出。一旦顾客意识到价格是合理的，他们就会更多、更经常地购买。天天低价法下的稳定价格还减少了高/低定价法中的每周进行大量促销所需要的广告，而是把注意力更多地放在塑造企业形象上。另外，天天低价法的销量和顾客群都较稳定，不会因贱卖的刺激而产生新的突发消费群，因而销售人员可以在稳定的顾客身上花更多的时间，多为顾客着想，提高企业整体服务水平。

由于对大多数零售商而言，天天低价难于保持，且采用天天低价法，零售商的商品价格与其竞争者的价格必须是可比的，比如某百货公司销售的全国名牌产品或超级市场上的牛奶和糖这样的日用品。因而，在零售市场上与天天低价法对立的高/低定价法也被广泛采用。在高、低定价中，零售商制定的价格会高于其竞争者的天天低价，但使用广告进行经常性的降价促销。在降价过程中常常出现一种"仅此一天，过期不候"的氛围，从而导致购买者人头攒动，大大刺激了消费。过去，零售商仅仅在季末降价销售时尚商品，杂货店和药店也只有在供货方提供优惠价格或存货过多时才会降价销售。现在，许多零售商对日益加剧的市场竞争和顾客对价值的关注做出反应，采用经常降价的方式进行促销。杂货店和药店的供货方也通过增加"处理期"获得更高收益。在"处理期"内，制造商则对零售商购买的商品提供特惠价格。当然，零售商也可交替使用两种定价方法。在美国，较早实行天天低价的零售商(如沃尔玛)现在也开始进行经常性的促销活动，而主要使用高/低定价法的零售商则为努力稳定其价格而使用天天低价法。

3) 集团定价法。为了给顾客以更多的实惠，不少企业制定了一系列团购价，尤其是对一些金额较大的商品如小汽车，顾客自发组织起来以团购价购买，可以大大降低购买价格。互联网的兴起更加便利了这种方式，毫不相识的顾客通过互联网，可以加入企业已有购买意向的顾客当中，当购买量达到一定标准后，顾客便可以理想的价格进行购买。当然这种方式对顾客的耐性是一种挑战，因为有些顾客可能等不到集团价格实行的时候就退出了。

4) 需求差别定价法。是指产品价格的确定以需求为依据，首先强调适应消费者需求的不同特性，而将成本补偿只放在次要的地位。这种定价方法，对同一商品在同一市场上制订两个或两个以上的价格，或使不同商品价格之间的差额大于其成本之间的差额。其好处是可以使企业定价最大限度地符合市场需求，促进商品销售，有利于企业获取最佳的经济效益。根据需求特性的不同，需求差异定价法通常有以下几种形式：以用户为基础的差别定价、以地点为基础的差别定价、以时间为基础的差别定价、以产品为基础的差别定价、以流转环节为基础的差别定价。企业采取差别定价必须具备的条件：

(1) 市场必须是可以细分的，而且各个细分市场须表现出不同的需求程度。

(2) 以较低价格购买某种产品的顾客没有可能以较高价格把这种产品倒卖给别人。

(3) 竞争者没有可能在企业以较高销售产品的市场上以低价竞销。

(4) 细分市场和控制市场的成本费用不得超过因实行价格歧视而得到的额外收入，这就是说，不能得不偿失。

(5) 价格歧视不会引起顾客反感而放弃购买，影响销售。

(6) 采取的价格歧视形成不能违法。

5) 逆向定价法。也称零售价格定价法，是依据消费者能够接受的最终销售价格，逆向推算出中间商的批发价和生产企业的出厂价格。这种定价方法主要不是考虑产品成本，而重点考虑需求状况。逆向定价法的特点是：价格能反映市场需求情况，有利于加强与中间商的良好关系，保证中间商的正常利润，使产品迅速向市场渗透，并可根据市场供求情况及时调整，定价比较灵活。其公式：

批发价格=市场可销价格×(1－批零差率)

出厂价格=批发价格×(1－销进差率)=市场可销价格×(1－销进差率)×(1－批零差率)

12.3.3　基于竞争的定价策划

对于一些市场竞争十分激烈的产品，许多企业制定价格时，往往不是根据成本和需求，而是以竞争者的价格水平为基础进行定价。

竞争导向定价法是指通过研究竞争对手同类产品的商品价格、生产条件、服务状况等，结合企业自身的发展需求，以竞争对手的价格为基础进行产品定价的一种方法。其特点是价格与成本和市场需求不发生直接关系。当然，为实现企业的定价目标和总体经营战略目标，谋求企业的生存或发展，企业可以在其他营销手段的配合下，将价格定得高于或低于竞争者的价格，并不一定要求和竞争对手的产品价格完全保持一致。竞争导向定价主要包括：

1) 随行就市定价法。又称流行水准定价法，是指在一个竞争比较激烈的行业或部门中，某个企业根据市场竞争格局，跟随行业或部门中主要竞争者的价格，或各企业的平均价格，或市场上一般采用的价格，来确定自己产品的价格的方法。即企业按照行业的平均现行价格水平来定价。采用随行就市定价法，企业就不必去全面了解消费者对不同价差的反应，也不会引起价格波动，从而为营销、定价人员节约了很多时间。在以下情况下往往采取随行就市定价法：

(1) 难以估算成本。

(2) 主要适合同质产品市场，其目的是为了与同行业企业和平共处，避免发生激烈的竞争。

(3) 如果另行定价，很难了解购买者和竞争者对本企业的价格的反应。

(4) 在完全竞争与寡头竞争的条件下，这种定价方法经常使用。

但值得注意：这种定价法以竞争对手的价格为依据，并不否认本企业商品的成本、质量等因素对价格形成的直接作用。

2) 主动竞争定价法。又称价格领袖定价法或寡头定价法，是指在某个行业或部门中，由一个或少数几个大企业首先定价，其余企业参考定价或追随定价的方法。这一个或少数几个大企业就是价格领袖。他们的价格变动往往会引起其他企业的价格随之变动。其实，这种定价法与前一种定价法有相通之处。不追随竞争者的价格，而是根据本企业产品的实际情况给予竞争对手产品的差异来确定产品的价格。

3) 竞争投标定价法。又称为密封投标定价法，是指一个企业根据招标方的条件，主要考虑竞争情况来确定标的价格的一种方法。在国内外，许多大宗商品、原材料、成套设备和建筑工程项目的买卖和承包，以及征招经营协作单位、出租出售小型企业等，往往采用发包人招标、承包人投标的方式来选择承包者，确定最终承包价格。一般说来，招标方只有一个，处于相对垄断地位，而投标方有多个，处于相互竞争地位。一个企业能否中标，在很大程度上取决于该企业与竞争者投标报价水平的比较。标的物的价格是由参与投标的各个企业在相互独立的条件下确定，在买方招标的所有投标者中，报价最低的投标者通常中标，他的报价就是承包价格，这种竞争性的定价方法就是密封投标定价法。

4) 拍卖定价法。是由卖方预先发表公告，展示拍卖物品，买方预先看货，在规定时间公开拍卖，由买方公开叫价，不再有人竞争的最高价格即为成交价格，卖方按此价格拍板成交。拍卖式定价越来越被广泛地使用，其作用之一是处置积压商品或旧货。有三种主要的拍卖形式：

(1) 英国式拍卖：一个卖方和多个买方，是一种加价拍卖方式。卖方出示一个商品，买方不断加价竞标，直到达到最高价格。英国式拍卖经常被用来出售古董、家畜、不动产和旧设备、车辆。

(2) 荷兰式拍卖：一个卖方多个买方，或者一个买方多个卖方，是一种降价拍卖方式。在一个卖方多个买方情况下，拍卖人宣布一个最高的价格然后逐渐降低价格直至出价人接受为止；在一个买方多个卖方情况下，买方宣布他想买的商品，多个卖方不断压低价格以寻求最后中标。每个卖方都能看到当前最低价格，从而决定是否继续降价。

(3) 封闭式投标拍卖：供应商只能提供一份报价，并且不知道其他人的报价如何。供应商不会低于自己的成本报价，但是考虑到可能失去订单也不会报得太高。政府部门经常利用这种方法采购。

12.4　企业定价

在确定企业定价目标、定价方法，得出产品的基本价格之后，还要根据市场环境、产品特点等采用不同的定价策略。企业定价策略是指企业为实现企业定价目标，根据市场中影响产品价格的不同因素，在制定价格时灵活采取的各种定价手段和定价技巧。主要有三种定价策略：新产品定价策略、产品组合定价策略和价格调整策略

12.4.1　新产品定价策划

新产品定价关系到新产品能否顺利进入市场，企业能否站稳脚跟，能否取得较大的经济效益。常见的新产品定价策略主要有三种，即撇脂定价策略、渗透定

价策略和满意定价策略。

12.4.1.1 撇脂定价策略

撇脂定价策略又取脂定价策略称，指新产品上市之初，将其价格定得较高，以便在短期内获取厚利，迅速收回投资，减少经营风险，待竞争者进入市场，再按正常价格水平定价。这一定价策略有如从鲜奶中撇取其中所含的奶油一样，取其精华，所以称为"撇脂定价"策略。

一般而言，对于全新产品、受专利保护的产品、需求的价格弹性小的产品、流行产品、未来市场形势难以测定的产品等，可以采用取脂定价策略，其优点表现为：① 新产品上市之初，顾客对其尚无理性认识，此时的购买动机多属于求新求奇，利用较高价格可以提高产品身份，适应顾客求新心理，创造高价、优质、名牌的印象，有助于开拓市场；② 主动性大，先制定较高的价格，在其新产品进入成熟期后可以拥有较大的调价余地，不仅可以通过逐步降价保持企业的竞争力，而且可以从现有的目标市场上吸引潜在需求者，甚至可以争取到低收入阶层和对价格比较敏感的顾客；③ 在新产品开发之初，由于资金、技术、资源、人力等条件的限制，企业很难以现有的规模满足所有的需求，利用高价可以限制需求的过快增长，缓解产品供不应求状况，并且可以利用高价获取的高额利润进行投资，逐步扩大生产规模，使之与需求状况相适应；④ 在短期内可以收回大量资金，用作新的投资。

撇脂定价策略也存在着某些缺点：① 高价产品的需求规模毕竟有限，过高的价格不利于市场开拓、增加销量；② 不利于占领和稳定市场，容易导致新产品开发失败；③ 高价高利容易引来大量的竞争者，仿制品、替代品迅速出现，从而迫使价格急剧下降。此时若无其他有效策略相配合，则企业苦心营造的高价优质形象可能会受到损害，失去一部分消费者；④ 价格远远高于价值，在某种程度上损害了消费者利益，容易招致公众的反对和消费者抵制，甚至会被当作暴利来加以取缔，诱发公共关系问题。

【小案例】

金利来和微软视窗的高端定价

微软公司的 Windows98(中文版)进入中国市场时，一开始就定价 1998 元人民币，金利来领带，一上市就以优质、高价定位，对有质量问题的金利来领带他们决不上市销售，更不会降价处理。给消费者这样的信息，即金利来领带绝不会有质量问题，低价销售的金利来绝非真正的金利来产品。从而极好地维护了金利来的形象和地位。

德国的奔驰轿车，售价 20 万马克；瑞士莱克司手表，价格为五位数；巴黎里约时装中心的服装，一般售价2千法郎；我国的一些国产精品也多采用这种定价方式。当然，采用这种定价法必须慎重，滥用此法，弄不好会失去市场。

(曹刚等. 国内外市场营销案例集[M]. 武汉：武汉大学出版社.2006)

12.4.1.2　渗透定价策略

渗透定价策略是与撇脂定价相反的一种定价策略，即企业在新产品上市之初将其价格定得较低，吸引大量的购买者，借以打开产品销路，扩大市场占有率，谋求较长时期的市场领先地位。

当新产品没有显著特色，竞争激烈，需求弹性较大时宜采用渗透定价法。其优点是：① 低价可以使产品迅速为市场所接受，并借助大批量销售来降低成本，获得长期稳定的市场地位；② 微利可以阻止竞争对手的进入，减缓竞争，获得一定市场优势。其缺点是：投资回收期较长，见效慢，风险大。

利用渗透定价的前提条件有：新产品的需求价格弹性较大、新产品存在着规模经济效益。对于企业来说，采取撇脂定价还是渗透定价，需要综合考虑市场需求、竞争、供给、市场潜力、价格弹性、产品特性，企业发展战略等因素。

12.4.1.3　满意定价策略

满意定价策略又称为适中定价策略：一种介于撇脂定价与渗透定价之间的定价策略，以获取社会平均利润为目标。它既不是利用价格来获取高额利润，也不是让价格制约占领市场，而是尽量降低价格在营销手段中的地位，重视其他在产品市场中更有效的营销手段，是一种较为公平、正常的定价策略。当不存在适合于采用取脂定价或渗透定价的环境时，企业一般采取满意定价。

满意定价策略的优点是：① 产品能较快为市场接受且不会引起竞争对手的对抗；② 可以适当延长产品的生命周期；③ 有利于企业树立信誉，稳步调价并使顾客满意。其缺点是：虽然与取脂定价或渗透定价相比，满意定价策略缺乏主动进攻性，但并不是说正确执行它就非常容易。

满意定价没有必要将价格定的与竞争者一样或者接近平均水平。与撇脂定价和渗透定价类似，满意定价也是参考产品的经济价值决定的。当大多数潜在的购买者认为产品的价值与价格相当时，即使价格很高也属适中价格。

12.4.2　产品组合定价策划

当产品只是某产品组合的一部分时，企业必须对定价方法进行调整。这时候，企业要研究出一系列价格，使整个产品组合的利润实现最大化。因为各种产品之间存在需求和成本的相互联系，而且会带来不同程度的竞争，所以定价十分困难。

产品组合定价是指企业为了实现整个产品组合(或整体)利润最大化，在充分考虑不同产品之间的关系，以及个别产品定价高低对企业总利润的影响等因素基础上，系统地调整产品组合中相关产品的价格。主要的策略有：

1) 产品线定价。又称产品大类定价。企业为追求整体收益的最大化，为同一产品线中不同的产品确立不同的角色，制定高低不等的价格。若产品线中的两个前后连接的产品之间价格差额小，顾客就会购买先进的产品，此时若两个产品的成本差额小于价格差额，企业的利润就会增加，若价格差额大，顾客就会更多的购买较差的产品。如某品牌西服有 300、800、1500 元 3 种价格。产品线定价策略的关键在于合理确定价格差距。

2) 任选品定价。任选品是指那些与主要产品密切相关的可任意选择的产品。如饭菜是主要产品，酒水为任选品。不同的饭店定价策略不同，有的可能把酒水的价格定得高，把饭菜的价格定得低；有的把饭菜的价格定得高，把酒水的价格定得低。

3) 连带品定价。又称互补品，是指必须与主要产品一同使用的产品，如胶卷是相机的连带品，磁带与录音机、隐形眼镜与消毒液、饮水机与桶装水等。许多企业往往是将主要产品(价值量高的产品)定价较低，连带品定价较高，这样有利于整体销量的增加，增加企业利润。

4) 分级定价。又称分部定价或两段定价法。服务性企业经常收取一笔固定的费用，再加上可变的使用费。

5) 副产品定价。在生产加工肉类、石油产品和其他化工产品的过程中，经常有副产品。如果副产品过低，处理费用昂贵，就会影响到主产品的定价。制造商确定的价格必须能够弥补副产品的处理费用。如果副产品对某一顾客群有价值，就应该按其价值定价。副产品如果能带来收入，将有助于公司在迫于竞争压力时制定较低的价格。

6) 产品捆绑定价。又称组合产品定价。企业经常将一些产品组合在一起定价销售。完全捆绑是指公司仅仅把它的产品捆绑在一起。在一个组合捆绑中，卖方经常比单件出售要少收很多钱，以此来推动顾客购买。如对于成套设备、服务性产品等，为鼓励顾客成套购买，以扩大企业销售，加快资金周转，可以使成套购买的价格低于单独购买其中每一产品的费用总和。

12.4.3 价格调整策划

企业通常还需要针对顾客差异及形势变化调整它们的基础价格。在此我们来看一下五种价格调整战略：

1) 折扣定价。大多数企业为了鼓励顾客及早付清货款，或鼓励大量购买，或为了增加淡季销售量，还常常需酌情给顾客一定的优惠，这种价格的调整叫做价格折扣和折让。折扣定价是指对基本价格做出一定的让步，直接或间接降低价格，以争取顾客，扩大销量。其中直接折扣的形式有数量折扣、现金折扣、功能折扣、季节折扣，间接折扣的形式有回扣和津贴。

(1) 数量折扣。指按购买数量的多少，分别给予不同的折扣，购买数量愈多，折扣愈大。其目的是企业给那些大量购买某种产品的顾客的一种减价，鼓励大量购买或集中向本企业购买。数量折扣包括累计数量折扣和一次性数量折扣两种形式。数量折扣的优点：促销作用非常明显，企业因单位产品利润减少而产生的损失完全可以从销量的增加中得到补偿；销售速度的加快，使企业资金周转次数增加，流通费用下降，产品成本降低，从而导致企业总盈利水平上升。例如：顾客购买某种商品 100 单位以下，每单位 10 元；购买 100 单位以上，每单位 9 元。

(2) 现金折扣。是给予在规定的时间内提前付款或用现金付款者的一种价格折扣，其目的是鼓励顾客尽早付款，加速资金周转，降低销售费用，减少财务风险。采用现金折扣一般要考虑三个因素：折扣比例、给予折扣的时间限制与付清全部货款的期限。例如"2/10，$n/30$"，表示付款期是 30 天，但如果在成交后 10 天内付款，给予 2%的现金折扣。许多行业习惯采用此法以加速资金周转，减少收账费用。

(3) 功能折扣。也叫贸易折扣或交易折扣，是指中间商在产品分销过程中所处的环节不同，其所承担的功能、责任和风险也不同，企业据此给予不同的折扣，即制造商给某些批发商或零售商的一种额外折扣，促使他们执行某种市场营销功能如推销、储存、服务等。其目的：鼓励中间商大批量订货，扩大销售，争取顾客，并与生产企业建立长期、稳定、良好的合作关系；对中间商经营的有关产品的成本和费用进行补偿，并让中间商有一定的盈利。功能折扣的比例，主要考虑中间商在分销渠道中的地位、对生产企业产品销售的重要性、购买批量、完成的促销功能、承担的风险、服务水平、履行的商业责任，以及产品在分销中所经历的层次和在市场上的最终售价等等。

(4) 季节折扣。是企业鼓励顾客淡季购买的一种减让，以使企业的生产和销售一年四季能保持相对稳定。有些商品的生产是连续的，而其消费却具有明显的季节性。为了调节供需矛盾，生产企业对在淡季购买商品的顾客给予一定的优惠，使企业的生产和销售在一年四季能保持相对稳定。例如啤酒生产厂家对在冬季进货的商业单位给予大幅度让利，羽绒服生产企业则为夏季购买其产品的客户提供折扣，旅馆和航空公司在它们经营淡季期间也提供优惠。季节折扣比例的确定，应考虑成本、储存费用、基价和资金利息等因素。季节折扣有利于减轻库存，加速商品流通，迅速收回资金，促进企业均衡生产，充分发挥生产和销售潜力，避免因季节需求变化所带来的市场风险。

(5) 回扣和津贴。回扣是间接折扣的一种形式，它是指购买者在按价格目录将货款全部付给销售者以后，销售者再按一定比例将货款的一部分返还给购买者。津贴又称为折让，是根据价目表给顾客以价格折扣的另一种类型。津贴是企业为特殊目的，对特殊顾客以特定形式所给予的价格补贴或其他补贴。如零售商为企业产品刊登广告或设立橱窗，生产企业除负担部分广告费外，还在产品价格上给予一定优惠。旧货折价折让就是当顾客买了一件新品目的商品时，允许交还同类商品的旧货，在新货价格上给予折让；促销折让是卖方为了报答经销商参加广告和支持销售活动而支付的款项或给予的价格折让。

2) 差别定价。由于市场上存在着不同的顾客群体、不同的消费需求和偏好，企业为了适应在顾客、产品、地理等方面的差异，常常采用差别定价策略。所谓差别定价(歧视定价)是指企业以两种或两种以上不同反映成本费用的比例差异的价格来销售一种产品或服务，即价格的不同并不是基于成本的不同，而是企业为满足不同消费层次的要求而构建的价格结构。差别定价有以下几种形式：以顾客为基础的差别定价策略、以产品为基础的差别定价策略、以地点为基础的差别定价策略和以时间为基础的差别定价策略。

(1) 顾客差别定价。企业把同一种商品或服务按照不同的价格卖给不同的顾客。例如，公园、旅游景点、博物馆将顾客分为学生、年长者和一般顾客，对学生和年长者收取较低的费用；铁路公司对学生、军人售票的价格往往低于一般乘客；自来水公司根据需要把用水分为生活用水、生产用水，并收取不同的费用；电力公司将电分为居民用电、商业用电、工业用电，对不同的用电收取不同的电费。

(2) 产品差别定价。企业根据产品的不同型号、不同式样，制定不同的价格，但并不与各自的成本成比例。如：33寸彩电比29寸彩电的价格高出一大截，可其成本差额远没有这么大；一件裙子70元，成本50元，可是在裙子上绣一组花，追加成本5元，但价格却可定到100元。一般来说，新式样产品的价格会高一些。

(3) 地点差别定价。指对处于不同地点或场所的产品或服务制定不同的价格，即使每个地点的产品或服务的成本是相同的。例如影剧院不同座位的成本费用都一样，却按不同的座位收取不同价格，因为公众对不同座位的偏好不同；火车卧铺从上铺到中铺、下铺，价格逐渐增高。

(4) 时间差别定价。产品或服务的价格因季节、时期或钟点的变化而变化。一些公用事业公司，对于用户按一天的不同时间、周末和平常日子的不同标准来收费。长途电信公司制订的晚上、清晨的电话费用可能只有白天的一半；航空公司或旅游公司在淡季的价格便宜，而旺季一到价格立即上涨。这样可以促使消费需求均匀化，避免企业资源的闲置或超负荷运转。

企业采取差别定价策略的前提条件是：① 市场必须是可以细分的，而且各个细分市场表现出的需求程度不同；② 细分市场间不会因价格差异而发生转手或转销行为，且各销售区域的市场秩序不会受到破坏；③ 市场细分与控制的费用不应超过价格差别所带来的额外收益；④ 在以较高价销售的细分市场中，竞争者不可能低价竞销；⑤ 推行这种定价法不会招致顾客的反感、不满和抵触。

3) 心理定价。是根据消费者不同的消费心理而制定相应的产品价格，以引导和刺激购买的价格策略。常用的心理定价策略有：

(1) 数字定价策略。又称零数定价、奇数定价、非整数定价，指企业利用消费者求廉的心理，制定非整数价格，而且常常以零数作尾数。例如某种产品价格定价为 19.99 元而不是 20 元。使用这种策略定价，可以使价格在消费者心中产生三种特殊的效应：便宜、精确、中意，一般适应于日常消费品等价格低廉的产品。

与零数作尾数定价相反，整数定价策略是针对的是消费者的求名、自豪心理，将产品价格有意定为整数。对于那些无法明确显示其内在质量的商品，消费者往往通过其价格的高低来判断其质量的好坏。但是，在整数定价方法下，价格的高并不是绝对的高，而只是凭借整数价格来给消费者造成高价的印象。整数定价常常以偶数，特别是"0"作尾数。整数定价策略适用于需求的价格弹性小、价格高低不会对需求产生较大影响的中高档产品，如流行品、时尚品、奢侈品、礼品、星级宾馆、高级文化娱乐城等。整数定价的好处：可以满足购买者显示地位、崇尚名牌、炫耀富有、购买精品的虚荣心；利用高价效应，在顾客心目中树立高档、高价、优质的产品形象。

还有一种是愿望数字定价策略。由于民族习惯、社会风俗、文化传统和价值观念的影响，某些数字常常会被赋予一些独特的含义，企业在定价时如能加以巧用，则其产品将因之而得到消费者的偏爱。当然，某些为消费者所忌讳的数字，如西方国家的"13"、日本国的"4"，企业在定价时则应有意识地避开，以免引起消费者的厌恶和反感。

(2) 声望定价策略。指根据产品在顾客心中的声望、信任度和社会地位来确定价格的一种定价策略。例如一些名牌产品，企业往往可以利用消费者仰慕名牌的心理而制定大大高于其他同类产品的价格，国际著名的欧米茄手表，在我国市场上的销价从 1 万元到几十万元不等。消费者在购买这些名牌产品时，特别关注其品牌，标价所体现出的炫耀价值，目的是通过消费获得极大的心理满足。声望定价的目的：可以满足某些顾客的特殊欲望，如地位、身份、财富、名望和自我形象，可以通过高价显示名贵优质。声望定价策略适用于一些知名度高、具有较大的市场影响、深受市场欢迎的驰名商标的产品。

(3) 招徕定价策略。又称特价商品定价，是指企业将某几种产品的价格定得非常之高，或者非常之低，在引起顾客的好奇心理和观望行为之后，带动其他产品的销售，加速资金周转。这一定价策略常为综合性百货商店、超级市场、甚至高档商品的专卖店所采用。

值得企业注意的是，用于招徕的降价品，应该与低劣、过时商品明显地区别开来，必须是品种新、质量优的适销产品，而不能是处理品。否则，不仅达不到招徕顾客的目的，反而可能使企业声誉受到影响。

例如，某商场，每逢节假日都要举办"一元拍卖活动"，所有拍卖商品均以1元起价，报价每次增加5元，直至最后定夺。但这种由每日商场举办的拍卖活动由于基价定得过低，最后的成交价就比市场价低得多，因此会给人们产生一种"卖得越多，赔得越多"的感觉。岂不知，该商场用的是招徕定价术，它以低廉的拍卖品活跃商场气氛，增大客流量，带动了整个商场的销售额上升，这里需要说明的是，应用此策略所选的降价商品，必须是顾客都需要、而且市场价为人们所熟知的才行。

(4) 习惯定价策略。指根据消费市场长期形成的习惯性价格定价的策略。对于经常性、重复性购买的商品，尤其是家庭生活日常用品，在消费者心理上已经"定格"，其价格已成为习惯性价格，并且消费者只愿付出这么大的代价。有些商品，消费者在长期的消费中，已在头脑中形成了一个参考价格水准，个别企业难于改变。降价易引起消费者对品质的怀疑，涨价则可能受到消费者的抵制。企业定价时常常要迎合消费者的这种习惯心理。

4) 促销定价。指企业暂时地将其产品价格定得低于目录价格，有时甚至低于成本，从而达到促进销售的目的。促销定价有几种形式：

(1) 牺牲品定价。一些超市和百货商店会用几个产品作为牺牲品招徕客户，希望他们购买其他有正常加成的产品。

(2) 特殊事件定价。销售者在某些季节还可以用特殊事件定价来吸引更多的客户。例如企业在利用开业庆典或开业纪念日或节假日等时机，降低某些产品的价格，以吸引更多的顾客。

(3) 现金回扣。制造商对在特定的时间内购买企业产品的顾客给予现金回扣，以清理存货，减少积压。回扣最近在汽车制造商、耐用品和小器具生产商中间十分流行。一些制造商提供低息贷款，较长期担保或者免费保养来减让消费者的"价格"。这一做法最近极受汽车行业的推崇。

(4) 心理折扣。企业开始时给产品制定很高的价格，然后大幅度降价出售，刺激顾客购买。企业可以从正常价格中简单地提供折扣，以增加销售量和减少库存。

5) 地理定价。指由企业承担部分或全部运输费用的定价策略。它包含着公司如何针对国内不同地方和各国之间的顾客决定其产品定价。当市场竞争激烈，或企业急于打开新的市场时常采取这种做法。通常一个企业的产品不仅在本地销售，同时还要销往其他地区，而产品从产地运到销地要花费一定的运输、仓储等费用。那么应如何合理分摊这些费用？不同地区的价格应如何制定，就是地区定价策略所要解决的问题。具体有五种方法：

(1) 产地定价策略。顾客(买方)以产地价格或出厂价格为交货价格，企业(卖方)只负责将这种产品运到产地某种运输工具(如卡车、火车等)上交货，运杂费和运输风险全部由买方承担。这种做法适用于销路好、市场紧俏的商品，但不利于吸引路途较远的顾客。

(2) 统一交货价策略。也称邮资定价法：和前者相反，企业对不同地区的顾客实行统一的价格，即按出厂价加平均运费制定统一交货价。这种方法简便易行，但实际上是由近处的顾客承担了部分远方顾客的运费，对近处的顾客不利，而比较受远方顾客的欢迎。

【小案例】

日本袜子的统一定价

日本人盛行穿布袜子，石桥便专门生产经销布袜子。当时由于大小、布料和颜色的不同，袜子的品种多达 100 多种，价格也是一式一价，买卖很不方便。有一次，石桥乘电车时，发现无论远近，车费一律都是 0.05 日元。由此他产生灵感，如果袜子都以同样的价格出售，必定能大开销路。然而当他试行这种方法时，同行全都嘲笑他。认为如果价格一样，大家便会买大号袜子，小号的则会滞销，那么石桥必赔本无疑。但石桥胸有成竹，力排众议，仍然坚持统一定价。由于统一定价方便了买卖双方，深受顾客欢迎，布袜子的销量达到空前的数额。

(曹刚等. 国内外市场营销案例集[M]. 武汉：武汉大学出版社.2006)

(3) 分区定价策略。企业把销售市场划分为远近不同的区域，各区域因运距差异而实行不同的价格，同区域内实行统一价格。分区定价类似与邮政包裹、长途电话的收费。对企业来讲，可以较为简便地协调不同地理位置用户的运费负担问题，但对处于分界线两侧的顾客而言，还会存在一定的矛盾。

(4) 基点定价策略。企业在产品销售的地理范围内选择某些城市作为定价基点，然后按照出厂价加上基点城市到顾客所在地的运费来定价。这种情况下，运杂费用等是以各基点城市为界由买卖双方分担的。该策略适用于体积大、费占成本比重较高、销售范围广、需求弹性小的产品。有些公司为了提高灵活性，选定许多个基点城市，按照顾客最近的基点计算运费。

(5) 津贴运费定价。又称为减免运费定价，指由企业承担部分或全部运输费用的定价策略。有些企业因为急于和某些地区做生意,负担全部或部分实际运费。这些卖主认为,如果生意扩大,其平均成本就会降低,因此足以抵偿这些费用开支。此种定价方法有利于企业加深市场渗透。当市场竞争激烈,或企业急于打开新的市场时常采取这种做法。

12.4.4 变动价格的策划

企业在产品价格确定后,由于客观环境和市场情况的变化,往往会对现行价格进行修改和调整。企业产品价格调整的动力既可能来自于内部,也可能来自于外部。倘若企业利用自身的产品或成本优势,主动地对价格予以调整,将价格作为竞争的利器,这称为主动调整价格。有时,价格的调整出于应付竞争的需要,即竞争对手主动调整价格,而企业也相应地被动调整价格。无论是主动调整,还是被动调整,其形式不外乎是削价和提价两种。

12.4.4.1 发动价格改变策划

企业常面临是否需要降低或提高价格问题。

1) 企业提价。企业提价一般会遭到消费者和经销商反对,但在以下情况下企业可能会提价:

(1) 产品已经改进。

(2) 应付产品成本增加,减少成本压力。

(3) 适应通货膨胀,物价普遍上涨,企业生产成本必然增加,为保证利润,减少企业损失,不得不提价。

(4) 产品供不应求,遏制过度消费。一方面买方之间展开激烈竞争,争夺货源,为企业创造有利条件;另一方面也可以抑制需求过快增长,保持供求平衡。

(5) 利用顾客心理,创造优质高价效应。

(6) 政府或行业协会的影响。

2) 企业降价。这是定价者面临的最严峻且具有持续威胁力量的问题。企业在以下情况须考虑降价:

(1) 生产能力过剩,产品供过于求,急需回笼资金,企业以降价来刺激市场需求。

(2) 市场份额下降,通过降价来开拓新市场。

(3) 决策者决定排斥现有市场的竞争者。

(4) 由于技术的进步而使行业生产成本大大降低,费用减少,使企业降价成为可能,并预期降价会扩大销售;

(5) 政治、法律环境及经济形势的变化，迫使企业降价。

12.4.4.2　价格变动的反应

任何价格变化都将受到购买者、竞争者、分销商、供应商，甚至政府的注意。

1) 顾客对价格变动的反应。不同市场的消费者对价格变动的反应是不同的，即使处在同一市场的消费者对价格变动的反应也可能不同。顾客对提价的可能反应：产品很畅销，不赶快买就买不到了；产品很有价值；卖主想赚取更多利润。顾客对降价可能有以下看法：产品样式老了，将被新产品代替；产品有某些缺点，销售不畅；企业财务困难，难以继续经营；价格还要进一步下跌；产品质量下降了。

购买者对价值不同的产品价格的反应也有所不同，对于价值高，经常购买的产品的价格变动较为敏感；而对于价值低，不经常购买的产品，即使单位价格高，购买者也不大在意。此外，购买者通常更关心取得、使用和维修产品的总费用，因此卖方可以把产品的价格定得比竞争者高，取得较多利润。

2) 竞争者对价格变动的反应。虽然透彻地了解竞争者对价格变动的反应几乎不可能，但为了保证调价策略的成功，主动调价的企业又必须考虑竞争者的价格反应。没有估计竞争者反应的调价，往往难以成功，至少不会取得预期效果。

在实践中，为了减少因无法确知竞争者对价格变化的反应而带来的风险，企业在主动调价之前必须明确回答以下问题：本行业产品有何特点？本企业在行业中处于何种地位？主要竞争者是谁？竞争对手会怎样理解我方的价格调整？针对本企业的价格调整，竞争者会采取什么对策？这些对策是价格性的还是非价格性的？它们是否会联合做出反应？针对竞争者可能的反应，企业的对策又是什么？有无几种可行的应对方案？在细致分析的基础上，企业方可确定价格调整的幅度和时机。

竞争者对调价的反应有以下几种类型：

(1) 相向式反应。你提价，他涨价；你降价，他也降价。这样一致的行为，对企业影响不太大，不会导致严重后果。企业坚持合理营销策略，不会失掉市场和减少市场份额。

(2) 逆向式反应。你提价，他降价或维持原价不变；你降价，他提价或维持原价不变。这种相互冲突的行为，影响很严重，竞争者的目的也十分清楚，就是乘机争夺市场。对此，企业要进行调查分析，首先摸清竞争者的具体目的，其次要估计竞争者的实力，再次要了解市场的竞争格局。

(3) 交叉式反应。众多竞争者对企业调价反应不一，有相向的，有逆向的，有不变的，情况错综复杂。企业在不得不进行价格调整时应注意提高产品质量，加强广告宣传，保持分销渠道畅通等。

【小案例】

休布雷公司伏特加酒的应对竞争的定价策略

休布雷公司在美国伏特加酒的市场上，属于营销出色的公司，其生产的史密诺夫酒，在伏特加酒的市场占有率达23%。60年代，另一家公司推出一种新型伏特加酒，其质量不比史密诺夫酒低，每瓶价格却比它低1美元。

按照惯例，休布雷公司有3条对策可选择：

(1) 降低1美元，以保住市场占有率；

(2) 维持原价，通过增加广告费用和销售支出来与对手竞争。

(3) 维持原价，听任其市场占有率降低。

由此看出，不论该公司采取上述哪种策略，休布雷公司都处于市场的被动地位。

但是，该公司的市场营销人员经过深思熟虑后，却采取了对方意想不到的第4种策略。那就是，将史密诺夫酒的价格再提高1美元，同时推出一种与竞争对手新伏特加酒价格一样的瑞色加酒和另一种价格更低的波波酒。

这一策略，一方面提高了史密诺夫酒的地位，同时使竞争对手新产品沦为一种普通的品牌。结果，休布雷公司不仅渡过了难关，而且利润大增。实际上，休布雷公司的上述3种产品的味道和成分几乎相同，只是该公司懂得以不同的价格来销售相同的产品策略而已。

(曹刚等. 国内外市场营销案例集[M]. 武汉：武汉大学出版社.2006)

12.4.4.3 对价格变动的应对

竞争对手在实施价格调整策略之前，一般都要经过长时间的深思得失，仔细权衡调价的利害，但是，一旦调价成为现实，则这个过程相当迅速，并且在调价之前大多要采取保密措施，以保证发动价格竞争对手在实施价格调整策略之前，一般都要经过长时间的深思得失，仔细权衡调价的利害，但是，一旦调价成为现实，则这个过程相当迅速，并且在调价之前大多要采取保密措施，以保证发动价格竞争的突然性。企业在做出反应时，先必须分析：竞争者调价的目的是什么？调价是暂时的，还是长期的？能否持久？企业面临竞争者应权衡得失：是否应做出反应？如何反应？另外还必须分析价格的需求弹性，产品成本和销售量之间的关系等复杂问题。企业要做出迅速反应，最好事先制定反应程序，到时按程序处理，提高反应的灵活性和有效性。

一般说来，在同质产品市场上，如果竞争者降价，企业必随之降价，否则企业会失去大部分顾客。但面对竞争者的提价，本企业既可跟进，也可以暂且观望。

如果大多数企业都维持原价，则最终迫使竞争者把价格降低，从而使竞争者涨价失败。

在异质产品市场，由于每个企业的产品质量、品牌、服务和消费者偏好等方面有着明显的不同，因而面对竞争者的调价策略，企业有较大的选择余地：

1) 价格不变，任其自然。

2) 价格不变，加强非价格竞争：广告、售后服务、销售网点等。

3) 部分或完全跟随竞争者的价格变动。

4) 以优越于竞争者的价格跟进并结合非价格手段进行反击，如此竞争者更大的幅度降价，更小的幅度提价。

【思考与练习】

1) 名词解释：

成本导向定价　　　需求导向定价　　　竞争导向定价　　　折扣定价

地区定价　　　　　差别定价　　　　　撇脂定价　　　　　渗透定价

满意定价　　　　　尾数定价　　　　　整数定价　　　　　招徕定价

声望定价　　　　　目标收益定价法

2) 思考与讨论：

(1) 影响企业定价的因素有哪些？

(2) 企业的定价导向有哪三种？

(3) 竞争导向定价的方法有哪几种？

(4) 什么是撇脂定价？什么是渗透定价？

(5) 常见的心理定价策略有哪几种？

(6) 什么是两段定价？

(7) 面对竞争者的价格变动，市场领导者可采取哪些行动？

【实训项目】

广东千百度日化用品有限公司将产品定位为大众产品，目的是拓宽市场适应面，尽可能满足大多数人的需求。企业产品的定价与其市场定位相一致，千百度公司选择的目标市场是农村城镇市场，农村城镇市场的消费者的平均收入虽然有了很大的提高，但随着医疗、教育等支出的快速增长，以及农村城镇市场消费者更倾向于储蓄支出，于是其人均可支配收入仍然处于较低水平。另外，该市场对产品档次的要术较低，关键是产品质量有保证，因此，千百度公司对企业产品的价格制定为低价位。一般是综合市场上同行业产品价格，再考虑企业让利的承受能力，制定出的产品价格大多数比同行业同等质量产品的价格低 5%~10%。

农村市场与城市市场有个很大的区别，就是农村消费者不会也不可能会经常丢商场、超市购物。农村消费者离乡镇市场所在地一般都有一段较远的距离，他们不可能像城市消费者那样方便地可以每时每刻都去商场超市购物。农村市场的消费者多数是集中在一个固定日期(每月逢5为集市日)到集市去"赶集"。针对这个特点,千百度公司通过广泛调查,收集到各个目标市场的赶集日期,然后充分利用赶集日的人气,采用多种促销方式吸引消费者。为了配合促销活动的开展,公司在产品的价格制定也做了很大调整。

首先,千百度公司在目标市场上实行会员销售制度。对于购买两瓶以上洗发水或购买系列产品的顾客,不仅可以享受到一定的价格折扣,还可免费获得一张千百度公司的会员卡。同时,销售人员明确叮嘱拥有会员卡的顾客,下次购物时一定要带来,这样可以更优惠。其次,公司对其所有产品的定价都留有尾数,原本定价为12元的洗发水,通常都要求标价为1197元。其三,对一次购买数量达到20元以上的顾客,都免费赠送公司的千千净牌洗衣粉或千日香牌香皂。其四,一次购买2瓶或以上千百度洗发水的顾客,再加1元,就可获得价值6元的千百度公司千千净牌洗衣粉或千日香牌香皂。其五,每次集市日都推出一款特价产品,或是洗发水,或是洗衣粉,或是香皂,价格低至平时的一半。对于特价产品,实行限量销售,每人每天只能购买一次且只能是一包或一瓶。

综合训练:

(1) 千百度公司对企业产品价格的制定一般是综合市场上同行业产品价格,再考虑企业让利的承受能力,制定出的产品价格,该方法是( )。

    A. 成本导向定价法   B. 竞争导向定价法

    C. 需求导向定价法   D. 市场导向定价法

(2) 千百度公司对购买2瓶以上洗发水或购买系列产品的顾客,给予一定的价格折扣优惠,这种价格折扣优惠是( )。

    A. 销售折让   B. 现金折让   C. 现金折扣   D. 数量折扣

(3) 千百度公司对其所有产品的定价都留有尾数,原本定价为12元的洗发水,通常都标价为1197元。试问这是怎样的定价策略,该策略是依据消费者怎样的心理?

(4) 千百度公司在农村城镇市场的每次集市日上都推出一款特价产品,或是洗发水,或是洗衣粉,或是香皂,价格低至平时的一半。对于特价产品,实行限量销售,每人每天只能购买一次且只能是1包或1瓶。试分析公司采取的是怎样的定价策略,该种策略有什么特点?

(5) 结合案例,试分析千百度公司还可以采取哪些更有效的定价方法和策略,该公司面对竞争对手的降价促销应该采取怎样的应对措施?

13　分　销　策　略

【知识目标】

　　了解分销渠道的内涵和结构；

　　把握分销渠道的类型；

　　理解影响分销渠道选择的因素；

　　了解终端销售点的选择方法及标准。

【能力目标】

　　领会和理解分销渠道的选择及终端销售点的选择。

【案例导入】

打火机的渠道选择

　　在日本，打火机原先一般都在百货商店或是在附带卖香烟的杂货店里卖。可是，日本丸万公司在十几年前推出瓦斯打火机时，就把它交由钟表店销售。如今，日本的钟表店到处都是卖打火机的，这在以前是根本没有的现象。钟表店一向被认为是卖贵重物品的高级场所，在这里卖打火机，人们一定会视它为高级品。而在暗淡的杂货店、香烟店里，上面蒙着一层灰尘的打火机和摆在闪闪发光的钟表店中的打火机，这两者给人的印象当然是天壤之别了。丸万公司采取在钟表店销售打火机的方式收到了惊人的效果，他们的打火机十分畅销。由于采取的是反传统的销售渠道，使他们的打火机出尽风头，令人们产生了丸万公司的打火机非常高级的印象，丸万公司的打火机目前风行到世界的每一个角落。

　　(万后芬. 市场营销教程(第二版)[M]. 北京：高等教育出版社，2007)

13.1　分销渠道概述

　　分销就是使产品和服务以适当的数量和地域分布来适时地满足目标市场的顾客需要。分销渠道是产品从制造商向消费者流转的通道。企业以不同的分销渠道销售同一种产品，其成本和利润往往相差甚远。因此，在竞争日趋激烈的市场上，如何选择快捷的分销渠道，就成了企业面临的最复杂和最富有挑战性的问题。分销策略是市场营销组合策略之一，它同产品策略、促销策略、定价策略一样，是企业能否成功地将产品打入市场，扩大销售，实现企业经营目标的重要手段。分销渠道策略主要涉及分销渠道及其结构；分销渠道策略的选择与管理；批发商与零售商及实体分配等内容。

13.1.1 分销渠道的含义

被誉为"现代营销学之父"的菲利普·科特勒认为："一条分销渠道是指某种货物或劳务从生产者向消费者移动时取得这种货物或劳务的所有权或帮助转移其所有权的所有企业和个人。因此，一条分销渠道主要包括商人中间商(因为他们取得所有权)和代理中间商(因为他们帮助转移所有权)。此外，它还包括作为分销渠道的起点和终点的生产者和消费者，但是，它不包括供应商、辅助商等。"

科特勒认为，市场营销渠道和分销渠道是两个不同的概念。他说："一条市场营销渠道是指那些配合起来生产、分销和消费某一生产者的某些货物或劳务的一整套所有企业和个人。"这就是说，一条市场营销渠道包括某种产品的供产销过程中所有的企业和个人，如资源供应商、生产者、商人中间商、代理中间商、辅助商(如运输企业、公共货栈、广告代理商、市场研究机构等)以及最后消费者或用户等。

美国市场营销协会早在1931年就有定义委员会，但到1960年该委员会才给分销渠道下了个定义，即：分销渠道是指"企业内部和外部代理商和经销商(批发和零售)的组织结构，通过这些组织，商品(产品或劳务)才得以上市行销。"这个定义仅着重反映分销渠道的组织结构，而没有反映商品从生产者流向最后消费者或用户的流通过程。

分销渠道是指某种货物和劳务从生产者向消费者移动时取得这种货物和劳务的所有权或帮助转移其所有权的所有企业和个人。它主要包括商人中间商，代理中间商，以及处于渠道起点和终点的生产者与消费者。在商品经济条件下，产品必须通过交换，发生价值 形式的运动，使产品从一个所有者转移到另一个所有者，直至消费者手中，这称为商流，同时，伴随着商流，还有产品实体的空间移动，称之为物流。商流与物流相结合，使产品从生产者到达消费者手中，便是分销渠道或分配途径。

13.1.2 分销渠道的流程

分销渠道由五种流程构成(见图13.1)，即：
1) 实体流程(商流)。是指实体原料及成品从制造商转移到最终顾客的过程。
2) 所有权流程(物流)。是指货物所有权从一个市场营销机构到另一个市场营销机构的转移过程。

3) 付款流程(货币流)。是指货款在各市场营销中间机构之间的流动过程。

4) 信息流程(信息流)。是指在市场营销渠道中，各市场营销中间机构相互传递信息的过程。

5) 促销流程(促销流)。是指由一单位运用广告、人员推销、公共关系、促销等活动对另一单位施加影响的过程。

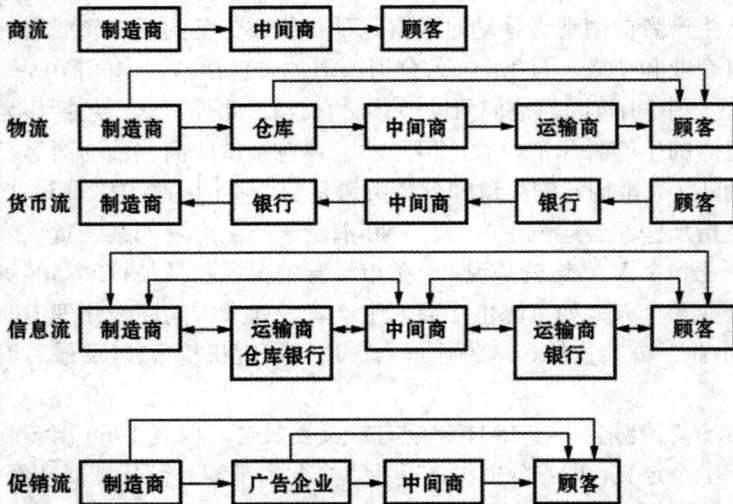

图 13.1　分销渠道中五种不同的流程

13.1.3　分销渠道类型

按流通环节的多少，可将分销渠道划分为直接渠道与间接渠道，间接渠道又分为短渠道与长渠道。

13.1.3.1　直接渠道与间接渠道

直接渠道与间接渠道其区别在于有无中间商。

直接渠道指生产企业不通过中间商环节，直接将产品销售给消费者。直接渠道是工业品分销的主要类型。例如大型设备、专用工具及技术复杂需要提供专门服务的产品，都采用直接分销，消费品中有部分也采用直接分销类型，诸如鲜活商品等。

间接渠道指生产企业通过中间商环节(代理商或批发商)把产品传送到消费者手中。间接分销渠道是消费品分销的主要类型，有许多产品诸如化妆品等采用间接分销类型。

13.1.3.2 长渠道和短渠道

分销渠道的长短一般是按通过流通环节的多少来划分，具体包括以下四层：

1) 零级渠道。即由生产者→消费者。

2) 一级渠道。即由生产者→零售商→消费者。

3) 二级渠道。即由生产者→批发商→零售商→消费者，多见于消费品分销；或者是由生产者→代理商→零售商→消费者。多见于消费品分销。

4) 三级渠道。即由生产者→代理商→批发商→零售商→消费者。可见，零级渠道最短，三级渠道最长。

13.1.3.3 宽渠道与窄渠道

渠道宽窄取决于渠道的每个环节中使用同类型中间商数目的多少。企业使用的同类中间商多，产品在市场上的分销面广，称为宽渠道。如一般的日用消费品(毛巾、牙刷、热水瓶等)，由多家批发商经销，又转卖给更多的零售商，能大量接触消费者，大批量地销售产品。企业使用的同类中间商少，分销渠道窄，称为窄渠道，它一般适用于专业性强的产品，或贵重耐用消费品，由一家中间商统包，几家经销。它使生产企业容易控制分销，但市场分销面受到限制。

13.1.3.4 单渠道和多渠道

当企业全部产品都由自己直接所设门市部销售，或全部交给批发商经销，称之为单渠道。多渠道则可能是在本地区采用直接渠道，在外地则采用间接渠道；在有些地区独家经销，在另一些地区多家分销；对消费品市场用长渠道，对生产资料市场则采用短渠道。例如某国外手机渠道类型见图 13.2。

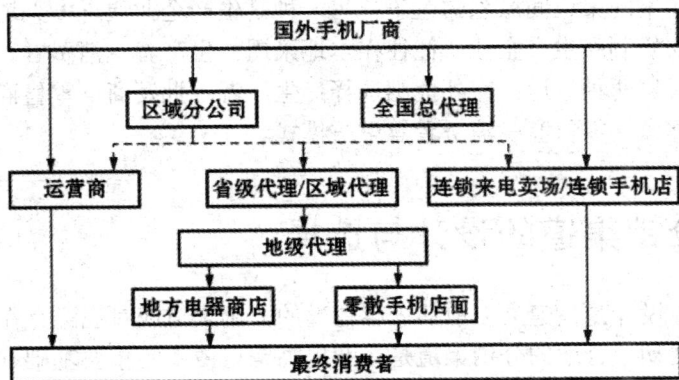

图 13.2 某国外手机渠道类型

13.1.4　分销渠道系统的发展

20 世纪 80 年代以来，分销渠道系统突破了由生产者、批发商、零售商和消费者组成的传统模式和类型，有了新的发展，如：

1) 垂直渠道系统。这是由生产企业、批发商和零售商组成的统一系统。垂直分销渠道的特点是专业化管理、集中计划，销售系统中的各成员为共同的利益目标，都采用不同程度的一体化经营或联合经营。它主要有三种形式：

(1) 公司式垂直系统：指一家公司拥有和统一管理若干工厂、批发机构和零售机构，控制分销渠道的若干层次、甚至整个分销渠道，综合经营生产、批发、零售业务。这种渠道系统又分为两类：工商一体化经营和商工一体化经营。工商一体化是指大工业公司拥有、统一管理若干生产单位、商业机构，如美国火石轮胎橡胶公司拥有橡胶种植园，拥有轮胎制造厂，还拥有轮胎系列的批发机构和零售机构，其销售门市部(网点)遍布全国。商工一体化是指由大零售公司拥有和管理若干生产单位。

(2) 管理式垂直系统：制造商和零售商共同协商销售管理业务，其业务涉及销售促进、库存管理、定价、商品陈列、购销活动等，如宝洁公司与其零售商共定商品陈列、货架位置、促销、定价。

(3) 契约式垂直系统：指不同层次的独立制造商和经销商为了获得单独经营达不到的经济利益、而以契约为基础实行的联合体。

2) 水平式渠道系统。指由两家以上的公司联合起来的渠道系统。它们可实行暂时或永久的合作。这种系统可发挥群体作用，共担风险，获取最佳效益。

3) 多渠道营销系统。指对同一或不同的分市场采用多条渠道营销系统。这种系统一般分为两种形式：一种是生产企业通过多种渠道销售同一商标的产品，这种形式易引起不同渠道间激烈的竞争；另一种是生产企业通过多渠道销售不同商标的产品。如奶制品生产企业，往往在本地采用：生产者→消费者、生产者→零售商→消费者这两种渠道；在外地则选择：生产者→批发商→零售商→消费者、生产者→代理商→零售商→消费者等渠道模式。

13.2　分销渠道的设计与选择

分销渠道设计是指建立以前从未存在过的分销渠道或对已经存在的渠道进行变更的营销活动。合适的分销渠道是企业提高销售效率的重要基础。一个企业的渠道系统是在适应目标市场机会和条件的过程中逐步形成的。设计一个渠道系统需要确定渠道的设计目标，明确影响渠道设计的因素，进而选择合适的渠道方案，并对所选方案进行评价。

13.2.1　确定渠道设计的目标

渠道目标是渠道设计者对渠道功能的预期，体现着渠道设计者的战略意图。制定目标是分销管理的首要环节，它是在全面分析环境变化和正确评估企业实力与条件的基础上，对分销渠道功能与效果应达到的水平提出的要求。对中间商来说，渠道设计的目标既是发展的方向，又是投入力量的要求。一般来说，企业在确定分销渠道时考虑的目标主要有六个目标：

1) 市场占有率。市场占有率不仅与企业分销渠道实现多少销售量有关，也与该市场的总需求量和竞争状况有关。相对市场总需求和一定的竞争压力而言，如果企业获得较高的市场占有率，就表明其分销渠道满足了较多的市场需求，实现了较高的销售业绩。因此，企业在设计渠道时，必须考虑渠道所能实现的市场占有率。

2) 市场覆盖面及密度。市场覆盖面是营销渠道网络能够提供有效服务的所有顾客范围，反映营销渠道所实现的市场供给分散化程度。市场覆盖面可以用营销服务所达到的市场区域面积大小来说明，或者用消费者人数或用户数来描述。

3) 经济性。企业在设计分销渠道市，经济成本是其考虑的一个重要目标，尽可能建立低成本上的分销渠道使企业能赢得需求弹性大的市场部分，将节省的部分成本让给消费者，形成优于竞争者的价格获得满意的利润。企业可以通过自动化(订货、仓储和记账的自动化)，租用低租金设备(作为展厅、仓库和零售店)，将提供给顾客的服务减至最少(如通过自选购物、目录销售或对运输、设备安装和修理等吸收额外费用)等方法来降低成本。

4) 便利性。分销的目的就是使消费者能够便利地买到产品。因此，渠道设计的目标要尽可能满足消费者的愿望。企业应使分销网点最大限度地贴近消费者，使市场分散化，以利于顾客节省运输成本。例如，通过社区购物中心和街区超市、便利店、自动售货机和加油站等满足消费者对于空间便利需求。

5) 顺畅性。保证产品以最短的时间送到消费者手中。这是渠道设计最基本的要求，直销或短的分销渠道比较容易达到这一目标。

6) 灵活性。渠道灵活性是指渠道结构易于变化的程度。市场唯有变化是不变的。竞争对手的增多、顾客需求的变化使得企业一成不变的渠道模式难以适应目前市场的需要。企业在设计分销渠道时，灵活性是其考虑的一个目标。当日后企业需要变动渠道时，该渠道是能够变动的。

13.2.2　明确影响分销渠道选择的因素

影响分销渠道选择的因素很多。生产企业在选择分销渠道时，必须对下列几方面的因素进行系统的分析和判断，才能做出合理的选择。

1) 产品因素。易腐烂的产品为了避免拖延时间及重复处理增加腐烂的风险，通常需要直接营销。那些与其价值相比体积较大的产品(如建筑材料、软性材料等)，需要通过生产者到最终用户搬运距离最短、搬运次数最少的渠道来分销。非标准化产品(如顾客订制的机器和专业化商业表格)，通常由企业推销员直接销售，这主要是由于不易找到具有该类知识的中间商。需要安装、维修的产品经常由企业自己或授权独家专售特许商来负责销售和保养。单位价值高的产品则应由企业推销人员而不通过中间商销售。

2) 顾客因素。渠道设计深受顾客人数、地理分布、购买频率、平均购买数量以及对不同促销方式的敏感性等因素的影响。当顾客人数多时，生产者倾向于利用每一层次都有许多中间商的长渠道。但购买者人数的重要性又受到地理分布的修正。例如，生产者直接销售给集中于同一地区的 500 个顾客所花的费用，远比销售给分散在 500 个地区的 500 个顾客少。而购买者的购买方式又修正购买者人数及其地理分布的因素。如果顾客经常小批量购买，则需采用较长的分销渠道为其供货。因此，少量而频繁的订货，常使得五金器具、烟草、药品等产品的制造商依赖批发商为其销货。同时，这些相同的制造商也可能越过批发商而直接向那些订货量大且订货次数少的大顾客供货。此外，购买者对不同促销方式的敏感性也会影响渠道选择、例如，越来越多的家具零售商喜欢在产品展销会上选购，从而使得这种渠道迅速发展。

3) 生产企业本身的因素。渠道设计受生产企业资金实力、销售能力、能提供的服务水平、发货限额等因素的影响。企业本身资金雄厚，则可自由选择分销渠道，可建立自己的销售网点，采用产销合一的经营方式，也可以选择间接分销渠道。企业资金薄弱则必须依赖中间商进行销售和提供服务，只能选择间接分销渠道。生产企业如果具备教条的销售力量、储存能力和销售经验等，则应选择直接分销渠道。反之，则须借助中间商，选择间接分销渠道。中间商通常希望生产企业能尽多地提供广告、展览、修理、培训等服务项目，为销售产品创造条件。若生产企业无意或无力满足这方面的要求，就难以达成协议，迫使生产企业自行销售。反之，提供的服务水平高，中间商则乐于销售该产品，生产企业则选择间接分销渠道。此外，有的生产企业为了合理安排生产，会对某些产品规定发货限额。发货限额高，有利于直接销售；发货限额低，则有利于间接销售。

4) 中间商因素。在设计渠道时考虑与中间商包括合作的可能性、费用及所需提供的服务。如果中间商不愿意合作，只能选择短、窄的渠道。若利用中间商分销的费用很高，只能采用短、窄的渠道。需要中间商提供的服务优质，企业采用长、宽渠道；反之，只有选择短、窄渠道。

5) 环境因素。企业分销渠道的设计还要受到如环境因素的影响。如经济形势不太好，企业往往采用短渠道；经济形势好，可以考虑长渠道。有关法规——如专卖制度、进出口规定、反垄断法、税法等。

13.2.3 选择合适的渠道方案

渠道方案主要确定以下三个因素：

1) 直接渠道与间接渠道。直接渠道没有中间机构，中间费用少，生产者直接把产品销售给顾客，便于更好地控制价格，方便与顾客沟通，及时获得市场信息，也有利于提供服务。但企业采用直接渠道要投入较多的资金、人力等，对企业的人力、资金等有较高的要求，另外企业的资源毕竟有限，只能面对有限的消费者，所以消费市场规模大的，企业不宜采用直接渠道。间接渠道借用中间商的知识、经验、关系和资金，简化交易次数，缩短买卖时间，可更大范围地开拓市场，生产者也可专事生产，增强商品的技术开发和销售力度。

一般来讲，适合直接渠道的情况如下：商品的市场集中，销售范围小；商品技术性强或利润高或单价高；商品易变质或易破损或体积较大；定制商品；企业自身管理能力强、经验丰富、财力雄厚等。适宜采用间接渠道的情况：市场分散、销售范围广；非技术性或利润低；产品保质期长或单价低或体积小、日用品、标准品等；企业自身缺乏营销经验、管理能力不够、资金不充裕或对市场的控制要求不高等。

2) 长渠道与短渠道。企业在确定选择间接渠道后，还要对渠道的长度做出选择。从效率和成本角度讲，应选择短渠道，尽量减少中间环节。但是也不是渠道越短越好，在很多领域，中间商的地位还是无可取代的，企业须综合考虑商品、企业本身、市场等特点确定渠道长度。

一般来讲，易腐、易损、价格高、流行性强、售后服务要求高且技术性强的商品要求采用短渠道；零售市场相对集中，需求数量大的产品适用短渠道；企业销售能力强、销售资源丰富或者收益较支出高的情况适用短渠道。

3) 宽渠道与窄渠道。渠道的宽窄是按照中间商数目的多少来分的，可选择密集分销，选择分销，独家分销。

(1) 密集分销。生产企业同时选择较多的经销代理商销售产品。一般说，日用品多采用这种分销形式。工业品中的一般原材料，小工具，标准件等也可用此分销形式。

(2) 选择性分销。在同一目标市场上，选择一个以上的中间商销售企业产品，而不是选择所有愿意经销本企业产品的所有中间商。这有利于提高企业经营效益。一般说，消费品中的选购品和特殊品，工业品中的零配件宜采用此分销形式。

(3) 独家分销。指企业在某一目标市场，在一定时间内，只选择一个中间商销售本企业的产品，双方签订合同，规定中间商不得经营竞争者的产品，制造商则只对选定的经销商供货，一般说，此分销形式适用于消费品中的家用电器，工业品中专用机械设备，这种形式有利于双方协作，以便更好地控制市场。

13.2.4　渠道方案的评估

从理论上讲，渠道设计者理所当然地选择最佳的渠道结构。但在现实中，管理部门不可能知道所有可能的渠道结构，即使能够明确地说明所有可能的渠道结构，但是计算所有渠道结构的确切利润的方法也是不存在的。影响渠道的变量的数目是很大的，并且这些参数是不断变化的。因此，选择最佳渠道结构是不现实的。但企业可参考一些标准，选择较优的渠道。常用渠道结构评估标准有三个：

1) 经济性标准。主要是比较每个方案可能达到的销售额及费用水平；比较由本企业推销人员直接推销与使用销售代理商哪种方式的销售额水平更高；比较由本企业设立销售网点直接销售所花费用与使用销售代理商所花费用，看哪种方式支出的费用大等等。企业对上述情况进行权衡，从中选择最佳分销方式。

2) 控制性标准。使用中间商无疑会增加控制的问题。中间商是一个独立的企业，它所关心的是自己如何取得最大利润。他可能不愿与相邻地区同一生产者的中间商合作；它可能只注重访问那些与其销售产品有关的顾客，忽略对生产者很重要的顾客；中间商的推销员可能无心了解与生产者产品相关的技术细节，也很难正确对待生产者的促销资料。

3) 适应新标准。评估各渠道备选方案时，还要考虑自身在地区、时间、中间商等方面是否具有适应性环境变化的能力。地区适应性即在某一地区建立产品的分销渠道，应充分考虑该地区的消费水平、购买习惯和市场环境，并据此建立与此相适应的分销渠道。时间适应性即根据产品在市场上不同时期的适销状况，企业可采取不同的分销渠道与之相适应。如季节性商品在非当令季节就比较适合于利用中间商的吸收和辐射能力进行销售；而在当令季节就比较适合于扩大自销比重。中间商适应性是企业应根据各个市场上中间商的不同状态采取不同的分销渠道。如在某一市场若有一两个销售能力特别强的中间商，渠道可以窄一点；若不存在突出的中间商，则可采取较宽的渠道。

13.3　分销物流管理

13.3.1　分销物流的内涵

物流是指物质实体从供应者向需求者的物理移动，由一系列创造时间价值和空间价值的经济活动组成，包括运输、保管、配送、包装、装卸、流通、加工及物流信息等多项基本活动。广义的物流是指与企业相关的整个物流系统，包括采购物流\生产物流和销售物流(见图 13.3)。而营销渠道中的物流是狭义的物流，即分销物流，也是指途中的销售物流，是企业的产成品向消费者处的流转。分销物流主要研究生产企业的产品出厂或者商业流通企业的商品分销领域的物流，分为运输、仓储、装卸、包装、流通加工和信息几个专业物流活动。

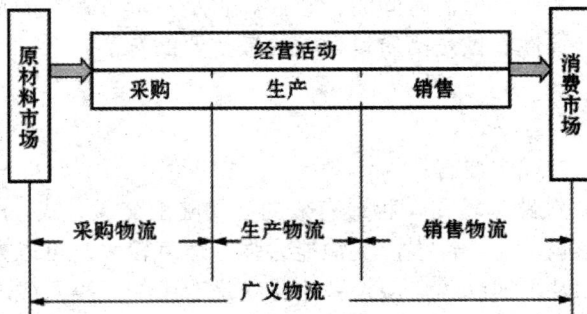

图 13.3　分　销　物　流

13.3.2　运输管理

13.3.2.1　运输管理的职能

运输是用设备和工具，将物品从一地点向另一地点运送的物流活动。其中包括集货、分配、搬运、中转、装入、卸下、分散等一系列操作过程。

产品的运输把空间上相隔的供应商和需求者联系起来。供应商通过运输以合理的价格，在合理的时间里向顾客提供有质量保证的产品。运输活动与客户服务水平有密切的关系，运输费用又是物流成本的最大组成部分，运输成本在一般产品的价格中占 10%～20%乃至更多，因此，有效的运输管理对于服务水平的提高及成本的降低乃至分销渠道管理的成功至关重要。运输管理承担着产品移动和产品短期库存的职能。运输首先实现了产品在空间上移动的职能，把产品从生产商的仓库转移到顾客手中。此外，在转移过程中，把产品放在运输车辆上暂时储存。

13.3.2.2　运输管理的关键因素

运输管理的关键因素有三个：运输速度、运输成本和运输的一致性。运输成本是指为两个地理位置间的运输所支付的款项，以及管理和维持转移中存货的有关费用。运输管理应该利用能把系统总成本降低到最低限度的运输，这意味着最低费用的运输并不一定导致最低的物流总成本。运输速度是指为完成特定的运输作业所需花费的时间。运输速度和成本的关系，主要表现在以下两个方面：

1) 运输商提供的服务越是快速，他实际需要收取的费用也越高。

2) 运输服务越快，转移中的存货就越少，可利用的运输间隔时间越短。

因此，在选择最合理的运输方式时，至关重要的问题是如何平衡其服务的速度和成本。运输一致性是指在若干次装运中履行某一特定的运输所需的时间，与原定时间或与前几次运输所需时间的一致性。它是运输可靠性的反映。多年来，运输经理们已把一致性看做是高质量运输的最重要的特征。

13.3.2.3　运输方式

可选择的运输方式主要有：

1) 铁路运输。铁路运输是一种最有效的已知陆上交通方式，成本较低，不受季节和天气因素影响，连续性强，运输能力强，速度较快，可以方便地实现驮背运输、集装箱运输及多式联运。但是铁路路线是专用的，投入成本较大，货损率高，不能实现"门对门"的运输，通常要依靠其他运输方式配合，才能完成运输任务，除非托运人和收货人均有铁路支线。

2) 公路运输。公路运输是 19 世纪末随着现代汽车的诞生而产生的。初期主要承担短途运输业务，随着汽车工业的发展和公路里程的增加，进入长途运输领域。公路运输机动灵活，适应性强，车辆可随时调度、装运，各环节之间的衔接时间较短，而且可实现"门到门"的直达运输，中途不需要倒运、转乘就可以直接将客货运达目的地，因此，与其他运输方式相比，其客、货在途时间较短，运送速度较快。公路运输与铁、水、航运输方式相比，所需固定设施简单，车辆购置费用一般也比较低。但公路运输运量较小，运输成本较高，仅次于航空运输成本。运行容易受季节和天气因素影响，持续性差，安全性较低，污染环境，所使用工具-汽车排出的尾气和引起的噪声是大城市环境污染的最大污染源之一。

3) 水路运输。水路运输以船舶为主要运输工具、以港口或港站为运输基地、以水域包括海洋、河流和湖泊为运输活动范围，是为目前各主要运输方式中兴起最早、历史最长的运输方式。其技术经济特征是载重量大、成本低、投资省，但灵活性小，连续性也差。较适于担负大宗、低值、笨重和各种散装货物的中长距离运输，其中特别是海运，更适于承担各种外贸货物的进出口运输。

4) 航空运输。使用飞机、直升机及其他航空器运送人员、货物、邮件的一种运输方式。一般是比较急用的货物，公路运输不能符合客户要求的时效的情况下客户会选择空运。具有快速、机动的特点，是现代旅客运输，尤其是远程旅客运输的重要方式；为国际贸易中的贵重物品、鲜活货物和精密仪器运输所不可缺。但空运相对海运成本较高。

5) 管道运输。管道运输是国际货物运输方式之一，是用管道作为运输工具的一种长距离输送液体和气体物资的输方式，专门由生产地向市场输送石油、煤和化学产品。管道运输运量大，安全性可靠、连续性强，不受气候和地面其他因素限制，可连续作业、成本低。在建设上，与铁路、公路、航空相比，投资少。但是管道运输灵活性差，承运货物比较单一，不能实现"门到门"的运输服务，对一般用户来说，管道运输常常要与铁路运输或汽车运输、水路运输配合才能完成全程输送。

13.3.3　仓储管理

"仓"也称为仓库，为存放物品的建筑物和场地，可以为房屋建筑、大型容器、洞穴或者特定的场地等，具有存放和保护物品的功能；"储"表示收存以备使用，具有收存、保管、交付使用的意思，当适用有形物品时也称为储存。"仓储"则为利用仓库存放、储存未即时使用的物品的行为。仓储管理包括仓库数目、仓库选址及仓库类型决定。

仓库数目增加通常运输成本会下降，但物流过程中其他成本会上升，特别是仓库建设的固定成本和库存持有成本。

仓库是物流过程中的一个站点，理论上说，它应该是货品集中和分发过程中费用发生最小的理想地点。选址时，首先要明确建立仓库的必要性、目的和意义；然后根据物流系统的现状进行分析，制定物流系统的基本计划，确定所需要了解的基本条件，以便大大缩小选址的范围。

13.3.4　存货控制

存货控制主要包括进货时间控制和进货数量控制。适当的进货时间和进货数量可以保证商品的及时供应，提高服务质量、降低经营风险，降低成本。

进货时间确定目的是确定适宜的进货时间，保证供应不中断，存货不积压。

订货点法(见图 13.4)是进货决策的常用方法。订货点法也称为安全库存法。从订货单发出到所订货物收到这一段时间称为订货提前期。订货点取决于订货到交货时间间隔的长短、商品销售速度等因素。

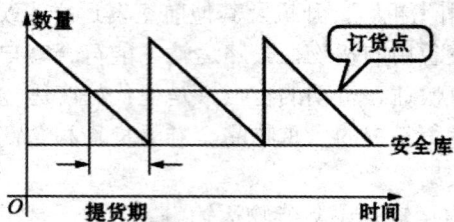

图 13.4　订货点法

订货点法本身具有一定的局限性。例如，某种物料库存量虽然降低到了订货点，但是可能在近一段时间企业没有收到新的订单，所以近期内没有新需求产生，暂时可以不用考虑补货。故此订货点法也会造成一些较多的库存积压和资金占用。

进货数量也称经济订货批量(Economic Order Quantity，EOQ)，是固定订货批量模型的一种，可以用来确定企业一次订货(外购或自制)的数量。当企业按照经济订货批量来订货时，可实现订货成本和储存成本之和最小化，见图 13.5。

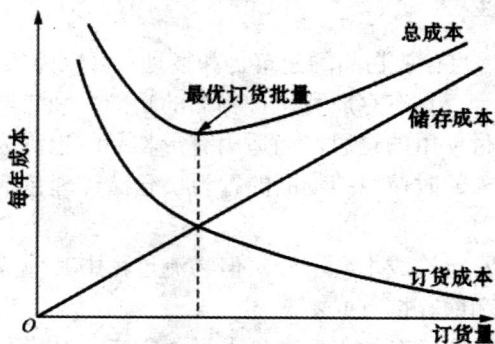

图 13.5　经济订货批量

基本公式是：

$$TC(Q) = PR + \frac{CR}{Q} + \frac{HQ}{2}$$

其中，TC 为年度库存总费用；Q 为经济订货批量；C 为单次订货成本；R 为年总需求量；P 为产品的单位价格；H 为单位产品的库存成本。

$$\frac{dTC(Q)}{dQ} = \frac{d}{dQ}\left(PR + \frac{CR}{Q} + \frac{HQ}{2}\right) = 0$$

$$\frac{HQ}{2} - \frac{CR}{Q} = 0 \; ; \quad \frac{HQ}{2} = \frac{CR}{Q} \; ; \quad Q^2 = \frac{2CR}{H} \; ; \quad Q = \sqrt{\frac{2CR}{H}}$$

【思考与练习】

1) 名词解释：

分销渠道　　密集分销　　选择分销　　分销物流　　存货控制　　仓储管理

2) 简答题：

(1) 企业在设计分销渠道时，应该考虑哪些因素？

(2) 一般来说，在什么情况下适合采用直接销售？

(3) 企业可选择的渠道宽度都有哪些类型？

(4) 企业渠道方案的评估标准有哪些？

【实践项目】

1) 实训名称：分渠道设计.

2) 实训目的：通过实训，实现理论知识向实践技能的转化，使学生能够运用所学知识为具体产品设计分销渠道。

3) 实训内容：以某一企业为背景，结合其具体产品，为该产品设计一个切实可行的渠道方案。

4) 实训步骤：

(1) 以 6～8 个人为单位组成一个团队。

(2) 由团队成员共同讨论确定选题。

(3) 通过文献调查、深度访谈、企业实习等方式，了解该产品的产品特性、市场环境、企业状况等。

(4) 根据环境分析的结果，为该产品设计一个切实可行的渠道方案。

(5) 各团队派代表展示其成果。

(6) 考核实训成果，评定实训成绩。

5) 实训要求：

(1) 考虑到课堂时间有限，项目实施可采取"课外+课内"的方式进行，即团队组成、分工、讨论和方案形成在课外完成，成果展示安排在课内。

(2) 每组提交的方案中，必须详细说明团队的分工情况，以及每个成员的完成情况。

(3) 每个团队方案展示时间为 10 分钟左右，老师和学生提问时间为 5 分钟左右。

14 促销策略

【知识目标】

　　了解促销、促销组合、广告、人员推销、公共关系和营业推广的概念；

　　把握促销的特点、广告、人员推销、公共关系和营业推广的特点；

　　理解影响促销组合决策的因素、广告、人员推销、营业推广的操作程序；

　　了解相关促销方法。

【能力目标】

　　领会和理解促销组合四要素的运用。

【案例导入】

康师傅茶开盖有奖促销活动的得与失

　　2008 年，著名的茶饮料公司康师傅做了一个促销活动，叫"开盖有奖再来一瓶"。3 月份的中奖率为 5%，4 月份为 10%，5 月份为 20%，6 月份为 40%。从饮料的消费旺季来看，正常的销售曲线应该是在 3~6 月往上走。但康师傅茶饮料已经进入了成熟期，在成熟期应尽量少用渠道的促销政策或者消费者的促销政策，康师傅开展"开盖有奖"的促销活动有欠考虑。作为成熟期的第一品牌的茶饮料，曲线应在淡季往上拉。2008 年 6、7 月份，全国进入高温状态，由于茶饮料开盖有奖，其他饮料的消费者被吸引到茶饮料上来，消费者都选择了茶饮料。结果在高温季节，康师傅的产能跟不上，导致在 7 月份断货一个月，市场上所有的茶饮料都卖空，甚至包括刚铺市的今麦郎茶饮料也全部销空。可见，如果促销政策设计不当，就会造成可怕的资源浪费，而做销售最不应该断货，一断货，市场就全部成为别人的，这是 2008 年康师傅吸取的教训。2009 年，康师傅将机器开到最足，让产品供应充足。为了让曲线走得更平稳，康师傅规定所有给经销商的盖子都放到淡季兑换，以拉动产能。由于销量极大，而兑换需等到淡季，很多经销商堆积了价值几十万元的盖子。由于压力太大，很多经销商不给零售点兑换，结果 很多零点也不给消费者兑换。

　　然而，这一情况没有引起康师傅很大的注意。2010 年，康师傅重复了这一套路。2011 年，康师傅又同样的方法做了一次促销，这次结果很惨。经销商不给零售兑换，零售抗议不愿再卖，导致到 2012 年 3 月份渠道还在卖去年 6 月份的茶。康师傅为了恢复市场，不得不在 3 月份以后回收很多过期的茶或临期的茶。

这是一个促销不成功的案例。从案例里我们可以总结出一些经验教训：第一，企业在经营中需要促销，而且促销若运用适当是有一定效果的；第二，要慎用促销，尤其当产品推广进入成熟期后；第三，促销需要不断创新。没有百试不爽的促销，再好的促销方法也不能反复用，若重复使用且频率过高的话，就不成为促销而是变相的降价了。

(王槐林. 市场营销原理[M]. 武汉: 湖北科学技术出版社，2008)

14.1 促销及促销组合

14.1.1 促销的内涵

促销就是营销者向消费者传递有关本企业及产品的各种信息，说服或吸引消费者购买其产品，以达到扩大销售量的目的。促销实质上是一种沟通活动，即营销者(信息提供者或发送者)发出作为刺激消费的各种信息，把信息传递到一个或更多的目标对象(即信息接受者，如听众、观众、读者、消费者或用户等)，以影响其态度和行为。

促销实质上是一种沟通活动，即营销者(信息提供者或发送者)发出作为刺激物的各种信息，把信息传递到一个或更多的目标对象(即信息接受者，如听众、观众、读者、消费者或用户等)，以影响其态度和行为。譬如，某媒体上发出了这样一条广告语："金兔绵羊绒毛衫——男士的毛衫！"显然，当消费者阅读到这一广告语，立即就可获得如下信息：该毛衫的品牌是金兔牌，是上海一著名品牌，产品质量可信赖；毛衫原材料采用的是绵羊绒，属高档产品；产品是适合秋冬时令的服饰。

如果某一消费者确想购买一件毛衫，这一广告语将会对他的购买行为产生一定影响。营销者为了有效地与消费者沟通信息，可采用多种方式加强与消费者的信息沟通，以促进产品的销售。譬如，可通过广告传递有关企业及产品的信息；可通过各种营业推广方式加深顾客对产品的了解，进而促使购买其产品；可以通过各种公关手段改善企业或产品在公众心目中的形象；还可派遣推销员面对面地说服顾客购买其产品。常用的促销手段有广告、人员推销、营业推广和公共关系。企业可根据实际情况及市场、产品等因素选择一种或多种促销手段的组合。

促销的本质是要加强企业同目标市场之间的信息沟通，即是一种信息传播、沟通行为，是针对消费者对信息的心理需求，采用适当的信息沟通手段的整合营销传播的沟通活动。

14.1.2　促销的特点

促销是企业在市场营销活动中的组成部分，具有冲击性、抗争性、灵活性、时效性等特点，其作用概括起来有以下几方面：

1) 传递信息，提供情报。在产品正式进入市场之前，企业必须把相关产品信息、情报传递给目标市场的消费者和中间商，对消费者来说，信息情报是想引起他们的注意，对中间商来说，则是为他们采购合适的产品提供机会和条件，调动他们的积极性，这是销售成功的前提条件，因为产品生产周期的每一个阶段，企业的战略重点及产品特色都会随着市场的变化需求来调整营销策略，这些变化应及时地传递到目标市场。

2) 增加需求，说服购买。有效的促销活动可以诱导和激发需求，在一定条件下还可以创造需求，从而使市场需求朝着有利企业产品的方向发展。

3) 突出特点，树立形象。市场上同类产品增多，竞争激烈，同类产品相差甚微，而这种差别消费者不易发现，因此，企业就要采取行动，宣传自己产品的不同之处，使消费者对企业本身及产品有深刻印象，充分认识到本产品给消费者带来的利益。

4) 造成"偏爱"稳定销售。维持和扩大企业的市场份额，许多情况下，企业的销售额可能上下波动，这将不利于企业的市场地位，这时企业可有针对性地开展促销活动，使更多消费者了解熟悉和信任本企业产品，从而稳定进而扩大企业的市场份额，巩固市场地位。 作为一名促销员的基本任务是通过口头说服的方式，向顾客介绍商品，说服他们购买，他既是生产企业的代表，又是消费者的顾问，他要想顾客之想，急顾客所急，热情服务，不辞劳苦，不仅要善于掌握良好的推销机会，还要帮助顾客获得购买和消费的利益。 促销是一种普通的职业，但普通之中又透着不普通，他是厂家与消费者之间的桥梁，是两者之间的中介，推销的不仅是商品，而是服务，更重要的是他销售的是厂家对消费者的承诺。 所以作为一名促销员除了具备工作所需的社会知识、专业知识和促销基础知识外，还要准确了解顾客的愿望、需求、爱好、职业和购买习惯等，娴熟地运用促销技巧，随机应变，把握良好的成交时机，促进销售，真正成为一个优秀的顾问式销售专家。

14.1.3　促销组合

所谓促销组合，是一种组织促销活动的策略思路，主张企业运用广告、人员推销、公关宣传、营业推广、四种基本促销方式组合成一个策略系统，使企业的全部促销活动互相配合、协调一致，最大限度地发挥整体效果，从而顺利实现企业目标。

促销组合体现了现代市场营销理论的核心思想——整体营销。促销组合是一种系统化的整体策略，四种基本促销方式则构成了这一整体策略的四个子系统。每个子系统都包括了一些可变因素，即具体的促销手段或工具，某一因素的改变意味着组合关系的变化，也就意味着一个新的促销策略。

14.1.4 影响促销组合决策的因素

公司面临着把总的促销预算分摊到广告、人员推销、营业推广和宣传报道上。影响促销组合决策的因素主要有：

1) 促销目标。促销目标是影响促销组合决策的首要因素。每种促销工具(包括广告、人员推销、销售促进和人员推广)都有各自独有的特性和成本。营销人员必须根据具体的促销目标选择合适的促销工具组合。

2) 市场特点。除了考虑促销目标外，市场特点也是影响促销组合决策的重要因素。市场特点受每一地区的文化、风俗习惯、经济政治环境等的影响，促销工具在不同类型的市场上所起作用是不同的，所以我们应该综合考虑市场和促销工具的特点，选择合适的促销工具，使他们相匹配，以达到最佳促销效果。

3) 产品性质。由于产品性质的不同，消费者及用户具有不同的购买行为和购买习惯，因而企业所采取的促销组合也会有所差异。

4) 产品生命周期。在产品生命周期的不同阶段，促销工作具有不同效益。在导入期，导入期广告投入较大的资金用于广告和公共宣传，能产生较高的知名度；促销活动也是有效的。在成长期，成长期广告和公共宣传可以继续加强，促销活动可以减少，因为这时所需的刺激较少。在成熟期，相对广告而言，销售促进又逐渐起着重要作用。购买者已知道这一品牌，仅需要起提醒作用水平的广告。在衰退期，衰退期广告仍保持在提醒作用的水平，公共宣传已经消退，销售人员对这一产品仅给予最低限度的关注，然而销售促进要继续加强。

5) "推动"策略和"拉引"策略。促销组合较大程度上受公司选择"推动"或"拉引"策略的影响。推动策略要求使用销售队伍和贸易促销，通过销售渠道推出产品。而拉引策略则要求在广告和消费者促销方面投入较多，以建立消费者的需求欲望。

6) 其他营销因素。影响促销组合的因素是复杂的，除上述五种因素外，本公司的营销风格，销售人员素质，整体发展战略，社会和竞争环境等不同程度地影响着促销组合的决策。营销人员应审时度势，全面考虑才能制定出有效的促销组合决策。

14.1.5　促销组合策略

促销组合策略是根据产品特点和经营目标的要求，有计划地综合运用各种有效的促销手段所形成的一种整体的促销措施。企业的促销组合，实际上就是对广告、人员推销、公共关系和营业推广四种方式的具体运用。

在实践中，如果促销组合所形成的促销组合策略是以人员推销为主，配合公关等其他促销方式，这样形成的促销组合策略叫推动策略。推式策略主要适合于生产资料的促销，即生产者市场的促销活动。

另外一种方式，就是在促销组合的过程中所形成的促销组合策略是以广告为主，配合其他的促销方式，这样形成的促销组合策略叫拉引策略。也就是说用广告拉动最终用户和激发消费者的购买欲望。

实践中通常是推拉结合，有推有拉。也就是说，一方面要用广告来拉动最终用户，刺激最终用户产生购买欲望，另一方面要用人员推销的方式向中间商推荐，以使中间商乐于经销或代理自己的商品，形成有效的分销链。当然，在进行促销组合的过程中，还要考虑产品的性质，并参照促销预算等有关因素进行组合。

14.2　广告策略

14.2.1　广告的内涵

14.2.1.1　广告的概念

广告有广义和狭义之分，广义广告包括非经济广告和经济广告。非经济广告指不以盈利为目的的广告，又称效应广告，如政府行政部门、社会事业单位乃至个人的各种公告、启事、声明等，主要目的是推广；狭义广告仅指经济广告，又称商业广告，以盈利为目的，付出一定的费用，通过特定的媒体传播商品或劳务等有关经济信息。本书所介绍的均是狭义广告。广告作为一种传递信息的活动，是商品生产者、经营者和消费者之间沟通信息的重要手段，是企业在促销中应用最广的一种方式，主要目的是扩大经济效益。

广告的本质有两个，一个是广告的传播学方面，广告是广告业主达到受众群体的一个传播手段和技巧，另一个指广告本身的作用是商品的利销。总体说来，广告是面向大众的一种传播；艺术的高雅性决定了它的受众只能是小部分人，而不是绝大多数人。所以成功的广告是让大众都接受的一种广告文化，而不是所谓的脱离实际的高雅艺术。广告的效果从某种程度上决定了它究竟是不是成功。

14.2.1.2　广告的特点

广告不同于一般大众传播和宣传活动，主要表现在：① 广告是一种传播工具，是将某一项商品的信息，由这项商品的生产或经营机构(广告主)传送给一群用户和消费者；② 做广告需要付费；③ 广告进行的传播活动是带有说服性的；④ 广告是有目的、有计划，是连续的；⑤ 广告不仅对广告主有利，而且对目标对象也有好处，它可使用户和消费者得到有用的信息。

【小案例】

30 秒 TVC 脚本

- 清晨的城市，朝霞映衬着密集的高楼。周迅一身运动装束跑过街道。

旁白：本年度具有创意精神的糖果雅客 V9 诞生。

- 特写周迅自信的表情。
- 叠化，周迅的身后出现了两三个尾随者。
- 路人惊奇地看着他们跑过。
- 很快变成了几百人的阵容，继续不停地跑着。
- 周迅边跑边说："爱吃的人越来越多，越来越多，知道为什么吗？因为两粒雅客 V9，就能补充每天所需的 9 种维生素！"
- 雅客 V9 的特写。"9" 字的动画色块闪动。
- 印章 "中国营养学会验证" 敲下。
- 周迅手一挥，说道："想吃维生素糖果的，就快跟上吧！"
- 周迅和众人一起跑着，叠压 "雅客 V9" 的标版。
- 雅客的标版，字幕：中国奥委会赞助商；旁白：雅客 V9 雅客。

(王槐林. 市场营销原理[M]. 武汉: 湖北科学技术出版社，2008)

14.2.2　广告的任务

广告之所以被企业广泛应用是因为广告有其特殊的功能和意义的，它可以传达出平面的信息、品牌、形象从而吸引消费。具体主要包括下列几个方面：

1) 准确表达广告信息。广告设计是一门实用性很强的学科，有明确的目的性，准确传达广告信息是广告设计的首要任务。现代商业社会中，商品和服务信息绝大多数都是通过广告传递的，平面广告通过文字、色彩、图形将信息准确的表达出来，而二维广告则通过声音、动态效果表达信息，通过以上各种方式商品和服务才能被消费者接受和认识。由于文化水平、个人经历、受教育程度、理解能力的不同，消费者对信息的感受和反应也会不一样，所以设计时需仔细把握。

红牛是一种维生素功能型饮料，主要成分为牛磺酸、赖氨酸、B 族维生素和咖啡因，含量相当于一杯袋泡茶。红牛功能饮料科学地把上述各种功效成分融入产品之中，与以往普通碳酸饮料不同。从推广之初，就将产品定位在需要补充能量的人群上。"汽车要加油，我要喝红牛"产品在广告宣传中就将功能性饮料的特性：促进人体新陈代谢、吸收与分解糖分、迅速补充大量的能量物质等优势以醒目、直接的方式传达给诉求对象。让大家通过耳熟能详、朗朗上口的广告语接受"红牛"作为功能性饮料能够提神醒脑、补充体力、抗疲劳的卓越功效。

2) 树立品牌形象。企业的形象和品牌决定了企业和产品在消费者心中的地位，这一地位通常靠企业的实力和广告战略在维护和塑造。在平面广告中，报纸广告、杂志广告由于受众广、发行量大，可信度高而具有很强的品牌塑造能力。而结合二维广告，则可以使塑造力大大增强。红牛初来中国时面临的是一个完全空白的市场。引用营销大师的观点说那是一个彻底的"蓝海"。因为当时的中国市场，饮料品牌并不多。知名的外来饮料有可口可乐和百事可乐，运动类型饮料有健力宝。几大饮料公司广告宣传力度都非常强，各自占据大范围的市场。红牛饮料要想从这些品牌的包围中迅速崛起，不是一件容易的事情。因此，红牛饮料"中国红"的风格非常明显，以本土化的策略扎根中国市场。公司在广告中宣传红牛的品牌上尽力与中国文化相结合。这些叙述固化在各种宣传文字中、在色彩表现上以"中国红"为主，与品牌中红牛的"红"字相呼应，从而成为品牌文化的底色。中国人万事都图个喜庆、吉利因而红红火火，越喝越牛。这正体现了红牛饮料树立品牌形象的意图，了解中国市场消费者的购买心理后，将红牛自身特点与中国本土文化结合的完美体现。

3) 引导消费。平面广告一般可以直接打到消费者手中，而信息详细具体，因此如购物指南，房产广告、商品信息等都可以引导消费者去购买产品。二维广告则可以通过动态效果的影响，促使消费者消费。

4) 满足消费者。一幅色彩绚丽、形象生动的广告作品，能以其非同凡响的美感力量增强广告的感染力，使消费者沉浸在商品和服务形象给予的愉悦中，使其自觉接受广告的引导。因此广告设计时物质文化和生活方式的审美再创造，通过夸张、联想、象征、比喻、诙谐、幽默等手法对画面进行美化处理，使之符合人类的审美需求，可以技法消费者的审美情趣，可有效地引导其在物质文化和生活方式上的消费观念。

14.2.3 广告媒体的选择

广告媒体是用于向公众发布广告的传播载体，是指传播商品或劳务信息所运用的物质与技术手段。

1) 按应用时间和技术发成程度来划分：广告媒体可以分为传统媒体和新兴媒体。传统的四大广告媒体为电视、电台、报纸、杂志。如今随着技术的发展，出现了一些新兴的媒体，如手机、户外广告、博客等。著名学者杨春兰在她的文章指出："如今的手机已不再单单是通讯工具，它还担当起了'第五媒体'的重任"。还有学者认为，"现在也许还没有人认为手机报纸的用户会赶上或超过报纸网络版或印刷版的读者数量。但是，手机报纸确实是用一种 21 世纪的方式向渴望得到新闻又忙于行路的公众提供了一种快乐阅读的享受"。墙体广告主要是借助高速公路、公路和铁路边具有较大可视面积的墙体进行的广告宣传。随着人们旅游和休闲活动的增多以及高新科技的广泛运用，户外媒体已成为广告主的新宠，其增长速度大大高于传统电视、报纸和杂志媒体。进入 21 世纪后，户外广告突破了形式单一的店招式广告牌类型，出现了更多的新型户外广告——汽车车身广告、候车亭广告、地铁站广告、电梯广告、高立柱广告、三面翻广告、墙体广告、楼顶广告、霓虹灯、LED 显示屏广告等。播客是 2005 年新闻传播学术期刊上的又一个让人们耳目一新的词汇。同 21 世纪初低调诞生的博客相比，播客似乎一问世就受到了人们的特别关注。通常把那些自我录制广播节目并通过网络发布的人称为播客。学者朱红梅从传播学的角度对播客现象进行分析，认为播客实现了从文字传播向音频、视频传播转化，增加了娱乐成分，还满足了人们自我表达、张扬个性的需求，同时还加强了媒介汇流与互动。

2) 按表现形式来划分：广告媒体分为印刷媒体和电子媒体。印刷媒体是通过在纸张上印制一些广告而进行广告宣传的媒体，我们平常所看到的报纸、杂志、说明书等都属这一类广告媒体。电子媒体是以一定的电子手段，通过先进的电子信息技术来进行广告宣传的媒体。平常常见到的电视、广播及 Internet 等属这一类。目前，这类媒体发展很快，特别是 Internet 即将成为主导的广告媒体。

3) 按功能划分，广告媒体可分为视觉媒体、听觉媒体及视听两用媒体。视觉媒体包括海报、传单、月历、报刊、杂志等。其主要通过对人的视觉器官的刺激，来进行信息传播。听觉媒体包括无线电广播、有线广播，录音及电话等其主要通过对人的听觉器官刺激来达到信息传播的目的。视听两用媒体主要包括电影、电视等，它们主要通过对视觉、听觉器官进行宣传，来达到宣传的目的。

4) 按性质来划分，广告媒体可分为报纸媒体、杂志书刊媒体、广播媒体、电视媒体、交通媒体、包装媒体、户外媒体等。

14.2.4　媒体选择考虑的因素

媒体选择时需要考虑的因素有：

1) 媒体的性质与传播效果。不同的广告媒体有不同的优点和局限性，是选择媒体时首先要考虑的。媒体传播范围不同，发行数量不一，会影响媒体受众人数：媒体社会地位的高低，会影响广告的影响力和可信度等，这些都会在一定程度上影响广告效果。

2) 商品特性因素。广告产品特性与广告媒体选择密切相关。产品的性质如何、具有什么样的使用价值、质量如何、包装如何以及对媒体传播的要求等，都会对媒体的选择有着直接或间接的影响。

3) 媒体受众因素。选择广告媒体，要充分考虑媒体受众者的职业、年龄、性别、文化水平、信仰、习惯、社会地位等，因为其生活习惯不同，经常接触的媒体也就不同。

4) 竞争对手的特点因素。竞争对手的广告战略与策略，包括广告媒体的选择情况和广告成本费用情况，对企业的媒体工具选择有着显著影响。比如选择与竞争对手相同的媒体，用以削弱对方的广告效果，或者采用迂回战术，采用其他媒体渠道。

5) 广告预算费用。一个广告主所能承担的广告费用的多少，对广告媒体的选择会产生直接的影响。例如一些效益不佳的中小企业，因广告费用的限制，就很少采用全国性等费用高昂的广告媒体，而一些效益好的大型企业，像报纸、杂志、广播、电视四大媒体就是其经常采用的媒体方式。

6) 媒体的成本因素。不同媒体所需的成本也是选择广告媒体的依据因素。不同媒体，其成本价格不同，不同版面、不同时间也有不同的收费标准，应该选择投资效应良好的媒体，实现广告投资最大化收益的目标。

14.2.5　广告效果的评估

广告效果是指企业通过媒体传播广告之后，目标消费群受到的影响。广告效果评估就是运用科学的方法来鉴定广告的效益。广告效益主要表现在三个方面：经济效益、社会效益和心理效益。广告的经济效益是指广告活动促进商品销售或劳务销售和利润增加的程度。广告的社会效益是指其社会教育作用。广告的心理效益主要是指广告在消费者心理上的反应程度，产品所树立的品牌印象，最终能否促成购买。

14.2.5.1 广告效果评估的原则

在具体的广告评估中必须遵循一定的原则，才能确保广告效果测定的正常进行，达到评估的预期作用。

1) 综合性原则。影响广告效果的因素十分复杂，具体来说可以分为可控性因素和不可控因素两方面。可控性因素是指企业能够改变的，如广告预算、媒介的选择、广告播放的时间和频率；而不可控因素则是指企业无法改变控制的外部因素，如国家政策，目标市场区域的风俗习惯，自然环境等。因此，无论是可控的还是不可控的；经济效果的还是社会效果的，都应该综合考虑。只有对影响因素进行综合性分析，才能排除片面的干扰，取得客观的、全面的测评效果。

2) 目标性原则。根据广告效果的一些特性，如：滞后性、复杂性等，对广告效果的测评需要有明确的目标。比如说：广告效果测定的是短期效果还是长期效果？短期效果中是企业的销售效果还是消费者心理效果？如果是心理效果，是测定态度效果还是认知效果？如果测定的是认知效果，是测定媒体受众对产品品牌的认知效果，还是对广告产品的功能特性的认知效果……只有确定了具体的测定目标，才能选择相应的手段与方法，测定的结果也才能做到准确、可信。

3) 可靠性原则。只有真实、可靠的广告效果测评，才有助于企业的决策和经济效益的提高。在测定广告效果的过程中，要求抽取的调查样本有典型意义；调查表的设计要合理；汇总分析的方法要科学、先进；考虑的影响因素要全面；测试要多次进行，反复验证。只有这样，才有可能取得可靠的测试结果。

4) 经济性原则。进行广告效果测定，所选取的样本数量、测定模式、地点、方法以及相关指标等，既要有利于测定工作的展开，同时也要从广告主的经济实力出发，考虑测定费的额度，否则就会成为广告主的一种负担或者是一种资源浪费。为此，就要搞好广告效果测定的经济核算工作，用较少的成本投入取得较高的广告效果测定产出，以提高广告主的经济效益，增强广告主的经营实力。

5) 经常性原则。广告效果评估的过程应该是连续的、不间断的、长期的。一段时间内的广告效果不能代表着一整个时期的广告效果，不能以点盖面。所以，在进行测评时，要进行经常性的广告效果测评，定期和不定期交叉进行，这样才具有一定的参考性和研究性。

14.2.5.2 广告效果评估类型

1) 经济效益评估。经济效益评估是从广告主内部角度评估的，主要考虑广告的销售效果。具体评估的指标有产品销售额与广告费用之比、市场占有率变化、利润与利润率变化等。

以产品销售额与广告费用之比，大致可看出广告运动最为直接最为短期的效果。这当中排除了其他影响销售额的因素。所以，销售额增减只是测定广告效果的一个参考，并不能完全准确地反应广告效果。与此相似的是市场占有率的变化，广告投入前产品在市场中的位置和力量，与广告投入后产品在市场中的位置和力量对比，该指标将与竞争对手的关系考虑在内，但也只能作为一个参考因素。从企业投放广告的最终来讲，是为了获得利润。销售额是浮在水面上的花，利润才真正是沉在水底的果。利润率则是衡量付出与得到是否相当的天平。对广告实施前后的利润与利润率进行比较，在某种意义上比销售额分析、市场占有率描述都要直接。

2) 心理效益评估。广告的心理效益主要是指广告在消费者心理上的反应程度，产品所树立的品牌印象，最终能否促成购买。评价心理利益的指标主要有记忆率、喜欢程度、影响购买意愿程度。

记忆率是指所有消费者中在没有任何提示的情况下就能够回忆起某个广告的比例。广告只有被记住了才有可能达到最大限度地影响消费者购买。现在消费者每天看到过的广告无以计数，很多广告看过后转瞬即逝，几乎没有什么印象。影响广告记忆率的是广告创意水平的问题。广告创意越好，消费者看过广告后就越是有可能记住广告的内容与宣传的品牌。记忆率又称无提示广告认知度，它告诉我们多少人记住了广告。

喜欢程度是看过该广告的消费者表示喜欢这支广告的人群比例与喜欢水平。有研究表明，喜欢程度越高，影响消费者购买产品的可能性就越高。一般情况下，企业应该尽量投放那些制作精美的广告，尽可能地让消费者喜欢，使其产生积极的购买决策；即便企业做不到让消费者喜欢自己广告的程度，但也不要让消费者讨厌，消费者一旦对广告表现出不喜欢的情绪，将会有许多消费者(近 20%)拒绝购买该产品。

影响购买意愿程度即广告能够吸引所有消费者中多少人尝试所宣传的产品。广告的作用就是吸引消费者偶尔尝试购买所宣传的产品，那么现在有多少广告能够做到这一点呢？可能并不多。影响购买意愿程度又称购买意向，它告诉我们会有多少人看到广告以后会去购买宣传的产品。

3) 社会效益的评估。广告在追求经济效益的同时也要注意社会效益，很多优秀的公益广告一旦播出，在很大程度上产生了轰动的社会效益，潜移默化地影响社会的各种行为规范。2008 年 5 月 12 日发生的汶川地震，牵动了亿万人民的心。很多公益广告也随之"诞生"。通过广告的宣传，带动了大家，一起行动起来，帮助遇难人员摆脱困境，树立信心，重建家园。因此，社会效益也是广告效果评估不可或缺的基本标准。

广告的社会效益往往难以准确的量化，应综合进行考察评估，其基本依据是一定社会意识条件下的政治观点、法律规范、伦理道德和文化艺术标准。

14.3 人员推销策略

14.3.1 人员推销的含义

人员推销，是指企业通过派出销售人员与一个或一个以上可能成为购买者的人交谈，作口头陈述，以推销商品，促进和扩大销售。

有人认为，人员推销就是多磨嘴皮、多跑腿，把手里的商品卖出去而已，无需什么学问和技术。有人认为人员推销就是欺骗，推销技术就是骗术。这都是不同人员推销的一种表现。其实，人员推销是一项专业性很强的工作，是一种互惠互利的推销活动，它必须同时满足买卖双方的不同需求，解决各自不同的问题，而不能只注意片面的产品推销。尽管买卖双方的交易目的大不相同，但总可以达成一些双方都可以接受的协议。人员推销不仅是卖的过程，而且是买的过程，即帮助顾客购买的过程。人员推销不是推销产品本身，而是推销产品的使用价值和实际利益。顾客不是购买产品实体本身，而是购买某种需要的满足；推销员不是推销单纯的产品，而是推销一种可以解决某些问题的答案。成功地将推销产品解释为顾客需要的满足，并且成功地将推销产品解释为解决顾客问题的答案，是保证推销效果的关键因素。

14.3.2 人员推销的特征

1) 针对性强。事先对潜在顾客作一定的研究以后，推销人员可以选择具有较大购买可能的顾客进行推销。由于目标较为明确，推销人员可以有针对性地拟定推销方案，因此可大大提高推销的成功率。

2) 方便借助产品样品及其他辅助工具。人员推销往往可在推销后立即成交。在推销现场使顾客进行购买决策，完成购买行动。

3) 有利于信息反馈。推销员可直接从顾客处，得到信息反馈，诸如顾客对推销员的态度、对推销品和企业的看法和要求等。

4) 成功率高。人员推销可提供售后服务和追踪，及时发现并解决产品在售后和使用及消费时出现的问题。

5) 成本高。人员推销成本高，所需人力、物力、财力和时间量大。

6) 适用范围有限。某些特殊条件和环境下人员推销不宜使用。

14.3.3 人员推销的基本流程

推销人员与潜在够买者达成交易的经历过程，一般为可分为六个阶段：

1) 确定推销目标。确定目标是人员推销的第一个环节，推销人员要选择极可能成为公司顾客的人。这些潜在的顾客可以直接从消费者、公司会员调查获得，也可以通过公共档案、电话号码簿、公司档案等途径获得。

真正的有效客户至少应具备三个条件：第一是要有 Money。即推销员找的客户要买得起其推销的产品；第二是要有 Authority。即想要买你的产品而且也有钱的客户，是否有购买的决策权；第三是要有 Need。即你所推销的对象是否有对产品的需求。

2) 接近潜在顾客。接近潜在顾客时首先要给对方一个良好的第一印象。推销人员与潜在顾客的第一次接触往往是能否成功推销产品的关键。至于具体的途径，最好的方法就是要立足于对潜在顾客的了解。凡是能了解每个顾客特殊情况的推销人员，大都能造成良好的第一印象，做成交易。

3) 推销介绍。在很多情况下，这一阶段除了对产品进行实际推销介绍外，还包括产品的展示。在这一过程中，推销人员应指出产品的特点和利益，以及它们如何优于竞争者的产品，有时甚至也可指出本产品的某些不足，或可能出现的问题及如何减免和防范。在展示产品时，推销人员还可请潜在顾客亲自演练使用展示品。这种展示和试用，必须把重点放在推销介绍时所指出的特点上。

4) 回答异议。潜在顾客任何时候都可能提出异议或问题，这就给推销人员提供一个机会去消除可能影响销售的那些反对意见，并进一步指出产品的其他特点，或提示公司能提供的特别服务。潜在顾客所提问题可分为两类：第一类所提异议必须在成交前加以解决，第二类需要进一步沟通。

5) 促成交易。一旦对潜在顾客所提问题作答后，推销人员就要准备达到最重要的目标——成交，就是要使顾客同意购买自己推销的产品。此时推销人员必须确保在成交前再没有遗留重要的问题，而且推销人员不应与消费者再发生争议。许多有经验的推销人员，还往往会以顾客已打算购买的假设为据，向顾客提出："您希望什么时候送货？""您要买标准型还是豪华型？"等问题。这就可使犹豫不决的潜在顾客立即做出购买决定，而不会再说"我将要购买这个产品"。

6) 追踪服务。对贵重或重要商品的购买，商品售出后，推销人员必须予以跟踪，以确保产品按时、保质送达消费者手中，并确保能处于正常的使用状态。这种追踪能给顾客留下一个好印象，并为未来推销铺平道路，因此它是推销过程的重要一环。总之，推销人员的职责并不随销售工作的结束而结束，它将随着推销人员与顾客之间保持良好、有效的相互关系而延续下去。

【小案例】

麦克·贝柯的推销

麦克·贝柯具有丰富的产品知识，对客户的需要很了解。在拜访客户以前，麦克总是掌握了客户的一些基本资料。麦克常常以打电话的方式先和客户约定拜访的时间。

星期四下午 4 点刚过，麦克精神抖擞地走进办公室。他今年 35 岁，身高 6 英尺，深蓝色的西装上看不到一丝的皱褶，浑身上下充满朝气。

从上午 7 点开始，麦克便开始了一天的工作。麦克除了吃饭的时间，始终没有闲过。麦克五点半有一个约会。为了利用四点至五点半这段时间，麦克便打电话，向客户约定拜访的时间，以便为下星期的推销拜访而预做安排。

打完电话，麦克拿出数十张卡片，卡片上记载着客户的姓名、职业、地址、电话号码资料以及资料的来源。卡片上的客户都是居住在市内东北方的商业区内。

麦克选择客户的标准包括客户的年收入、职业、年龄、生活方式和嗜好。

麦克的客户来源有 3 种：一是现有的顾客提供的新客户的资料；二是麦克从报刊上的人物报道中收集的资料；一是从职业分类上寻找客户。

在拜访客户以前，麦克一定要先弄清楚客户的姓名。例如，想拜访某公司的执行副总裁，但不知道他的姓名，麦克会打电话到该公司，向总机人员或公关人员请教副总裁的姓名。知道了姓名以后，麦克才进行下一步的推销活动。

麦克拜访客户是有计划的。他把一天当中所要拜访的客户都选定在某一区域之内，这样可以减少来回奔波的时间。根据麦克的经验，利用 45 分钟的时间做拜访前的电话联系，即可在某一区域内选定足够的客户供一天拜访之用。

麦克下一个要拜访的客户是国家制造公司董事长比尔·西佛。麦克正准备打电话给比尔先生，约定拜访的时间。

(杨洪涛. 现代市场营销学[M]. 北京：机械工业出版社，2009)

14.3.4 人员推销注意事项

人员推销时应注意以下事项：

1) 注意把握推销时机。一般而言，推销时机应选择在对方比较空余并乐意与人交谈或正好有购物需求的时候，如在社交场合、旅途中、参观游览时或商场闲逛时等。应当避免对方在工作或心情不好时间进行推销。

2) 注意言辞。语言是交流沟通的工具，也是推销人员与顾客交流、达成交易的最基本的工具，推销人员必须注意言辞，熟练掌握各种语言技巧，充分发挥语言的作用对顾客施加影响。

推销人员在与顾客进行语言交流的过程中，首先要找到在当时场合接近对方的话题；其次要把握交谈的方向并推动谈话向推销活动进展；第三要善于运用适当的词语和声调调节谈话气氛；最后对顾客的异议不轻易反驳，在鼓励顾客发表意见的同时进行说服诱导。

3) 注意形象。人员推销，不仅仅是推销产品，更是推销企业和推销人员本身。若要达成交易，要客户买你的产品　就先要让客户相信人员本身，让他觉得你是一个可以值得信赖的人，因此推销人员必须要注意自身的形象。推销人员的形象不仅包括外在形象，还包括自信、乐观等内在形象。

4) 注意与顾客情感沟通。推销过程也是一个交流的过程，是推销人员与客户沟通达成交易的过程，交流的气氛、双方之间的关系和交流的心情体验都会影响交易的达成。因此，有必要与顾客进行情感上的沟通，促进双方关系的稳定，促进后期多次交易，形成顾客忠诚。

14.4　公共关系策略

14.4.1　公共关系的概念

公共关系一词源自英文的 PublicRelations。Public 意为"公共的"、"公开的"、"公众的"，Relations 即"关系"之谓，两词合起来用中文表述便是"公共关系"，有时候又称"公众关系、机构传讯"，简称 PR 或公关。

公共关系这个概念，是 20 世纪初在美国首先出现的，当时最早使用这个概念的，是美国的一个新闻记者——艾维·李。1904 年，艾维·李使用 public relations 这个词来描述公共关系的概念，后来人们把它简称为 PR，这就是公共关系的缩写。

公共关系是企业通过宣传报道等方式提高其知名度和声誉的一种促销手段，以新闻报道等形式传递信息，以更快、更广地传播信息，在目标市场上建立美誉度。但因信息传播权掌握在公共媒体手中，企业不容易进行控制。

14.4.2　公共关系的特征

1) 情感性。公共关系是一种创造美好形象的艺术，它强调的是成功的人和环境、和谐的人事气氛、最佳的社会舆论，以赢得社会各界的了解、信任、好感与合作。我国古人办事讲究"天时、地利、人和"，把"人和"作为事业成功的重要条件。公共关系就是要追求"人和"的境界，为组织的生存、发展或个人的活动创造最佳的软环境。

2) 双向性。公共关系是以真实为基础的双向沟通，而不是单向的公众传达或对公众舆论进行调查、监控，它是主体与公众之间的双向信息系统。组织一方面要吸取人情民意以调整决策，改善自身；另一方面又要对外传播，使公众认识和了解自己，达成有效的双向意见沟通。

3) 广泛性。公共关系的广泛性包含两层意思：一层意思是公共关系存在于主体的任何行为和过程中，即公共关系无处不在，无时不在，贯穿于主体的整个生存和发展过程中；另一层意思指的是其公众的广泛性。因为公共关系的对象可以是任何个人、群体和组织，既可以是已经与主体发生关系的任何公众，也可以是将要或有可能发生关系的任何暂时无关的人们。

4) 整体性。公共关系的宗旨是使公众全面地了解自己，从而建立起自己的声誉和知名度。它侧重于一个组织机构或个人在社会中的竞争地位和整体形象，以使人们对自己产生整体性的认识。它并不是要单纯地传递信息，宣传自己的地位和社会威望，而是要使人们对自己各方面都要有所了解。

5) 长期性。公共关系的实践告诉我们，不能把公共关系人员当作"救火队"，而应把他们当作"常备军"。公共关系的管理职能应该是经常性与计划性的，这就是说公共关系不是水龙头，想开就开，想关就关，它是一种长期性的工作。

14.4.3 公共关系的作用

1) 初期阶段能打开知名度，对公众产生影响。在组织的开创阶段，以及某项事业、产品服务初创、问世阶段，采用高姿态的传播方式，可尽快打开局面，形成舆论，扩大影响。如隆重的开业庆典仪式、剪彩活动、落成典礼、开业广告等。

2) 帮助企业维系关系，稳固影响。在组织机构的稳定、顺利发展时期，采取持续不断、较低姿态的传播方式，如保持一定的见报率，长期将企业名称、标志或商标巨型广告树立在高大建筑物上；服务性、信息性的邮寄品分发；逢年过节的专访、慰问；给老客户适当的优惠或奖励等，可对公众形成不露痕迹、不知不觉的影响，保持一种潜移默化的渗透力，维系组织已有的声誉，稳定已建立的良好关系。

3) 帮助企业防御危机。当组织或企业出现潜在的危机的时候。采取以防为主的公共关系策略，重视信息反馈，及时调整自身的政策或行为，可控制公关状态失调的苗头，防患于未然，以适应环境的变化。

4) 帮助企业以攻为守,创造新局面。当组织与环境发生某种冲突、摩擦的时候,以攻为守的公共关系策略可帮助企业抓住有利时机和有利条件变换决策,改变对原环境的过分依赖,开辟新的环境和新的机会,创造新局面。

5) 帮助企业矫正形象。当组织的公共关系严重失调,形象受到严重损害的时候。举行适当的公共关系活动,采取一系列有效措施,做好善后的传播沟通工作,可逐步稳定舆论,尽快挽回信誉,重塑组织形象。

【小案例】

肯德基"苏丹红"事件

2005 年 3 月 15 日,肯德基旗下的新奥尔良烤翅和新奥尔良烤鸡腿堡被检测出含有"苏丹红 1 号"。16 日上午,肯德基要求所有门店停止销售新奥尔良烤翅和新奥尔良烤鸡腿堡。当天 17:00,肯德基连锁店的管理公司百胜餐饮集团向消费者公开道歉,集团总裁苏敬轼明确表示,将会追查相关供应商的责任。

3 月 17 日,《南方都市报》、《广州日报》等媒体在头版头条,大篇幅刊登了关于肯德基致歉的相关报道。其他许多媒体也对肯德基勇于认错的态度表示赞赏。19 日,肯德基连续向媒体发布了 4 篇声明,介绍"涉红"产品的检查及处理情况。

3 月 23 日,肯德基在全国恢复了被停产品的销售。苏敬轼说,"中国百胜餐饮集团现在负责任地向全国消费者保证:肯德基所有产品都不含苏丹红成分,完全可以安心使用"。28 日百胜餐饮集团召开新闻发布会,苏敬轼现场品尝肯德基食品。百胜集团表示决定采取中国餐饮行业史无前例的措施确保食品安全。

4 月 2 日,肯德基开始对四款"涉红"产品进行促销活动,最高降价幅度达到 3 折,肯德基销售逐渐恢复元气。6 日,肯德基主动配合中央电视台《新闻调查》和《每周质量报告》等栏目的采访,记者的关注焦点已由肯德基"涉红"转变为对原料和生产链的全方位追踪。至此,肯德基顺利度过"苏丹红"危机。

(杨洪涛. 现代市场营销学[M]. 北京: 机械工业出版社,2009)

14.4.4　公共关系策略

1) 宣传。运用印刷媒介、电子媒介等宣传型手段,传递组织的信息,影响公众舆论,迅速扩大组织的社会影响:发新闻稿,做广告,出版、发行公共关系刊物和各种视听资料,演讲或表演等。要广泛运用报纸、杂志、电台、电视等不同的传播媒介。

【小案例】

强力胶水店的公关

香港一家经营强力胶水的商店,坐落在一条鲜为人知的街道上,生意很不景气。一天，这家商店地店主在门口贴了一张布告："明天上午九点，在此将用本店出售的强力胶水把一枚价值 4500 美元的金币贴在墙上，若有哪位先生、小姐用手把它揭下来，这枚金币就奉送给他(她)，本店绝不食言!"这个消息不胫而走。第二天，人们将这家店铺围得水泄不通，电视台的录像车也开来了。店主拿出一瓶强力胶水，高声重复广告中地承诺，接着便在那块从金饰店定做的金币背面薄薄涂上一层胶水，将它贴到墙上。人们一个接着一个地上来试运气，结果金币纹丝不动。这一切都被录像机摄入镜头。这家商店地强力胶水从此销量大增。

(杨洪涛. 现代市场营销学[M]. 北京: 机械工业出版社，2009)

2) 交际。运用各种交际方法和沟通艺术，广交朋友，协调关系，缓和矛盾，化解冲突，为组织创造"人和"的环境。其方式包括社团交际和个人交际。如工作餐会、宴会、座谈会、招待会、谈判、专访、慰问、接待参观、电话沟通、亲笔信函等。总之，通过语言、文字、人与人之间的直接对话等来进行沟通。

3) 服务。以实际的服务行为作为特殊媒介，吸引公众，感化人心，获得好评，争取合作，使组织与公众之间关系更加融洽、和谐。如各种消费教育、消费培训、消费指导、售后服务、免费保用保修、各种完善的服务措施等。任何一种类型的组织都能够以独特的方式为公众提供必要的服务。服务的目的不仅是促销，更重要的是树立和维护组织的形象和声誉，因此具有公共关系的性质。

4) 社会活动。以组织的名义发起或参与社会性的活动，在公益、慈善、文化、体育、教育等社会活动中充当主角或热心参与者，在支持社会事业的同时，扩大组织的整体影响。其形式有：赞助文化、教育、体育、卫生等事业，支持社区福利事业、慈善事业、扶持新生事物，参与国家、社区重大活动并提供赞助；还包括利用本组织的庆典活动和传统节日为公众提供有益的大型活动或招待。

5) 征询。运用收集信息、社会调查、民意测验、舆论分析等信息反馈手段，了解民情民意，把握时势动态，监测组织环境，为决策提供咨询。其形式有：开办各种咨询业务，建立来信来访制度和合理化建议制度，制作调查问卷，设立热线电话，分析新闻舆论，广泛开展社会调查，进行有奖测验活动，聘请兼职信息人员，举办信息交流会等。

14.5 营业推广策略

目前市场竞争的激烈程度日益加剧，消费者日益重视交易中的实惠，广告媒体费用不断攀升，企业经常面临短期销售压力，营业推广受到越来越多企业的青睐。

14.5.1 营业推广的概念

营业推广又称销售促进，是指那些不同于人员推销、广告和公共关系的销售活动，它旨在激发消费者购买和促进经销商的效率，诸如陈列、展出与展览表演和许多非常规的、非经常性的销售尝试。

营业推广一般不太适用于产业用户。对于个人消费者，营业推广主要吸引三类人群：使用本企业产品的消费者、已使用其他品牌同类产品的消费者和未使用过该产品的消费者。对于中间商，营业推广主要是吸引他们加大进货力度，提前支付货款，积极经销本企业产品，增强品牌忠诚度，争取到新的中间商。

14.5.2 营业推广的形式

营业推广的形式很多，按照推广的对象可以划分为对消费者的营业推广和对中间商的营业推广。

14.5.2.1 对消费者的营业推广

我们把产品或服务的本质特征界定为：满足购买方利益需要的载体。购买方的利益主要包括财务利益、性能利益和心理利益，不同的利益结构满足顾客需要的程度是不同的。营业推广是在正常销售的基础上，向购买方提供临时的附加利益，刺激消费者购买。针对消费者的营业推广可以按照提供给顾客的附加利益不同分类。

1) 以财务利益为附加利益的营业推广。通过为顾客提供实际的价格减免，让他们在直接的价格差额中获得经济利益上的满足。这类方法主要包括折价、优惠券、退费优惠等。

【小案例】

旅馆打折也有"道"

北京胡同四合院创意文化旅馆在 2009 末推出的折价促销措施是：凡在 2009 年 12 月 10 日～2010 年 4 月 30 日期间入住酒店的客人，可享受酒店提供的优惠价格：若提前 1 天预订，可享受 9.5 折；提前 3 天预订，可享受 9 折；提前 7 天预订，可享受 8.5 折。若入住 3 晚，可享受 8.5 折；入住 5 晚，可免 1 晚房费；入住 8 晚，可免 2 晚房费。

以上优惠若同时满足，可享受最优惠的一条。同时，促销期间入住的客人还将享受如下优惠：只要入住即可获赠 10 元餐饮代金券一张(可用于品尝本店特色美食：蜜制鸭腿饭)；若是提前一天通过网络预订酒店并入住的客人，可免费租用自行车一天；可免费办理会员卡，享受延迟至下午 14 点退房；凡入住期间过生日的客人，将获赠长寿面一份，旅游纪念卡片一套。

(江林,张险峰,任锡源. 现代市场营销管理[M]. 北京: 电子工业出版社,2002)

2) 以心理利益为附加利益的营业推广。通过产品的品牌、实物、赠品以及购买过程，提供给消费者的各种心理利益，主要包括赠送免费样品、有奖销售等。

【小案例】

买 Aim 牙膏随赠蜘蛛人连环书画

美国利佛兄弟公司(Lever Brothers)与玛维尔漫画公司(Marvel. Comic Group)共同举办了一个特殊的"随包装赠送"活动。即凡买一盒 Aim 牙膏即可获赠蜘蛛人连环书画，该书以漫画形式描述了一个牙齿保健的故事。与此同时，利佛公司还在漫画书封底附印"生日大抽奖"的中奖券。这一组合促销的创意使利佛公司Aim 牙膏的销售量猛增。

(杨洪涛. 现代市场营销学[M]. 北京: 机械工业出版社，2009)

3) 以性能利益为附加利益的营业推广。某些营业推广方式还能够通过产品的性能、质量和各种实质性的技术特点，为消费者提供一些额外的附加利益，使他们感受到产品和服务性能利益上的满足。这类方法主要有服务促销、金融业的财务激励等。

14.5.2.2 对中间商的营业推广

在那些必须借助中间商进行销售的行业(包括绝大部分消费品和部分生产资料行业)，流行着这样一句话："得渠道者得市场、得终端者得天下"。也就是说，如果你的产品遭到中间商的拒绝，就不可能进入市场与最终用户或消费者见面，即便你的产品再好、价格再有竞争力、最终用户或消费者产生了较强的需求欲望，你的产品还是不能被购买。因此，企业在对消费者营业推广的同时还要对中间商进行营业推广，甚至中间商的营业推广费用比对消费者的费用要高得多。针对中间商的营业推广方式主要有：

1) 批发回扣。企业为争取批发商或零售商多购进自己的产品，在某一时期内给经销本企业产品的批发商或零售商加大回扣比例。

2) 推广津贴。企业为促使中间商购进企业产品并帮助企业推销产品，可以支付给中间商一定的推广津贴。

3) 销售竞赛。根据各个中间商销售本企业产品的实绩，分别给优胜者以不同的奖励，如现金奖、实物奖、免费旅游、度假奖等，以起到激励的作用。

4) 扶持零售商。生产商对零售商专柜的装潢予以资助，提供 POP 广告，以强化零售网络，促使销售额增加；可派遣厂方信息员或代培销售人员。生产商这样做目的是提高中间商推销本企业产品的积极性和能力。

【小案例】

益农公司针对二级批发商的返点的激励

浙江天丰化学有限公司生产的野老牌稻田除草剂，由武汉益农公司负责在湖北省总经销。益农公司 1999 年在湖北省内按地区选定了 15 家经销大户作为二级批发商，定点供货，对其他农资经销商则不予供货，以维护二级批发商的利益。

益农公司针对二级批发商的返点儿激励措施是：凡按统一价格政策销售 500 箱(每箱 200 袋)以上的，每袋返利 0.1 元；销售 1000 箱以上的，每袋返利 0.15 元。对不按益农公司价格政策销售产品的经销大户，则不予返利，甚至停止供货，取消经销权，从而保持了价格稳定，防止了因各地价格不一样而引起的竞相杀价等混乱现象，保证了经销商的利益。

(王槐林. 市场营销原理[M]. 武汉: 湖北科学技术出版社，2008)

14.5.3　营业推广的流程

1) 确定推广目标。营业推广目标的确定，就是要明确推广的对象是谁，要达到的目的是什么。只有知道推广的对象是谁，才能有针对性地制定具体的推广方案，例如：是为达到培育忠诚度的目的，还是鼓励大批量购买为目的？

2) 制定推广方案。营业推广方案的内容主要包括：

(1) 营业推广的工具选择。营业推广的方式方法很多，但如果使用不当，则适得其反。因此，选择合适的推广工具是取得推广效果的关键因素。企业一般要根据目标对象的接受习惯和产品特点，目标市场状况等来综合分析选择推广工具。

【小案例】

葡萄酒新品厂的营业推广

某葡萄酒新品，在新开区域几个月销量不尽如人意。通过市场调查了解到该产品的再次购买率比较低，原因是不符合大部分人的口味。于是公司在改动配方后希望通过一次大型的促销来提高再次购买率。备选的促销方案有：让利、捆绑赠品、开瓶有奖、集 X 个瓶盖抽奖、购买该产品一瓶凭超市小票可兑换 10 元超市购物赠券(选取多家大型超市)。最后，经过分析他们选择了购物赠券方案。首先是通过各大超市的 DM 宣传，其次是通过场外促销人员的免费品尝活动，最后是利用了各超市的高配合度(其实超市是有利可图的，所以有些还提供了免费地)，结果该促销做得非常成功。

(万后芬. 市场营销教程(第二版)[M]. 北京:高等教育出版社，2007)"

(2) 促销对象的确定。企业需要对营业推广对象的条件做出明确的规定，比如赠送礼品对消费者的购买量有没有一定的要求，抽奖参与的消费者的条件等。企业要选择合适的刺激对象，否则营业推广的效果就难以达到。

【小案例】

某酱菜厂的营业推广

四川某酱菜厂有一个拳头产品 W，在当地非常的好销。为了扩大销量，他们开始动起了浙江市场的脑筋。在一番市场调查后他们了解到在浙江已有了四川的同类产品，而且销量还是不错的。而且，通过当地办事处对千余名消费者的调查也发现能接受辛辣食品的消费者也比原先有较大的增长。于是 W 产品开始大举进攻浙江市场。他们花了很多钱在小包装的免费赠品和通路的折让上。在风光了 3 个月后，W 产品开始走下坡，销量萎缩到只有原来的 1/2。厂家有些着急了，通过多方了解他们发现竞品在终端上加大了投入，并且开始出"加量不加价"的促销包装。于是 W 厂家也搞了一个"一大一小"的赠品装。但几月拼下来，销量依旧没有大的起色。最近我碰到了在该公司工作的朋友问起 W 产品的近况。他告诉我现在做得还真不错，已经把竞品打了下去。我好奇地问他用了什么促销高招。他笑着说还好没去搞什么促销高招。原来，他们新来的市场部经理是一个宁波人，他的一句提醒了公司老板：我的妈，这东西这么辣啊……怎么吃啊。

(崔利群，苏巧娜. 推销实务[M]. 北京：高等教育出版社，2002)

(3) 推广时机的选择。营业推广的市场时机选择很重要，如季节性产品、节日、礼仪产品，必须在季前节前做营业推广，否则就会错过了时机。

(4) 推广期限的确定。即营业推广活动持续时间的长短。推广期限要恰当，过长，消费者新鲜感丧失，产生不信任感；过短，一些消费者还来不及接受营业推广的实惠。

(5) 推广的配合安排。营业推广要与营销沟通其他方式如广告、人员销售等整合起来，相互配合，共同使用，从而形成营销推广期间的更大声势，取得单项推广活动达不到的效果。

(6) 营业推广预算的确定。 企业的营业推广要预先投入成本，活动的人力成本及物资等都需要提前做好准备，活动的成本是多少、企业是否有能力支付及是否愿意支付这些成本在成本预算之前是未定的。一般有两种预算方式：一是全面分析，营销者对各个推广方式进行选择，然后估算它们的总费用；二是促销预算百分比法，按经验确定比例，如奶粉的推广预算占总预算的30%左右，咖啡的推广预算占总预算的40%左右等。

3) 营业推广方案的实施与评估。在具体运用各种营业推广方式之前，如果有条件，应对各种方式事先测试，以确定所选择的是否合适，并及时决定取舍。

企业还应为每一种营业推广方式确定具体的实施方案。实施方案中就明确规定准备时间(从开始准备到实施之前的时间)和实施时间。

对营业推广方案进行评估是一件很重要的事,但从西方企业的实践来看,这一环节尚未引起足够的重视。评估方法最常见的一种是将营业推广前、后和进行中三个时期的销售额进行比较。例如,一种产品在营业推广之前的市场份额为6%,营业推广期间为10%,营业推广一结束马上降为5%,过了一段时间又回升到7%。这些数据表明,企业的营业推广方案在实施期间吸引了一批新的顾客,并促使原有的顾客增加了购买量。营业推广结束后马上降为5%,说明顾客尚未用完前一段多购的产品。回升到7%,说明这项营业推广方案终于使一批新顾客成为老顾客。如果过一段时间市场份额不是7%而仍旧是6%,那就说明这项营业推广方案只是改变了需求的时间,并未增加该产品的需求量。

营业推广通常可收到立竿见影的效益,但是,如果运用不当,会损害企业或产品的长期利益。

【思考与练习】

1) 名词解释:

促销　　人员推销　　广告　　公共关系　　营业推广　　促销组合

2) 简答题:

(1) 促销包含哪几方面的含义?

(2) 促销有哪些作用?

(3) 人员推销与非人员推销相比,其优点表现在哪些方面?

(4) 如何认识广告效果的好坏?

(5) 企业公共关系有哪些作用?

【实训项目】

推销随处可见,我们很多人都遇到过,但很多时候充当的是被推销的角色。假设你是一名推销员,你对某一特定商品如何进行成功推销?

游戏规则程序:将学员分成2人一组,其中一人是A,扮演销售人员;另一人是B,扮演顾客。双方进行推销演练;然后转换角色,再做演练。最后将每个组的问题和解决方案公布于众并给予奖励。

参考文献

[1] 菲利普·科特勒, 阿姆斯特朗, 著. 市场营销原理 [M]. 郭国庆, 等译. 北京：清华大学出版社，2007.

[2] 菲利普·科特勒, 等著. 市场营销原理[M]. 何志毅, 等译. 北京：机械工业出版社，2006.

[3] 菲利普·科特勒, 凯文·莱恩·凯勒, 著. 营销管理 [M]. 梅清豪, 译. 上海：上海人民出版社，2006.

[4] 菲利普·科特勒著. 营销管理(第 10 版) [M]. 梅汝和, 梅清豪, 周安柱, 译. 北京：中国人民大学出版社，2001.

[5] 吴建安. 市场营销学[M]. 北京：高等教育出版社，2007.

[6] 郭国庆. 市场营销学通论[M]. 北京：中国人民大学出版社，2007.

[7] 吕一林. 市场营销学[M].北京：科学出版社，2006.

[8] 吴健安, 等. 市场营销学[M]. 北京：高等教育出版社，2000.

[9] 江林, 张险峰, 任锡源.现代市场营销管理[M]. 北京：电子工业出版社，2002.

[10] 张雁白, 苗泽华. 市场营销学概论(第 2 版)[M]. 北京：经济科学出版社；中国铁道出版社，2010.

[11] 郭国庆, 刘凤军, 王晓东. 市场营销理论[M]. 北京：中国人民大学出版社，1999.

[12] 屈云波, 靳丽敏. 网络营销[M]. 北京：企业管理出版社，1999.

[13] 钱旭潮, 王龙, 韩翔. 市场营销管理[M]. 北京：机械工业出版社，2009.

[14] 纪宝成. 市场营销学教程[M]. 北京：中国人民大学出版社，2002.

[15] 甘碧群. 市场营销学[M]. 武汉：武汉大学出版社，1997.

[16] 李强. 市场营销学教程(修订本)[M]. 大连：东北财经大学出版社，2000.

[17] 杨洪涛. 现代市场营销学[M]. 北京：机械工业出版社，2009.

[18] 万后芬. 市场营销教程(第 2 版). 北京:高等教育出版社,2007.

[19] 曹刚等. 国内外市场营销案例集[M]. 武汉：武汉大学出版社. 2006.

[20] 张似韵. 产品生命周期与市场营销组合—养生堂公司的市场演进策略[J]. 市场营销导刊，2001(2).

[21] 彭代武. 市场营销[M]. 高等教育出版社，2004.

[22] 王文华. 市场营销学[M]. 北京：中国物资出版社，2010.

[23] 邓德胜, 王慧彦. 现代市场营销学[M]. 北京:中国农业大学出版社；北京大学出版社,2009.

[24] 张征宇. 市场营销学[M]. 长沙：湖南人民出版社, 2009.

[25] 胡畔. 新媒体目标市场营销策略[J]. 经营与管理, 2010(4):20-21.

[26] 金永生. 市场营销学通论[M]. 北京:北京工业大学出版社，2011.

[27] 王慧杰. 市场营销学[M]. 北京：中国物资出版社，2011.